人工智能专业教材丛书
国家新闻出版改革发展项目库入库项目
高等院校信息类新专业规划教材

# 信息科学原理

李睿凡　编著
钟义信　主审

北京邮电大学出版社
www.buptpress.com

## 内 容 简 介

信息科学是信息时代的标志性学科，也是当代科学技术的基石。本书围绕信息-知识-智能转换的原理展开叙述，生动地展现了信息科学原理这一巍峨壮观的学科大厦搭建背后的思想、观点、方法和成果。

本书共分 4 个部分。第 1 篇（第 1 章）以信息科学发生为起点，剖析了信息科学所涉及的"最小系统"。第 2 篇（第 2、3 章）从正反两个方面深刻阐述了信息这一众所周知又缺乏深刻理解的概念，并从定性到定量有效地描述了信息。第 3 篇（第 4~9 章）层层递进、剥笋见芯地对转换原理所涉及的各个环节进行了解析。第 4 篇（第 10 章）探讨了信息科学特有的研究范式及其影响。

本书可以用作高等学校信息领域各专业高年级大学生和研究生的教科书，也可以用作相关领域科技人员自学的参考书。

#### 图书在版编目（CIP）数据

信息科学原理 / 李睿凡编著 . -- 北京 : 北京邮电大学出版社，2025. -- ISBN 978-7-5635-7556-5

Ⅰ . G201

中国国家版本馆 CIP 数据核字第 2025LB4323 号

| | | | | |
|---|---|---|---|---|
| 策划编辑：刘纳新 | 责任编辑：刘 颖 | 责任校对：张会良 | 封面设计：七星博纳 | |

出版发行：北京邮电大学出版社
社　　址：北京市海淀区西土城路 10 号
邮政编码：100876
发 行 部：电话：010-62282185　传真：010-62283578
E-mail：publish@bupt.edu.cn
经　　销：各地新华书店
印　　刷：保定市中画美凯印刷有限公司
开　　本：787 mm×1 092 mm　1/16
印　　张：16
字　　数：385 千字
版　　次：2025 年 7 月第 1 版
印　　次：2025 年 7 月第 1 次印刷

ISBN 978-7-5635-7556-5　　　　　　　　　　　　　　　定价：58.00 元
· 如有印装质量问题，请与北京邮电大学出版社发行部联系 ·

感谢国家自然科学基金的长期资助,项目包括 68872014,69171023,69982001,60496327,60575034,60873001,18ZDA027,62076032。

感谢北京邮电大学教育教学改革项目(2018JC11,2022ZY069)的支持。

感谢各届选修"信息科学原理"课程的研究生和高年级本科生的支持。

感谢全国各地(特别是高校和研究机构)学术同人与读者的交流、反馈与帮助。

# 前言

在我攻读博士学位期间,有机会学习了钟义信教授主讲的"信息科学原理"课程。"信息科学原理"给我耳目一新之感,从其全信息基础概念到信息-知识-智能转换的原理,都令我深受启发。钟教授对于信息科学核心问题的分析、基本求解方法以及其发展远景展望的描绘,都让我醍醐灌顶、受益匪浅。时至今日,钟教授在课堂上声情并茂、铿锵有力的讲解仍不时浮现在我脑海中,令我备受鼓舞。

近十多年来,我承担了"信息科学原理"的课程,为学生讲授信息科学原理的主要内容。随着我对信息科学原理基础内容的理解逐步加深,以及国内外在该领域的新观点、新概念和新范式等研究的不断进展,我时而萌生将这些内容分享给在信息科学原理领域不断求索的科技工作者及孜孜不倦的学生们。但由于各种原因编写工作只能停留在"设想"的层面。2023年在在京举办的一个学术会议间歇,钟教授关切地询问起"信息科学原理"课程的教学及教材建设情况,并坦率地提出了编写简明信息科学原理教材的想法。我欣然应允。这给了我一个强劲的助推力,之前的一点萌芽终于被加入了催化剂。

为了实现这个共同的愿景,我虚心向钟教授求教。钟教授提供了非常丰富的素材和耐心细致的指导。通过对信息科学原理的追根溯源,我发现了一段精彩异常却不广为人知的历史。1988年,我国第一部以"全信息"(即语法信息、语用信息、语义信息三位一体的信息)理论为基础,以"传感、识别、通信、处理、感知、认知、决策、智能、控制、系统、优化"为内涵的信息科学原理专著问世。屈指算来,至今竟已有37个春秋!

近年来,作为信息科学原理的核心、前沿与制高点的人工智能理论和技术突飞猛进,一系列事件打破和刷新了人们固有的认知。2022年,OpenAI发布了基于生成式预训练模型的人机对话应用服务ChatGPT,引爆了全世界。2024年初,OpenAI发布了基于生成框架的文生视频大模型Sora。2025年初,国内的DeepSeek开源发布了推理模型R1版,其低成本、高性能的特色令其火爆出圈。这些震撼人心的人工智能成就不断促使我思考:还有必要撰写《信息科学原理》这本书吗?

带着心中的疑惑,我忐忑地向钟教授求教。在求教过程和自我反思中,我更加坚定了最初的想法并坚持走下去。事实上,钟教授曾在众多场合指出:"《信息科学原理》所阐述的全信息理念和所揭示的信息科学基本原理不但经久不衰,而且越发焕发出引人瞩目的光彩。"《信息科学原理》能够具有强大生命力,并在相关理论的发展和实践中不断获得丰富的养料，形成更为深广的研究成果。

在钟教授的持续鼓舞和大力支持下，历经曲折和断续，我完成了这项艰巨的工作。本书共分 10 个章节，主要内容如下。

第 1 章，主要介绍信息科学的发生机理、发展规律和发展前景所蕴含的三个主要规律，初步导入信息科学原理的基本定义与目标，并简要回顾信息科学的发展历史。第 2 章，介绍了信息的概念、性质及分类，从信息定义的方法讨论到谱系思想，从信息的特征、性质与分类说明信息的定义。第 3 章，介绍信息的描述方法和信息的度量方法，其中涵盖了经典的香农信息描述及度量方法。第 4 章，信息获取的感知原理，讨论了全信息的获取路径、信息获取中的"注意与选择"问题，最后讨论语法信息的几种识别方法。第 5 章，介绍信息传递的基本模型以及解决信息传递过程中的有效性和可靠性的方法。第 6 章，介绍知识的概念、分类和表示，进一步介绍度量知识的典型方法，再介绍知识生成的两种主要方法。第 7 章，介绍如何激活知识为后续的策略生成服务，包括经验、规范和常识三类知识对应的激活方法。第 8 章，从控制的角度介绍策略执行的概念和问题的描述，以及策略信息的生成和稳定性问题。第 9 章，介绍策略优化的定义和系统视角下的优化方法。第 10 章，是全书的总结和升华，从研究范式的角度阐明传统物质科学与信息科学的差异，以及这些差异给人工智能研究带来的启示。

本书成稿之时，恰逢 2024 年诺贝尔奖的颁发。令人兴奋而备受鼓舞的是，物理学奖授予了 John J. Hopfield 和 Geoffrey E. Hinton 两位在人工智能领域长期耕耘的科学家，以表彰他们为利用人工神经网络进行机器学习做出的基础性发现和发明；化学奖一半授予了 Demis Hassabi 和 John M. Jumper 两位年轻科学家，以表彰他们在机器学习用于蛋白质结构预测方面的贡献。显然，信息科学原理所生发的人工智能新技术和新方法已经颠覆了传统科学研究的思路和方法，产生了非常积极且有效的影响。我们相信，在不久的将来，人工智能范式引领的信息科学原理带来的变革所产生的巨大影响将遍及各个领域。

感谢钟义信教授对我无私的提携和悉心的指导。感谢北京邮电大学各届听课的学生对本书和课程的热情反馈。感谢我的研究生在本书出版过程中所作的贡献。感谢北京邮电大学出版社的支持。

作者学识有限，书中难免存在疏漏，恳请各位前辈和同仁批评指正。

作　者

2025 年春

# 目 录

## 第1篇 信息科学总论

### 第1章 信息科学概说 ……………………………………………………………… 3
#### 1.1 信息科学的缘起 ……………………………………………………………… 3
##### 1.1.1 科学技术的发生：辅人律 ……………………………………………… 3
##### 1.1.2 科学技术的发展：拟人律 ……………………………………………… 5
##### 1.1.3 科学技术的目标：共生律 ……………………………………………… 8
##### 1.1.4 发展信息科学的必然性 ………………………………………………… 10
#### 1.2 信息科学的定义 ……………………………………………………………… 12
##### 1.2.1 研究对象 ………………………………………………………………… 12
##### 1.2.2 研究内容 ………………………………………………………………… 14
##### 1.2.3 研究方法 ………………………………………………………………… 17
##### 1.2.4 研究目标 ………………………………………………………………… 19
#### 1.3 信息科学的发展回顾 ………………………………………………………… 20

## 第2篇 信息科学基础

### 第2章 信息：信息的概念、性质和分类 ………………………………………… 27
#### 2.1 信息的核心概念 ……………………………………………………………… 28
##### 2.1.1 信息定义的方法 ………………………………………………………… 28
##### 2.1.2 信息定义的谱系 ………………………………………………………… 31
##### 2.1.3 相关概念的辨析 ………………………………………………………… 37
#### 2.2 信息的特征性质与分类 ……………………………………………………… 41
##### 2.2.1 信息的特征 ……………………………………………………………… 41
##### 2.2.2 信息的性质 ……………………………………………………………… 43
##### 2.2.3 信息的分类 ……………………………………………………………… 45

## 第3章 信息:从描述到度量 … 49

### 3.1 信息的描述方法 … 50
#### 3.1.1 概率信息的描述 … 50
#### 3.1.2 确定信息的描述 … 53
#### 3.1.3 模糊信息的描述 … 57
#### 3.1.4 全信息的描述 … 59

### 3.2 信息的度量方法 … 61
#### 3.2.1 概率信息的香农度量 … 61
#### 3.2.2 模糊信息的度量 … 64
#### 3.2.3 全信息的综合度量 … 65
#### 3.2.4 全信息的统一度量 … 69

# 第3篇 信息转换原理

## 第4章 信息获取原理:感知论 … 75

### 4.1 信息获取的核心问题 … 75
### 4.2 信息获取的路径 … 77
#### 4.2.1 语法信息的获取路径 … 78
#### 4.2.2 全信息的获取路径 … 82
### 4.3 信息的注意与选择 … 86
### 4.4 语法信息的识别 … 89
#### 4.4.1 统计识别方法 … 90
#### 4.4.2 语言学识别方法 … 92
#### 4.4.3 神经网络识别方法 … 93

## 第5章 信息传递:通信论 … 96

### 5.1 信息传递概说 … 96
#### 5.1.1 信息传递的基本关系 … 97
#### 5.1.2 信息传递模型 … 99
### 5.2 信息传递的有效性 … 102
#### 5.2.1 采样和编码 … 102
#### 5.2.2 离散信源性质 … 104
### 5.3 信息传递的可靠性 … 110
#### 5.3.1 信道容量 … 111
#### 5.3.2 编码定理 … 113
#### 5.3.3 受扰信息的复原 … 118

## 第6章 知识生成原理：认知论 ·········································· 124

### 6.1 知识的概念、分类和表示 ········································ 124
#### 6.1.1 基础概念 ··················································· 125
#### 6.1.2 知识分类 ··················································· 129
#### 6.1.3 知识表示 ··················································· 130
### 6.2 知识的度量 ···················································· 133
#### 6.2.1 基本度量方法 ··············································· 133
#### 6.2.2 扩展度量方法 ··············································· 136
### 6.3 知识生成的方法 ················································ 137
#### 6.3.1 归纳型的知识生成 ··········································· 138
#### 6.3.2 演绎型的知识生成 ··········································· 142

## 第7章 知识激活原理：谋行论 ·········································· 147

### 7.1 知识激活概说 ·················································· 147
### 7.2 经验知识的激活：人工神经网络方法 ······························ 151
### 7.3 规范知识的激活：专家系统 ······································ 154
#### 7.3.1 形态性知识的激活 ··········································· 155
#### 7.3.2 内容性知识的激活 ··········································· 160
#### 7.3.3 效用性知识的激活 ··········································· 163
### 7.4 常识知识的激活：感知-动作系统 ································· 166
#### 7.4.1 感知-动作系统 ·············································· 168
#### 7.4.2 智能体及扩展 ··············································· 170

## 第8章 策略执行原理：控制论 ·········································· 175

### 8.1 策略执行的控制视角 ············································ 176
### 8.2 控制问题描述 ·················································· 177
#### 8.2.1 控制对象的描述 ············································· 178
#### 8.2.2 控制目标和效果的描述 ······································· 184
### 8.3 控制的信息机制 ················································ 187
#### 8.3.1 信息执行 ··················································· 187
#### 8.3.2 策略信息的生成 ············································· 189
#### 8.3.3 稳定性的获得 ··············································· 194

## 第9章 策略优化原理：系统论 ·········································· 199

### 9.1 系统概说 ······················································ 199
### 9.2 信息与系统优化 ················································ 204
### 9.3 信息与自组织 ·················································· 210

9.4 信息过程的优化 ································································ 216

# 第4篇 信息科学研究范式

## 第10章 信息科学研究范式探究 ································ 223
### 10.1 传统物质科学的研究范式 ································ 223
#### 10.1.1 传统物质科学的科学观和方法论 ···················· 224
#### 10.1.2 传统物质科学的研究模型与途径 ···················· 225
### 10.2 现代信息科学的研究范式 ································ 226
#### 10.2.1 信息科学的科学观 ···································· 227
#### 10.2.2 信息科学的方法论 ···································· 232
#### 10.2.3 信息科学研究范式的归纳 ··························· 235
#### 10.2.4 通用人工智能理论系统模型 ························ 236

**参考文献** ································································ 240

# 第1篇

# 信息科学总论

信息科学是信息时代的标志性学科,正向众多学科渗透,因而受到广泛的关注。

然而,信息科学的基本内涵是什么?它的学术边界在哪里?它揭示了什么样的自然和社会的规律?对于科学发展和社会进步具有什么重大的意义?它与其他学科的关系是什么?对于这样一些基本的问题,学术界大体上仍然处在盲人摸象状态:通信工程界认为它是香农信息论的扩展;计算机科学界认为它是信息处理的别称;控制工程界认为它是自动化的孪生姐妹;系统科学界则认为它是一切系统共同的信息理论;还有人认为它是图书馆学或情报学的现代名称;……至今也没有形成普遍公认的定义。事实上,造成这些不同认识的根源是机械还原的方法论,该方法论的基本特征是"分而治之",该方法论的后果是"盲人摸象"。

因而,在展开信息科学原理的阐述之前,有必要站在信息科学的科学观(它的基本观念是整体观)和信息生态方法论(它的基本特征是辩证论)的高度廓清关于信息科学发生发展的基本规律和关于信息科学总体面貌的认识,其中包括:

- 科学发生发展的普遍规律是什么?
- 从科学发展的普遍规律看,为什么会出现信息科学?
- 信息科学的确切定义是什么?
- 按照这样的定义,信息科学研究的内容、体系、方法和目标是什么?
- 它与物质科学和能量科学的关系是什么?
- 为什么一定要研究信息科学?
- 它对现代科学会产生怎样的影响?

- 它对人类的生存发展和社会的进步繁荣具有什么特别重大的意义？如此等等。

只有澄清了这些总体规律和总体面貌上存在的各种疑问，研究信息科学的巨大意义才会显而易见，研究信息科学的方法和方向也才能明朗清晰。

而且，只有在获得了清晰和全面的总体认识之后，读者再深入到各个具体章节内容的时候才能保持高屋建瓴和全局在胸的清醒状态，才能知道应当怎样从整体的联系来把握各个部分的内容，懂得怎样扣住全局的脉络来考察局部的问题，从而避免理解上的片面性和局限性。

总之，准确地回答上述问题将为读者学习信息科学提供必要的基础和打开正确的道路。这正是本篇的基本任务。

# 第1章 信息科学概说

为了从总体上揭示信息科学的发生机理、发展规律和发展前景,同时也为了阐明信息科学的基本内涵和学科定义,本章将做如下安排。

1.1节将阐述科学技术发生发展的普遍规律,包括"辅人律"、"拟人律"和"共生律",从而揭示信息科学必然在当今时代诞生的深刻缘由,帮助读者领悟学习和研究信息科学的历史责任和时代使命。

1.2节将分析信息科学的研究对象、研究内容、研究方法和研究目标,帮助读者从宏观上理解和把握信息科学的基本定义、基本内容和基本方法。

1.3节将概述信息科学技术的发展历程,使读者能够从信息科学技术发展的重要历史事实中领略到信息科学的独特科学精神与学术魅力。

## 1.1 信息科学的缘起

任何一门科学技术的发生和发展都不是偶然的。尽管其出现的具体时间和地点具有偶然性,其会由什么人发现和建立也具有偶然性,但这门科学技术是否应当发生则必然受制于科学技术发展的普遍规律。因此,为了深刻理解信息科学发生发展的缘由和必然性,首先需要了解科学技术的发生和发展遵循哪些普遍规律[22,69,108]。

科学技术的发生和发展的普遍规律主要包括三个基本方面,即:它是怎样发生的(**起点**)? 又是怎样发展的(**过程**)? 它的归宿是什么(**结局**)? 具体来说,就是要回答以下三个问题:①为什么科学技术会发生? 它的发生机制是什么? ②科学技术发展的方向是什么? 发展的轨迹如何? 具有什么样的历程标志? ③科学技术发展的结果将会与人类形成什么样的相互关系? 下面将详细阐述这些问题。

### 1.1.1 科学技术的发生:辅人律

在原始时代,世界上既没有科学也没有技术。科学和技术都是在人类的进化过程到达一定阶段以后,由于人类进一步扩展能力的"需要"和自然规律的"许可"才逐渐萌发出来,并逐步登上舞台的。那么,科学技术究竟是怎样具体发生的? 它们是在什么条件下萌发出来的? 它们的发生机制揭示了什么重要的规律?

考察表明,人类的进化历程可以划分为两个基本阶段:生物学进化阶段(初级阶段)和文明进化阶段(高级阶段)。在生物学进化阶段,人类主要通过自身器官功能的分化和强化来增强自身的能力。直立行走和手脚分工是人类生物学进化阶段的主要成果。由四脚行走进化到直立行走,人类的视野大大开阔,认识环境和世界的能力大大增强,同时也使人类身体的灵活性和灵巧性大大增强，适应环境的能力大大提高。通过手脚的分工，人类双手从行走功能中获得解放，手的功能大大扩展，使人类适应环境和改造环境的能力空前增强。这是一个极其漫长的阶段。在这个阶段，世界上仍然没有科学，也没有技术。

人类生理器官功能分化和强化是有限的。人类生物学意义上的进化过程不可能无限地展开，因而不可能无限地取得新的显著成效。当人类自身器官功能的分化和强化达到饱和程度之后，由生物学进化所带来的新的能力增强就逐渐进入相对稳定状态。然而，人类追求更好的生存和发展条件的需求却永无止歇地增长着。后者是人类进化和人类社会进步的天然的、而且是永远不竭的动力。于是，扩展能力的需求和能力扩展的可能之间产生了冲突和矛盾。

解决这种矛盾的出路就是创新人类进化的机制。这便是人类的"文明进化"机制。"文明进化"的基点不再是仅仅通过人类自身内部器官功能的分化和强化来扩展自身能力，而是试图通过利用外部世界的力量来增强人类自身的能力。

文明进化的机制是怎样出现和建立的呢？这个过程的出现和展开完全是自然而然的，在绝大多数场合都是纯粹自发性的。例如，当原始森林中那些长得比较低矮因而比较容易被采摘的野果被摘光了之后，以采摘为生存手段的原始人类就得想办法去采摘长在高处的果实。在漫长的摸索过程中，不知道什么时候什么人用从地上拾起的树枝勾下了高处原来徒手够不着的野果！这样，这个身外之物——树枝——在客观上就"延长"了人手的功能，使原来办不到的事情办成功了。这种不经意的成功其实是一个伟大的发现：人们可以利用外部世界的力量来扩展人类自身的能力！

或许，第一个取得这种成功的人并没有立即意识到这件事情具有什么伟大的意义。或许他在取得了这次成功之后也就立即忘记了（因为他是在不经意的情况下成功的）。但是，这种偶然的成功包含着成功的必然性。因此，尽管他自己没有意识到，尽管他的成功也没有引起他人的注意，然而，这种成功必然又会在别的时间在别的地方在别人身上再次出现。这样，一而再，再而三，频繁的偶然出现迟早会被人们注意。一旦人们注意到这种成功，这种个别的经验就转变为众人共同的认识。于是，"借助身外之物，强化自身能力"就渐渐会成为人们共同的信仰。这种"借助身外之物"的方法和手段就是科学技术生长的温床和摇篮。

从上述的例子中读者可以清楚看出，文明进化（要害是"利用身外之物，扩展自身的能力"）是怎样在长期的摸索过程中破土而出并逐渐被原始人们所认识。同样，也可以清楚地看出，科学技术是怎样在漫长的摸索过程中一次又一次地破土萌芽而终于渐渐被人类所认识。

人类由生物学进化向文明进化的转变，由"内部器官功能分化和强化"机制向"利用身外之物强化自身功能"机制的转变是科学技术发生的前提。如果没有这种进化机制的转变，科学技术就不可能发生。这样，我们就揭示了"科学技术发生的条件"和"实现这种发生过程的机制"。这两者就共同构成了科学技术的"发生学"原理。

科学技术发生学原理认为，科学技术之所以会发生的根本原因在于：人类为了不断扩展自身能力和不断改善自身生存发展水平，推动自身的进化由初级的"生物学进化"向高级的"文明进化"转变，从而能够"利用身外之物强化自身能力"。这里，"身外之物"就是科学技术利用自然资源所创造的各种工具,正是通过使用人类所创制的各种工具,使人类自身的能力得到了加强。

可见,科学技术从它诞生的时刻起,就是为了辅助人类扩展认识世界和改造世界的能力,为了使人类能够不断改善自己生存和发展的水平。如果不是因为存在"辅助人类扩展能力"的需要,那么科学技术也就没有发生的理由和发生的机会。

综上,"科学技术辅人律"的真正意义和全部内涵在于:"**辅人**",辅助人类扩展争取更好生存发展水平的能力,辅助人类扩展认识世界和改造世界的能力,这是科学技术所以能够问世的唯一原因。这是科学技术固有的本质特性,也是科学技术的本质功能。

## 1.1.2 科学技术的发展:拟人律

科学技术按照人类"扩展能力"的需要发生之后,又会按照什么规律向前发展呢?这就是本节要探讨的问题。

人们不难根据逻辑学的原理做出这样的宏观判断:**既然科学技术是为了满足"辅助人类扩展能力"的社会需求而发生的,那么它的整个生长发展过程也必定要循着"辅助人类扩展能力"的需要而不断展开。因此,"人类能力扩展"的社会需求就成了科学技术发展的指路标**。事实证明,这个推论不仅符合逻辑学的基本原理,而且符合人类社会和科学技术发展的整个历史事实。当然,这种"符合"是从历史发展的宏观尺度来说的,而不是从局部细枝末节的尺度来说的。

既然"辅人律"的要旨是"利用外在之物扩展自身能力",那么按照这一原理,"人类自身能力发展的实际需要"就是第一位要素,人类存在什么样的"能力发展的社会需求",就会催生相应的"外在之物(科学技术)"。换言之,究竟科学技术朝什么方向发展,或者究竟要发展什么科学技术,取决于人类能力发展的社会需求。这种关系可以用图1.1来表示,这也恰好就是"科学技术发展拟人律"的含义解释。

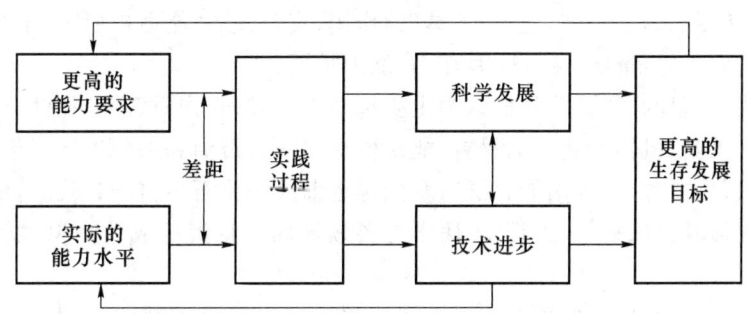

图1.1 "科学技术发展拟人律"逻辑模型

从图1.1中可以看到,追求"更高的生存发展目标"是人类社会进步的永恒动力。为了实现"更高的生存发展目标",就要对人类自身提出"更高的能力要求",而当时人类所具备的"实际能力水平"与这种更高的要求之间就会出现能力的"差距"。这种能力差距形成一种无形而巨大的导向力(也可以称为"看不见的手"),支配着人类在实践摸索的过程中朝着缩小这个差距的方向努力。这种努力的理论成果就沉淀为"科学发展",而这种努力的工具成果则成为"技术进步"。后者反过来就增强了人类的能力,使原来的能力"差距"

不断缩小。科学技术发展的结果缩小了原来的能力差距,同时也会推动人类提出"更高的生存和发展目标"。如此螺旋式上升成为科学技术进步和人类社会发展的运动逻辑。

进一步发现,科学技术的发展的确跟随着人类能力扩展的需求亦步亦趋,贯彻始终。从宏观上来说,从来没有脱离这个轨道。这就是为什么我们把科学技术发展的规律称为"拟人律"的道理。

于是人们要问,人类有哪些能力需要利用科学技术来扩展?人类需要扩展的这些能力互相之间具有什么内在的关联?科学技术是怎样实现"辅助人类扩展能力"的需求的?"扩展人类能力"的一般原理是什么?人类需要扩展的这些能力之间的关联是否与科学技术发展的逻辑过程存在什么对应的关系?

首先,人类需要扩展的基本能力是什么?

显而易见,关于人类能力的刻画存在许多不同的粒度。我们从宏观角度来考察人类需要扩展的能力将会对科学技术的发展的一般规律有更清晰的认识。

从宏观角度来考察,人的能力可以分解为三个基本方面:体质能力,体力能力和智力能力。人类的这三种能力是相互联系、相互制约的。体质能力表征人的体质结构的合理性和强健性,是人的全部能力的基础。体力能力表征人的力量的充沛性和持久性,它建筑在体质能力的基础上。智力能力则反映人的思维和智能的聪慧性和灵活性,它建筑在体质能力和体力能力两者基础上。人的上述三种能力是一个有机的统一体,互相协调发展。在人类整个进化的历程中,能力的发展呈现出明显的阶段特征。人类的体质能力需要首先成为发展的重点和基础,接着是人类的体力能力需要得到不断的强化,最后才是人类的智力能力实现长足的进步。

那么,科学技术是怎样实现"辅助人类扩展能力"的需求的呢?

回顾科学技术的发生学原理,"外在之物"扩展人的能力是通过制造"工具"来实现的;而工具的制造一方面需要"资源",另一方面需要科学技术知识。通过科学技术知识的运用,把"资源"转变成为"工具",通过"工具"的作用,实现人的"能力扩展"。于是,我们得到了一个重要的因素链:资源-科学技术-工具-能力扩展。

需要说明,这里的"资源",我们认为主要包括三个方面:物质资源,如铁、铜、铝等金属用于制造各种工具、机器和建筑的材料;能量资源,如煤、石油和天然气等用于发电、供暖、交通,以及可再生能源,如太阳能、风能、水能等逐渐成为化石燃料的替代品;信息资源,包括科学研究等涉及自然科学、工程学、医学等各领域的信息沉淀成的知识,以及大量观测和统计数据等。

进一步深入考量,即可发现对应于人类三种能力的扩展,需要有三类工具来实现:扩展体质能力的质料工具,扩展体力能力的动力工具,扩展智力能力的智能工具。其中,质料工具的作用是扩展人的体质能力。把质料工具与人的体质能力结合在一起,就可以具有更强的硬度、更好的弹性、更满意的应力特性、更高的熔点、更低的凝固点、更强的耐压能力、更强的抗腐蚀能力和抗辐射能力等。可见,质料工具的制造一方面依赖于物质资源,同时依赖于"质量转换理论"。

动力工具的作用是扩展人的体力能力。将动力工具与人的体力能力结合,人类就可以具有更强的推动力、牵引力、荷重力、冲击力、切削力、爆破力、摧毁力等。动力工具的制造不仅依赖于能量资源,还依赖于"能量转换理论"。当然,任何动力工具的制造都离不开优良的材料,因此动力工具的制造需要能量和物质两方面的资源,需要能量科学技术和材料科学技术两方面的知识和技能。

智能工具的作用是扩展人的智力能力。于是,把智力工具与人的智力能力结合在一起,就可以具有更敏锐的观察能力、更聪明的感知能力、更精细的分辨能力、更高效和更可靠的信息共享能力、更强大的记忆能力、更快捷的计算能力、更好的学习与认知能力、更明智的决策能力、更强大的控制能力等。智能工具的制造一方面依赖于信息资源,另一方面依赖于"信息转换理论"的知识。当然,任何智能工具的制造也离不开优秀的材料和动力,因此,智能工具的制造需要信息、能量和物质三方面的资源,以及信息科学技术、能量科学技术、材料科学技术等方面的知识和技能协同作用。上述讨论的因素链简明地归纳成为表1.1。

表 1.1  资源-科学技术-工具-能力的关系

| 所利用的资源 | 所需要的科学技术 | 所制造的工具 | 所扩展的能力 |
|---|---|---|---|
| 物质 | 材料 | 质料工具 | 体质能力 |
| 能量+物质 | 材料+能量 | 动力工具 | 体力能力 |
| 信息+能量+物质 | 信息+能量+材料 | 智能工具 | 智力能力 |

把本节以上所讨论的两个方面内容结合起来,还可以引出"科学技术发展拟人律"的一个极为重要的规律:正如人类的能力的生长呈现出"体质能力的发展最先起步,接着是体力能力,然后是智力能力的发展"的阶段性,科学技术的发展也有"材料科学技术最先发展,接着是能量科学技术,然后是信息科学技术的发展"的阶段性。

这里有什么奥妙呢?人类能力发展和科学技术发展的这种阶段顺序不是偶然的,而是有着深刻的进化论根源和认识论根源。一方面,在人类的体质能力、体力能力和智力能力这三者之间,智力能力相对而言最为复杂,体质能力相对而言较为简单,体力能力则介于二者之间;而人类的进化过程必然从简单走向复杂,因而就必然会有体质能力的进化在前,体力能力的进化在后,智力能力进化更后的能力进化的阶段顺序。另一方面,从利用资源制造工具的发展过程来说,在物质资源、能量资源、信息资源之间,物质资源相对而言比较直观,信息资源相对而言比较抽象,能量资源则介于两者之间;而人的认识过程总是要从直观逐渐走向抽象,因而必然是材料科学技术的发展在前,然后才是能量科学技术的发展,再后才是信息科学技术的发展。于是,我们可以导出一个和表1.1有联系又有区别的表1.2。

表 1.2  表征性的时代-资源-科学技术-工具-能力的关系

| 时代 | 表征性资源 | 表征性科学技术 | 表征性工具 | 扩展的能力 |
|---|---|---|---|---|
| 古代 | 物质 | 材料科学技术 | 质料工具 | 体质能力 |
| 近代 | 能量 | 能量科学技术 | 动力工具 | 体力能力 |
| 现代 | 信息 | 信息科学技术 | 智能工具 | 智力能力 |

与图 1.1 的科学技术发展逻辑模型一起,表 1.2 也是刻画"科学技术发展拟人律"的重要方面。图 1.1 表现了科学技术的发展必然服从拟人的逻辑机制,表 1.2 则表现了科学技术拟人发展的具体进程。

表 1.2 表明:**现代(大体从 20 世纪中叶算起)人类所利用的表征性资源是信息资源,表征性的科学技术则是信息科学技术,表征性的工具是智能工具**。这是十分重要的结论,它指明了当代科学技术发展的表征方向。作为当今时代与前面各个时代所不相同的、具有表征性意义的,是信息科学技术的发展、信息资源的利用、智能工具的创制和应用。这些就是"科学技术发展的拟人律"给人们的启示。

## 1.1.3 科学技术的目标:共生律

根据人类能力扩展的需要,科学技术按照"辅人律"的原理破土而出,走上了人类社会发展的历史舞台,又根据扩展人类能力的社会需要,按照"拟人律"的原理从扩展人类体质能力的古代和扩展人类体力能力的近代走到了扩展人类智力能力的现代。那么,按照"辅人律"发生和按照"拟人律"发展起来的科学技术的远景目标是什么?是以拟人的方式辅助人?还是超越人取代人?这就是本小节所要研究和回答的问题。

由于材料科学技术的发展,人类对物质资源的认识水平越来越高,加工的能力越来越强,具备各种优异性能和功能的新材料不断被开发出来,使工具的质料性能越来越好,质地坚,重量轻,塑性好,能在各种极端环境(高温、高压、高湿、高真空、超低温等)和恶劣环境(有毒气体、有腐蚀性液体等)条件下保持优良性能水平,在许多方面都大大超过了人类本身体质质料的性能,有效地扩展了人类的体质能力。这也意味着材料科学技术在未来的发展中还会开辟出更广阔的空间。

由于能量科学技术的进步,人类对能量资源的认识不断深化,转换能量的方法越来越有效,各种自然能源(如煤炭、水力、风力、太阳能等)越来越有效地被转换为高级的动力(电力),而且越来越高级的能量(如核能)不断地被开发出来,并且被越来越巧妙的方法与质料工具相结合,创造出越来越先进的动力工具。这些动力工具通常都具有极高的工作速度,极高的工作精度,极高的工作一致性,极高的标准化程度,极高的工作强度和极高的工作持久能力等等。以这样的动力为基础制造的动力工具,它们的工作指标都已经远远不是人的体力能力可以比拟的:各种各样的机车、机床、汽车、火车、轮船、飞机等,所有这些先进工具的动力性能都已经大大扩展了人的体力功能。

由于信息科学技术的迅速成长,人类对信息资源的认识也在不断深入,对信息资源的开发和利用不断取得新的进展。人类正在越来越充分地学会利用各种信息资源,把它们转换成为相应的知识,进一步把知识转换成为智能策略,并与卓越的材料和高效的动力有机结合,创造出各种神奇奥妙的智能工具。它们可以具有极高的信息发现与识别能力,宏大的信息存储容量,极为快速和极为可靠的传输能力,极高的运算速度和精度,极好的控制强度和准确性,甚至越来越好的推理能力、理解能力和学习能力。除了创造性思维能力不可能赶上(更不可能超过)人类之外,其他方面的信息处理能力几乎都可以胜过人类。然而,对于智能工具来说,这一切还仅仅是开始,更加精彩更加令人振奋的成就人们将拭目以待。

人类社会和科学技术进步的历程表明,单纯利用物质资源的加工产品(材料)和力学原理构成的工具(质料工具),由于没有动力和智能,只是一类静态的工具(如农业时代的锄头、镰刀和弓箭棍棒等等),需要靠人来驱动,也要靠人来驾驭,因而被称为"人力工具"。它们的功能相对较少,主要是扩展人的体质能力。例如,锄头的质地比人手的质地坚硬,因此可以用来锄地;镰刀的质地比人手的质地锋利,因此可以用来割麦,等等。不过,人力工具虽然相对简单,但它们是农业时代社会生产工具的基本形态,古代人类正是依靠使用人力工具开创了农业时代的伟大人类文明。而且,材料本身不仅仅可以用来制造人力工具,同时又是制造动力工具和智能工具的基本要素。

从一种资源(物质)的开发和利用到两种资源(物质和能量)的开发和综合利用,标志着人类认识世界和改造世界能力的一个伟大进步。同时利用物质资源产品(材料)和能量资源产品(动力),可以制造自身具有动力的工具,称为动力工具,如工业时代的机车、机床、汽车、火车、吊车、轮船等等。这种工具不再需要人来驱动,但还需要人来驾驭。正因为动力工具利用了自身的动力,扩展了人类的体力能力,就具有了比人力工具高得多的劳动生产率。例如,机车、机床的劳动生产率显然比人类手工生产的劳动生产率要高出许多,飞机、火车的行走能力和运载能力更是人力所无法相提并论。动力工具是工业时代社会生产工具的主流表征,近代人类正是依靠使用动力工具才创造了工业时代灿烂的人类文明。材料和动力的结合不但可以制造各种用途的动力工具,而且也是制造智能工具的不可或缺的基本要素。

同样,从开发和综合利用两种资源(物质和能量)到三种资源(物质、能量和信息)的开发和综合利用,标志着人类认识世界和改造世界能力的一个更加伟大的进步。综合利用物质资源产品(材料)、能量资源产品(动力)和信息资源产品(知识),就可以制造不仅具有自身动力,而且自身具有智能的高级工具——智能工具,如人们已经熟悉的人工智能专家系统和各种各样的智能机器人等等。智能工具不但不需要人的驱动,也不需要人的驾驭,是一类自主的类人机器系统。正因为智能工具综合扩展了人类的体质能力、体力能力和智力能力,因此,与动力工具相比(更不要说人力工具了),不但可以大大提高劳动生产率和保证更好的劳动质量,还可以自行开拓各种新的产品。总之,智能工具将成为信息时代社会生产工具的主导形态,现代人类将利用智能工具创造出前所未有的信息时代辉煌文明。

以上分析启示我们,第一代工具(人力工具)只利用了物质一种资源,因此可以称为"一源工具";第二代工具(动力工具)利用了物质和能量两种资源,因此可以称为"二源工具";第三代工具(智能工具)则综合利用了物质、能量和信息三种资源,就是"三源工具"。工具的这种升级换代,标志了人类认识世界和改造世界的深度和广度得到了质的升华。

工具的换代是继承基础上的创新,而不是简单的废旧立新。因此,动力工具不是简单地淘汰了人力工具,而是给人力工具装备了动力,是对人力工具的继承和发展。正是因为这个缘故,动力工具就能够具有人力工具的功能而又比人力工具强大。同样,智能工具也不是简单地废除动力工具,而是为动力工具增添了智力,因此,智能工具会具有动力工具的功能而又比动力工具聪明。综上所述,科学技术发展到今天,人类凭借现代科学技术的成就所创造的工具体系已经大大扩展了人类的体质能力、体力能力和智力能力,使人类认识世界和优化世界的能力得到空前的增强。

到这里,读者也许会提出一个问题:与人类自身的能力相比,工具体系的能力变得越来越强,会不会有朝一日出现人们传说中的"奇点"——工具体系(特别是智能机器)的能力全面超越人类的能力?如果这种"奇点"真的成为现实,那么,按照"优胜劣汰"的法则,机器与人的关系岂不要反客为主了?

科学的基本原理告诉我们:机器没有生命,而没有生命的东西不可能有它自己的目的。因此,机器本身不可能产生任何目的和意志,机器所做的一切都是在执行人类的意志。正是因为这个缘故,机器不可能具有发现问题的创造力。如果有人真的发现某个(某些)机器具有伤害人类甚至迫害人类的行为,那必定是这些机器在执行它们的人类设计者的意志。因此,便有科学技术发展的第三定律:人主机辅方式的人机共生律(简称为共生律)。它的意思是:科学技术既然是为辅人的目的而发生,又按照拟人的规律而发展,那么,发展的目标远景也必然遵照它的原始宗旨——以辅人的方式与人类合作。这样,人类的全部能力就不再仅仅是人类自身的能力,而应当是人类自身的能力再加上人类所创造的科学技术产物的能力:**人类的能力=人类自身的能力+智能机器的能力**。这就是"共生律"的表述。

在这个共生世界中,人类和智能工具之间存在合理的分工:智能工具可以承担一切非创造性的劳动(广义的劳动);人类则主要承担创造性劳动(当然,在需要的时候人类也可以承担非创造性的劳动)。这样,人类和智能工具之间就形成了一种和谐、默契的"优势互补"的分工与合作关系。人类最大的优势、而且是不可替代的优势是"创新能力",因此,主要从事创新性的工作,根据人类社会发展的需求提出各种创新的问题和目标。智能工具的最大优势是"强大的智能操作能力",因此,主要任务是根据人类提出的各种创新课题和目标,实施创新的具体任务。或者更简明地表述为:人类发现问题,机器解决问题。

总而言之,人有人的作用——主要从事创新劳动,提出和定义需要解决的问题,机器有机器的功能——主要实施操作过程,解决人类提出的问题。人类和机器之间合理分工,默契合作,人主机辅,优势互补,相得益彰。这就是科学技术"共生律"的含义。

### 1.1.4 发展信息科学的必然性

鉴于科学技术发展"三大规律"的重要性,这里再把它们作简要的归纳。

第一,科学技术的发生学:**辅人律**。"辅人律"回答了科学技术是如何发生和怎样发生的问题,充分描述和深刻揭示了科学技术发生的"起点",那就是人类从初期的"生物学进化"阶段开始向高级的"文明进化"阶段转变的时期。由于人类把注意力转向外部世界去寻求扩展自身能力的途径,结果便开创了工具的发明、制造、改进和创新,导致了科学技术的问世。显而易见,如果没有"向外部世界寻求扩展自身能力"的文明进化,就不会有科学技术的问世。

"辅人律"不仅揭示了科学技术的发生规律,而且揭示了科学技术的本质功能:辅助人类扩展生存与发展的能力。了解科学技术的这个本质功能,不仅是正确理解科学技术发生规律的关键所在,也是正确理解科学技术的发展规律和归宿的关键所在。

第二,科学技术的发展学:**拟人律**。"拟人律"回答了科学技术为什么能够实现发以及应当沿着什么样的道路和方向发展的问题,描述和揭示了科学技术发展的历程,那就是按照人类自身能力发展的社会需求去辅助人类扩展能力。由于人类自身能力的发展必然经历体质能力发展在先、体力能力发展随后、智力能力发展更后这样三个相互联系、相辅相成的基本阶段,结果便导致了扩展体质能力的材料科学在先、扩展体力能力的能量科学随后、扩展智力能力的信息科学更后的科学技术发展的阶段性。

当然,正像人类自身能力的发展阶段并不是绝对地截然划分的那样,科学技术发展的阶段性也是相对的;而且,每个阶段的发展内容也不是单一的,而是综合的;然而,总体的方向是由简单到复杂、由初级向高级。在总体上,这种发展呈现出明显的综合性、协调性和渐进性的特点。

可以看出,"拟人律"不是独立的规律。相反,它完全体现和贯彻了"辅人律"的精神:为了"辅人"而"拟人"。所以,"辅人律"是最根本的科学技术发展规律,"拟人律"是"辅人律"的具体实现。

第三,科学技术的目标学:"**共生律**"。"共生律"的更为完整和更为准确的表述应当是:人类自身的能力与人类通过科学技术的辅助扩展而获得的能力之间,是互补共生的;在这个互补共生的能力内部,创造能力是人类的独特贡献,工作性能的各种能力(速度能力、精度能力、强度能力、持久能力、耐受能力等)则可以通过科学技术的辅助而不断强化。因此,人类的能力是人类自身能力与科学技术辅助扩展的能力两者的有机综合。

"共生律"很好地描述和揭示了科学技术发展的潜力(科学技术能做什么)、限制(科学技术不能做什么)和前景(科学技术的地位归宿),很好地揭示了人类与人类自己所发展的科学技术之间的辩证关系:人类创造科学技术是为了实现"人类从自然力的束缚下不断获得解放",从而更好地提升人类生存与发展的水平。

同样可以看出,"共生律"不是独立的,也不是可以任意解释的。"共生律"完全体现和贯彻了"辅人律"和"拟人律"的精神。"辅人律""拟人律""共生律"三者是一个和谐有机的整体。其中,"辅人律"是根本,"拟人律"是过程,"共生律"是归宿。

基于以上的总结不难理解:在材料科学技术和能量科学技术发展起来之后为什么必然会出现信息科学技术的发展。这是科学技术走向高级发展阶段的必然。正像人类自身的发展,只有当体质能力、体力能力和智力能力都充分发展起来的时候,人类才进入了高级发展阶段;科学技术的发展也是如此,只有当材料科学技术、能量科学技术和信息科学技术都充分发展起来的时候,科学技术才进入了高级的发展阶段。

那么,人们还要追问:为什么信息科学技术会在当今时代登上科学技术的舞台?

其实,科学技术发展的时间进程也同样具有明确的规律。材料科学技术的发展扩展了人类的体质能力,因而推动和促进了农耕时代的发展;能量科学技术与材料科学技术的共同发展扩展了人类的体力能力,因而推动和促进了工业时代的繁荣;信息科学技术、能量科学技术与材料科学技术的共同发展必将扩展人类的智力能力,因而就必然要推动和促进信息时代的蓬勃兴起。换言之,材料科学技术与农耕时代同在,能量科学技术与工业时代同步,信息科学技术则与信息时代同行。

回顾历史,18世纪蒸汽机的发明,标志了能量科学技术开始登上科学技术的舞台,20世纪40年代末信息论、控制论、系统论、计算机、人工智能的相继问世,则标志了信息科学技术的迅速崛起。因此,有理由认为,18世纪以前大体属于农耕时代,18世纪至20世纪中叶大体属于工业时代,而20世纪中叶以后则大体属于信息时代。于是,与信息时代同行的信息科学在20世纪中叶以后登上科学舞台,就是顺理成章符合规律的必然结果。

需要说明,由于信息科学的目标是扩展人的智力能力,而人的智力能力又是如此高度复杂甚至高深莫测,因此,目前所取得的进展以及本书所总结勾画的信息科学仅仅是一个初始的状态,还有更加深刻的课题等待人们不断去研究和探索。人类的智力能力并不是一个固定不变的研究对象。相反,它必将随着社会的不断进步和人类自身的不断发展而更加日益深化。因此,人们对于信息科学理论的研究,必将是一个长期的、只有开端而永无穷尽的开放过程。

## 1.2 信息科学的定义

现代人类所利用的表征性资源是信息资源,与此相应,表征性的科学技术是信息科学技术,表征性的社会生产工具则是基于现代信息技术的智能工具。这是信息科学为什么要在我们这个时代崛起和迅猛发展的原因。

那么,究竟什么是信息科学?怎样准确地定义信息科学?我们可以把信息科学定义为"研究信息现象及其运动规律的科学"。更精确地,我们可以把信息科学定义为:**信息科学是以信息为研究对象、以信息的性质及其生态过程的规律为研究内容、以信息科学方法论为主要研究方法、以扩展人的信息功能(全部信息功能所形成的有机整体就是智力功能)为研究目标的一门科学**。需要说明,定义中所说的"信息生态过程"指的是"信息转换为知识并进一步转换为智能"的过程[81]。这是信息科学理论的重要新概念。下面,我们就上述定义中的各个要点做出具体的说明。

### 1.2.1 研究对象

以信息作为主要研究对象,这是信息科学区别于其他科学的根本特点之一,也是信息科学之所以具有独立的立足点并能够成为一门独立学科的根本前提。信息是一种独立的研究对象,信息也是信息科学最基本也是最重要的概念。关于它的定义、性质和功能,会在后续章节进行深入的探讨和论证。在这里,读者暂时只需要了解如下两个重要层面的信息定义。

- 本体论信息:任何事物的本体论信息,就是该事物所呈现的运动状态及其变化方式。本体论信息的表述者是事物自己,因此,它只与事物本身的因素有关,而与认识主体的因素无关。在更技术化的场合,本体论信息也被称为"客体信息"。
- 认识论信息:任何认识主体关于某事物的信息,是认识主体所感知的关于该事物的运动状态及其变化方式,包括状态及其变化方式的形式(称为语法信息)、含义(称为语义信息)和效用(称为语用信息)。认识论信息的表述者是认识主体,它既与事物本身的因素有关,也与认识主体的因素有关,是认识主体与客体事物相互联系相互作用的结果。在更技术化的场合,认识论信息也被称为"感知信息"。

请读者注意,认识论信息也称为"全信息",因为它同时考虑了事物的语法信息、语义信息和语用信息,是它们三者的有机统一体。读者以前所熟悉的香农信息只是其中的统计型语法信息。还要说明,这里所说的"事物",可以是外部世界的物质客体(包括生物的和非生物的),也可以是主观世界的精神现象;"运动"可以是物体在空间的位移,也可以是一切意义上的变化;"状态"是指事物在特定时空中呈现的相对稳定的状况和态势,"状态改变的方式"是指事物的状态随时空的变化而变化的动态样式。

根据上述信息定义及其说明,可以得到以下基本认识:

第一,信息是普遍存在的研究对象。它无处不在,存在于自然界,存在于人类社会,也存在于人类的思维领域。哪里有事物,哪里有事物的运动,哪里就有事物所呈现的运动状态及其变化方式-本体论意义的信息。

第二,信息与物质既有紧密的联系又有原则的区别。物质是信息的载体,物质的运动是产生信息的基本源泉,但信息只是事物(包括物质)所呈现的运动的状态和状态变化的方式,而不是事物(包括物质)本身。

第三,信息与能量既有密切的联系又有本质的区别。传递信息和处理信息都需要能量,驾驭能量则需要信息;然而,信息是事物所呈现的运动状态和状态变化的方式,能量则是物体做功的本领。

第四,既然本体论信息是事物所呈现的运动状态和状态变化的方式,认识论信息是主体所表述的事物运动状态及其变化方式的形式、含义和价值,那么,人类为了认识事物就必须要获得事物的信息,而为了变革事物则必须利用相应的策略信息。因此,人类认识事物(世界)和改造事物(世界)的过程是一个信息主导的过程。

以上所论述的四点已经清楚地表明:信息普遍存在;信息不同于物质;信息不同于能量;信息作用巨大。由此,就可以得到下面的重要结论:

① 既然人们认识事物(世界)和变革事物(世界)是一类信息主导的过程,那么,为了能够更好地完成认识世界和改造世界的使命,就有必要深入地研究信息科学。

② 既然信息是无处不在的一类研究对象,那么,人们对于信息现象及其运动规律的研究就具有普遍的意义。

③ 既然信息不等同于物质,也不等同于能量,那么,对于信息现象及其运动规律的研究就自然应当成为一门独立的基础性学科。

这里还有两个问题值得思考:

第一,既然上述结论表明信息现象及其运动规律的研究对于人类认识世界和改造世界具有十分重要的意义,那么为什么在人类进入 20 世纪中叶以前,信息科学一直没有进入科学研究的"议事日程"上来?关于这一点,我们将在后续章节给出解释。

第二,注意到:传统自然科学的特定研究对象是物质和能量,而物质、能量和信息乃是现实世界的三大资源,于是,以信息为基本研究对象的信息科学就天然成为传统自然科学无法替代的一门独立的科学。

事实上,传统自然科学(物理学、化学、天文学、地球科学和生物学)领域的各种具体研究对象中都伴随有不同程度的信息因素,但是,传统自然科学所关心的却只是其中的物质和能量对象。典型的例子是对生命遗传及思维规律的研究。虽然遗传和思维的关键机制都是信息的过程,但是传统自然科学却只用物质结构和能量转换的观点去研究它们,只求助于生物解剖等经典方法,因而很难揭示问题的实质。现在,以信息(而不是物质或能量)为研究对象的信息科学登上了科学的舞台,而信息本身又确实是既不同于物质也不同于能量的全新研究对象,于是,信息科学的研究必然会成为一门与传统科学有重大区别的新科学。

### 1.2.2 研究内容

信息科学的基本内容是研究信息的性质及其生态过程的规律。那么,什么是信息生态过程?信息生态过程具有哪些重要的规律?这就要从信息生态过程的模型中寻找答案。

信息虽然是一类极为普遍的存在,但是,最有意义的却是存在于"认识主体与客体事物相互作用过程"之中的信息运动过程。这个信息运动过程乃是信息的生态过程。它的最简模型如图1.2所示。

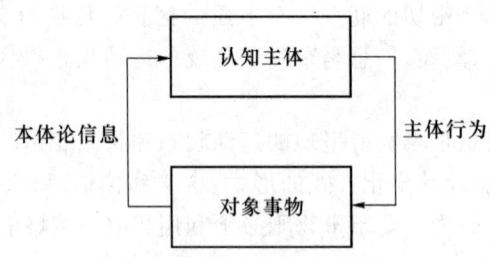

图 1.2 信息过程的最简模型

这个最简的信息过程模型包含了仅由对象事物、认识主体,以及把认识主体和对象事物联系在一起的信息和行为所构成的抽象系统。由最简模型可以看到:首先,对象事物产生本体论信息作用于认识主体;然后,认识主体产生主体行为反作用于对象事物。这就是人类与外部世界相互作用(即人类的活动)的最直观简明的表述。图1.2所示的最简模型虽然很直观,但是,这个模型却使人很难理解:为什么认识主体在收到对象事物的本体论信息之后会产生这样的主体行为?或者说,人们很难从这个模型中看出主体行为究竟是怎样生成的?它与本体论信息有什么样的关系?

显然,有必要把图1.2的最简抽象模型进一步展开,主要是应当把这个认识主体生成主体行为的过程稍作展开,以便考察认识主体生成主体行为的可能机制。于是,可以得到图1.3所示的信息过程**基本模型**。

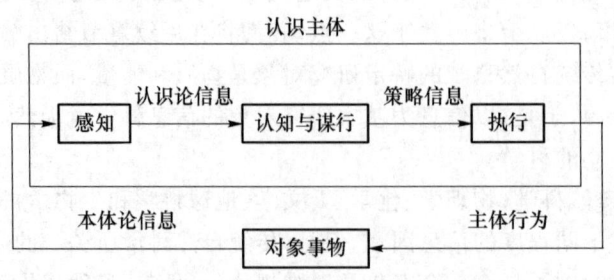

图 1.3 信息过程的基本模型

由最简模型展开成为基本模型是非常自然的,因为任何认识主体都具有感知、认知、谋行和执行的功能。基本模型中认识主体的"感知"功能大体相当于人类感觉器官的功能,"认知与谋行"功能大体相当于人类思维器官的功能,而"执行"功能则大体相当于人类行动器官的功能。可见,这是一个合乎逻辑而且与人类认识主体的能力相适应的信息过程基本模型。

图 1.3 表明:由于外部世界各种对象事物都处在不断的运动之中,因而不断地产生本体论信息(称为"信息产生")。为此,从功能逻辑的角度上设想,为了对本体论信息产生正确的行为响应,认识主体首先应当具有"感知"能力,以便把对象事物的本体论信息转换为主体的认识论信息(称为"信息获取")。认识主体也应当具有"认知与谋行"能力,以便把认识论信息转换为策略信息(称为"信息认知"和"智能谋行")。认识主体还应当具有策略"执行"能力,以便把策略信息转换为主体的行为(称为"策略执行")。

不过,需要注意的是与模型中的"感知"和"执行"两个功能相比,"认知与谋行"功能比较复杂。后者通常被分解为两个前后相继的功能过程:首先,由"认知"功能完成把认识论信息转换为知识的任务(也称为"知识生成"),然后,在目标的引导下由"谋行"功能完成把知识转换为策略的任务(也称为"策略生成")。

顺便说明,在以往文献中,"谋行"被称为"决策"。这其实并无原则上的不妥。唯一可能引起的问题是,"决策"往往被人们理解为"在若干备选策略中选择其中的一个",把本来相当复杂的"决策"误解为简单的"选择"。至于这些策略是如何生成的则被忽略了。事实上,策略的生成是十分重要的:如果不了解策略是如何生成的,那么"选择策略"就存在巨大的盲目性和风险性。为了避免这种"忽略",这里就特别把"决策"改称为"谋行",以此表明:高明的策略在于明智的谋划。全书均采用这一术语。

这样,图 1.3 的信息过程基本模型确实在一定程度上揭示了认识主体生成主体行为的信息机制,包括:①对象事物产生本体论信息;②本体论信息通过主体的感知功能被转换为认识论信息;③认识论信息通过主体的认知功能生成知识;④在目标引导下通过谋行功能把知识转换为策略信息;⑤策略信息通过主体的执行功能被转换为相应的主体行为反作用于对象事物。

于是,与图 1.3 的信息过程基本模型相对应,信息科学应当研究的信息过程的基本运动规律至少包含以下几类:①本体论信息生成的规律;②认识论信息生成(感知)的规律;③知识生成(认知)的规律;④策略生成(谋行)的规律;⑤行为生成(执行)的规律。

此外,在绝大多数的实际场合,认识主体和对象事物之间总存在一定的空间距离,对象事物产生的本体论信息要通过适当的空间传递才能到达认识主体所在位置,并被认识主体所获取。同样,认识主体产生的策略信息也要通过适当的传递才能到达对象事物所在的位置,通过信息执行机制反作用于对象事物。因此,信息过程模型还要包含:⑥信息传递的规律。

还应当指出,基本模型中的上述各个过程之间并非简单地拼凑在一起就能成为一个良性的信息系统,而是需要遵照它们的**生成原理**建立相互联系和相互作用才能形成有机的整体,实现预期的整体功能。不仅如此,在面向各种复杂问题的场合,上述基本信息过程一般都不能保证一个工作回合就能实现目标,而是需要通过反复学习逐次调整的优化过程才有可能实现预期目标。因此,信息过程还要包括:⑦信息的反馈、学习与优化规律。

如果把以上这些讨论考虑进来,再把图 1.3 的信息过程基本模型与执行这些信息功能的认识主体器官功能对照起来,就可以得到如图 1.4 所示的模型。

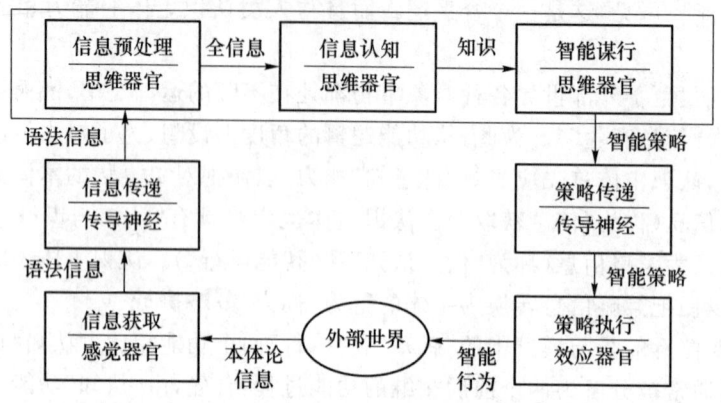

图 1.4　信息过程的基本模型

为了与基本模型相区别,我们把图 1.4 称为信息过程的**典型模型**,它恰好是由人类信息器官(感觉器官、传导神经系统、思维器官、效应器官)共同支持的"人类认识世界和改造世界"活动过程中主体客体相互作用的信息过程模型。

图 1.4 所示的典型信息过程模型表明:当认识主体要与对象事物(即客体)交互时,主体通过感觉器官的"信息获取"功能把本体论信息(即客体信息)转换为语法信息,通过传导神经系统的"信息传递"功能把语法信息从空间的某点传递到另一点,通过思维器官的"信息预处理"功能将语法信息转换为全信息(即认识论信息或感知信息),通过思维器官的"信息认知"功能把认识论信息转换为知识,通过思维器官的"智能谋行"功能把知识转换为反作用于客体的智能策略,最后通过效应器官的"策略执行"功能把智能策略转换成为智能行为,完成认识主体对客体的作用。

这一系列转换过程的实质就是:**由本体论信息生成认识论信息,再由认识论信息生成知识,进而由知识生成智能策略,最后由智能策略生成智能行为**。这个完整的过程就是"**信息生态过程**",其中的"本体论信息、认识论信息、知识、智能策略、智能行为"构成"**信息的生态链**"。这是<u>一切智能信息过程的命脉和灵魂</u>。

信息生态过程和信息生态链的概念告诉我们:整个信息过程不是一串相互独立甚至相互孤立的子过程,而是一个"由信息生成知识进而生成智能"的生态演化过程。换言之,**信息科学的研究不能像信息论(通信的数学理论)那样仅仅停留在语法信息层次,而应是研究全部信息生态过程的基本规律的学科**!

不难看出,从信息过程的"最简模型"(图 1.2)到"基本模型"(图 1.3)再到"典型模型"(图 1.4),信息过程的内容表现得更为细致清晰,信息科学的研究内容也因而表达得更为深刻。需要说明的是,典型模型中输入到"信息认知"单元的信息应当就是基本模型中的认识论信息,而典型模型中"智能谋行"单元输出的策略信息则应当就是基本模型中的策略信息。

如前所说,图 1.4 所示的信息过程典型模型(即信息科学的研究内容),正好也是人类通过自己的信息器官(感觉器官、传导神经系统、思维器官、效应器官)认识世界和改造世界这一活动的信息模型。因此,图 1.4 所示的信息过程典型模型具有特别重要的意义,它把信息科学的研究和人类自身的信息过程天然地对应起来,使人类自身活动信息过程和信息科学研究内容两者交相辉映。相比之下,图 1.2(信息过程最简抽象模型)和图 1.3(信息过程基本模型)的粒度比较粗放,只有图 1.4(信息过程典型模型)的粒度才恰到好处。因此,虽然信息过程的最简模型、基本模型和典型模型所表现的信息过程在本质上是完全一致的,但由于典型模型的解析粒度恰到好处,且与人类信息器官功能能够准确对应,因此,在大多数情况下,全书将使用图 1.4 的典型模型。

这样,对照图 1.4 所表示的信息过程典型模型,就可以把"信息科学基础理论"的研究内容比较合理地归纳为如下方面:①探讨信息的定性本质和定量测度方法。②阐明信息生态过程的基本规律,包括:本体论信息转换为认识论信息、认识论信息转换为知识、知识转换为智能策略、智能策略转换为智能行为的规律,以及误差信息转换为优化策略的规律。③总结和提炼信息科学的方法论。

可见,"信息科学的基础理论"研究已经远远超出了香农信息论(通信的数学理论)的范畴,涵盖了通信科学、计算科学、控制科学、系统科学、人工智能科学、认知科学、思维科学等研究领域,形成了完整的信息科学理论体系。

## 1.2.3 研究方法

由于信息科学具有独特的研究对象和全新的研究内容,尤其是信息科学内容所具有的基础性、深刻性和普遍性,这就决定了必然要形成自己独特的科学观和方法论体系,称为信息科学的科学观和方法论。在科学观方面,一般认为,经典物质科学的科学观是机械唯物论(即把研究对象仅仅局限于物质客体),而信息科学的科学观是辩证唯物论(即把研究对象理解为人类主体与物质客体的辩证统一)。这已获得比较普遍的认可,因此这里就不再详细讨论。在方法论方面,经典物质科学坚持的是机械还原方法论,信息科学的方法论是新近总结出来的信息生态方法论,读者还不太熟悉,因此需要略作说明。

数百年来,经典物质科学所坚持的以"分而治之,各个击破,直接还原"为特征的机械还原方法论曾所向披靡、屡试不爽,为近代科学的发展与繁荣做出了巨大的贡献。然而,这种方法论在信息科学研究领域却失去了效力。这是因为,复杂信息系统的本质是信息过程,它们虽然也由大量子系统构成,但这些子系统之间存在极其复杂的相互作用的信息联系。当把复杂信息系统分割为若干相对简单的子系统时,这些子系统之间的相互作用的信息联系就被割断了。然而,这些信息联系是支撑复杂信息系统工作的命脉和灵魂,正是通过它们才保证了复杂信息系统的整体功能。因此,把系统"分而治之,各个击破"之后,不再可能像机械系统那样实现复杂信息系统的整体"还原"。更甚者,"单纯形式化"是机械还原方法的另外一个弊端,严重限制了人类和机器对研究对象的深入理解,因而无法实现真正的人工智能。

传统科学方法论在信息科学领域失效的最典型例子是"脑与认知科学"的研究。长久以来,人们曾经运用"分而治之,各个击破"的经典物质科学方法论把人类大脑分解为若干部分(解剖)分别进行深入的观察和研究。可是,经典物质科学只关注人类大脑各个部分的物质结构和能量关系而不关注其中的信息过程。因此,即使把分解出来的每个部分的物质结构和能量关系都研究清楚,仍然无法理解为什么"人类大脑能够思维"。根本原因在于,大脑各个部分相互作用的信息过程才是人脑思维机制的命脉和灵魂,大脑各个部分的物质结构和能量关系都是为这个信息过程服务的。丢掉了信息过程的灵魂,怎么可能理解大脑系统思维的奥秘?再有,生成式预训练语言模型(GPT)的主要问题也正在于遵循了"形式化方法",只在形式(语法信息)上做文章,所以没有理解能力,不能生成真实智能。本质上,形式化方法是丢弃概念(信息、知识与策略)的价值因素和内容因素,仅保留形式,导致概念空洞化,于是难以理解,难以生成可理解可解释的智能。

信息系统是人工的生物信息系统,应当从生物领域寻求启迪。因为生物系统大体上都是信息主导的系统,而且经过亿万年的进化形成了稳定的规律。我们知道,为了保持生物品种的多样性、生物物种之间的和谐性、生物整体上的可持续发展性,人们已经形成了一个非常重要的共识,这就是要遵守"生态学"规律。这个规律的基本含义是:**要从保证物种多样性、和谐性和可持续发展性的要求出发,深入研究和处理好各个生物物种之间的相互关联关系,还要深入研究和处理好所有这些生物物种作为一个整体与它们的环境之间相互关联的关系**。

由此可以得到启发:为了保证信息系统的多样性、各信息系统之间的和谐性以及所有信息系统的可持续发展性,信息科学的研究也必须遵循"信息的生态学"。于是,我们就发现了信息科学的方法论,这就是**信息生态方法论**。它的本质特征就是:**强调要研究和处理好信息系统内部各个分系统之间的相互关联的关系,以及整个信息系统与其环境之间相互关联的关系**。

如果对照图1.4的模型,信息科学生态方法论的合理性就更加一目了然。而且,可以发现,信息生态方法论与经典物质科学的方法论构成"<u>相反相成</u>"的关系:经典物质科学方法论强调"<u>分解</u>",信息科学方法论强调"<u>关联</u>"。表1.3列出了两种方法论的对照。

表1.3 两种科学观及两种方法论的对比

| 对比项 | 经典物质科学 | | 信息科学 | |
|---|---|---|---|---|
| 科学观 | 机械唯物论 | 客观存在<br>主客分离<br>孤立封闭<br>静止稳定 | 辩证唯物论 | 现实存在<br>主客互动<br>整体开放<br>动态演化 |
| 方法论 | 机械还原方法论 | 分而治之<br>唯形式化 | 信息生态方法论 | 时空完整<br>内涵完备 |

值得指出的是,能否形成与自己的研究特色相适应的独立完整的科学研究方法论体系,是一个学科是否已经基本发展成熟以及是否能够真正自立于科学之林的极其重要的前提。如果没有与自身研究特色相适应的相对独立完整的科学研究方法论,如果还是完全在原有科学研究方法论体系内活动,那么这门学科就还没有在真正意义上站立起来,它就仍然只能算是原有学科的附属领域。信息科学形成了自己独特的方法论体系,就表明

它真的已经在科学之林站立起来,有了自己独具特色的研究对象、研究内容、研究方法和研究目标。

在形成了信息科学的科学观和方法论之后,还有必要指出一个重要的问题。在研究和认识高级、复杂、开放的信息系统时,应当从信息(而不是物质或能量)的观念出发,灵活运用信息科学方法论的方法,深入剖析信息系统所包含的信息生态过程,揭示它的深刻而复杂的工作机制,从而总结和建立能够充分反映它的工作机制的信息模型来保证这个信息系统的能力。而在实现这种信息系统的时候,则必须审慎考虑系统实现所需要的物质和能量问题。换言之,一个真正的信息系统必须是物质、能量、信息的三位一体,其中信息生态过程是这个三位一体的主导灵魂,物质和能量是为实现信息生态过程服务的。

## 1.2.4 研究目标

现在,我们就来说明信息科学定义中信息科学的研究目标——扩展人类的全部信息功能,后者的有机整体便是智力功能。显然,智力功能是所有科技能力中的制高点,因而是最精彩的篇章,是信息学科最为全面的代表[88]。

根据图1.4所示的典型模型和信息科学的研究内容,可以十分清晰地看出:一方面,随着信息科学研究的不断深入,认识主体(人和生物)在信息获取、信息传递、信息认知、智能谋行、策略执行等各种功能的内在机制将逐步被阐明,这些进展就为揭开包括遗传和思维等在内的各种高级复杂信息过程的奥秘开辟越来越光明的前景;另一方面,人们还将逐渐找到越来越有效的方法在机器上模拟或复现认识主体那些信息功能的工作机制,并在某些方面改进这些机制的工作性能。这就必然会推动大量高级智能信息系统(即人工智能系统)的不断问世。人类将以各种人工智能系统的优异性能来补充、增强或扩展人的各种天然信息功能(即:获取信息的功能、传递信息的功能、认知信息的功能、智能谋行的功能、策略执行的功能,特别是这些功能的有机综合——智力功能),实现人类智能与人工智能的互补共生。

这种前景是必然的,也是可以实现的。只要信息科学确定了以信息作为它的主要研究对象,只要信息科学遵循信息科学方法论抓住信息生态过程的规律并进行深入研究,延长或扩展人的信息功能特别是扩展它们的有机整体——智力功能这个目标就势在必达。信息科学发展的前景,就必然会实现人类与科学技术的"共生律"图景:在材料科学技术、能量科学技术和信息科学技术的共同辅助下,人类的体质、体力、智力能力被有效扩展,人类认识世界和改造世界的能力得到有效的增强,人类从一般体力和脑力劳动中得到有效的解放,人类终于可以把自己的主要精力充分集中起来应对未来更加巨大和更加复杂的挑战,人类与自然界可以充分和谐相处,人类的生存和发展环境得到不断的改善。当然,如前所述,在这个"共生体"之中,人类始终处于主导地位,科学技术则处于辅助的地位。

以上就是我们关于信息科学定义的"研究对象、研究内容、研究方法、研究目标"的分析和解释。通过上述阐述,读者可对信息科学形成初步而清晰的认识,更深入的理解需结合后续章节展开。

在结束"信息科学定义"的讨论之前,有必要对读者所特别关注的一个问题——"信息科学"与"香农信息论"之间的联系与区别——作出简要的归纳。

显而易见,信息科学与香农信息论之间的联系是:它们两者都以信息为自己的研究对象,虽然前者研究的是包含语法信息、语义信息、语用信息在内的全信息,后者研究的只是统计性的语法信息。它们之间的区别,无论在研究对象,还是在研究内容、研究方法和研究目标上,都颇不相同。它们之间的详细比较将在本书后续章节展开讨论,简略的对比则可以参见表1.4。

表1.4 信息科学与香农信息论的区别

| 对比点 | 信息科学 | 香农信息论 |
| --- | --- | --- |
| 研究面向 | 以智能为核心的整体信息系统 | 通信系统(整体信息系统的一部分) |
| 研究目标 | 扩展智力功能 | 扩展信息传递功能(智力功能的一方面) |
| 研究对象 | 全信息 | 统计语法信息(全信息的一个特例) |
| 研究内容 | 信息生态过程的规律 | 信息传递过程(全过程的子过程)的规律 |
| 研究方法 | 信息生态方法论 | 统计方法(原有方法) |

可以看出,最核心的区别是:信息科学与香农信息论的研究面向和研究目标不同,也就是两者的学科定位不同。

由于研究面向和目标不同,两者在研究对象、研究内容和研究方法上均产生了重大的区别,进而导致两者对于信息的概念理解、描述方法和定量测度方法的不同。信息论面向通信系统,因此只需要研究统计型语法信息,完全不需要关心非统计型语法信息,更不需要关心语义信息和语用信息,而且只需要研究信息传递过程的有关规律。信息科学面向以智能为核心的整体信息系统,就必须研究作为统计和非统计语法信息、语义信息、语用信息三位一体的全信息,研究全信息在全部信息过程的规律。从图1.4的信息过程典型模型可以很清楚地看出:信息论(信息传递)是信息科学(全过程)的一个组成成分。

总之,与传统科学不同,信息科学首次将信息推上了科学舞台,使它与物质和能量并肩而立,并以崭新的观念和方法丰富了科学体系。信息科学的崛起,使以物质和能量两者为中心的传统自然科学观让位于以信息、能量和物质三者为中心的现代科学观,使力量型的科学发展成为智慧与力量相结合的科学,使以解放人类体力劳动为目标的传统科学转变为以解放体力和智力劳动为目标的现代科学。总之,信息科学的兴起大大地完善了现代科学的结构,极大地优化了整个科学的内容和方向,改变了科学发展的图景和科学的思维方式。

# 1.3 信息科学的发展回顾

信息科学的历史是人类认识信息和利用信息的历史。认识信息和利用信息密切相关。按照一般的规律,要充分而有效地利用信息,首先必须深入而全面地认识信息。利用必须建筑在认识的基础上,认识的深度决定了利用的水平。当然,随着信息认识的深入,利用的能力和水平就不断提高。

如前所说,在20世纪中叶以前信息科学一直处在原始和经验的状态。而人类真正自觉地认识信息问题并开始触及信息的本质,始于20世纪40年代后期。理论上最主要的标志是香农的论文《通信的数学理论》[34]和维纳的专著《控制论：动物和机器中的通信与控制理论》(简称为《控制论》)[40]。因此，关于人类认识和利用信息的历史可以粗略地以 20 世纪中叶为界进行划分，这被视为现代信息科学的分水岭。在此之前，人类不自觉地认识和低水平地利用信息；在此之后，人类才逐渐走向自觉地认识和高水平地利用信息的阶段。

按照这样的划分，这两个历史阶段的特点有明显的差别。近代以前，人类在信息的认识方面几乎没有什么重要进展，对信息的利用水平低且进展缓慢；近代以来，人类在信息的认识方面有了重大的突破，对信息的利用也开始在高水平层次上展开。针对这种特点，对于近代以前的阶段，本节只粗略地提及若干信息利用的情况；而对近代(特别是 20 世纪中叶以来)则同时叙述信息认识和利用的主要进展。

由于信息与人类的生存休戚相关，人类总是在不断地同信息打交道，不断地利用信息来为自己的生存和发展服务。因此，在近代以前，虽然人类在理论上对信息还没有什么深入的理解和认识，但是对信息的利用却从来也没有停止过。只是那时的利用还是低水平的，不自觉的。即便如此，在漫长的人类进步历史上，人类还是创造了不少的方法来利用各种各样的信息手段为自己的生存和发展服务。例如，为了更好地表达信息，人类创造了语言；为更好地记录信息，又创造了文字；为了有效地储存信息，创造了纸张和印刷术；为了更快速地传递信息，创造了烽火接力通信；为了处理(如运算)信息，创造了算盘；为了获取方位的信息，发明了指南针。总之，无论在信息的表达、存储还是在信息的传递、处理、隐蔽和识别方面，人类都曾有过不少的创造，它们都是人类信息器官功能的最初步最原始的延长，也可以说是信息技术的最原始的萌芽。

进入近代，工业革命(特别是电的发明与应用)为信息科学技术的发展创造了良好的条件。现代社会的信息技术(如电话、电视、计算机等)均有赖于电和电子技术的发展和应用。而近代和现代社会的大规模生产和社会活动的展开，则成了现代信息科学技术的"助产士"。尤其是第二次世界大战，世界上所有的大国几乎都全力以赴地投入了战争，投入了这场人力、物力、财力和科学技术的全面的竞争和较量。可以想象，战争的双方为了掌握主动，赢得胜利，除了要具有丰富的物质和强大的能量，还必须能够最有效地利用信息。正因为这样，通信技术、雷达技术、火炮自动控制技术以及计算机技术就在战争中迅速发展起来。现代信息技术和信息科学的主要奠基人香农和维纳以及冯·诺依曼等科学巨人当时就分别在通信、控制和计算机等领域活跃地工作着。他们在战时所开创的工作，终于在战后不久开花结果：第一台现代电子计算机于 1946 年诞生、信息论和控制论分别于 1948 年和 1946 年问世。

在这一时期，人类在信息的认识方面取得了重大的进展。香农接受了哈特莱在 1928 年提出的关于信息的形式化的思想，并把他的信息度量公式推广到更有意义的情形[18]。香农实现了两点重要的突破：第一，他认识到通信工程与信息的语义无关；第二，通信系统所处理的信息本质上是随机的，因此必须采用非决定论的统计方法来处理问题。这样，他就找到了形式化的概率论的工具，导出了信息传输率的表达式、信道容量公式以及在允许一定失真条件下信源的信息率公式。人类就在历史上第一次如此清晰地认识和把握了通信技术的本质，初步认识和把握了信息及其传递的规律。正是因为这一理论的巨大成功，也因为这一理论解决了通信信息的度量方法和信息传输的基本规律,后来人们索性就把香农所创建的"通信的数学理论"更名为"信息论"。随后,信息论在通信之外的学科也大量而广泛的应用。所有这一切成就使香农信息论在概率信息范畴内日臻成熟和完善起来。

近年来,信息学的理论与方法不仅被用于重新理解物理学、解释生物学和化学,还被拓展至心理学、生理学、管理学、社会学等领域。除了在信息度量和信息传递方面取得了巨大进展以外,信息处理、信息提取和信息识别等领域的研究工作也取得了长足的进展。

到目前为止,人们对信息的认识已经前进了一大步。无论是对于信息的本质,对信息的度量方法,还是对包括信息的转换、存储、记录、传递、提取、检测、识别和处理的规律等信息运动变化的一般规律,都有了一定的理解和进展。一方面,人们不断完善原有的概率信息理论;另一方面,人们也对广义信息论的基本问题进行了认真的探讨[107]。这就是近代以来信息认识发展的简要历史与现状。

近代以来,信息利用涉及的内容太多,包括:利用各种传感系统来获取信息;利用通信网络和互联网来共享信息;利用高速计算机来处理各种信息;特别是利用信息与通信技术推进全球经济和人类社会的信息化;等等。这些领域的应用进展空前宏大,难以详叙。鉴于读者对于这些领域的应用进展情况较为熟悉,本节将主要考察利用信息来控制系统和优化系统这两个新领域的理论,即控制论和系统论。正是信息论、控制论和系统论三者一起,构成了信息科学的基础理论,并且成为信息科学方法论的精髓,同时也是整个现代科学研究的方法论基础。

对于一切活的机体,特别是对于人类来说,控制和信息是不可分割的。也就是说,要实现有效的控制,就必须具有足够的信息。反之,人们希望获得信息,往往是为了要实现某种控制。因此,控制问题的历史和信息问题的历史一样,都可以追溯到远古的时代,只是由于当时人类社会的生产力水平低下,那种社会生产实践的深度和广度对人的信息控制能力的要求不高,人类仅仅凭借自己天赋拥有的信息与控制能力就足以与大自然周旋,因此,延长信息控制功能的需要没有成为矛盾的焦点,信息与控制科学的问世才推迟到现代。

控制论这门科学是在第二次世界大战期间得到快速发展的。它的基本理论是由维纳在他的名著《控制论:或关于动物和机器中控制和通信的科学》一书中奠定的。这部控制论的奠基性著作和香农的信息论的开创性论文《通信的数学理论》同在1948年问世,这不完全是一种巧合。事实上,他们两人在各自创立信息论和控制论的前后,都几乎在信息领域内工作。维纳活跃在自动控制、通信、计算机和生物学领域,香农则在自动机、博弈论、布尔逻辑、计算机、学习机与通信等领域发表了众多出色的研究成果。统计方法和反馈理论是控制论最重要的两个理论支柱。如果说统计方法是与信息论双方所共有的,那么,反馈理论特别是反馈机制在生物体和非生物体中的类比则是控制论特有的贡献。由此,控制论作为关于在动物和机器中控制和通信的科学的特征就明确了。

系统论的早期发展是与生物学联系在一起的。在生物学的发展史上,流行过一种机械决定论或还原论。这种理论把生物问题简化为物理和化学问题,纯粹用物理和化学的原因来解释生物的生理现象和心理过程,并认为一种原因只能产生一种特定的结果,而一种结果也只能来自一个原因。20世纪30年代中期,奥地利生物学家贝塔朗菲指出了机械论的错误。他提出了一些新的见解和观点,其中主要包括:第一,一切有机体都是有机的整体,于是,"复杂现象大于因果链的孤立属性的简单总和。解释这些现象不仅要通过它们的组成因素,而且要考虑到这些因素(也叫要素)之间的联系的总和";第二,任何活的系统都是与环境发生不断的物质交换和能量交换的系统,因此,不仅要从系统本身来解释这些系统的行为,还必须从生物体与环境之间的相互作用的过程来解释生命的本质;第三,各种有机体都是按照严格的等级结构组织起来的,生物系统是分层次的。大约在20世纪40年代中期,贝塔朗菲把他的这些观点归纳成为"一般系统理论",并于1968年正式出版了题为《一般系统理论:它的基础、发展和应用》的专著[26]。

与一般系统论形成差不多同一时期,在工程技术领域也孕育着一门新的技术理论,它后来定名为系统工程[55]。这种理论把对象作为某种系统来考虑,建立并发展了一种用来组织各种系统的规划、研究、设计、制造、试验、使用和改进的具有普遍意义的科学方法。系统工程方法要求具有明确预定的系统目标和系统功能,要求系统各个要素之间、各要素与系统整体之间、系统与环境之间相互协调,使系统的整体性能达到最优。系统工程的数学基础是运筹学,主要包括规划理论、决策理论、排队理论、网络理论、博弈论(也叫对策论)等重要分支。

20世纪70年代,系统论思想获得了新的补充和重大的发展,这就是比利时物理学家普里戈津等人提出的耗散结构理论[28]和德国科学家哈肯提出的协同学(Synergetics)理论[17]。这两种理论都着意于研究系统如何由无序状态转化为有序状态,实现系统的自组织,探讨实现系统自组织的条件、可能性、规律性和相应的机制,从而触及了系统论最本质、最重要、也最有普遍意义的问题。

耗散结构和协同学这两个方向的研究者们所提出的问题无疑具有非常深刻的意义。事实上,系统由无序转化为有序的问题是一切系统理论的核心问题。耗散结构学说和协同学理论所给出的解答是系统理论发展过程中的新的里程碑。不过,也需要指出,这两种理论仅仅讨论了在系统由无序状态向有序状态转变过程中开放系统与外部环境之间进行物质和能量交换的作用,没有指出信息(负熵)在其中所扮演的重要角色,这多少有点令人遗憾。

由于历史的原因,1978年以前我国在信息科学领域基本处于跟踪学习的状态。这一时期,蔡长年教授和王润生教授于1962年出版了《信息论》[76]一书,在我国学术界首次对信息论进行了比较系统的介绍。1988年,周炯槃教授出版了《信息理论基础》[52]。这是我国学者对信息论及其数学基础所做出的最为系统而深入的阐述,得到了我国学术界的好评。学术界认为,这部著作的出版,标志着我国信息论的研究工作已经达到当时的国际水准。

关于信息科学的研究始于20世纪70年代末[84,86],钟义信教授认识到在通信领域如此完美的信息论却不能适用于更为广泛的信息领域(特别是不能适用于智能领域)而萌生的研究动机。它的基本特征是突破信息论的限制,建立适用于包括信息获取、信息传递、信息处理、信息认知、信息再生(决策)、信息执行在内的整个信息过程的信息新理论。由于当时研究条件的局限,我国信息科学的起步研究是完全独立进行的。

此后，信息科学逐渐在我国学术界引起注意。特别是自 1980 年以来，本学科领域的学术带头人冯秉铨、蔡长年、周炯磐等纷纷发表论文，使信息科学成为颇受关注的新兴学科。信息科学的研究内容也从学科的定义、范围、意义的研究深入到信息科学基本理论与基本原理的研究[53,75,82,85,87]。

随着研究内容的深化与展开，信息科学逐渐引起计算机科学、图书馆学、情报学、系统科学、控制科学、人工智能、哲学、医学、生物学、神经科学等众多学科研究人员的关注，形成了以信息科学为核心的交叉科学研究。信息研究的学术思想日益活跃，促进了我国学术界对信息科学的认识不断深化[33,51,72,77,81,91,92,103,106]。

以上我们回顾了关于信息科学发展过程中若干主要历史事件和发展线索。从这些简要的历史注记中，我们可以得到如下具有重大意义的启发：①信息科学的产生和发展并非偶然，而是人类生产实践、社会活动和科学研究发展到一定深度和广度的必然产物；②信息科学的崛起是科学观念和自然科学方法论发展到一定阶段的必然产物；③信息科学的崛起标志着自然科学发展史上一次伟大的革命。

# 第 2 篇

# 信息科学基础

本书第 1 篇从宏观角度阐述了信息科学的总体观念,分析了信息科学发展的学术背景与前景,剖析了信息科学对现代科学提出的严峻挑战,论述了信息科学为什么对于现代科学技术以及现代经济和社会具有如此巨大的冲击力与震撼力。本篇将对信息科学的基本概念和基础理论深入地展开研究。具体来说,第 1 章已经指明:按照信息科学的定义,现有的香农信息论是面向通信系统的信息理论,属于统计性语法信息理论。因此,无论在深度上还是广度上它都不能承担信息科学的重任。换言之,信息科学的理论基础和学术体系必须站在新的学术高度,以新的学术视野重新构建。

鉴于香农信息论已在通信领域获得巨大成功这个基本事实,创建信息科学理论基础的时候必须正确认识和对待香农理论。为此,本篇需正确回答:为什么广为流传的香农信息概念不能成为信息科学的基础概念?它的基本问题和局限性表现在哪里?为什么本篇将要提出和建立的"全信息"概念是正确的和必要的?与香农信息概念相比它的优势在哪里?为什么广泛认可的香农信息论不能成为信息科学的全部理论基础?它的根本缺陷究竟在哪里?既然香农信息概念和以这个概念为基础的香农信息论已被半个多世纪的科学研究和技术应用证明是可用的,至少在通信领域是正确的,那么,"全信息"概念和以它为基础所建立的"全信息理论"与香农信息概念和香农理论之间的相互关系是什么?是全面的否定、全面继承,还是继承与创新并存?这些都是必须明确回答的基本问题。

第 2 章着力探讨信息的基本概念,特别着意阐明"全信息"的定义和内涵,研究信息的基本性质和特征,论述"全信息"的科学分类,以及对于各类信息的描述方法,讨论香农信息与"全信息"的关系,澄清一些关于"全信息"概念的疑问和误解。进而,本章将探讨信息的定量测度方法,在香农信息测度理论的基础上,根据面向智能和信息全过程研究的需要,突破香农信息测度方法的局限,形成语法信息的统一测度,特别是解决"全信息"测度的理论和方法,为后续研究信息全过程的运动规律和基本原理奠定理论的基础。

# 第 2 章　信息：信息的概念、性质和分类

任何一门科学都有它自己的基本概念。传统自然科学的基本概念是物质和能量，而信息科学的基本概念是信息。信息既是信息科学的出发点，也是它的归宿。具体地说，信息科学的出发点是认识信息的本质和它的运动规律；而信息科学的归宿则是利用信息及其运动规律来解决各种实际的问题，实现人们追求的各种具体的目标。

认识信息的目的是更好地利用信息；而利用信息又有助于进一步加深对信息的认识。这是认识论的一个基本规律。具体来说，人们对于信息的认识越是透彻，对信息的利用就会越充分和越合理；而信息被利用得越是充分，又会发现和提出更加深刻的课题，促进人们对信息的进一步研究和认识。这是一个良性的循环过程，或者是螺旋式上升的过程。

从目前的发展情况看，由于信息科学（而非信息论）刚刚从经验中脱胎出来，人们对信息的理解和认识还远没有达到炉火纯青的地步。一个最为明显的事实是，学术界已提出上百种信息定义，而且数量仍在增长。这表明，人们对信息的概念还没有形成共识。当然，这些定义大多数是有意义的悉心探索，但无可避免地也有一些是主观的臆想和肤浅的推断。

有比较才有鉴别；有分析才能深化。为了便于读者通过比较和分析去探求信息的实质，实现由表及里和去伪存真，也为了扩大读者的眼界，活跃读者的思路，本章前半部分将首先从历史角度分析信息定义基础上，阐明本书对于信息的理解，给出本体论信息和认识论信息的概念。本章后半部分将论述信息的主要性质、特征、功能、分类与描述。

所讨论的信息基本定义、主要特征、性质、功能、信息的分类和描述方法，大体上都属于信息理论的"定性"讨论范畴。有了这些研究的基础，就为本章进一步研究信息的定量问题准备了条件。

由于以往信息理论的研究一直以通信工程为背景，而通信工程是不考虑信息的语义和语用因素的，因此信息理论的研究工作一直是围绕着概率型语法信息这个层次来展开的。只是到了20世纪50年代的后期，随着计算机技术的发展和应用，语义信息研究才开始受到关注。在这之后，人们利用计算机和信息理论来研究人工智能和决策问题，于是不可避免地要涉及语义和语用信息的问题。显然，这种发展过程完全符合"由表及里，由浅入深"的认识规律。从目前发展的水平来看，信息度量方面比较成熟的理论大致还是在统计型的语法信息方面。

所谓信息的度量问题，就是指从量的关系上来精确地刻画信息。从定义到性质，从描述到度量，这些内容构成了信息科学的主要基础。一方面，通过对定义和性质的讨论可以从定性方面来理解信息；另一方面，通过对描述和度量的研究则可以从定量方面来把握信息。只有同时从定性和定量两个方面来把握信息，才能为进一步探讨信息的各种运动规

律奠定必要的基础。应当明确,定性研究和定量研究是科学研究过程中相辅相成的两个方面,二者缺一不可。本章正是从定性和定量两个研究角度来讨论信息这个基本概念的。信息度量问题之所以特别重要,就在于它是整个信息科学体系得以真正建立起来的根本理论基础,是整个信息科学大厦的重要基石。如果不能对信息进行定量的度量,那么要解决信息科学的理论问题是不可能的。信息度量对于信息科学的重要性同重量、长度和力的度量对于力学、机械学的重要性十分相似。为此,本章后半部分将讨论解决信息的度量问题。

与一般的数学应用原理相同,信息定量描述的方法只能建立在对信息本质认识的基础上,对信息的本质有什么样的认识,就会产生什么样的度量方法;而对信息本质在认识上的前进,迟早会导致新的度量方法的出现;认识越深入,方法就会越合理、科学。因此,信息定量描述的方法既受制于人们对信息本质的认识水平,也受制于所拥有的数学方法。本章的后半部分将按照人们对信息认识的发展过程来介绍一些现有的信息度量方法,这一过程恰巧同信息科学发展的时间顺序完全对应。此外,我们将尽力把信息定量描述方法的物理模型和数学模型结合起来,使读者对各种度量方法的实质有更好的了解。

通过本章的讨论和分析,读者将能对信息的定义、本质和描述方法获得比较清晰和系统的把握,对信息的定性和定量分析方法有明确的掌握,为后面各章的讨论打下坚实的基础。

## 2.1 信息的核心概念

我们希望通过历史上关于信息的定义和讨论,采用对比分析的方法,在众说纷纭的"定义"乱麻中理出头绪,抓住要领,澄清对于信息的认识,以便建立科学的信息概念,从定性和定量两个方面来把握信息的实质。

### 2.1.1 信息定义的方法

信息最早是由通信科学家和工程技术人员在通信工程领域正式研究和利用[9,18,34,52]。通信工程的本质是传递信息,通信科学技术工作者时刻与之打交道的就是信息。为了深入研究通信的问题,为了实现有效可靠安全的信息传递,他们必须研究信息的本质及其度量的方法。

早期通信工作者对信息的理解是相当肤浅的,他们只把信息看作是消息的同义词。这种认识有很长久的历史渊源。例如,唐代诗人李中在他的诗作《暮春怀故人》中就有"梦断美人沉信息,目穿长路倚楼台"的诗句。其中"信息"一词就是音信、消息的意思。类似地,在西方出版的许多文献著作中,"信息"(Information)和"消息"(Message)两词也是互相通用的。电信技术出现以后,上述认识衍生出"信息就是信号"的说法。计算机技术出现以后,又派生出"信息就是数据"的说法。此外还有人将信息视作情报。

更进一步的认识是把信息理解为广义通信的内容。美国数学家、控制论的主要奠基人维纳在1950年出版的《控制论与社会》[42]一书就是这样阐述信息的涵义。维纳把人与外部环境交换信息的过程看作是一种广义的通信的过程。这当然是没有问题的。因为广义的通信本来就可以泛指人与人、人与机器、机器与机器、机器与自然物、人与自然物之间的信息传递与交换。然而,维纳所理解的信息仍然不够确切,因为人与环境之间互相交换的内容不仅包括信息,也包括物质与能量。如果将其统称为信息,岂不是把信息与物质及能量混为一谈!

1928 年,哈特利在《贝尔系统技术杂志》(The Bell System Technical Journal)[18]上发表了一篇题为《信息传输》的论文。在这篇论文中,他把信息理解为选择通信符号的方式,并用选择的自由度来计量这种信息量的大小。他认为,发信者所发出的信息,就是他在通信符号表中选择符号的具体方式。例如,假定他从符号表中选择了这样一些符号:"I am well"(包括空格),他就发出了"我平安"的信息;如果他选择了"I am sick"这些符号,他就发出了"我病了"的信息。发信者选择的自由度越大,他所能发出的信息量也就越大。例如,假定发信者只能从含有"0"和"1"两类符号的符号表中选择符号,而且规定他发出的每个"字"只能由一个符号组成。显然,在这个限制下他的选择自由度很小。他所能发出的不同的"字"只有 0 和 1 两个。如果放松限制,规定每个字可以由两个符号组成,那么他可能发出的不同的"字"就有 4 个:00,01,10,11。因此,它们所能载荷的信息量就比原来增加了。如果进一步放松限制,使符号表的符号数也可以增加,比如,由原来的(0,1),增加为(0,1,2),那么他的选择自由度就更大了,在同样长度为 2 的限制下,他可能发出的不同的"字"的数目就增加到 9 个:00,01,02,10,11,12,20,21,22。此外,哈特利还注意到,选择的具体物理内容无关紧要,重要的是选择的方式。这就是说,不管符号代表的意义是什么,只要符号表的符号数目一定且"字"的长度一定,发信者所能发出的信息的数量就被限定了[18]。哈特利的这种理解能够在一定程度上解释通信工程中的一些信息问题。但是,它也存在一些严重的局限性。首先,他所定义的信息不考虑内容和价值,只考虑选择方式;其次,也没有考虑到信源所具有的统计性质。这些缺点使它的适用范围受到很大的限制。

控制论的另外一位奠基人英国的精神病理学家 Ashby 在《控制论导引》一书中对信息提出了另外一种理解。他首先引入了"变异度"的概念。他定义,一个集合所包含的元素的数目以 2 为底的对数就称为这个集合的变异度。然后,他把这个变异度的概念当作信息的概念来使用[4]。

1948 年,在哈特利发表对信息的研究成果之后 20 年,美国数学家香农在《贝尔系统技术杂志》发表了一篇题为《通信的数学理论》的论文[34]。文章以概率论为工具深刻阐述了通信工程的一系列基本理论问题,给出了计算信源信息量和信道容量的方法和一般公式,得到了一组表征信息传递重要关系的编码定理。虽然文中并没有直接给出信息的定义,但是在进行信息的定量计算的时候明确地把信息量定义为随机不确定性程度的减少。这就表明了他对信息的理解:信息是用来减少随机不确定性的东西。随机不确定性是指由于随机因素所造成的不能肯定的情形,在数值上可以用定义在概率分布上的"熵"来计量。于是,香农的信息定义也可以表述为:信息就是使得熵减少的东西。

根据这一思想,法裔美国科学家布里渊在他的名著《科学与信息论》一书中直截了当地指出,信息就是负熵。并且,他还构造了一名词 Negentropy(由 Negative 和 Entropy 合成)来表示负熵的概念[8]。正是利用了这个观点,Brillouin 成功地驱除了名噪一时的麦克斯韦妖。其实，维纳在1950年出版的《控制论与社会》[42]一书中就曾经指出：“正如熵是无组织程度的度量一样，消息集合所包含的信息就是组织程度的度量。事实上，完全可以将消息所包含的信息解释为负熵”。

所以，信息"是组织程度的度量"，"是有序程度的度量"，是"负熵"，是"用以减少随机不确定性的东西"，这些都是香农、维纳、布里渊等人对于信息的共同理解。这些认识比仅仅把信息看作消息或通信内容要深刻得多。而且，在数学上很容易证明：哈特利的信息概念仅是香农信息概念在等概率信源条件下的一种特殊情形。

不过也应指出，尽管香农等人的信息概念比以往的认识有了巨大的进步，毕竟还存在严重的缺陷。第一，作为香农信息概念的直接基础，《通信的数学理论》一文曾经明确地指出："通信的任务是在接收端复制发送端所发出的波形，至于它的内容含义，因与通信工程无关，所以可以舍去。"可见，香农理论中的不确定性纯粹是波形形式上的不确定性，相应的信息概念也是纯粹的形式化的概念（文献中称为语法信息）。这样的信息概念排除了信息的含义因素（文献中称为语义信息）和价值因素（文献中称为语用信息）。因此，在那些需要考虑信息的语义和语用因素的场合（如研究智能理论的场合），香农理论就无法得到应用。第二，在考虑语法信息的不确定性上，香农信息的概念只考虑了随机型的不确定性，整个理论仅仅建立在概率统计基础之上。因而，这一理论也就不能很好地解释其他类型的不确定性（如模糊事件的不确定性等）相关的信息问题。

上文讨论了历史上人们关于信息的各种典型观点，我们看到了其中的争论和不足，发现了他们并没有触及信息的本质和核心，那么我们不禁要问：究竟应当怎样科学地定义信息的概念呢？既然信息是一个复杂的研究对象，而且已经出现了各种各样的不同理解，那么，十分有必要首先探讨定义复杂概念的一般方法。只有运用了符合科学规范的复杂概念定义方法，才有可能获得正确的信息定义。

从历史上人们对信息定义的讨论中可以得到一个重要的启示：为什么不同的研究者提出的信息定义各不相同？合理的答案是：因为他们或者具有不同的知识背景，或者具有不同的观察角度，或者具有不同的研究目的，因而他们在定义信息的时候自觉或不自觉地受到了各自的知识背景、观察角度、研究目标的限制。我们把这些"知识背景、观察角度、研究目标"综合起来称为研究所遵循的约束条件。正是由于他们在研究信息和提出自己的信息定义的时候，分别依据了各不相同的约束条件，于是就必然会得到各自不同的理解。

其实，人们从不同的约束条件出发研究同一个对象就会得到不同的定义，这种情形非常自然也非常普遍。例如，一束白光通过棱镜系统的时候，由于白光中各种不同波长的分量通过棱镜的时候所产生的偏转角度不同（不同约束条件），于是就会在棱镜系统输出端产生"红-橙-黄-绿-青-蓝-紫"的七色光谱。同样，从不同的角度观察一个人将得到不同的印象：他的背面、侧面以及正面的形象等。

显然，每一种观察角度所得到的印象都能在一定程度上反映被观察事物的性质。但是，只有把各个角度所观察到的结果综合起来才能得到被观察事物的全部性质。正如七色光的每一种色光都从一定的角度反映了白光的一部分性质，但所反映的都不是白光的全部性质。因此，人们不能用某种单色光来代替白色阳光，而必须有整体"光谱"的认识才全面。

可见，产生不同信息定义的根本原因是各种定义所依据的约束条件不同。约束条件的多样性是导致信息定义出现"智者见智，仁者见仁"现象的本质原因。所以，人们看到的各种"信息定义"都是各种约束条件下的信息性质的表现。而值得特别关注的却应当是产生这些形形色色信息定义的内在根源——这些信息定义所依据的"约束条件"。可以大胆地设想，如果能够按照某种准则把这些各不相同的约束条件有序地排列起来，应当就可以得到各种信息定义的有序排列，就像光谱的情形那样。

那么，进一步需要问：什么东西可以成为排列这些信息定义约束条件的合理准则呢？不难理解，由于信息定义约束条件的基本作用是约束了信息定义的内涵，限制了信息定义的适用范围，因此，**一个比较恰当的信息定义约束条件排序准则，可以是约束条件的"约束强度"**。如果信息定义约束条件的约束强度比较弱，那么，在这种条件约束下所得到的信息定义的内涵就会具有比较普遍的性质，定义的适用范围也就会比较宽广。反之，如果信息定义约束条件的约束强度比较强，那么，在这种条件约束下所得到的信息定义的内涵就会具有比较特殊的性质，定义的适用范围也就会比较狭窄。

这样，按照信息定义约束条件的"约束强度"准则，就可以对各种各样的信息定义做出系统性的梳理。具体来说，依据定义约束条件的"约束强度"准则，运用系统分析的方法，就可以从复杂纷繁的信息定义乱麻中理出定义的"序"。在此基础上，如果把约束强度最弱（对应于最具普遍性的内涵和最具广泛性的适用范围）的信息定义排在最前面，把约束强度最强（对应于最具特殊性的内涵和最具特定性的适用范围）的信息定义排在最后面，就可以得到一个有序的"**信息定义的谱系**"[97]。

颇为有趣的是，"信息定义的条件约束强度准则"对于"信息定义谱系"的作用，可以在某种意义上类比于"元素的原子价和原子量准则"对于"元素周期表"的作用。按照"条件约束强度"可以得到信息定义的谱系，按照"元素原子价和原子量准则"可以得到元素的周期表。根据这个思路，或许也可以借鉴元素周期表的思路，利用信息定义条件"约束强度"准则在"信息定义谱系"的那些空白位置上创造出新的信息定义，使得信息定义的谱系更为完善。

## 2.1.2 信息定义的谱系

上一小节中，我们已经给出信息定义的谱系这样一个思想出发点。本小节将更细致地讨论信息定义的谱系以及它给刻画信息这一个基本概念带来的印象，并详细讨论两种特殊的信息。

从研究工作的逻辑性和实际需要来看，最有意义的信息定义约束条件有以下四种基本情形。

① 本体论信息，当条件约束强度为空时的信息。如果定义信息的时候不存在任何人为的约束条件，没有丝毫限制或任何修饰，在这样的"条件（其实是无条件）"下得到的信息定义，就应当是人们所熟悉的本体论层次的信息定义。这是最基本也是最重要的信息定义。

② 认识论信息，当条件约束强度最弱时的信息。研究信息问题可以存在许多各不相同的约束条件。其中强度最弱的约束条件（同时也是最有意义的约束条件）就是"存在认

识主体"。如果定义信息的时候只存在这个唯一的约束条件,也就是必须从主体的立场出发来定义信息,这样得到的信息定义就称为认识论层次的信息定义。当然,如果要保持"条件约束强度最弱",这里的主体就必须是最具一般性的正常主体(具有正常的观察、理解和目的判断等能力),而不能有任何其他附加约束条件(如还不具有理解能力的幼儿)。显然,认识论信息的内涵不具有本体论信息的内涵那样的普遍性,适用范围也不具有本体论信息的适用范围那样的广泛性,因为它必须满足"认识主体"这一条件的约束。

③ 各种特殊的认识论信息,当条件约束强度非最弱时的信息。如果对认识论层次信息定义的约束条件(主体)施加更强的约束,那么在这种更强约束条件下就会得到内涵更特殊、适用范围更狭窄、层次更低下的信息定义,我们称之为某种特殊的认识论信息。例如,若给主体增加了"通信工作者"的领域约束,那么得到的信息定义就是通信信息(香农信息)的定义。它是一种特殊的认识论信息,比正常认识论信息的内涵更特殊、适用的范围更狭窄、层次更低下。类似地,主体施加其他的约束,就得到其他的特殊认识论信息。

④ 最特殊的认识论信息,当约束条件强度最强时的信息。从逻辑上说,如果对认识论层次信息定义施加一切可能的(最完备的)约束条件,那么在这样完备的约束条件下就会得到内涵最为特殊、适用范围最为狭窄、层次最为低下的信息定义,称为某种最特殊的认识论信息。

综合以上,就可以得到如表2.1所示的信息定义谱系。

表 2.1 信息的定义谱系

| 约束条件 | 定义名称 | 所属层次 | 适用范围 |
| --- | --- | --- | --- |
| 无 | 本体论信息 | 最高 | 最广 |
| 最弱 | 认识论信息 | 次高 | 次广 |
| … | … | … | … |
| 较强 | 较特殊的认识论信息 | 较低 | 较小 |
| … | … | … | … |
| 最强 | 最特殊的认识论信息 | 最低 | 最小 |

表2.1列出了四种代表性的信息定义。为了避免误解,我们可以把认识论信息称为**一般认识论信息**,而把层次更低的那些认识论信息称为**某种条件下的特殊认识论信息**。不过为了行文简洁期间,"一般"二字通常省略。进一步观察可以从表中获得更多意义的发现。最高层次的信息定义是没有任何约束条件的信息定义,因此称为"本体论信息"。正因为没有任何约束条件的限制,本体论信息的适用范围就最广。如果在此基础上引入一个最弱的约束条件,也就是站在主体立场上来定义信息,最高层次的本体论信息定义就退化为次高层次的认识论信息定义。它的内涵就比本体论信息的内涵更特殊一些,适用范围就比本体论信息定义的范围更狭窄一些。所引入的约束条件越多,定义的层次就越低,所定义的信息的内涵就越特殊,适用范围也就越窄。这样,根据引入的约束条件的强弱程度不同,就可以得到一系列不同层次、不同内涵和不同适用范围的信息定义,这些不同的信息定义的系列就构成了信息定义的谱系[97]。

需要指出的是,表2.1所示的信息定义谱系里,各个层次的信息定义之间不是互相孤立或互相无关的。相反,它们之间可以根据约束条件的减弱或增强而互相转换。例如,如果给本体论信息定义增加"主体"条件,它就会下降为认识论信息定义;而如果给认识论信息定义减去"主体"条件,它就会上升为本体论信息定义。其他各个层次的定义也是如此。因此,涵盖多种信息定义的谱系是一个互相联系互相融通的有机的信息定义体系。

不难理解,在整个信息定义谱系之中,本体论信息和认识论信息是最重要的。**本体论信息是整个信息定义谱系的总根和源头**。如果没有本体论信息,那么,认识论信息和其他更低层次的认识论信息就都必然会成为无源之水和无本之木。**认识论信息从认识主体与客体事物相互作用的角度揭示了信息的性质**。因而它最能满足人们利用信息来认识世界和改造世界的需要。其他低层次的特殊认识论信息都可以从这个认识论信息演绎出来。

有必要指出,人们之所以要研究信息科学,目的就在于认识信息现象的性质及其运动规律,以便更好地与外部环境和谐相处,从而改善人类的生存发展条件。因此,信息科学的研究更强调站在"认识主体与客体事物相互作用的角度"来研究信息。换言之,**信息科学的研究将完全地尊重不依人们主观意志为转移的"本体论信息",而更多地关注可以被认识主体认识、加工和利用的"认识论信息"**。

基于对信息谱系的认识,我们就可以开始具体阐述两类常见信息——本体论信息和认识论信息的定义。我们先来讨论本体论信息的定义。

**某事物的本体论信息是指该事物所呈现(所表述)的运动状态及其变化方式**。对于定义中的关键点,我们有如下的解释。定义中所说的"事物"泛指一切可能的研究对象,包括外部世界的物质客体,也包括主观世界的精神现象。定义中所说的"运动"泛指一切意义上的变化,包括机械运动、物理运动、化学运动、生物运动、思维运动和社会运动中的变化。"运动状态"是指事物的运动在空间上展现的性状和态势,"运动状态的变化方式"是指事物的运动状态随时间而变化的过程样式。

为什么要用"事物呈现的运动状态及其变化方式"来定义本体论信息?这是因为,事物的一切性质都可以通过分析"它所呈现的运动状态及其变化方式"得到。它是这个事物一切性质和知识之源;"事物呈现的运动状态及其变化方式"当然源于事物但又不是事物本身;它既具有定义所需要的普遍的品格(因为任何事物都具有一定的运动状态及其变化方式,这就是它的普遍意义),又具有定义所需要的具体品格(不同的事物,都具有自己特定的运动状态及其变化方式,这是它的具体性),因此,"事物所呈现的运动状态及其变化方式"是信息概念最合适的承担者。

很明显,人们所谓获得了某个事物的信息就是获得了这个事物所呈现的运动状及其变化方式。当然,关于这个事物的更深入的知识则可以通过对它所呈现的运动状态及其变化方式的加工和分析得到。事实上,宇宙间的一切事物时刻都处在运动之中,都有一定的运动状态和状态改变的方式,因此,一切事物都在产生信息。这是本体论信息的绝对性和普遍性。而一切不同的事物都具有不同的运动状态和状态变化方式,这又是本体论信息的相对性和特殊性。这是最广意义下的信息,是无条件的信息。本体论信息与主体的因素无关,不以主体的条件为转移。

任何事物都具有一定的内部结构,同时也与一定的环境相联系。正是这种内部结构和外部联系两者综合作用,决定了事物的具体运动状态和状态变化方式。因此,也可以把上述本体论信息的定义叙述得更为具体：本体论信息就是事物呈现的运动状态及其变化方式，也是事物内部结构与外部联系的状态及其变化方式。因此，为了获得一个事物的信息，就要同时了解这个事物的内部结构和它的外部联系的状态及其变化方式。了解了它的内部结构和外部联系的状态及其变化方式，也就了解了它对外部呈现的运动的状态及其变化方式。

有些场合，由于事物的高度复杂性，人们很难直接了解它的内部结构的状态及其变化方式（如人的大脑结构太复杂，在短时期内不可能透彻了解它的全部精细结构），这时就只能把它看作是一个"黑箱"或"灰箱"，通过它的外部联系（如输入与输出的关系或者刺激与响应的关系）的状态及其变化方式来把握该事物的信息。这便是人们所熟悉的**行为主义方法**。由此可以得出一个结论：要认识一个事物或者要描述一个系统，唯一的办法就是要通过各种可能的途径来获得关于该事物（系统）的信息，即获得关于该事物（系统）的内部结构的状态及其变化方式和外部联系的状态及其变化方式。

本体论信息的定义"事物呈现的运动状态及其变化方式"表明，本体论信息是一种客观的存在，不以主体的存在与否为转移，无论有没有主体，或者无论是否被主体感受到，都不影响它呈现自己的运动状态及其变化方式。这也是本体论信息的一个非常重要的特征。

接下来，我们讨论认识论信息。有了本体论信息定义的基础，讨论认识论信息的定义就水到渠成。**主体关于某事物的认识论信息，是指主体所表述的该事物运动状态及其变化方式，包括运动状态及其变化的外在形式、内在含义和效用价值。**

对比本体论信息定义与认识论信息定义可以发现它们有着本质上的联系。这表现在它们所关心的都是"事物的运动状态及其变化方式"。然而，它们之间又有原则性的区别。这表现在它们的表述者完全不同：前者是"事物"本身所表述（所呈现）的运动状态及其变化方式；后者是"主体"所表述的事物运动状态及其变化方式。它们之间的这种本质联系与原则区别，使得它们既有各自明确的内涵又能够实现互相转换。从信息定义的谱系可以发现，转换的关键就是定义的约束条件。也就是说，当引入主体这一条件时，本体论信息定义就转化为认识论信息定义；而当取消主体这一条件，认识论信息定义就转化为本体论信息定义。

应当特别指出，由于引入了主体这一条件，认识论信息概念的内涵比本体论丰富得多，原因至少有三个方面。首先是感知能力：主体能够感知事物运动状态及其变化方式的外在形式。其次是理解能力：主体能够理解事物运动状态及其变化方式的内在含义。再次是目的性：主体能够判断事物运动状态及其变化方式对其目的而言的效用价值。对于正常的人类主体来说，事物的运动状态及其变化方式的外在形式、内在含义和效用价值三者之间是相互依存、相互制约、不可分割的。因此，在认识论层次上研究信息问题时，"事物的运动状态及其变化方式"就不像在本体论层次上那样简单了，必须同时考虑到事物运动状态及其变化方式的形式、含义和效用三个方面的因素。

事实上，主体只有在感知了事物的运动状态及其变化的形式、理解了它的含义、判明了它的效用价值后，才算真正掌握了这个事物的认识论信息，才能做出正确的判断和决策。我们把这样同时考虑事物运动状态及其变化的外在形式（称为语法信息）、内在含义（称为语义信息）和效用价值（称为语用信息）的认识论信息称为"全信息"。换言之，认识论信息就是全信息。它是语法信息、语义信息、语用信息的三位一体。

需要说明，语法(Syntactic)、语义(Semantic)和语用(Pragmatic)是从符号学(Semiotics)[31]和语言学借用过来的术语。这些术语在符号学、语言学和信息科学领域的含义也并非完全一致。为了避免混淆，本书将"语法信息、语义信息、语用信息"严格定义如下。**语法信息，指主体所表述的事物运动状态及其变化方式的外在形式。语义信息，指主体所表述的事物运动状态及其变化方式的内在含义。语用信息，指主体所表述的事物运动状态及其变化方式对于主体目标而言的效用价值。**

认识论信息是一个令人耳目一新的信息概念，这里有必要对它做出更深入的说明。认识主体关于某个事物的认识论信息，是它的语法信息、语义信息、语用信息所构成的三位一体，是为了了解该事物所需要的全部信息，因此可以被称为"完全的信息"，简称为"全信息"。本书作者把"全信息"的英文译为"Comprehensive Information"，强调理解，其意义在于获得了语法信息就了解了事物的外部形态，获得了语义信息就了解了事物的含义，获得了语用信息就知道了它对认识主体的目的而言的利害关系。只有同时获得了语法信息、语义信息和语用信息才对事物获得了更全面的理解。

为了更直观、准确地阐释全信息概念，我们设计了如图 2.1 的全信息概念模型，展示语法信息、语义信息和语用信息的概念以及三者之间的相互联系。

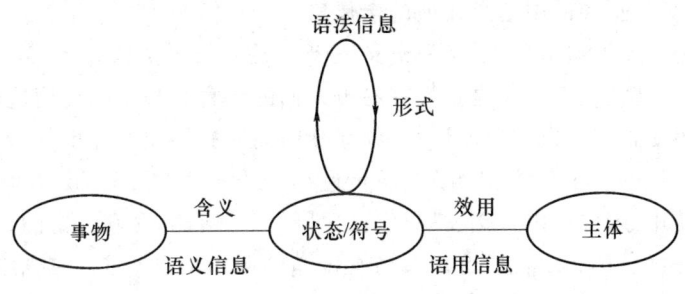

图 2.1　全信息概念模型

任何事物都会呈现出自己的运动状态及其变化方式，这就是该事物所产生的本体论信息。进一步可以从图中看到它的含义。

① 当主体要表述本体论信息的时候(即要进入**认识论信息**范畴的时候)，通常会用某种抽象符号及其序列(如常用的数字化"0"和"1"序列)来表示事物的运动状态及其变化方式(见图 2.1 的中间部分)。于是，这个抽象符号及其序列就表述了这个事物的**语法信息**。

② 语法信息只是一个抽象的符号及其序列，没有具体的含义；只有当这个抽象的符号及其序列与它所代表的实际事物关联起来的时候(见图 2.1 的中间和左边部分)，这个抽象的符号及其序列才有了具体的内容含义，这就是它的**语义信息**。

③ 而一旦语法信息和语义信息进一步与具体的主体关联起来的时候(见图 2.1 的右边部分)，这个事物的运动状态及其变化方式的外在形式(语法信息)和内在含义(语义信息)对于这个主体的效用价值也就呈现出来了，这就是它的**语用信息**。

应当注意的是，研究语义信息要以语法信息为基础。这是因为"含义"是针对具体状态及其变化方式而言的。同样，研究语用信息要以语义信息和语法信息为基础，因为"效用"是针对具体的状态及其变化方式所具有的含义而言的。在这个意义上,基于语法信息和语义信息的语用信息(称为"综合语用信息")具有**全信息**的含义。

另外,在语法、语义、语用信息三者之间:**语法信息是具体的,可以通过认识主体的感觉器官(或传感系统)直接感受到;语用信息是实在的,虽然不能通过感觉器官(传感系统)感受到,却可以通过认识主体的实际体验体会到;语义信息是抽象的,既不能通过感觉器官感受到,也不能通过体验实践体会到,只能在具体的语法信息和实在的语用信息基础上通过思维器官的逻辑演绎才能得到。**

语法、语义、语用信息在观察与测量方式上存在明显的差异。因此,在信息理论发展的初期,人们排除语义信息和语用信息的因素,先从语法信息入手来研究和解决问题,这既是迫不得已的事情,同时又是很明智的选择。需要强调的是,对信息的认识只能遵循"由表及里,由浅入深"的认识论规律。这里的"表"和"浅"指的是语法信息;而"里"和"深"指的是语用信息和语义信息。

问题在于,我们不能总是停留在语法信息这个相对简单相对浅表的层次,而应当继续深入地研究和解决语义信息和语用信息的问题。因为,语法信息只能解决通信工程这样一类传递信息的问题,而凡是有目的有智能的智能系统,都必然要关注并利用语义信息和语用信息的问题。信息科学技术要想真正有效地扩展人类的智力功能,就不能不利用包括语法信息、语义信息和语用信息在内的**全信息**。

我们还要进一步说明语法、语义和语义三者的关系。语法信息是事物呈现的形态型信息。这类信息最为直观,因而也是最容易被人们的感官感知。以石榴这个事物为例,人们总是很容易感受到它大致球形的形状、红绿交错而又有些硬的外皮,以及红宝石般晶莹的果肉。这些信息都属于石榴这个事物所传递出的语法信息。进而,人们通过体验可以感知到石榴的功用:果肉可以直接食用充饥也可以榨汁解渴,含有丰富的维生素对人们的健康有利。这些信息都属于石榴这个事物所传递的语用信息。更为要紧的是,当人们感知到石榴所传递的语法和语用信息之后,人们给出具有这样形态型信息和这样效用型信息的事物以"石榴"之名,即生成了"石榴"的语义信息。反过来,当人们使用"石榴"一词,以语义信息简洁明了地说明了它的形态和效用。推而广之,事物的语法、语义及语用信息在信息空间上构成了一个以语法信息为横坐标而以语用信息为纵坐标的信息空间。从而,语义信息就成为由语法信息和语用信息两个坐标下信息空间中的点。这就是全信息下的语法、语义和语用信息的三位一体。我们可以用图 2.2 表示。

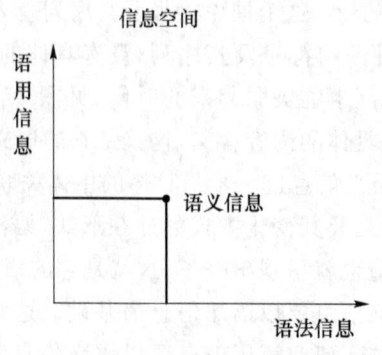

图 2.2　信息空间的三位一体关系

有了上述信息定义的谱系,现在流行的那些有关信息的种种说法就都可以在这个定义谱系的相应层次上找到位置。例如:维纳认为"信息就是信息,不是物质,也不是能量"。对照本体论信息的定义可以看出:"事物呈现的运动状态及其变化方式"虽然源于事物,但又不是事物本身,更不是能量。可见,维纳论述的乃是本体论信息。而香农认为"信息是能够用来消除随机不确定性的东西",而只有"关于事物运动状态及其变化方式的表述"才能用来消除用户(认识主体)所具有的关于事物运动状态及其变化方式的随机不确定性。可见,香农的信息概念属于认识论信息的随机性语法信息。总之,各种信息定义都可在表2.1的信息定义谱系中找到自己的位置。

正是由于引入了全信息的概念和理论,原先各自独立发展起来的检测理论、识别理论、通信理论、处理理论、智能理论、控制理论和优化理论才得以找到共同的基础,和谐地统一在信息科学的有机体系之中。对于信息科学来说,"全信息"是一个十分重要的概念,全信息及其理论是整个信息科学理论大厦的基石。**这里仍要申明:在以下讨论中,为了叙述的简便我们把"全信息"简称为"信息"。只有在那些容易引起误解或需要强调的地方,我们才会使用"全信息"的表述。因此,当读者遇到"信息"一词的时候就要想一想:它究竟是"全信息"还是经典意义的信息(香农信息)?**

还要指出,由于引入了主体,引入了认识主体与事物客体之间的关系,认识论信息还衍生出另一组有用的概念——实在信息、先验信息和实得信息的概念。这里仅作简略介绍。具体来说,某个事物的实在信息是指这个事物实际所具有的信息。事物的实在信息是事物本身所固有的一个特征量,它只取决于事物本身的运动状态及其变化方式,而与认识主体的因素无关。主体关于某事物的先验信息,是指主体在实际观察该事物之前已经具有的关于该事物的信息。先验信息既与事物本身的运动状态及其变化方式有关,也与主体的主观因素有关。主体关于某事物的实得信息,是指主体在观察该事物的过程中实际获得的关于该事物的净增信息。实得信息不仅与事物本身的运动状态及其变化方式有关,而且也与主体的观察能力以及实际的观察条件有关。在理想条件下,主体 $R$ 关于某事物 $X$ 的实得信息量 $I(X;R)$ 应是 $X$ 的实在信息量 $I(X)$ 与 $R$ 关于 $X$ 的先验信息 $I_0(X;R)$ 量之差,即:

$$I(X;R) = I(X) - I_0(X;R) \tag{2.1}$$

这就是关于信息定义及其谱系的讨论。

## 2.1.3 相关概念的辨析

比较是认识和区分密切相关事物的一种重要方法。为了把信息的概念掌握得更加透彻,在阐明了信息本身的概念之后,有必要再来讨论一些与信息概念关系特别密切也因此很容易混淆的概念。这些相关概念至少包括:信号、数据、知识、媒介等。我们在此前主要从正面论述了"信息是什么"的问题,而本节则试图从侧面来讨论"信息不是什么"的问题。

需要说明的是,"信息不是什么"这一问题的范围太大。比如,我们可以说信息不是物质也不是能量。这样的讨论过于宽泛,与信息概念的差异也较为明显,也就不容易混淆,不能起到真正明辨基本概念的作用。因此,为了更有意义地说明信息概念定义的根本,把目光集中在那些容易混淆的概念范围里就更能起到立竿见影的实际作用。

本体论信息和认识论信息，它们共有的核心概念是"事物运动的状态及其变化方式"。我们也曾指出，"事物运动状态及其变化方式"虽然来源于事物，但并不是事物本身。于是，某个事物的"运动状态及其变化方式"就可以脱离这个事物而负载于其他事物。这样我们就把产生某个信息的那个事物称为某个信息的源事物，而把负载那个脱离了源事物的信息的事物称为那个信息的载体。按照同样的道理，负载于某个载体的信息也可以再脱离它的载体而负载于其他某种新的载体。

需要指出，无论是何种信息载体，为了负载信息它们都应当能够通过自己的某种（或某些）参量及其变化方式来表示所负载信息的"状态及其变化方式"。否则，负载的结果就必然会丢失信息。可见，作为信息的载体，它至少需要能够承担"表示信息"和"携带信息"两个方面的功能。

不难理解，既然各种载体都是信息的表示手段，它们至少要比所表示的信息更为直观，更便于应用。于是，信息就走向了后台，变成了"幕后者"；而这些载体则走到了前台，成为信息的"代言人"。日复一日，天长日久，就发生了一个不易察觉的问题：信号、数据、媒体这些载体与信息究竟是一回事还是两回事？为此，我们不得不花一些篇幅来澄清这个问题。我们重申如下的原则区分：消息、信号、数据、媒介等既然是信息的"载体"，它们当然就只是信息的表示者和携带者，而不是信息本身。那么，能不能给出消息、信号、数据、资料的具体概念以及它们和信息的区别呢？下面逐个概念展开辨析。

**首先，我们讨论信号与信息的关系。**

信号是信息科学（特别是以香农信息论为基础的电子通信系统）中常用的概念。一般来说，信号一定是主体所产生或选择的载体，是人们用来记录、表示、显示或载荷信息的载体。因此，与信息相比，信号是第二性的东西。如果是自然界传递给人们的某种"信号"，那此时它就应当称为"信息"。对照而言，信息则可能属于与主体无关的本体论范畴，也可能属于与主体相关的认识论范畴。

按照定义，本体论信息是"事物呈现的运动状态及其变化方式"；认识论信息是"主体表述的事物运动的状态及其变化方式，包括状态及其变化方式的形式、含义和效用"。本体论信息就是信息本身，不是载体。认识论信息则要通过某种信号载体显示出来。因此，信号不等同于信息本身：**信号是信息的载体，信号所载荷的内容才是信息**。

这里，我们举一个表明信号与信息关系的非常直观的例子。对于同样一个信息，既可以用这种信号来载荷（表示），也可以用那种信号来载荷（表示）。例如，一个简单的"是或否"信息，既可以用"0"或"1"的数字信号来代表，也可以用"正"或"负"的电信号来载荷，还可以用"有"或"无"的光信号来表示。至于具体采用哪一种信号来表示，取决于具体应用的需要和所具备的条件。事实上，之所以要利用某种信号来表示信息，一个重要的原因是这种信号比较容易传输、存储和显示，尤其比较便于对它进行各种各样的处理（放大、过滤、变换、计算等）。因此，利用信号来表示信息以后，对信息的处理也就可以通过对信号的处理来实现。

**其次，我们讨论数据与信息的关系。**

数据（无论是大数据还是小数据），它的原意是以数字形式所表示的信息，所以，**数据**

**也是用来表示信息的载体**。这种术语的来源与早期"数字计算机"的诞生有非常密切的关系。相当长的一段时间，数字计算机领域不使用"信息"这一术语，而是把信息统一称为"数据"。因为机器本身是"数字计算机"，因此，它所处理的对象和结果就都称为数据，如"输入数据"和"输出数据"等。而数据库就是以数字形式表达的存储信息集合。因此，数据实际上是记录或表示信息的一种形式，而不能把它等同于信息本身。

显然，数字仅是信息表示的一种形式，而非唯一形式。世上存在着大量非数字的信息，如模拟信息、文本信息、语声信息、图像信息等。随着计算机的普及，这一领域的用语习惯也随之流传，因此，之前的文本信息等信息表示形式也分别称为文本数据、语声数据、图像数据等。在这种情况下，数据的概念已经泛化变成了与信息一样的概念。而且，此时再去区分数据与信息概念上的区别就失去了实际的意义。但从严格的意义上讲，数据就是表示信息的一种载体，而不是信息本身。

**再次，我们讨论媒体与信息的关系。**

乍看之下，媒体与信息甚至科学技术的关系有些距离，而其实不然。

媒体的字面意义是"媒介体"或"中介物"，它的表征性作用是用某种物体（媒体）来表现另一种物体的性质（信息）。实际应用中，它的意义又依环境和场合的不同而有所区别。比较典型的用法有两种。在新闻传播学范畴，媒体是指传播工作系统，因此有时也称为"新闻媒体"或"大众传播媒体"。在信息技术范畴，**媒体系指携带信息、表示信息或显示信息的载体**。而显然"媒体"的后一种解释是我们更为关心的。

在信息技术的场合，常见的媒体主要有：文本媒体、声音媒体、图形/图像媒体等（因为文本、声音、图形、图像都可以用来承载信息）。本来或许不易被人觉察的信息，嫁接到这些形式的媒体后就容易被人感觉出来。这样，也就有了所谓单媒体信息、多媒体信息以及多模态信息等概念。

信息的核心概念是"事物运动的状态和状态变化的方式"，因此，作为运动状态及其变化方式的信息总是依附于一定的事物。不是依附于这种事物，就要依附于别的事物。如果要使这些"状态及其变化方式"脱离开它的"源事物"，提供给相关的人们使用，就必须设法把这些"状态及其变化方式"寄附在那些被称为"媒体"的事物上，这样才便于表现、传送，并为人们利用。这样一来，信息与媒体就显得难解难分。久而久之，就很容易忘却它们之间的区别而把它们视为为一体，混为一谈。但是，只要仔细分析，表示信息的"媒体"和被媒体表示的"信息"还是能够区分的。

至此，我们讨论知识与信息的关系。这两个词在表面意义上确实不同，但它们之间却有着密切联系。

**信息包括本体论和认识论的信息**。本体论信息是"事物呈现的运动的状态及其变化方式"，认识论信息是"主体所表述的事物运动状态及其变化方式，包括这些状态和方式的形式、含义及价值"。可见，无论是本体论信息还是认识论信息，它们都与这个或那个具体的事物联系着；事物不同，与它相联系的本体论信息和认识论信息也就不同。

知识的概念与此不同。知识是人们实践经验的总结和升华，是具有抽象性、概括性和普遍性的性质。它来自实践，但经过了"去粗取精、去伪存真、由表及里、由此及彼"的加工提炼,因而又高于实践。知识不再是仅仅与个别具体的事物相联系,也不再是仅仅反映个别事物运动状态及其具体的变化方式,而成为与一类事物相联系,反映一类事物运动状态及其共同变化规律的东西。因此,我们可以为知识给出定义:

**某一类事物的知识**,就是"主体所表述的该类事物运动的状态及其变化的规律"。对比信息的定义,可以发现,信息与知识两者具有极其密切的联系,又有重要的区别。如果注意到两者定义中的表征性术语"事物运动状态及其变化方式"和"事物运动状态及其变化规律",同时注意到"变化规律是从大量具体的变化方式提炼出来",那么,这种联系与区别可以充分表述为:信息是知识的原材料;知识是由信息提炼出来的抽象共性产物。

由此可以明白:信息属于现象范畴,知识才属于本质范畴。信息如果没有被提炼成为知识,它就只能是个别的、具体的、表面的、暂时的、低层次的初级资源;而一旦信息被提炼成为知识,就具有了普遍性、抽象性、深刻性、规律性,成为高层次的知识资源。因此,人们应当重视信息,因为它是知识之源;人们又不应当满足于拥有信息(因为信息只是低层次的初级资源),而应当把信息转换提炼成为知识,才能充分发挥信息的作用。

**最后,我们讨论智能与信息的关系。**

智能是"智力能力"的简略称谓。在信息科学范畴内,智能与信息的关系同知识与信息的关系一样都是十分重要的问题。正像前面研究知识与信息的关系的时候,为了准确把握两者之间的联系与区别我们给出了知识的定义,同样,为了真正理解智能与信息之间的关系,我们首先也应当给出智能的定义。

那么,什么是智能?

在信息科学看来,任何智能都是具体的、有目的的、可以操作的,而且必然同信息和知识的概念深刻地联系在一起。具体来说,智能的简明定义可以陈述如下:"**智能就是有目的地认识问题、合理地解决问题的能力**"。

进一步,更深入更完整的智能定义是:在给定问题、问题约束(领域知识)、问题求解目标的前提下,智能是一种能力,它能获得问题-约束-目标的信息、根据这些信息获得相关知识(实现认知)、在目标引导下生成策略、把策略转化成行为去求解问题,并通过学习优化策略最终达到预定的目标。

智能的定义表明,任何智能都是同具体问题联系在一起的,没有需要解决的具体问题,就没有对智能的需求;面对的"问题-约束-目标"不同,所需要的智能也不同;而所需要的智能水平的高低,也取决于所给定的"问题-约束-目标"的难易情况。这显然是合理的。

定义也清楚表明,智能是一种面对"问题-约束-目标"来求解问题的能力,包括获取相关(而不是任意)信息的能力,提炼知识(实现认知)的能力,生成策略的能力,以及按照策略具体解决实际问题的能力。

总之,对于一个智能系统,以上定义中所给出的三个"限定前提"(问题-约束-目标)和四个"能力要素"(获取信息-提炼知识-生成策略-解决问题)构成了一个严格的有机整体,它们相辅相成,缺一不可。

由这个智能定义可以看出智能与信息的关系:信息是关于"限定前提"的描述,知识是从信息提炼出来的抽象产物,策略是在目标引导下由知识演绎出来的求解方案,行为是策略的现实转化。因此,没有信息就没有知识,就没有求解问题的策略,就没有解决问题的行为。换言之,没有信息,就不可能有智能;信息是知识之源,也是智能之源。信息-知识-策略-行为形成了智能的生命链。但是反过来也必须强调:信息如果不转化成为知识,知识如果不转化成为策略,策略如果不转化成为行动,那么这种信息就没有太大的意义。这就是智能与信息的辩证关系。

通过本节的讨论,读者已经能够比较深刻和全面地把握信息的基本概念,这将为进一步研究信息的性质、特征、功能、分类、描述和度量打下坚实的基础。

## 2.2 信息的特征性质与分类

明确了信息的基本概念之后,现在可以进一步来研究信息的特征、性质和分类问题。把握信息的特征、性质和分类又会反过来加深对于信息概念的理解。需要强调指出,对于信息的定义、特征、性质和分类的讨论,必须保持概念的内在统一:即应当在定义的基础上来讨论特征、性质和分类;特征、性质和分类的讨论又反过来可以印证和深化定义的准确性。

### 2.2.1 信息的特征

信息有许多重要的特征。由于不同研究人员的背景不同,研究的目的不同,他们做出的归纳也会各不相同。这里将从信息科学理论的研究角度,指出信息的最重要和最基本的特征。

① **信息来源于物质,又不是物质本身;它从物质的运动中产生出来,又可以脱离它的源物质而寄生于别的载体,相对独立地存在。**

既然本体论信息是"事物呈现的运动状态和状态变化方式",那么客观存在的物质当然就是信息的来源之一。物质在运动,它的运动状态和状态变化方式就是本体论层次的信息;而这些物质的运动状态及其变化方式一旦被认识主体所感知和表述,就成为认识论层次的信息。但"物质运动状态及其变化方式"并不是物质本身,信息不等于物质。事实上,作为事物运动的状态及其变化方式的信息可以离开它的源物质而载荷于载体相对独立地存在。例如,电子这种高速粒子的运动的状态和状态改变的方式可以被高速摄影机拍摄下来,经过一定处理就可以把它重现出来。产生这种运动状态及其变化方式的那个物体(源物体)虽然已经离开了观察者,但是它的信息(运动状态及其变化方式)却可以被记录下来并可以不断地被重放。当然,保留下来的仅仅是信息而不是它的源物质本身。正是由于信息具有这个特征,精彩的文艺节目才可以被复制下来供人们反复欣赏,太空的奇观才可以被拍摄下来供研究人员仔细研究,激动人心的经历才可以记录下来供人们重温。否则,这一切就将成为不可能。

② **信息来源于精神世界,但是又不限于精神领域。**

既然信息是事物运动的状态和状态变化的方式,而事物运动既可以是物质的运动也可以是精神的运动(思维的过程),那么精神领域的事物运动当然也就成为信息的一个来源。按照认识论层次的信息定义,信息是认识主体所表述的事物运动的状态及其变化方式,主体所表述的东西当然是精神领域的东西,如人的情绪、意志、方针、政策、命令、指令等。同客观物体所产生的信息一样,精神世界、思维领域的信息也具有相对独立性,可以被记录、保存、复制。由于客观世界的物质客体和精神世界的主观事物都可以产生信息,因此,信息的存在是超出物质范畴限制的。

③ 信息与能量息息相关,但是又与能量有本质的区别。

信息是事物运动的状态和状态变化的方式;能量是事物做功的本领。因此,信息与能量都与事物的运动相关联。某种意义上可以认为,信息与能量都是事物运动状态的函数。不仅如此,传输信息或处理信息总是需要一定的能量来支持,而控制和利用能量则需要有信息来驾驭。例如,在自动化防空体系中,为了取得空间目标的信息就需要有足够的能量来驱动雷达系统;为了传递这个信息,就要有相应的能量来支持通信系统的工作;为了计算导弹的飞行参数,就要有能量来保证计算机正常运行。不要说利用先进设备来取得信息、传递信息和处理信息时需要有能量作为动力,即使凭肉眼来观察信息,也同样需要能量来支持:没有生物能量,人的眼睛不能工作;没有光能照亮物体,人眼也看不见任何物体。控制和驾驭能量,使它发挥好的效用又离不开信息。例如,在自动防空体系中,若要使导弹能够命中目标,没有信息的引导和驾驭便不可能。尽管信息和能量的关系密切,但二者本质不同:作为事物做功的本领,能量提供的是动力;作为事物运动的状态及其变化的方式,信息提供的是知识和智慧。

④ 信息可以被提炼成为知识,但信息本身不等于就是知识。

知识是人类长期实践经验的结晶,主要包含两方面:一方面,知识告诉人们世界是什么,世界发展变化的规律是怎样的;另一方面,知识又告诉人们应当怎样同外部世界打交道。换句话说,知识一方面是人们认识世界的结果,另一方面又是人们改造世界的方法。而之前给出的认识论信息的定义:信息是主体所表述的事物运动状态及其变化方式。显而易见,认识世界正是认识各种事物运动的状态及其变化的方式(规律);改造世界则是依据主体再生以及表述出来的事物运动的状态及其变化方式(策略)而采取的行动。因此,知识与认识论信息是相通的,只是它更加普遍更加深刻而已。例如,牛顿第二运动定律$f=ma$是物理学的重要知识,它描写具有质量为$m$的物体受到力$f$作用时会产生加速度$a$。这就是对于这类事物运动的状态以及其变化规律的表述。因此,知识能够满足认识论信息定义的要求。从这个意义上可以说知识就是信息,但是信息却不见得是知识。信息虽然能够告诉人们事物运动的状态是什么,这种状态会以什么方式改变,但是它不一定具有普遍抽象性。因此,只能说信息具有知识的秉性,但它本身不一定就能够被称为知识。例如,学校上课铃声响了,它给出了一种信息:上课的时间到了。显然,这只能看作是一种信息而不能叫做知识。然而不论怎样,信息确实具有知识的秉性,它可以改变人们的知识状态,使人们由"不知"变为"知",或由"知之较少"变为"知之较多"。如果信息根本不具备知识的任何秉性,人们就不可能把信息加工成为知识,正像人们不能把石头孵化成小鸡一样。当然,我们也注意到,有些场合,人们对于"知识"的定义条件正在泛化,逐渐把"知识"的条件放松。例如,在传统专家系统为主的人工智能领域,知识的概念已经被泛化得完全和信息的概念等同。

⑤ **信息是具体的,并可被人(生物、机器等)所感知、提取、识别、传递、存储、变换、处理、显示、检索和利用。**

信息不是虚无缥缈的东西,也不是可以随意想象和"创造"的事物。它是现实世界各种事物运动的状态和状态变化的方式,具有非常具体和真实的品格。信息可以被感知,人的感觉器官就是专门用来感知信息的,所以被称为信息的感受器官。事实上,若无信息感知需求,人的感觉器官就会在长期进化的过程中退化(用进废退)。但是,人类和生物的感觉器官不但没有退化,反而变得越来越精致,越来越灵敏,甚至还要用现代科学技术的成就来扩展它们的功能水平,就是因为它们担负着感知信息的任务。因此,感觉器官感知信息的作用是极为重要的。信息不仅可以被感知,而且可以被传递、被处理和被利用。应当指出的是,正是因为信息具有第4和第5特征,它对于人类才具有如此巨大的意义。

⑥ **信息可以被复制,可以被共享。**

由于信息可以脱离源事物而相对独立地存在并载于其他介质,因此可以被无限制地进行复制、传播或分配给众多的用户,为大家所共享。正因为信息具有这个特征,一个信息持有者把它的信息传递给另一个用户的时候,他自己所拥有的信息并不会丧失。正像教师把知识传授给学生,学生掌握了知识,但教师并不会因此而成为"白痴"。信息的这种特征,使它对人类具有特别重要的意义。由于物质和能量不具有这种相对独立性,因此物质和能量就不能被共享。举一个大家很熟悉的例子。如果甲和乙各有一个苹果,那么他们互相交换苹果之后,各自还是只有一个苹果;但是如果甲和乙各有一个信息,那么他们互相交换信息之后,各自就有了两个信息。

⑦ **语法信息在传递和处理过程中永不增值。**

虽然信息具有相对独立性,可以无限地进行复制,为众多用户所共享。但是在复制、传递或者其他处理的过程中,语法信息量本身永远不会增加。不是说把一份信息复制一下信息量就增加了一倍。实际的情况是,不管复制多少份也没有增加新的信息量。相反,由于噪声干扰的影响,由于复制、传递和处理过程中不可避免地存在误差或非线性操作,结果所得到的语法信息量只会减少(称为信息损失),不会增加。只有在理想复制(没有误差)、理想传递(没有干扰和失真)、理想处理(没有非线性的或不可逆的操作)的条件下,才可能做到语法信息无损失。有人认为,任何信息经过计算机处理以后,它所包含的语法信息量都可以增加。这是一种误解。计算机不可能凭空创造信息。经过计算机的处理并不能增加信息量,计算机输出的全部信息都已包含在它的输入之中。只不过,经过处理之后这个信息更适合于用户使用了。"更适合于使用"和"更多的信息量"是两个不同的概念。

## 2.2.2 信息的性质

根据以上这些特征和信息的基本定义,我们可以引出信息的一些重要性质。

① **普遍性:信息是普遍存在的。**

信息是"事物运动的状态和状态变化的方式",因此只要有事物的存在,只要事物在不断地运动,就会有它们运动的状态和状态变化的方式,也就存在着信息。无论在自然界、人类社会，还是在人类的思维领域，绝对的"真空"是没有的，绝对"静止"的事物也是没有的，因此信息普遍地存在。

有些关于信息的观点否认了信息的普遍性，它们或者认为无机界没有信息存在，或者认为在生物界和工程控制系统以外的世界没有信息存在，甚至认为在人的头脑以外都没有信息存在。如若如此，它们不能解释"无信息的世界"是怎样能够和"有信息的世界"相容共通的。如果说土壤或岩石这类无机物质没有信息，那么地质学家又怎么能解释"人类可以从土壤、岩石中得到地质结构或地下矿藏的信息"呢？如果无机世界本身没有信息，那么为什么工程控制系统与它联系起来时它能向系统提供信息呢？显然，它们不能自圆其说。其实，正像在前面讨论信息定义体系时所指出的，我们不能笼统地说"人的头脑之外没有信息"这类含糊的断语，而应当分清层次。对于那些有严格约束条件的信息定义，当这些条件不成立的时候，这样定义出来的信息可以认为是"不存在"的；而本体论层次上定义的信息则是无处不在的。

② 无限性：在整个宇宙时空中，信息是无限的，即使是在有限的空间中，信息也是无限的。

一切事物运动的状态及其变化方式都是信息。而宇宙时空中的事物是无限丰富的，因而它们所产生的信息也必然是无限的。即使是在有限空间中，比如在地球上，事物也是无限多样的；而在无限的时间长河中，事物的发展变化更是无限的，因而信息自然也是无限的。当然，这里也有实在信息与实得信息的区别。人们的实得信息可能是有限的，但作为总体而言的实在信息则是无限的。实际上，人类实得信息的总量是宇宙时空中总体实在信息总量的一个极小的部分。这也是信息有限性和无限性之间的辩证统一。

③ 相对性：对于同一个事物，不同观察者所能获得的信息量可能不同。

由于不同的观察者有着不同的观察能力、不同的理解能力和不同的目的性，因此从同一个事物所获得的实得信息量肯定各不相同。假定事物 $X$ 的实在信息量 $I(X)$ 是常数，第 $i$ 个观察者 $R_i$ 的关于 $X$ 的先验信息量为 $I_0(X;R_i)$，那么这个观察者实得的信息量 $I(X;R_i)$ 就为

$$I(X;R_i) = I(X) - I_0(X;R_i), \quad \forall i \tag{2.2}$$

既然各个观察者的先验信息量 $I_0(X;R_i)$ 各不相同，它们的实得信息量 $I(X;R_i)$ 当然也各不相同。信息的这个性质告诉我们，实得信息量通常是因人而异的。了解这一点对于处理实际问题十分重要。

④ 传递性：信息可以在时间上或在空间中从一点传递到另一点。

由于信息具有脱离载体而相对独立的能力，因而它就可以通过一定的方法使之在时间上或在空间上进行传递。在时间上的传递称为存储；在空间中的传递称为通信。其实，存储也是一种通信：今天与明天的通信，或者今天与后天的通信。当然，信息在空间中的传递必然也伴有时间上的传递，因为它在空间中传递的速度是一个有限值。信息可以在时间上和在空间中传递，这是一个十分有用的性质，它使人类的知识能够保存、积累和传播，使人与人之间能够进行信息的交流，使人与其环境之间能够保持信息的联系，从而能够更好地认识环境和改造环境。

⑤ **变换性**：信息是可变换的，它可以由不同的载体用不同的方法来载荷。

既然信息是事物运动的状态和状态变化的方式，而不是事物本身，那么它就可以负载在其他一切可能的物质载体和能量形式上。例如，投掷硬币这一试验的结果当然是一种信息，我们可以用数字"0"和"1"来表示，或者可以用电流的"正"和"负"来表示，也可以用机械位置的"高"和"低"来表示，甚至以表情上的"哭"与"笑"来表示。实际上，只要能够保持"运动的状态和状态变化方式"的不变性，它就不仅可以在各种物质和能量形式之间进行变换，而且可以经受一切不会破坏"信息不变性"的数学变换。信息的这一性质也是很有用的，它使人们对信息施行的各种各样的处理和加工成为可能。

⑥ **有序性**：信息可以用来消除系统的不定性，增加系统的有序性。

本体论信息是事物呈现的运动状态及其变化方式，认识论信息是认识主体所表述的事物运动的状态和状态变化方式。获得了信息，就可以消除认识主体对于事物运动状态和状态变化方式的不确定性。后面还会看到，概率语法信息量就是负熵，它是混乱程度的对立面。一个系统要想从无序状态转变为有序状态，就必须从外界获得信息（负熵）。这是系统自组织理论导出的基本结论。信息的这一性质使信息对人类具有特别重要的价值。

⑦ **动态性**：一切活的信息都随时间而变化，信息也是有时效的。

信息是事物运动的状态和状态变化的方式，事物本身在不断发展变化，因此信息也会随之变化。脱离了母体的信息因为不再能够反映母体的新的运动状态和状态变化方式，它的效用就会逐渐降低以至完全失去效用。这就是信息的时效性。信息脱离母体的时间长短并不能完全反映信息的寿命，衡量信息的寿命必须同时考虑母体随时间而变化的速度。一旦信息已经不能反映母体实际的运动状态和方式，这个信息的寿命就归零了。此时，它至多只能作为母体运动状态和方式的一种历史记录。所以，人们在获得信息之后并不能就此满足，更不能一劳永逸。信息要及时发挥效用，知识要不断补充更新。

这些就是信息的主要性质。了解信息的这些特征和性质，一方面有助于对信息概念的进一步理解，另一方面也有助于人们更有效地掌握信息和利用信息，为人类的生存和发展的伟大事业服务。

## 2.2.3 信息的分类

通过上面关于信息概念、特征和性质的讨论，已经从定性的角度较好地把握了信息的实质。但是，光有定性的把握还很不够，我们还必须能够定量地把握信息。为此，首先应当能够有效地描述信息，然后才能科学地度量信息。

现在的问题是如何找到一种信息的分类或描述方法，使得进行科学的度量能够更为有效呢？事实上，我们之前已经有一些信息的分类形式。那么，下面我们就举一些我们之前对信息分类的例子，然后引出本书认为更有意义的信息分类准则和形式。

我们可以看到常见的信息分类准则和形式包括：①从信息生成领域出发，信息可以分为宇宙信息、自然信息、社会信息、思维信息等；②从信息的应用部门出发，信息可以分为工业信息、农业信息、军事信息、政治信息、科技信息、文化信息、经济信息、市场信息、管理信息等；③从信息源的性质出发，信息可以分为语声信息、图像信息、文字信息、数据信息、计算信息等；④从信息的载体性质出发，信息可以分为电子信息、光学信息、生物信息等；⑤从信息的逻辑意义出发，信息可以分为真实信息、虚假信息、不定信息。

另外，我们还有一些之前提及的信息分类准则和形式包括：①从信息的性质出发，信息可以分为语法信息、语义信息、语用信息；②从观察的过程出发，信息可以分为实在信息、先验信息、实得信息；③从信息的地位出发，信息可以分为客观信息、主观信息；④从信息的作用出发，信息可以分为有用信息、无用信息、干扰信息；⑤从信息传递方向出发，信息可以分为前馈信息、反馈信息；⑥从携带信息的信号形式出发，信息还可以分为连续信息、离散信息、半连续信息等。

从以上两大组的信息分类准则和形式可以看到，信息是一种十分复杂的研究对象，信息的分类也相当复杂。要找到一种通用的方法来恰如其分地描述各种各样的信息是很困难的。一般来说，由于分类的出发点和目的不同，存在许多不同的分类准则。运用不同的分类准则，将导致不同的分类结果。同其他各种事物的分类问题一样，由于目的和出发点不同，信息的分类也存在许多不同的准则和方法。如何将这样复杂的信息概念有效地分类确实是一个不小的挑战。但是，为了有效地描述信息，一定要对信息进行恰当的分类，分门别类地进行描述，建立分门别类的描述方法然后加以综合。

以上多种信息分类准则和形式给我们带来一个重要启示，就是在所有分类的准则和形式中，最重要的是按照信息的性质进行分类。针对不同性质的信息，找到不同的具体描述方法，建立相应的度量方法，这样才能有效地把握信息和利用信息。下面就按照这个原则来讨论信息的分类，并讨论描述信息的一般方法。

如上所说，按照性质的不同信息可以划分为语法信息、语义信息以及语用信息三种基本类型。这是信息（全信息）的三个基本分量。由前面给出的定义可以理解，全信息的三个分量之中，最基本也是最抽象的分量是语法信息。它是迄今为止在理论上研究得最多也是最深入的部分。因此，我们可以先来考虑语法信息的分类，从而为语义信息和语用信息的分类奠定基础。

按照基本定义，语法信息是事物运动的状态及其变化方式的外在形式。我们需要结合事物的运动状态及其变化的外在形式两个方面来对语法信息进行分类。具体而言，根据事物运动的状态及其变化方式在形式上的不同，语法信息还可以作如下的分类。①事物运动的状态可以是有限状态或无限状态，与此相对应，就有有限状态语法信息和无限状态语法信息之分。②事物运动的状态可能是连续的，也可能是离散的，于是又可以有连续状态语法信息与离散状态语法信息之分。③事物运动的状态还可能是明晰的，或者是模糊的，这样又有状态明晰的语法信息与状态模糊的语法信息之分。

事物运动状态变化的方式又可以有随机型方式、半随机型方式以及确定型方式三类，它们分别对应于概率型语法信息、偶发型语法信息和确定型语法信息三种基本的形式。所谓随机型方式，就是各状态是完全按照统计规则或概率规律出现的。于是这类信息又叫作概率型语法信息或者统计型语法信息。所谓半随机型方式，是指这样一种方式：各个状态的出现是不可预测的，但是由于这类试验往往只进行一次或若干次，而不能大量重复,因此不能用概率统计的规则来描述,对于这类试验所提供的信息,就称为偶发型语法信息。确定型方式是指各种状态的出现规则是确定性的,能够用经典数学公式来描述的方式,这种方式的未知因素通常表现在初始条件和环境影响(约束条件)方面,与这类运动方式相对应的信息,就称为确定型语法信息。

这样,根据事物运动的状态和状态变化方式的不同,就可以得到如图2.3所示的语法信息的分类图。图中列出了24种不同的语法信息形式,它们在理论上都是实际存在的。不过,在实际的研究工作和工程实践中,由于连续型信息通常都可以通过取样和量化等方法实现离散化,因此研究离散型信息是主要的。另外,状态无限的情形往往理论上可以通过求极限的方法(工程上可以通过平滑滤波等方法)由状态有限的情形来逼近,于是研究状态有限的情形是更为基本的。这样,最基本的语法信息形式就只有6种了,即概率型语法信息、偶发型语法信息、确定型语法信息、模糊型概率语法信息、模糊型偶发语法信息以及模糊型确定语法信息。由于通常所说的模糊型信息是指模糊型确定信息。因而真正最基本的语法信息只有4种,即:离散有限明晰状态的概率型语法信息、离散有限明晰状态的偶发型语法信息、离散有限明晰状态的确定型语法信息、离散有限模糊状态的模糊型语法信息。为了简便,我们分别把它们称为概率信息、偶发信息、确定信息和模糊信息。

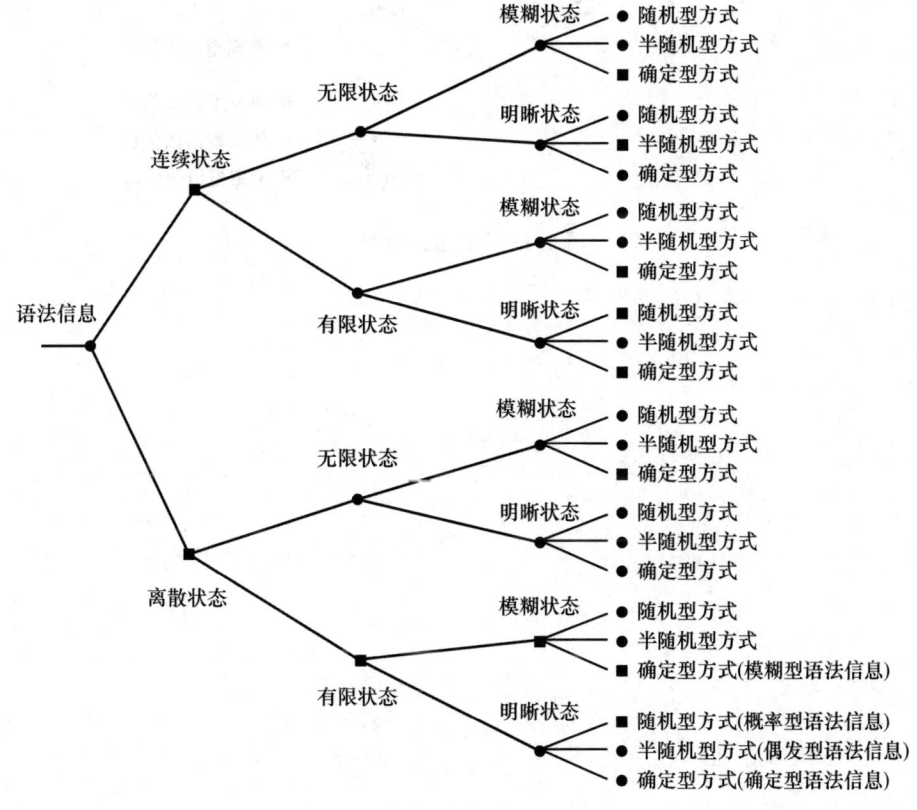

图 2.3 语法信息的分类

于是，整个信息包括语法信息、语义信息和语用信息的分类也很清晰了。图 2.4 示出我们后面要具体研究的 6 种信息，它是由图 2.3 结合语义信息和语用信息并经简化得来的。图 2.4 说明，在描述信息的时候，需要考虑的基本信息类型应当包括语法信息、语义信息以及语用信息，而其中的语法信息又包括概率信息、偶发信息、确定型信息和模糊信息。当然，在语法信息的这个分类基础上，语义信息和语用信息也可以做出相应的分类，因为语义信息和语用信息是建立在语法信息的基础上的。

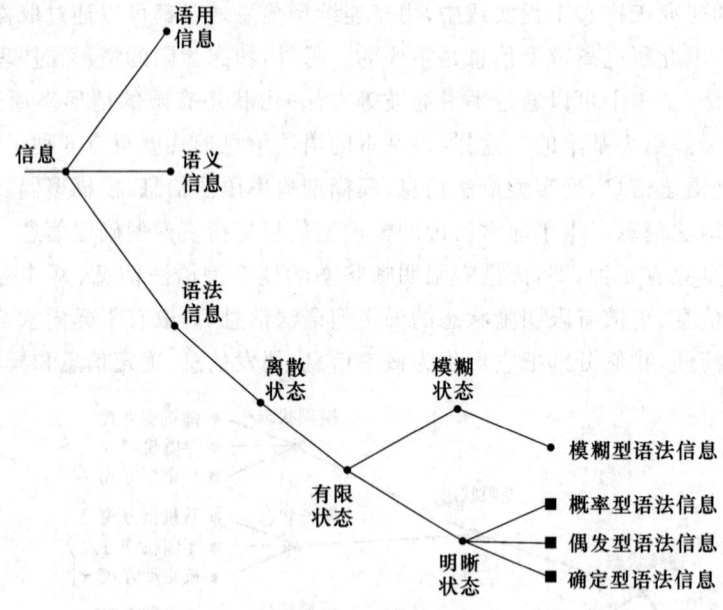

图 2.4　全信息的分类

# 第 3 章 信息：从描述到度量

任何一门科学都有它自己的基本概念。传统自然科学的基本概念是物质和能量，信息科学的基本概念是信息。实际上，信息既是信息科学的出发点也是它的归宿。具体地说，信息科学的出发点是认识信息的本质和它的运动规律；而信息科学的归宿则是利用信息及其运动规律来解决各种实际的问题，达到人们追求的各种具体的目的。

认识信息的目的是更好地利用信息；而利用信息又有助于进一步加深对信息的认识。这是认识论的一个基本规律。具体来说，人们对于信息的认识越是透彻，对信息的利用就会越充分和越合理；而信息被利用得越是充分，又会发现和提出更加深刻的课题，促进人们对信息的进一步研究和认识。这是一个良性循环的过程，或者是螺旋式上升的过程。

从目前的发展情况看，由于信息科学（不是信息论）刚刚从经验的母体中脱胎出来，人们对信息的理解和认识还远没有达到炉火纯青的地步。一个最为明显的事实是，学术界出现的信息定义已有百种以上，而且仍在继续增长。这足以表明，人们对信息的概念还没有形成必要的共识。在种种不同的信息定义中，大多数是有意义的悉心探索，但不可避免地也有一些是主观臆想和肤浅推断。

有比较才会有鉴别，有分析才能有深化。为了便于读者通过比较和分析去探求信息的实质，实现由表及里、去伪存真，也为了扩大读者的眼界，活跃读者的思路，本章前半部分将首先从历史角度分析信息定义的基础上，阐明本书对于信息的理解，给出本体论信息和认识论信息的概念。本章后半部分将论述信息的主要性质、特征、功能、分类与描述。

所讨论的信息基本定义、主要特征、性质、功能、信息的分类和描述方法，大体上都属于信息理论的定性研究范畴。这些研究的基础为本章进一步研究信息的定量问题准备了条件。

由于以往信息理论的研究一直以通信工程为背景，而通信工程是不考虑信息的语义和语用因素的，因此信息理论的研究工作一直是围绕着概率型语法信息这个层次来展开的。只是到了 20 世纪 50 年代后期，由于计算机技术的发展和应用，才开始注意语义信息的研究。在这之后，人们利用计算机和信息理论来研究人工智能和决策问题，于是不可避免地要涉及语义和语用信息的问题。显然，这种发展过程完全符合"由表及里，由浅入深"的认识规律。目前，信息度量方面比较成熟的理论大致还是在统计型的语法信息方面。

所谓信息的度量问题，就是指从量的关系上来精确地刻画信息。从定义到性质，从描述到度量，这些内容构成了信息科学的主要基础。一方面，通过对定义和性质的讨论可以从定性方面来理解信息；另一方面，通过对描述和度量的研究可以从定量方面来把握信息。只有同时从定性和定量两个方面来把握信息，才能为进一步探讨信息的各种运动规律奠定必要的基础。应当明确，定性研究和定量研究是科学研究过程中相辅相成的两个方面,二者缺一不可。本章正是从定性和定量两个研究角度来讨论信息这个基本概念的。信息度量问题之所以特别重要,就在于它是整个信息科学体系得以真正建立起来的根本理论基础,是整个信息科学大厦的重要基石。如果不能对信息进行定量的度量,那么要解决信息科学的理论问题是不可能的。信息度量对于信息科学的重要性同重量、长度和力的度量对于力学、机械学的重要性十分相似。为此,本章后半部分将讨论解决信息的度量问题。

和一般的数学应用原理相同,信息定量描述的方法只能建立在人们对信息的质的认识基础上。对信息的本质有什么样的认识,就会产生什么样的度量方法;而对信息本质在认识上的前进,迟早会导致新的度量方法的出现;认识越深入,方法就会越合理。因此,信息定量描述的方法既受制于人们对信息本质的认识水平,也受制于所拥有的数学方法。本章的后半部分将按照人们对信息认识的发展过程来介绍一些现有的信息度量方法,这一过程恰好同信息科学发展的时间顺序完全呼应。此外,我们将尽力把信息定量描述方法的物理模型和数学模型结合起来,使读者对各种度量方法的实质有更好的了解。

我们期望,通过本章的讨论和分析,读者能对信息的定义、本质和描述方法有比较清晰和系统的把握,对信息的定性和定量分析方法有明确的掌握,为后面各章的讨论打下坚实的基础。

## 3.1 信息的描述方法

有了信息分类的结果,就可以分门别类地来研究各类信息的描述方法。通过信息分类的讨论,我们也可以认识到描述信息的一般原则,就是要抓住"事物的运动状态"和"状态变化的方式"这两个基本的要素。事物运动的状态和状态变化方式描述清楚了,它的信息也就描述清楚了。本节首先考虑语法信息的描述,它是语义信息和语用信息描述方法的基础,根据上文的分析,我们也应该清楚主要需要考虑概率信息、确定信息和模糊信息的描述;然后考虑语义信息和语用信息的描述。

### 3.1.1 概率信息的描述

我们关心的概率信息是特指状态性质为离散、状态数目为有限、状态划分为明晰、状态变化方式服从概率规律的信息。

在实际应用的场合,先将问题进行形式化表示:$X$ 表示一个试验,$X=(x_i | i=1,\cdots,n)$ 表示这一试验的所有可能状态的集合,$P=(p_i | i=1,\cdots,n)$ 表示这些可能状态出现的概率的集合(即概率分布),$(X,P)=\{(x_i,p_i) | i=1,\cdots,n\}$ 称为这一试验的概率空间。概率空间 $(X,P)$ 的各个元素 $(x_i,p_i), i=1,\cdots,n$ 正好描述了事物的运动状态和状态变化的方式。其中 $x_i, i=1,\cdots,n$ 表示了所有可能的运动状态,而 $p_i, i=1,\cdots,n$ 则表示了这些可能的运动状态是按照概率规律出现的,状态 $x_i$ 以概率 $p_i$ 随机地出现,$i=1,\cdots,n$。于是,概率空间就把整个事物运动的状态和状态变化的方式描述出来了,它是描述概率信息的基本方法。

具体说来,假定有一个随机试验 $X$,它有 $n$ 种可能的试验结果(运动状态),分别为

$x_1,\cdots,x_n$。在观察这一试验之前,观察者已经先验地知道这些状态出现的概率分别是 $p_1,\cdots,p_n$。这些概率称为先验概率。但是在观察试验之后发现,这 $n$ 个可能的状态的出现概率却是 $p_1^*,\cdots,p_n^*$,这些概率称为后验概率。这样,就可以写出观察前后概率空间的变换

$$\{(x_i,p_i)|i=1,\cdots,n\} \Rightarrow \{(x_i,p_i^*)|i=1,\cdots,n\} \tag{3.1}$$

其中,箭头左边是试验的先验概率空间,箭头右边是后验概率空间。先验概率空间描述了观察者关于 $X$ 的先验信息,后验概率空间描述了试验的后验信息。

在大多数实际的试验场合(其实是理想情况,观察之后就全明白了事物的状态了),后验概率分布 $(p_i^*|i=1,\cdots,n)$ 是一个单点分布,即

$$P_i^* = \begin{cases} 1, & i=i_0 \\ 0, & i \neq i_0 \end{cases} \tag{3.2}$$

进一步,我们使用一个专门的符号 $p_s^*$ 来表示这种 0-1 型的后验分布。于是,式(3.1)可以写为

$$(X,P) \Rightarrow (X,P_s^*) \tag{3.3}$$

当观察者对于 $X$ 的出现概率没有任何先验知识的时候,就只能假定这 $n$ 个状态出现的概率都相等,即 $p=1/n, i=1,\cdots,n$。我们用符号 $P_0$ 来表示这种均匀型的先验概率分布。这样,式(3.3)又变为

$$(X,P_0) \Rightarrow (X,P_s^*) \tag{3.4}$$

这个公式表示:在观察试验之前,观察者对试验结果一无所知,因而用均匀分布描述各个状态的概率;观察之后,结果唯一确定,就变成了一个确定性的分布。在这种观察场合,观察者获得了最大的实得信息量。反之,如果有 $P^*=P_0^*$,则观察者的实得信息为零,也就是通过观察,没有获得任何有意义的信息。

可见,用概率空间以及概率空间的变换可以很好地描述随机试验的信息过程。我们用掷硬币的例子来说明这一方法。在这个例子中 $X=(x_i|i=1,2)$,其中 $x_1$ 为"字朝上"状态,$x_2$ 为"画朝上"状态。在观察之前,观察者无法知道 $x_1$ 和 $x_2$ 究竟何者出现。一个合理的假设是认为它们出现的概率相等,即:$p_i=1/2, i=1,2$。因此,$X$ 的先验概率空间为

$$(X,P_0) = \left\{ \left(x_1,\frac{1}{2}\right), \left(x_2,\frac{1}{2}\right) \right\} \tag{3.5}$$

或者写为矩阵形式

$$\begin{bmatrix} X \\ P_0 \end{bmatrix} = \begin{bmatrix} x_1 & x_2 \\ \frac{1}{2} & \frac{1}{2} \end{bmatrix} \tag{3.6}$$

现在假定观察的结果是 $x_1$ 出现,即后验概率空间为 $p_{x_1}=1$。于是,观察者的实得信息可以描述为

$$\begin{bmatrix} x_1 & x_2 \\ \frac{1}{2} & \frac{1}{2} \end{bmatrix} \Rightarrow \begin{bmatrix} x_1 & x_2 \\ 1 & 0 \end{bmatrix} \tag{3.7}$$

在非理想观察的场合,概率空间的变换式由式(3.1)表示。但是,如果非理想观察仅仅是由外界干扰引起的,而且如果干扰的信息也是可描述的,那么在这种场合的概率空间变换式尚有另外的表示。这种不理想的观察模型示于图 3.1。图中 $(X,P)$ 是观察者关于事物(随机试验) $X$ 的先验概率空间, $(Z,P(Y|X))$ 是干扰的概率空间, $(Y,P^*(X|Y))$ 是事物的后验概率空间。这里, $P(Y|X)$ 和 $P^*(X|Y)$ 都是条件概率分布。它们的物理意义可由图 3.2 得到解释。

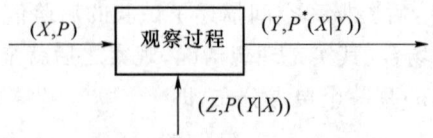

图 3.1 非理想观察下的信息过程

进一步,深入考察图 3.2 中的情况可以看出:由于干扰的存在,观察者无法精确地观察 $x_1$ 和 $x_2$ 的情况。因此,他观察到的状态数目不是两个,而是三个: $y_1$ 相应于 $x_1$; $y_3$ 相应于 $x_2$;而 $y_2$ 则是一个新状态,它表示观察者不能肯定是 $x_1$ 还是 $x_2$。而且,观察者只以一定的概率 $p(y_1|x_1)$ 把 $x_1$ 观察成 $y_1$,并以概率 $p(y_2|x_1)$ 把 $x_1$ 判断为 $y_2$,以概率 $p(y_3|x_1)$ 把 $x_1$ 看成是 $y_3$。同样,他只能以概率 $p(y_3|x_2)$ 把 $x_2$ 判断为 $y_3$,并以概率 $p(y_2|x_2)$ 和 $p(y_1|x_2)$ 把 $x_2$ 判为 $y_2$ 和 $y_1$,这就是条件概率分布 $P(Y|X)$ 的含义,它表达了观察过程中干扰的有害影响。

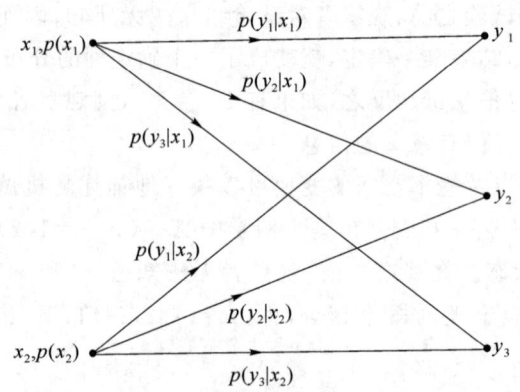

图 3.2 非理想的观察模型

由于先验概率空间是先验已知的,我们可以利用贝叶斯的后验概率公式

$$p^*(x_i|y_j) = \frac{p^*(x_i)p^*(y_j|x_i)}{\sum_{i=1}^{2} p^*(x_i)p^*(y_j|x_i)}, \quad i=1,2, \quad j=1,2,3$$

分别求出 $p^*(x_i|y_j), i=1,2, j=1,2,3$ 的数值。它的含义是:当观察者把观察的结果判断为状态 $y_j$ 时实际的状态为 $x_i$ 的概率。与此相应,所有后验概率的集合就是后验概率分布 $P^*(X|Y)$。

后验概率在这里是条件概率的形式,它可以用这样的一个矩阵来表示

$$[(p^*(X|Y))] = \begin{bmatrix} p^*(x_1|y_1) & \cdots & p^*(x_m|y_1) \\ \vdots & & \vdots \\ p^*(x_1|y_n) & \cdots & p^*(x_m|y_n) \end{bmatrix} \tag{3.8}$$

这时，观察者的实得信息仍可以表示为

$$\begin{bmatrix} X \\ P_0 \end{bmatrix} \Rightarrow \begin{bmatrix} Y \\ P^*(X|Y) \end{bmatrix} \tag{3.9}$$

## 3.1.2 确定信息的描述

所谓确定信息，是指由确定性试验所提供的信息。而所谓确定性试验是指具有确定的试验机构，但初始条件和环境条件具有动态或时变性的试验。

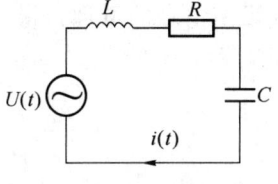

图 3.3 简单 RLC 电路

我们来考虑一个这类试验的例子：考虑图 3.3 所示的简单 RLC 电路，其中 $U(t)$ 是电路的激励电源。

由电工学的理论知道，这个电路的运动状态及其变化方式（行为）可以由一个微分方程来描述：

$$U(t) = Ri(t) + L\frac{\mathrm{d}i(t)}{\mathrm{d}t} + \frac{1}{C}\int_0^t i(\tau)\mathrm{d}\tau \tag{3.10}$$

其中，$i$ 为电路的电流。这样，只要给定初始条件，就可以唯一地确定它在未来时刻 $t$ 的状态和状态变化方式。所以，这是一个确定型的试验系统。在式（3.10）中，我们给定初始条件

$$q(0) = 0 \text{ 且 } i(t) = \frac{\mathrm{d}q(t)}{\mathrm{d}t} = \frac{\mathrm{d}q}{\mathrm{d}t} \tag{3.11}$$

其中，$q$ 是电荷，于是式（3.10）可以写为

$$U(t) = L\frac{\mathrm{d}^2 q}{\mathrm{d}t^2} + R\frac{\mathrm{d}q}{\mathrm{d}t} + \frac{1}{C}q \tag{3.12}$$

若令

$$\begin{cases} q = x_1 \\ \dot{q} = \frac{\mathrm{d}q}{\mathrm{d}t} = \dot{x}_1 = x_2 \end{cases} \tag{3.13}$$

通过变换，则可以得到

$$\begin{cases} \dot{x}_1 = x_2 \\ \dot{x}_2 = U(t) \cdot \frac{1}{L} - \frac{R}{L}x_2 - \frac{1}{LC}x_1 \end{cases} \tag{3.14}$$

用矩阵的形式来写，式（3.14）就变为

$$\begin{bmatrix} \dot{x}_1 \\ \dot{x}_2 \end{bmatrix} = \begin{bmatrix} 0 & 1 \\ -\frac{1}{LC} & -\frac{R}{L} \end{bmatrix} \begin{bmatrix} x_1 \\ x_2 \end{bmatrix} + \begin{bmatrix} 0 \\ \frac{1}{L} \end{bmatrix} U(t) \tag{3.15}$$

由式（3.15）可得出，这个电路的状态完全由 $x_1$ 和 $x_2$ 这两个变量所确定。我们把 $x_1$ 和 $x_2$ 称为这个试验系统的状态变量，式（3.14）或式（3.15）则称为该系统的状态方程。换

句话说,我们可以用矩阵形式的状态方程来描述这类动态系统的行为。

把上述简单 RLC 电路系统推广到一般的情形,通常可以用如下形式的 $n$ 阶的常系数线性微分方程来描述它们的行为:

$$\frac{d^n y}{dt^n} + a_{n-1}\frac{d^{n-1} y}{dt^{n-1}} + \cdots + a_1 \frac{dy}{dt} + a_0 y = U(t) \tag{3.16}$$

其中,$y(t)$ 是系统的输出,$U(t)$ 是系统的输入。与上面所说系统的情形类似,可以把式(3.16)中的 $n$ 个变量 $y, \frac{dy}{dt}, \frac{d^2 y}{dt^2}, \cdots, \frac{d^{n-1} y}{dt^{n-1}}$ 称为该系统的状态变量。

所以,在这类场合系统的状态就是一组数。只要给定在某个时刻的这样一组数,给定系统的输入以及描写这个系统动态关系的微分方程,就可以确定这个系统在未来时刻的状态和输出。这就是为什么把这种系统所提供的信息称为确定型信息的道理。很明显,这种系统能够提供信息,但是并不是前面讲过的概率型的信息。若令

$$\begin{cases} x_1(t) = y(t) \\ x_2(t) = x_1(t) = \frac{dy}{dt} \\ \vdots \\ x_n(t) = x_{n-1}(t) = \frac{d^{n-1} y}{dt^{n-1}} \end{cases} \tag{3.17}$$

那么,$x_1(t), x_2(t), \cdots, x_n(t)$ 也是这个系统的一组状态变量。利用这组状态变量,就可以把式(3.16)这种高阶微分方程变为一组一阶微分方程组,写成矩阵形式

$$\begin{bmatrix} x_1 \\ x_2 \\ \vdots \\ x_{n-1} \\ x_n \end{bmatrix} = \begin{bmatrix} 0 & 1 & 0 & \cdots & 0 & 0 \\ 0 & 0 & 1 & \cdots & 0 & 0 \\ \vdots & \vdots & \vdots & & \vdots & \vdots \\ 0 & 0 & 0 & \cdots & 0 & 1 \\ -a_0 & -a_1 & -a_2 & \cdots & -a_{n-2} & -a_{n-1} \end{bmatrix} \begin{bmatrix} x_1 \\ x_2 \\ \vdots \\ x_{n-1} \\ x_n \end{bmatrix} + \begin{bmatrix} 0 \\ 0 \\ \vdots \\ 0 \\ U \end{bmatrix} \tag{3.18}$$

采用矢量的形式,则式(3.18)又可以表示为

$$\boldsymbol{X} = \boldsymbol{AX} + \boldsymbol{BU} \tag{3.19}$$

其中,

$$\boldsymbol{X} = \begin{bmatrix} x_1 \\ x_2 \\ \vdots \\ x_n \end{bmatrix}, \quad \boldsymbol{B} = \begin{bmatrix} 0 \\ 0 \\ \vdots \\ 0 \\ 1 \end{bmatrix}, \quad \boldsymbol{A} = \begin{bmatrix} 0 & 1 & 0 & \cdots & 0 \\ 0 & 0 & 1 & \cdots & 0 \\ \vdots & \vdots & \vdots & & \vdots \\ 0 & 0 & 0 & \cdots & 1 \\ -a_0 & -a_1 & -a_2 & \cdots & -a_{n-1} \end{bmatrix} \tag{3.20}$$

显然,此时的输出方程为

$$\boldsymbol{Y} = \boldsymbol{CX} \tag{3.21}$$

其中,$\boldsymbol{C} = (1, 0, 0, \cdots, 0)$。有了状态方程,只要知道一个系统现时的状态变量和输入情况,就可以预测它未来的行为。也就是说,现时的状态变量包含着有关未来状态的信息,利用状态变量和状态方程就能充分描述这种信息。

现在考虑用图描述信息的例子。如果已知某个系统或某个试验的各种状态以及状态

之间的转移方式,那么用图论的方法来表示这些状态和状态变化方式(即信息)是十分直观和方便的。

所谓图,就是若干顶点和连接这些顶点的边所构成的集合。例如,图3.4示出的就是由5个顶点和7条边所构成的图。其中,A、B、C、D、E是图的顶点,AB、BC、CD、DE、BE、AE和CE是图的边。用图来表示信息的时候,顶点就代表状态,边就代表状态转移的关系(状态变化的方式)。在图3.4中的各条边没有标明方向,这样的图称为无向图。如果图中的边是有方向的(用箭头表示),那么称这种图为有向图。图3.5就是一个有向图。如果图中各边还注有数字,那么这种图就称为加权图。这样,图3.5还是一个加权图。

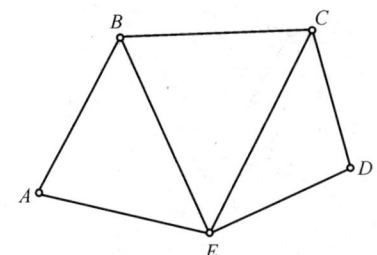
图3.4 无向图

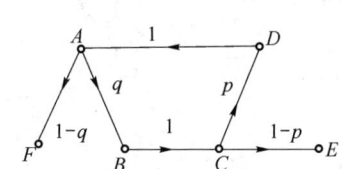
图3.5 有向加权图

其实,图3.5就是一个描述一年生植物的运动状态和状态变化方式的图。具体地说,它描述了这种植物的生活行为:图中的各个顶点表示该植物的生活状态(运动状态),各个边表示这些状态的转移方式和转移的途径。边上所注的数字,就是权,表示从某一状态向另一状态转移的概率或可能度;边上所注的箭头指示状态转移的方向。图中各个顶点的含义是:$A$为种子状态;$B$为植物状态;$C$为开花状态;$D$为已授粉的植物状态;$E$为未授粉的植物状态;$F$为种子的死亡状态。

图3.5可以看到,种子以概率$q$生长成为植物(种子死亡的概率是$1-q$),植物则肯定能够开花,开了花的植物以概率$p$授粉成功(不能授粉成功的概率为$1-p$),已授粉的植物(花)必能结出种子。此后则重复这个过程。只要环境条件不发生明显的变化,这个有向加权图就能描述这种植物的生活信息。当然,图3.5是一个具有随机因素的状态转移图。但是,如果$p=q=1$,则顶点$E$和$F$就成为孤立顶点。这时,植物的生活运动过程就成为确定性的运动,状态转移的方式和关系都具有确定的性质。

此外,这类信息也可以用矩阵来描述。例如,我们可以用邻接矩阵来表示图的各个顶点之间是否有联系

$$\begin{array}{c} \phantom{A}\;A\;B\;C\;D\;E \\ \begin{array}{c} A\\B\\C\\D\\E \end{array}\!\!\left[\begin{array}{ccccc} 0 & 1 & 0 & 0 & 1 \\ 1 & 0 & 1 & 0 & 1 \\ 0 & 1 & 0 & 1 & 1 \\ 0 & 0 & 1 & 0 & 1 \\ 1 & 1 & 1 & 1 & 0 \end{array}\right] \end{array}$$

来描述图 3.4 中顶点连接的情况。也可以用关联矩阵

$$\begin{array}{c} \phantom{A}\begin{array}{cccccccc} AB & AE & BC & BE & CD & CE & DE \end{array} \\ \begin{array}{c} A \\ B \\ C \\ D \\ E \end{array}\left[\begin{array}{ccccccc} 1 & 1 & 0 & 0 & 0 & 0 & 0 \\ 1 & 0 & 1 & 1 & 0 & 0 & 0 \\ 0 & 0 & 1 & 0 & 1 & 1 & 0 \\ 0 & 0 & 0 & 0 & 1 & 0 & 1 \\ 0 & 1 & 0 & 1 & 0 & 1 & 1 \end{array}\right] \end{array}$$

来描述图 3.5 的边和顶点的结合状况。而且,如果图 3.4 变为有向图(见图 3.6),则关联矩阵变为

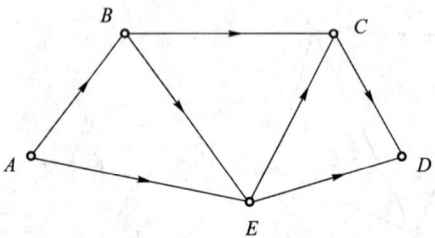

图 3.6 有向图

$$\begin{array}{c} \phantom{A}\begin{array}{cccccccc} AB & AE & BC & BE & CD & CE & DE \end{array} \\ \begin{array}{c} A \\ B \\ C \\ D \\ E \end{array}\left[\begin{array}{ccccccc} 1 & 1 & 0 & 0 & 0 & 0 & 0 \\ -1 & 0 & 1 & 1 & 0 & 0 & 0 \\ 0 & 0 & -1 & 0 & 1 & -1 & 0 \\ 0 & 0 & 0 & 0 & -1 & 0 & -1 \\ 0 & -1 & 0 & -1 & 0 & 1 & 1 \end{array}\right] \end{array}$$

还可以表示出连接的方向信息,如此等等。

除了以上这些方法可以用来描述确定型信息之外,数据表格、公式曲线等也可以用来表示确定型信息。实际上,到处都可以看到这些信息表示方法的大量的应用。

考虑如下一个确定型决策问题:假设某单位需要购买某种产品 45 000 个,已知该种产品有 4 处供应来源,所购买的这些产品要分别送到 3 个不同的仓库点,表 3.1 列出各个仓库的容量和各个供应点可以供应的产品数量以及价格、运输费等数据。要求确定具体的采购方案,使所付出的总费用最少。

表 3.1 用表格来表示确定型信息

| 供应量/库存 | 一号库 10000 | 二号库 15000 | 三号库 20000 |
|---|---|---|---|
| 供应点 A 8000 | $C_{11}=3.00$ | $C_{12}=3.00$ | $C_{13}=4.50$ |
| 供应点 B 12000 | $C_{21}=4.80$ | $C_{22}=3.20$ | $C_{23}=5.00$ |
| 供应点 C 11000 | $C_{31}=6.00$ | $C_{32}=4.00$ | $C_{33}=5.50$ |
| 供应点 D 14000 | $C_{41}=5.30$ | $C_{42}=4.10$ | $C_{43}=6.00$ |

显然,问题中已经给出了求解所需的全部信息。这些信息是通过文字叙述和数字表格的形式给出的。根据这些信息,运用适当的线性规划数学方法,就可以制定一个确定的决策。

不过,为了进行数学处理,上述用文字和表格给出的信息往往还要表示在数学公式里,以便进行运算和解析。可见,数学公式也是描述信息的一种方法。在本例中,如果用符号 $x_{ij}$ 来表示从第 $i$ 供应点购买并运到第 $j$ 号仓库的产品数量($i=1,2,3,4;j=1,2,3$),那么我们就可以列出下列计算最小代价的公式来表示所给出的信息。其中,目标信息为

$$C = \sum C_{ij}x_{ij} \to \min$$

而其中的约束信息为

$$\sum_{i=1}^{4} x_{i1} = 10\,000; \sum_{i=1}^{4} x_{i2} = 15\,000; \sum_{i=1}^{4} x_{i3} = 2\,0000;$$
$$\sum_{j=1}^{3} x_{1j} = 8\,000; \sum_{j=1}^{3} x_{2j} = 12\,000; \sum_{j=1}^{3} x_{3j} = 11\,000; \quad (3.22)$$
$$\sum_{j=1}^{3} x_{4j} = 14\,000, x_{ij} \geq 0, i=1,2,3,4; j=1,2,3$$

以上我们介绍了描述确定信息的基本方法,包括微分方程的方法、图论的方法以及线性规划的方法。事实上,确定信息的描述也可以用简单的图或者表来描述。由于篇幅的限制,我们这里就不再详细介绍了,感兴趣的读者可参考有关文献。

### 3.1.3 模糊信息的描述

应当明确,概率信息只是不确定语法信息中的一种。本节,我们将介绍另外一种不确定语法信息——模糊信息的描述方法。模糊数学是描述模糊信息的基础[43]。下面,我们先从更为基本的模糊集合入手。

模糊信息的描述要涉及集合的概念。不过,这里涉及的是一类不同的集合——模糊集合[23]。所谓模糊集合(也可简称为模糊集),是由若干元素组成的总体:这些元素都具有某种或某些共同的特性,不过具有这些特性的程度(称为隶属度)有所不同。举一个非常直观的例子。"远大于1的正实数集"就是一个模糊集。它的元素包括大于1的所有正实数,其中在10以上的正实数当然百分之百地满足"远大于1"这一条件,"5"满足这一条件的程度可能只有50%,而"2"满足的程度只有百分之几。但它们都"在一定程度上"具有"远大于1"这一性质。因此,如果把这个"满足程度"用图形画出来,就可以得到如图3.7所示的情形。

图3.7的曲线也称为模糊集的隶属度分布曲线。它的意义是:集合论域内各元"属于"该集合的程度。定义百分之百地属于该集合的元的隶属度为1,完全不属于该集合的元的隶属度为0,其他则为中间情况。这样,如图3.7所示,模糊集的隶属度分布曲线是一种具有平滑过渡的曲线。对照普通集合的情况,它的示性函数(即隶属度)分布曲线是具有突变跳跃的曲线,如图3.8所示。

图3.8所示的是"大于和等于1的正实数集合",这当然是一个普通集合:所有等于和大于1的正实数都属于这个集合,而其他则不属于这个集合。所以,它的示性函数或隶属

度曲线没有平滑过渡段，与图 3.7 的模糊集恰成鲜明的对照。

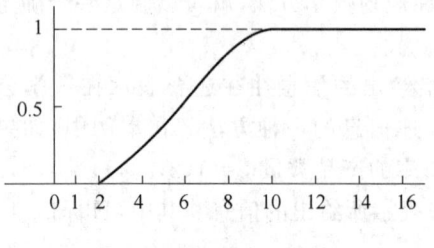

图 3.7 模糊集的一例

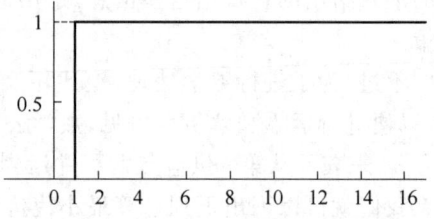

图 3.8 普通集合的示性函数（隶属度函数）

模糊集更为正式的定义可以表述如下。所谓给定了论域 $U$ 上的一个模糊子集 $X$ 是指：对于任意 $u\in U$，都指定了一个数 $f_x(u)\in[0,1]$ 这个数称为 $u$ 对于 $X$ 的隶属度。上述的映射 $f_X:U\rightarrow[0,1]; u\rightarrow f_x(u)$；称为 $X$ 的隶属度函数。

值得指出的是，在 1965 年 L. A. Zadeh 的论文《模糊集理论》发表之前，数学只定义了普通集。普通集的特征是"非此即彼、非彼即此"，非常绝对。模糊集理论揭示了事物性质的渐变性，认识到现实世界实际事物和人的观念中存在大量"亦此亦彼"的情形。这样就使理论的认识更接近于实际。上面，我们虽然只举了一个模糊集的例子，但是现实世界的模糊集的例子是举不胜举的。例如，"大数集""小数集""高个子集""老人集""好书集""益鸟集""优秀演员集"等，都是模糊集的例子。根据模糊集的定义和性质，读者不难由此及彼，举一反三，这里就不多费笔墨了。

由于存在模糊性，就必然会引起某种不确定性。比如，一张本来黑白分明的图画，由于某种原因变得模糊了。那么，那些非白非黑的灰度色调究竟应当算是白还是黑？这就产生了不确定性。而为了消除这种不确定性，当然就需要有信息。我们把用来消除与事物的模糊性相联系的信息称为模糊信息。

因此，很容易联想到，可以用模糊事物（集）的隶属度曲线来描述它的"运动的状态和状态变化方式"。我们把模糊集元所具有的隶属度记为 $f$，第 $i$ 个元的隶属度记为 $f_i$，整个模糊集上的隶属度分布则记为 $F$。但是需要注意的是，与概率的情况不同，这里的隶属度不满足归一化的要求，就是说

$$\sum_i f_i \neq 1, \quad f_i \in F \tag{3.23}$$

不过，作为模糊试验（模糊事物或模糊集合）的运动状态和状态变化方式的描述，隶属度分布仍然是一个有用的参数。

与概率空间的概念相类似，我们把模糊试验 $X$ 和它的隶属度分布 $F$ 所组成的序对 $(X,F)$ 称为模糊试验的隶属度空间。这样，模糊试验所提供的模糊信息也可以用试验前后（或观察前后）隶属度空间的变换来描述。若用符号 $F$ 表示试验前的隶属度分布，$F^*$ 表示试验后的隶属度分布，那么

$$(X,F)\Rightarrow(X,F^*) \tag{3.24}$$

就描述了一个模糊试验所提供的模糊信息。一般，在理想试验的场合，经过试验，模糊性可以被完全消除。这时，$F^*$ 的元的隶属度数值只取 0 或 1，即

$$f_i^* = \begin{cases} 1, & \text{某些} \\ 0, & \text{其余 } i \end{cases}$$

这时的隶属度分布记为 $F_s^*$。它实际上已经蜕化成为一个普通集的示性函数。

总之,不论是概率信息、确定信息还是模糊信息,整个语法信息的描述方法都是通过对于"事物运动的状态和状态变化方式"的刻画来实现的。只要把试验前后的状态和状态变化方式刻画清楚了,就能充分地描述所考虑的语法信息。

### 3.1.4 全信息的描述

在语法信息描述方法的基础上,可以进一步考虑语义信息和语用信息的描述,从而可以完成对于"全信息"的描述。根据认识论信息的定义,语义信息涉及事物运动状态及其变化方式的含义[5]。语用信息关心事物运动状态及其变化方式对于主体目标而言的效用。而全信息则是语法信息、语义信息和语用信息的综合。因此,为了描述语义信息、语用信息和全信息,首先必须建立"含义"和"效用"的表示方法。

首先,让我们来考虑语义信息的描述参量。语义信息反映的是"含义(内容)",而逻辑是表达含义的有效方法,因此我们可以采用指称逻辑的概念来处理事物运动状态及其变化方式的含义表征问题。需要说明的是,所谓"事物运动状态及其变化方式的含义",主要是指"事物运动状态的含义"。状态的含义表征清楚了,状态变化方式的含义也就清楚了。

采用指称逻辑的概念来处理状态含义的表征问题,在这里就是要解决事物各种运动状态在逻辑上的真实程度的描述问题。于是,可以设置一个"状态逻辑真实度"参量,记为 $t$,它应当满足

$$0 \leqslant t \leqslant 1 \tag{3.25}$$

及

$$t = \begin{cases} 1, & \text{状态逻辑为真} \\ a \in (0,1), & \text{状态逻辑模糊} \\ 0, & \text{状态逻辑为伪} \end{cases} \tag{3.26}$$

具体来说,如果某事物 $X$ 具有 $N$ 个可能的运动状态 $\{x_n, n=1,\cdots,N\}$,记状态 $x_n$ 的逻辑真实度为 $t_n$,每个 $t_n$ 都满足式(3.25)和式(3.26)的要求。于是,就可以建立一个关于事物 $X$ 的逻辑真实度空间,记为

$$\begin{bmatrix} X \\ T \end{bmatrix} \triangleq \begin{bmatrix} x_1 & \cdots & x_n & \cdots & x_N \\ t_1 & \cdots & t_n & \cdots & t_N \end{bmatrix} \tag{3.27}$$

其中,

$$T = \{t_n \mid n=1,\cdots,N\} \tag{3.28}$$

称为 $X$ 的逻辑真实度广义分布。称 $T$ 为"广义"分布,是因为 $t_n$ 的总和不一定归一,即有

$$\sum_{n=1}^{N} t_n \geqslant = \leqslant 1 \tag{3.29}$$

符号"$\geqslant = \leqslant$"表示"可能大于、小于或等于 1,而不是必然等于 1"。

显然,利用逻辑真实度空间可以充分描述事物 $X$ 的运动状态及其变化方式的逻辑含义。

其次，让我们来考虑语用信息的描述参量。类似地，我们也可以采用效用度的概念来处理事物运动状态及其变化方式的价值表征的问题。同样需要说明的问题是：事物运动状态及其变化方式的价值表征主要也是指事物运动状态的价值表征。

采用效用度的概念来处理状态价值的表征问题，在这里就是要解决事物各种运动状态对实现主体目标的价值大小的描述。于是，可以设置一个"状态效用度"参量，记为 $u$，它应当满足

$$0 \leqslant u \leqslant 1 \tag{3.30}$$

及

$$u = \begin{cases} 1, & \text{状态效用最大} \\ b \in (0,1), & \text{状态效用模糊} \\ 0, & \text{状态效用最小} \end{cases} \tag{3.31}$$

具体来说，如果某事物 $X$ 具有 $N$ 个可能的运动状态 $\{x_n, n=1,\cdots,N\}$。记状态 $x_n$ 的效用度为 $u_n$，每个 $u_n$ 满足式(3.30)和式(3.31)的要求。于是，可以建立一个关于事物 $X$ 的效用度空间，记为

$$\begin{bmatrix} X \\ U \end{bmatrix} \triangleq \begin{bmatrix} x_1 & \cdots & x_n & \cdots & x_N \\ u_1 & \cdots & u_n & \cdots & u_N \end{bmatrix} \tag{3.32}$$

其中，

$$U = \{u_n \mid n=1,\cdots,N\} \tag{3.33}$$

称为 $X$ 的效用度广义分布，因为全部 $u_n$ 的总和不一定归一，即有

$$\sum_{n=1}^{N} u_n \geqslant = \leqslant 1 \tag{3.34}$$

显然，利用效用度空间可以充分描述事物 $X$ 的运动状态及其变化方式的效用价值。

最后，让我们来考虑全信息的描述。有了逻辑真实度空间和效用度空间的概念和表示方法，就可以水到渠成地采用与语法信息类似的方法来表示或描述语义信息和语用信息。

对于某个事物 $X$，若它有 $N$ 种可能的状态 $\{x_n, n=1,\cdots,N\}$。又若在观察试验之前它的先验参量分别为 $c_n$（表征状态变化方式的形式）、$t_n$（逻辑真实度）和 $u_n$（效用度），相应的先验广义分布为 $C$、$T$ 和 $U$。而在观察试验之后，它的后验广义分布为 $C^*$、$T^*$ 和 $U^*$，那么与观察事物 $X$ 相关的语法信息、语义信息和语用信息过程就可以分别描述为

$$(X, C) \Rightarrow (X, C^*) \tag{3.35}$$
$$(X, T) \Rightarrow (X, T^*) \tag{3.36}$$
$$(X, U) \Rightarrow (X, U^*) \tag{3.37}$$

通常，我们把用逻辑真实度空间和效用度空间，即式(3.27)和式(3.32)所描述的语义信息和语用信息分别称为单纯语义信息和单纯语用信息，相应的逻辑真实度和效用度也分别称为单纯逻辑真实度和单纯效用度。但是，正如前面所指出的，语义信息须以语法信息为基础，语用信息须以语义和语法信息为基础。这样就有必要进一步引出综合逻辑真实度和综合效用度的概念，以及与此相应的综合逻辑真实度空间和综合效用度空间的概念。利用这些概念可以建立对于综合语义信息和综合语用信息的描述。

给定事物 $X$，假设它有 $N$ 个可能的运动状态 $\{x_n, n=1,\cdots,N\}$，每个状态的变化方式的形式化因素用参量 $c_n$ 来表征。在概率性事件场合，$c_n$ 就是概率 $p_n$，而在模糊事件场合，$c_n$ 就是隶属度 $f_n$，又若各个状态的单纯逻辑真实度分别为 $t_n$，单纯效用度为 $u_n$，那么 $X$ 的综合逻辑真实度、综合逻辑真实度空间、综合效用度、综合效用度空间就可以分别定义如下：

综合逻辑真实度：
$$\eta_n = c_n t_n \quad n=1,\cdots,N \tag{3.38}$$

综合逻辑真实度空间：
$$\begin{bmatrix} x_1 & \cdots & x_n & \cdots & x_N \\ \eta_1 & \cdots & \eta_n & \cdots & \eta_N \end{bmatrix} \tag{3.39}$$

综合逻辑真实度广义分布：
$$\eta = \{\eta_n \mid n=1,\cdots,N\} \tag{3.40}$$

综合效用度：
$$\mu_n = c_n t_n u_n \quad n=1,\cdots,N \tag{3.41}$$

综合效用度空间：
$$\begin{bmatrix} x_1 & \cdots & x_n & \cdots & x_N \\ \mu_1 & \cdots & \mu_n & \cdots & \mu_N \end{bmatrix} \tag{3.42}$$

综合效用度广义分布：
$$\mu = \{\mu_n \mid n=1,\cdots,N\} \tag{3.43}$$

有了这些表示方法，就可以描述综合语义信息和综合语用信息的过程：
$$(X, \eta) \Rightarrow (X, \eta^*) \tag{3.44}$$

以及
$$(X, \mu) \Rightarrow (X, \mu^*) \tag{3.45}$$

其中，$\eta$ 和 $\mu$ 是 $X$ 的先验综合逻辑真实度广义分布和先验综合效用度广义分布，$\eta^*$ 和 $\mu^*$ 是相应的后验广义分布。

## 3.2 信息的度量方法

3.1 节我们说明了各种信息的描述方法，包括概率型语法信息、模糊型语法信息以及全信息的描述，这为我们进一步从数学的定量的角度来刻画信息奠定了基础。本节首先介绍概率信息的香农度量，这是一种非常经典的方法；然后介绍模糊信息的度量，它为全信息的度量奠定了基础；最后讨论全信息的综合度量。

### 3.2.1 概率信息的香农度量

虽然几乎所有学科领域都存在大量的信息问题，但最早系统研究信息理论的领域是通信领域。这是毫不奇怪的，因为通信的技术本质就是信息传递。为了合理地设计通信系统，有效地发挥通信系统的作用，就必须能够对所传输的对象进行定量分析，能够进行数值度量，这就是信源信息的度量。香农对一类重要的信息即概率性语法信息进行了深入的研究,给出了合理的度量。

香农明确指出:通信工程的核心任务是复现从发端发出的消息波形,与信息内容无关。从通信技术系统的角度看,其传送的是国家大事还是琐碎家常,并没有什么区别,通信工程师的职责就是把发端发出的信号波形以一定的精度或可靠度恢复出来。实际上,对于通信过程来说,只要通信系统复制了消息的信号波形,通信者(人,而不是系统本身)就可以复制消息的内容(信息)。这样,通信系统就可以把注意力集中于建立信息的形式化的度量,即语法信息的度量。

香农进一步注意到通信过程的统计特性。他指出:一个非常重要的事实是,一个实际的消息是从可能消息的集合中选择出来的,而选择消息的发信者又是任意的,因此这种选择就具有随机性,是一种大量重复发生的统计现象。一个好的通信系统必须设计得对每种选择情况都能工作,而不是只适合工作于某一种选择情况,因为在设计系统的时候,将来实际发生的选择方式是无法确切预知的。这就表明,通信者的出现、通信者对于消息的选择都是随机的,因而通信系统所传递的信息是随机的。不仅如此,通信系统在传送信息过程中所受到的干扰也是随机的。这一切都迫使通信理论工作者不得不放弃传统的拉普拉斯决定论的观点,转而接受并应用统计的非决定论的观点,从而给通信理论的研究带来了新鲜的思想方法和风格。

此外,香农等人还注意到,通信的发生是以通信者具有不定性为前提的,而通信的作用和结果则是要消除这种不定性。比如,两个人要进行通信。通信者 A 希望与 B 进行通信(不管通信的具体方式是面谈、书信、电话、微信,还是任何别的方式),往往在下述情况才会发生:要么 A 想要告诉 B 一件事情而 A 断定 B 在此刻不知道这件事情,要么 A 有什么问题想要从 B 处得到答案。否则,他们就不会有通信的必要。显然,在前一种情形下,B 存在不定性,假若 B 不存在不定性,即 B 完全知道 A 所要告诉的事情,A 就没有必要再告诉他;而在后一种情形,A 存在不定性,不然,A 也没有必要去问 B 了。那么,为什么通信的结果可以消除这种不定性? 它的机制是什么呢? 原来,用以消除这种不定性的正是信息,因为通信系统所传递的东西就是信息。这样,香农等人就把信息定义为用来消除不定性的东西。他们正是从这个定义出发,运用非决定论的观点和统计方法,解决了一类重要信息——概率型语法信息的定量描述问题。

既然信息是用来消除不定性的东西,那么信息的数量就可以用被消除掉的不定性的大小来表示。而这种不定性是由随机性引起的,因此可以用概率论方法来描述。这就是香农信息度量方法的基本思想。

我们可以假设有随机事件的集合 $x_1, x_2, \cdots, x_N$,它们的出现概率分别为 $p_1, p_2, \cdots, p_N$,满足下述条件:

$$0 \leqslant p_1 \leqslant 1, \quad i=1,\cdots,N, \quad \sum_{i=1}^{N} p_i = 1 \tag{3.46}$$

我们首先找出一种测度来度量事件选择中含有多少"选择的可能性",或者度量选择的结果具有多大的不确定性。显然,当所收到的信息量足以使这个不定性全部消除时,所收到的信息的量就认为等于这个所消除掉的不定性的数量。用 $H_S(p_1,\cdots,p_N)$ 来表示这个不定性的测度,我们认为不定性测度必然是概率分布 $(p_1,\cdots,p_N)$ 的函数,其具体的函数形式则有待确定。

为了确定 $H_S(p_1,\cdots,p_N)$ 的具体形式，应当提出一些合理的限制。对此香农提出了如下三个基本条件：

① $H_S$ 应当是对 $p_i(i=1,\cdots,N)$ 连续的函数。

② 如果所有的 $p_i$ 相等，即 $p_i=\dfrac{1}{N},i=1,\cdots,N$，那么 $H_S$ 应是 $N$ 的单调增函数。

③ 如果选择分为相继的两步，那么原先的 $H$ 应等于分步选择的各个 $H$ 值的加权和。

可以看到，条件③的意义可以用一个具体的例子解释。设有三个事件 $x_1,x_2$ 和 $x_3$，它们的出现概率为 $p_1=1/2,p_2=1/3$ 和 $p_3=1/6$，如图3.9所示。图(a)是不分步选择的情况，图(b)是分两步选择的情况。显然，从最后的结果来看，分步与否并不影响这个事件集的不定性，因为它们的概率空间完全相同。于是，人们自然希望能满足这样的关系：

$$H_S\left(\frac{1}{2},\frac{1}{3},\frac{1}{6}\right)=H_S\left(\frac{1}{2},\frac{1}{2}\right)+\frac{1}{2}H_S\left(\frac{2}{3},\frac{1}{3}\right) \tag{3.47}$$

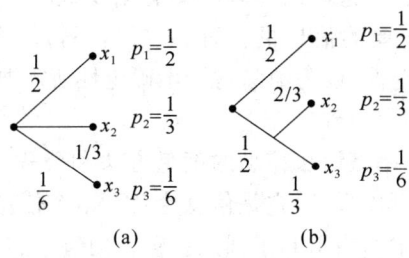

图 3.9 不确定度量的条件③的解释

从上述三个条件出发，香农推出了函数 $H_S(p_1,\cdots,p_N)$ 的具体形式，并将之归纳为如下的定理。

**定理 3.1**[34] 满足以上三个条件的不定性度量可用且仅可用下式表示：

$$H_S(p_1,\cdots,p_N)=-K\sum_{i=1}^{N}p_i\log p_i \tag{3.48}$$

**其中，$K$ 为正常数。**

上述定理给出的公式(3.48)称为香农的熵公式。这个定理的证明我们略去。我们利用这个定理来解释香农信息熵的含义。它用于度量离散有限随机事件集合（随机空间或随机试验）的不确定性。

如前所说，信息是用以消除不确定性的东西。如果以 $I(p_1,\cdots,p_N)$ 来表示为消除不确定性 $H_S(p_1,\cdots,p_N)$ 所需要的信息，则有 $I(p_1,\cdots,p_N)=H_S(p_1,\cdots,p_N)-0=H_S(p_1,\cdots,p_N)$，所以从数量上说，$H_S(p_1,\cdots,p_N)$ 既可以看作是一个随机试验所具有的不确定性，也可以看作是为消除这个不定性所需要的信息量。一个试验，如果它的各个可能结果出现的概率分别为 $p_1,\cdots,p_N$，那么在实验进行之前，它的结果的平均不肯定性就是 $H_S(p_1,\cdots,p_N)$，而在实验后观察者所得到的关于这个实验结果的信息量在数量上也等于 $H_S(p_1,\cdots,p_N)$。

为了确定信息量的单位，我们来考察一个标准的二中择一试验，即具有两种可能结果且两种结果出现的概率相等的试验。由式(3.48)有

$$H_S\left(\frac{1}{2},\frac{1}{2}\right)=-K\left(\frac{1}{2}\log\frac{1}{2}+\frac{1}{2}\log\frac{1}{2}\right) \tag{3.49}$$

令取对数底为 2,并令所得的 $H_S\left(\frac{1}{2},\frac{1}{2}\right)=1$,则得常 $K=1$。于是,式(3.48)变为

$$H_S(p_1,\cdots,p_N)=-\sum_{i=1}^{N}p_i\log p_i \tag{3.50}$$

当对数底为 2 时,信息单位称为二进单位,也叫比特(bit,即 Binary Digit 的缩写);当对数底为 e 时,则称自然单位,也叫奈特(nat,即 Natural Digit 的缩写);当底取为 10 时,称为迪特(dit,即 Decimal Digit 的缩写)。尽管单位不同,它们之间的转换是直接而简单的。需要注意的是,式(3.50)中当某个 $p_i=0$ 时,规定 $0\log 0=0$。

式(3.50)也表示为

$$H_S(p_1,\cdots,p_N)=-\sum_{i=1}^{N}p_i(-\log p_i)=\sum_{i=1}^{N}p_ih(p_i)=\sum_{i=1}^{N}p_iI(p_i) \tag{3.51}$$

其中,$I(p_i)=-\log p_i=h(p_i)$,这可以理解为具有出现概率 $p_i$ 的单个事件的不确定性,或为消除这个不确定性所需要的信息量。而 $H_S(p_1,\cdots,p_N)$ 则是具有概率分布 $p_1,\cdots,p_N$ 的事件集合的平均不确定性,或为消除这个不确定性所需要的平均信息量。后者可直接由前者对概率分布求平均值得到。

以上就是香农给出的概率型语法信息的度量方法和公式,我们仅仅做了非常简明扼要的介绍。即便如此,我们可以看到,它是信息论乃至整个信息科学的理论基础。香农信息度量方法自问世以来,在学术界引起了强烈兴趣。同时,也有许多学者曾做出努力去完善或改进香农的奠基性工作,感兴趣的读者可以参考相关的文献。

### 3.2.2 模糊信息的度量

之前已经讨论过模糊信息集的描述方法。很自然,要度量模糊信息必然要借助于模糊集的隶属度分布。与概率信息的情形类似,模糊信息也是以模糊不定性的减少来计量的。因此只要找到了计算模糊试验的不定性的方法,计算模糊信息量的问题就可以通过"模糊不定性的减少程度"来求解了。

早在 1972 年,A. DeLuca 和 S. Termin 就曾提出模糊熵的概念及其表达式,并建议以这个表达式来具体计算模糊集合的不定性[1]。但遗憾的是,DeLuca 和 Termini 的文章并没有给出严格的数学证明,只是给出了如下的思路。

考虑一个集 $I$ 和一个格 $L$,他们把由集 $I$ 到格 $L$ 的映射称为 $L$-模糊集。所有这种映射的类记为 $L(I)$,对它的元 $f$ 和 $g$ 定义:

$$(f\vee g)(x)=\sup\{f(x),g(x)\} \tag{3.52a}$$
$$(f\wedge g)(x)=\inf\{f(x),g(x)\} \tag{3.52b}$$

其中,sup 和 inf 分别表示 $f(x)$ 和 $g(x)$ 在 $L$ 中的上确界和下确界。$\vee$ 和 $\wedge$ 分别为并逻辑和与逻辑运算符号。

若令 $L$ 为一个实数轴的单位区间,即 $L=(0,1)$,则式(3.52)变为

$$(f\vee g)(x)=\max\{f(x),g(x)\} \tag{3.53a}$$
$$(f\wedge g)(x)=\min\{f(x),g(x)\} \tag{3.53b}$$

他们认为作为模糊熵的 $d(f)$ 至少必须满足以下三个基本的特性：①当且仅当 $f$ 在 $L$ 上取值 0 或 1 时，模糊熵 $d(f)$ 才为零。②当且仅当 $f$ 恒为 1/2 时，$d(f)$ 才取最大值。③$f$ 越陡峭，$d(f)$ 应当越小；反之则应越大。就是说，若有

$$f^*(x) \geqslant f(x), \quad f(x) \geqslant \frac{1}{2} \tag{3.54a}$$

$$f^*(x) \leqslant f(x), \quad f(x) \leqslant \frac{1}{2} \tag{3.54b}$$

则应有 $d(f) \geqslant d(f^*)$。特性①是对模糊熵极值性的规定，即当模糊集的示性函数仅取 0 或 1 值时，模糊集退化为普通集。特性②也是对模糊熵的极值性的规定，即各个元的隶属度均为 1/2 时，模糊集所固有的不定性达到最大的程度。条件③是模糊熵的有序性的规定：隶属度分布越陡峭的模糊集所具有的不定性越小。显然，这些都是合理的要求。

一般说来，有很多类函数都可能满足这三个基本要求，他们选择了如下的形式：

$$d(f) = H(f) + H(\overline{f}) \tag{3.55}$$

其中，

$$\overline{f}(x) = 1 - f(x) \tag{3.56}$$

它满足

$$\overline{\overline{f}} = f \tag{3.57}$$

$$\overline{f \wedge g} = \overline{f} \vee \overline{g} \tag{3.58}$$

$$\overline{f \wedge g} = \overline{f} \vee \overline{g} \tag{3.59}$$

以及

$$H(f) = -k \sum_{n=1}^{N} f(x_n) \log f(x_n) \tag{3.60}$$

于是，如果引入香农函数

$$S(x) = -x \log x - (1-x) \log (1-x) \tag{3.61}$$

则式(3.55)可以写成

$$d(f) = k \sum_{n=1}^{N} S(f(x_n)) \tag{3.62}$$

令式(3.62)中的常数 $k = 1/N$，则

$$d(f) = \frac{1}{N} \sum_{n=1}^{N} S(f(x_n)) \tag{3.63}$$

$$= \frac{1}{N} \sum_{n=1}^{N} \{ -f(x_n) \log f(x_n) - [1 - f(x_n)] \log [1 - f(x_n)] \} \tag{3.64}$$

这个 $d(f)$ 显然能够满足上述三个基本特性的要求，因此成为模糊集的不定性的测度，被称为模糊熵。后来，DeLuca 和 Termini 又把这个结果推广到更为一般的情形，这里就不再详细介绍了。

## 3.2.3 全信息的综合度量

3.2.1 小节已经讨论了概率信息的香农度量方法。事实上，对于模糊信息也可以有相应的度量方法。之前介绍过模糊集，可以想象它对于度量模糊信息所起到的基础性作

用。那么能否构建一种度量方式来统一度量各种不同类型的语法信息呢?现在我们来探讨更一般的信息函数表达式[44-46,83,89,90,96]。

与香农方法不同,这里不从概率的概念出发来定义信息函数,而从一个更广义的概念出发来寻求新的解答。这个广义概念就是"肯定度"。

**定义 3.1**  考虑一个抽象试验 $X$,它具有 $N$ 种可能的结果:$x_1,\cdots,x_n$。我们把 $X$ 取某种具体可能状态 $x_n$ 的可能性、机会或程度,称为 $x_n$ 的肯定度,记为 $c_n$,其中 $n=1,\cdots,N$。

值得指出,如果 $X$ 是概率型试验,那么 $c_n$ 就是 $p_n$,$n=1,\cdots,N$。这正如概率论的奠基人之一 Bernoulli 所说的"概率,就其意义来说,其实就是一种肯定度"。Leibnitz 也曾论证过这个关系。如果 $X$ 不是概率型试验,概率就不存在,但肯定度的概念依然有效。比如,竞技比赛的结果带有随机性,但这种结果往往不可重复,因此不存在统计概率,而肯定度的概念仍有意义,即可能度。模糊型试验也不存在概率,但可以定义肯定度,即 $x_n$ 的隶属度。可以看到肯定度是更为一般性的广义的概念。

**定义 3.2**  肯定度 $c_n(n=1,\cdots,N)$ 的集合称为广义肯定度分布,记为 $C$,即

$$C=\{c_n|n=1,\cdots,N\} \tag{3.65}$$

$$0 \leqslant c_n \leqslant 1, \quad n=1,\cdots,N, \quad \sum_{n=1}^{N} c_n \geqslant = \leqslant 1 \tag{3.66}$$

符号"$\geqslant=\leqslant$"表示"可以大于、等于或小于"的意思。因此,式(3.65)是一种广义分布。可以看到其中的肯定度是不能确定它和 1 的明确关系。我们就从最简单的肯定归一 $\sum_{n=1}^{N} c_n = 1$ 的情况进行讨论。

**定义 3.3**  若有 $c_n=1/N,n=1,2,\cdots,N$,则称 $c_n$ 为均匀型肯定度分布,则记为 $C_0$;若有 $c_n\in\{0,1\},n=1,2,\cdots,N$,则称 $c_n$ 为 0-1 型的肯定度分布,记为 $C_S$。

**定义 3.4**  对于给定的肯定度分布 $C$,构造一个函数

$$M_\phi(C) = \phi^{-1}\left\{\sum_{n=1}^{N} c_n \phi(c_n)\right\} \tag{3.67}$$

称为关于 $C$ 的平均肯定度。其中,$\phi$ 是一个待定的单调连续函数,$\phi^{-1}$ 是它的逆函数,也单调连续。

**定义 3.5**  两个抽象试验 $X$ 和 $Y$ 各自的肯定度分布分别为 $C$ 和 $D$。为了方便,常常把试验写成 $(X,C),(Y,D)$ 的形式。如果它们满足条件

$$\phi^{-1}\left\{\sum_{n=1}^{N} c_n \phi(c_n d_n)\right\} = \phi^{-1}\left\{\sum_{n=1}^{N} c_n \phi(c_n)\right\} \phi^{-1}\left\{\sum_{n=1}^{N} c_n \phi(d_n)\right\} \tag{3.68}$$

则称 $(X,C)$ 与 $(Y,D)$ 为互相 $\phi^-$ 无关。于是有下面的定理。

**定理 3.2**  满足定义 3.4 和定义 3.5 条件的 $\phi$ 函数必为对数形式。

该定理的证明略去。感兴趣的读者可以参考相应文献。

根据以上定理以及之前关于 $M$ 的定义,我们就可以得到 $M$ 的具体形式的推论。

**推论 1**:试验 $(X,C)$ 的平均肯定度的表达式有如下形式

$$M_\phi(C) = \phi^{-1}\left\{\sum_{n=1}^{N} c_n \phi(c_n)\right\} = \prod_{n=1}^{N} (c_n)^{c_n} \tag{3.69}$$

同理,我们可以得到推论。

**推论 2**:试验$(X,C)$的平均肯定度界于$1/N$与$1$之间。即有

$$\frac{1}{N} = M_\phi(C_0) \leqslant M_\phi(c) \leqslant M_\phi(C_S) = 1 \tag{3.70}$$

这个结果说明:均匀型肯定度分布的平均肯定度最低,且等于$1/N$;而$0-1$型肯定度分布的平均肯定度最高,且为$1$。这与人们的直觉是一致的。

考虑一个试验和一个观察者组成的系统,记为$(X,C,C^*;R)$,其中$R$表示观察者,$(X,C,C^*)$表示试验过程,$C$是观察者$R$关于试验的先验肯定度广义分布,$C^*$是$R$关于$X$的后验肯定度广义分布。

根据推论 1 的结果,有

$$\log M_\psi(C) = \sum_{n=1}^{N} c_n \log c_n \tag{3.71}$$

$$\log M_\phi(C^*) = \sum_{n=1}^{N} c_n^* \log c_n^* \tag{3.72}$$

它们是试验系统$(X,C,C^*)$的先验和后验平均肯定度的对数表示。进一步称

$$I(C) = \log \frac{M_\phi(C)}{M_\phi(C_0)} = \log N + \sum_{n=1}^{N} c_n \log c_n \tag{3.73}$$

及

$$I(C^*) = \log \frac{M_\phi(C^*)}{M_\phi(C_0^*)} = \log N + \sum_{n=1}^{N} c_n^* \log c_n^* \tag{3.74}$$

为试验系统$(X,C,C^*)$的对数先验相对平均肯定度和对数后验相对平均肯定度。也就是先验和后验平均肯定度相对于均匀型肯定度的情况。

所谓观察者$R$从试验中获得了关于$X$的信息,即实得信息,是指"通过对$X$的观察,$R$关于$X$的平均肯定度增加了"。为了使这个概念更具有可比性,我们将"$R$关于$X$的平均肯定度"换成"$R$关于$X$的对数相对平均肯定度"。于是有以下定义。

**定义 3.6** 观察者$R$从试验系统$(X,C,C^*)$中得到的信息量$I(C,C^*;R)$是他通过观察所实现的关于$X$的对数相对平均肯定度的增量,即

$$I(C,C^*;R) = I(C^*) - I(C) \tag{3.75}$$

$$= \sum_{n=1}^{N} c_n^* \log c_n^* - \sum_{n=1}^{N} c_n \log c_n \tag{3.76}$$

称$I(C,C^*;R)$为一般信息函数。这与人们的直观经验相吻合。下面的定理叙述了$I(C,C^*;R)$与香农熵之间的关系。

**定理 3.3**

$$I(C,C_S^*;R) = I(P,P_S^*;R) = H(X) \tag{3.77}$$

其中,$P$和$P_S^*$是$X$的先验与后验概率分布,下标$S$表示$0-1$分布形式;$H(X)$为概率熵。

可以给出如下的证明。将式(3.77)左端具体化,直接可证:

$$I(P,P_S^*;R) = \log \frac{M_\phi(P_S^*)}{M_\phi(P_0^*)} - \log \frac{M_\phi(P)}{M_\phi(P_0)} = -\sum_{n=1}^{N} p_n \log p_n = H(X) \tag{3.78}$$

根据这个定理可以看出,当后验肯定度为 0—1 发布的形式时,一般信息函数就退化为之前介绍的语法信息香农熵[24]。

现在来考察 $X$ 的肯定度不归一的情形,这是一般模糊型的试验所特有的情形。考虑一个模糊型试验 $(X, F, F^*)$ 和一个观察者 $R$,由于肯定度之和不归一,不能直接应用之前肯定度归一的一般信息函数结果。但是,注意到恒有

$$0 \leqslant f_n \leqslant 1, \quad 0 \leqslant (1-f_n) \leqslant 1, \quad f_n + (1-f_n) \equiv 1, \quad n=1,\cdots,N \quad (3.79)$$

于是,就可以在形式上把 $\{f_n, (1-f_n)\}$ 看作是对于 $x_n$ 的归一化肯定度分布,记为

$$c_n = \{f_n, 1-f_n\}, \quad c_{n0} = \{1/2, 1/2\}, \quad c_{nS} = \{1,0\} \vee \{0,1\}, \quad n=1,\cdots,N \quad (3.80)$$

同样,就可以直接应用式(3.67)的结果,写出定义在 $\{f_n, 1-f_n\}$ 上的相应公式:

$$M_\phi(C_n) = f_n^{f_n}(1-f_n)^{(1-f_n)}, \quad n=1,\cdots,N \quad (3.81)$$

$$M_\phi(C_{n0}) = 1/2, \quad n=1,\cdots,N \quad (3.82)$$

$$I(C_n, C_n^*; R) = f_n^* \log f_n^* + (1-f_n^*) \log(1-f_n^*) - f_n \log f_n - (1-f_n) \log(1-f_n), \quad n=1,\cdots,N \quad (3.83)$$

由于模糊集合各个元素的确定性性质,定义在整个模糊集合 $(X, C, C^*)$ 上的平均信息量就等于定义在各个 $(f_n, 1-f_n)$ 上的信息量的算术平均,即:

$$\begin{aligned}
I(C, C^*; R) &= \frac{1}{N} \sum_{n=1}^{N} I(C_n, C_n^*; R) \\
&= \frac{1}{N} \sum_{n=1}^{N} [f_n^* \log f_n^* + (1-f_n^*) \log(1-f_n^*) - \\
&\quad f_n \log f_n - (1-f_n) \log(1-f_n)]
\end{aligned} \quad (3.84)$$

至此有

**定理 3.4**

$$I(C, C_S^*; R) = I(F, F_S^*; R) = d(X) \quad (3.85)$$

其中,$d(X)$ 是 DeLuca-Termini 的模糊熵函数。

**证明:** 直接解出式(3.85)左边,就可以得到 $d(X)$,于是定理得证。

综上所述,一般信息函数 $I(C, C^*; R)$ 确实可以统一各种语法信息的度量公式,包括概率型语法信息和模糊信息。

这样,在形式上,我们就可以把统一的语法信息 $I(C, C^*; R)$ 表示为式(3.86)所示的两段表达式,即:

$$\begin{aligned}
I(C, C^*; R) &= I(C^*; R) - I(C; R) \\
&= \sum_{n=1}^{N} c_n^* \log c_n^* - \sum_{n=1}^{N} c_n \log c_n \quad (C=P) \bigcup (C=Q) \\
&= \frac{1}{N} \sum_{n=1}^{N} [c_n^* \log c_n^* + (1-c_n^*) \log(1-c_n^*)] - \\
&\quad \frac{1}{N} \sum_{n=1}^{N} [c_n \log c_n + (1-c_n) \log(1-c_n)] \quad C=F
\end{aligned} \quad (3.86)$$

其中,$I(C^*; R)$ 是 $R$ 从试验 $X$ 中所获得的后验信息。在理想观察条件下,它就是 $X$ 的实

在信息;而 $I(C;R)$ 则是 $R$ 关于 $X$ 的先验信息。因此,式中 $I(C,C^*;R)$ 就是 $R$ 在观察 $X$ 的过程中所获得的实得信息。可以看出,式(3.86)中两种表达式的选择只取决于肯定度是否满足归一条件($C=P$ 和 $C=Q$ 满足;$C=F$ 不满足),而整个推导的思路则是完全一致的。

定理 3.3、定理 3.4 和式(3.76)表明,香农和维纳的概率熵公式、DeLuca-Termini 的模糊熵公式以及玻尔兹曼的统计熵公式都是式(3.86)在各自相应种条件下的特殊情形。

### 3.2.4 全信息的统一度量

要建立全信息的统一度量,就是要建立语法信息、语义信息和语用信息三者的统一度量,基于此,才能构造出全信息的统一度量。具体地,在语法信息度量的场合,我们把相对平均肯定度的对数定义为与之相应的信息量。在语义信息度量的场合,我们来考察相对平均逻辑真实度的对数。从之前的定义不难看出,逻辑真实度在性质上是一种模糊量。因此,完全可以采用之前给出的模糊语法信息的度量方法来建立语义信息的测度。于是就可以写出

$$M_\phi(T_n) = t_n^{t_n}(1-t_n)^{(1-t_n)}, \quad M_\phi(T_{n0}) = 1/2, \quad n=1,\cdots,N \tag{3.87}$$

$$\begin{aligned} I(T_n) &= \log[M_\phi(T_n)/M_\phi(T_{n0})] \\ &= t_n \log t_n + (1-t_n)\log(1-t_n) + \log 2, \quad n=1,\cdots,N \end{aligned} \tag{3.88}$$

$$\begin{aligned} I(T) &= \frac{1}{N}\sum_{n=1}^{N} I(T_n) \\ &= \frac{1}{N}\sum_{n=1}^{N}[t_n \log t_n + (1-t_n)\log(1-t_n) + \log 2] \end{aligned} \tag{3.89}$$

$$\begin{aligned} I(T,T^*;R) &= I(T^*) - I(T) \\ &= \frac{1}{N}\sum_{n=1}^{N}[t_n^* \log t_n^* + (1-t_n^*)\log(1-t_n^*)] - \\ &\quad [t_n \log t_n + (1-t_n)\log(1-t_n)] \end{aligned} \tag{3.90}$$

称 $I(T)$ 为 $R$ 关于 $X$ 的先验单纯语义信息量,$I(T^*)$ 为 $R$ 关于 $X$ 的后验单纯语义信息量,而称 $I(T,T^*;R)$ 为 $R$ 在观察试验 $X$ 的过程中所获得的实得单纯语义信息量。

语义信息测度 $I(T,T^*;R)$ 具有如下性质。

**性质 1**:$I(T,T^*;R) \lessgtr 0$,当且仅当 $I(T^*) \lessgtr I(T)$。

**性质 2**:$I(T,T^*;R)_{\max} = I(T_0,T_S^*;R) = 1$,而 $I(T,T^*;R)_{\min} = I(T_S,T_0^*;R) = -1$。

**性质 3**:$I(T_1,T^*;R_1) \gtrless I(T_2,T^*;R_2)$ 当且仅当 $I(T_2) \gtrless I(T_1)$。

**性质 4**:$I(T,T^*;R) \gtrless I(S,S^*;R)$ 当且仅当 $I(T^*) - I(T) \gtrless I(S^*) - I(S)$。

性质 1 说明:观察者的实得单纯语义信息量可为正,也可为负,这取决于观察前后相对逻辑真实度变化的情况。信息量为正,表示相对语义逻辑真实度增加;为负则表示相对语义逻辑真实度降低。L. Brillouin 在他的名著 *Science and Information Theory* 一书中所引用的一个例子,就是丢失语义信息的情况。这个例子说:一位教授在给学生授课,学生们若有所得。但是,在临结束讲课时,教授突然告诉学生:"对不起,这堂课讲的内容是错的。"这是一个很有趣的例子。

性质 2 是语义信息量的极值情形。这两个结果是显而易见的。从完全的逻辑不定变为逻辑的真假完全分明,得到了最大的语义信息量;反之,则损失了最大的语义信息量。

性质 3 表现了语义信息量的一种相对性。即,从同一个试验 $X$ 中,具有较多先验信息的观察者所获得的语义信息量较少,反之则较多。这是因为,既然是同一个试验 $X$,其后验的相对逻辑真实度是定值,不论对 $R_1$ 还是对 $R_2$,都等于 $I(T^*)$。因此,$I(T_1) > I(T_2)$ 就意味着 $I(T_1, T^*; R_1) < I(T_2, T^*; R_2)$。这在实际生活中是常见的现象。例如,猜谜语对于不同的猜谜者来说,谜底所包含的后验语义信息量一样。但是,具有较多先验语义信息的人所需要得到的语义信息少,因而能够在较短的时间内解出谜底。反之,具有较少先验语义信息的人需要获得较多的新的语义信息才能解开谜底,所以花的时间较长。

需要指出,通常人们总是认为,在观察同一试验的时候,先验知识多的观察者会从中获得更多的信息,这似乎和上述性质 3 的结论互相矛盾。其实不然,稍加分析就会知道,这两个论断并不相悖。一般说来,性质 3 适合于 $I(T^*)$ 为定值的情形,后一论断则适用于 $I(T^*)$ 可变的情形。前者是在已有先验信息的基础上接受所剩部分的信息,后者是利用已有的先验信息来进一步开发新的信息。换言之,前者适用于"封闭式"系统,后者适用于"开放式"系统。

性质 4 表现了语义信息相对性的另一方面,即:同一个观察者从不同试验中所获得的语义信息量一般不相同。这一方面是由于不同试验本身所包含的实在语义信息量各不相等,另一方面是由于观察者对于不同试验所具有的先验信息量也各不相同。在两个试验所包含的实在语义信息量相等且为某个常量的情况下,观察者从试验中所能获得的语义信息量与其对该试验所具有的先验语义信息量呈减函数关系。若试验所含实在语义信息不是常量,而是随 $I(T)$ 的变化而变化(即开放型试验系统),那么也会有类似于上一段所述的情形:具有的先验语义信息量越多,则在观察过程中所能获得的语义信息量也越多。

不仅如此,按照定义,综合逻辑真实度也是一个模糊量。因此,也可以采用与上面类似的方法来建立综合语义信息的测度,即

$$I(\eta) = \sum_{n=1}^{N} \eta_n \log \eta_n + \log N \qquad (C = P) \cup (C = Q)$$

$$= \frac{1}{N} \sum_{n=1}^{N} [\eta_n \log \eta_n + (1 - \eta_n) \log(1 - \eta_n) + \log 2] \qquad C = F \quad (3.91)$$

相应地也应有

$$I(\eta, \eta^*; R) = I(\eta^*) - I(\eta)$$

$$= \sum_{n=1}^{N} \eta_n^* \log \eta_n^* - \sum_{n=1}^{N} \eta_n \log \eta_n \qquad (C = P) \cup (C = Q)$$

$$= \frac{1}{N} \sum_{n=1}^{N} [\eta_n^* \log \eta_n^* + (1 - \eta_n^*) \log(1 - \eta_n^*)] -$$

$$[\eta_n \log \eta_n + (1 - \eta_n) \log(1 - \eta_n)] \qquad C = F \quad (3.92)$$

综合的语义信息测度公式 $I(\eta, \eta^*; R)$ 也具有与上述的 $I(T, T^*; R)$ 相仿的基本性质。此外,它还有如下关系式:

$$I(\eta, \eta^*; R) = I(C, C^*; R) \quad 当且仅当 \ t_n = t_n^* = 1, \ \forall n \quad (3.93)$$

$$I(\eta,\eta^*;R)=I(T,T^*;R) \text{ 当且仅当 } C=F, c_n=c_n^*=1, \quad \forall n \qquad (3.94)$$

这些性质和关系表明,综合语义信息、单纯语义信息与语法信息之间具有内在联系,且可在一定条件下互相转化。式(3.93)正是香农排除语义因素的数学表示式:假定所有状态的单纯逻辑真实度都为1,则综合语义信息就退化为语法信息。至于语用信息,如前所述,它的表征量是效用度。因此,应当考察相对平均效用度对数的行为。注意到效用度的定义,效用度也是一个模糊量。于是,也可以采用类似的方法求出:

$$M_\phi(U_n)=u_n^{u_n}(1-u_n)^{(1-u_n)}, \quad n=1,\cdots,N \qquad (3.95)$$

$$M_\phi(U_{n0})=\frac{1}{2}, \quad n=1,\cdots,N \qquad (3.96)$$

$$I(U_n)=u_n\log u_n+(1-u_n)\log(1-u_n)+\log 2, \quad \forall n \qquad (3.97)$$

$$I(U)=\frac{1}{N}\sum_{n=1}^N I(U_n)$$

$$=\frac{1}{N}\sum_{n=1}^N[u_n\log u_n+(1-u_n)\log(1-u_n)+\log 2] \qquad (3.98)$$

$$I(U,U^*;R)=\frac{1}{N}\sum_{n=1}^N[u_n^*\log u_n^*+(1-u_n^*)\log(1-u_n^*)]-$$

$$[u_n\log u_n+(1-u_n)\log(1-u_n)] \qquad (3.99)$$

称 $I(U)$ 为先验单纯语用信息量,$I(U^*)$ 为后验单纯语用信息量,$I(U,U^*;R)$ 为 $R$ 在观察 $(X,U,U^*)$ 过程中所获得的实得单纯语用信息量,它具有与 $I(T,T^*;R)$ 类似的性质,这里不再一一列出。综合语用信息的特征量是综合效用度,按照定义也可以导出与综合语义信息类似的表达式,即

$$I(\mu)=\sum_{n=1}^N \mu_n\log\mu_n, \qquad (C=P)\cup(C=Q)$$

$$=\frac{1}{N}\sum_{n=1}^N[\mu_n\log\mu_n+(1-\mu_n)\log(1-\mu_n)+\log 2] \qquad C=F \qquad (3.100)$$

以及

$$I(\mu,\mu^*;R)=\sum_{n=1}^N \mu_n^*\log\mu_n^* - \sum_{n=1}^N \mu_n\log\mu_n \qquad (C=P)\cup(C=Q)$$

$$=\frac{1}{N}\sum_{n=1}^N[\mu_n^*\log\mu_n^*+(1-\mu_n^*)\log(1-\mu_n^*)]-$$

$$[\mu_n\log\mu_n+(1-\mu_n)\log(1-\mu_n)] \qquad C=F \qquad (3.101)$$

综合语用信息具有如下关系式:

$$I(\mu,\mu^*;R)=I(\eta,\eta^*;R) \text{ 当且仅当 } u_n=u_n^*=1, \quad \forall n \qquad (3.102)$$

$$I(\mu,\mu_n^*;R)=I(C,C^*;R) \text{ 当且仅当 } t_n=t_n^*=u_n=u_n^*=1, \quad \forall n \qquad (3.103)$$

$$I(\mu,\mu^*;R)=I(U,U^*;R) \text{ 当且仅当 } C=F \text{ 且 } c_n=c_n^*=t_n=t_n^*=1, \quad \forall n \qquad (3.104)$$

$$I(\mu,\mu^*;R)=I(T,T^*;R) \text{ 当且仅当 } C=F \text{ 且 } c_n=c_n^*=u_n=u_n^*=1, \quad \forall n \qquad (3.105)$$

这些关系式表明了综合语用信息测度、综合语义信息测度、单纯语用信息测度、单纯语义信息测度以及语法信息测度之间的内在联系和转化条件。关系式(3.103)是香农舍

去语义和语用因素的说明：当假定每个状态的逻辑真实度均为真且每个状态的效用度均为 1 时，综合语用信息测度就退化为语法信息测度。

此外，$I(\mu,\mu^*;R)$ 还有下述退化关系：

$$I(\mu,\mu^*;R)=d(X) \text{ 当且仅当 } C=F, C^*=F_S^*, u_n=u_n^*=t_n=t_n^*=1, \quad \forall n \tag{3.106}$$

$$I(\mu,\mu^*;R)=H(X) \text{ 当且仅当 } C=P, C^*=P_S^*, u_n=u_n^*=t_n=t_n^*=1, \quad \forall n \tag{3.107}$$

$$I(\mu,\mu^*;R)=\log N \text{ 当且仅当 } C=P_0, C^*=P_S^*, u_n=u_n^*=t_n=t_n^*=1, \quad \forall n \tag{3.108}$$

以及

$$I(\mu,\mu^*;R)=I(U,P)+I(P,U) \tag{3.109}$$

当且仅当 $C=P_0, C^*=P_S^*, U^*=U_S^*$

$$t_n=t_n^*=1, \quad \forall n \tag{3.110}$$

其中，$I(U,P)=-\sum_{n=1}^{N} u_n p_n \log p_n$，并且 $I(P,U)=-\sum_{n=1}^{N} u_n p_n \log u_n$ 是 Guiasu 的加权熵公式。所有上述关系表明，综合语用信息量公式 $I(\mu,\mu^*;R)$ 确实综合了各种信息量的关系，它可以理解为"全信息"的测度公式。全信息测度的各种退化关系可由图 3.10 系统表示。图中各种转化关系所对应的条件，可在前述关系式中直接找出。

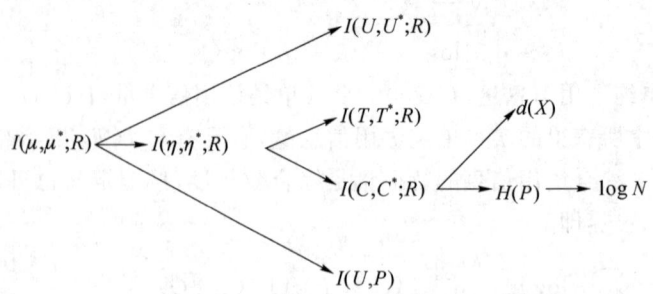

图 3.10　各种信息测度的关系

图 3.10 表明，国际学术界认可的多种信息测度公式（如香农熵公式 $H(X)$、De Luca-Termini 的模糊熵公式 $d(X)$、Boltzman-Ashby-Hartley 的信息公式 $\log N$ 以及 Guiasu 的加权熵公式 $I(U,P)$ 等）都是全信息公式在特定条件下的退化公式。全信息的测度公式揭示了现行信息测度公式间的内在联系，并建立了统一的表达。这对于系统性、定量性研究信息科学理论是十分有意义的。事实上，全信息概念的提出和全信息测度体系的建立以及基于这些结果所揭示的信息科学基本原理的系统化，是经典信息论发展到现代信息科学的主要理论标志。

# 第 3 篇

# 信息转换原理

第1篇的研究确立了信息科学的总体观念和基本定义,第2篇研究建立了全信息的定性概念和定量度量方法,初步完成了信息科学理论基础的建构。本篇的任务是系统探索并阐明信息科学的主体理论,即它的基本原理体系。

信息是一种特殊类型的原始资源,就像物质和能量也都是原始资源一样。信息科学的研究对象是信息,它的研究内容是信息现象及其运动规律,它的研究目标是有效扩展人类信息功能(尤其是作为信息功能有机整体的智力功能),以便使人类能够更好地利用信息资源来认识世界、改造世界、提升自己,从而有效地改善人类生存和发展的环境与条件。那么,怎样才能扩展人类的信息和智力功能呢?实现扩展的基本原理是什么?

理论的分析和实践的考察都表明,一切科学技术的基本任务,归根结底,都是揭示如何把现实世界的各种原始资源有效地转换成为人类生存发展所需要的产品的基本规律。质言之,**科学的基本原理,应当是"资源-产品"的转换规律**。

于是,材料科学的基本原理是揭示如何把各种原始的物质资源有效地转换成为人类生存与发展所需要的材料产品的基本规律;能量科学的基本原理是揭示如何把各种原始的能量资源有效地转换成为人类生存与发展所需要的动力产品的基本规律;而信息科学的基本原理就是揭示如何把各种原始的信息资源有效地转换成为人类生存与发展所需要的知识与智能产品的基本规律(简称为**"信息转换原理"**。信息转换原理是信息科学研究的核心课题和主体理论。

但是,首先面临的问题是:信息可以被转换吗?如果信息根本无法被转换,那么信息转换原理和整个信息科学理论就会成为虚幻的"海市蜃楼"或不切实际的"空中楼阁"!本体论信息是整个信息转换的源头,因此必须考察本体论信息是否可以被转换。根据本书第 2 篇所论证的信息定义,一切事物的本体论信息乃是"事物所呈现的运动状态及其变化方式",而不是事物本身。这样,作为事物所呈现而不是事物本身的"运动状态及其变化方式"就具有了相对的独立性,因而可以脱离开它的"源事物"而被转换和处理。可见,信息的"定义"与信息的"转换原理"是和谐自洽的。

本篇的任务是在全信息理论基础上,系统阐明贯穿于信息运动全过程的信息转换原理。显而易见,全信息理论、信息转换原理、信息科学方法论,它们三者构成了信息科学理论的基本体系。其中,全信息理论是这个体系的理论基础,信息转换原理是这个体系的主体内容,信息科学方法论则是这个体系的思想灵魂。

# 第4章 信息获取原理:感知论

本章旨在研究信息获取过程的基本原理。那么怎样根据信息获取的原理,准确、及时地获取所需要的信息,这对整个后续的信息过程都具有基础性的意义。

由于整个信息科学技术体系的协同发展,对于信息获取的理论与技术提出了越来越高的要求。21世纪以来,世界各国都在高度关注"数字地球",原因就在于人们需要获得地球各区域的本体论信息,以便更好地保护人类生存的环境。"物联网"就是在互联网的前端增加了传感功能,以便全面感知外界事物本体论信息;在核心环节增加了智能的功能,以便针对本体论信息生成优化对象事物的智能策略;在后端增加了控制的功能,以便按照智能策略来控制和调节所关注的对象事物,使之处于优化状态。而"智慧地球"构想通过大规模的智能化顶层设计,整合全球数字化与物联网络,构建全域智能化服务基础设施。由此可见信息获取原理的重要性。

本章将系统分析信息获取的基本概念、基本原理论和基本方法。

## 4.1 信息获取的核心问题

正如本篇导言所指出,信息获取的任务是通过一定的方法把外界事物所呈现出的本体论信息转换为认识主体的认识论信息,也就是实现"由本体论信息到认识论信息(全信息)的转换"。当然,认识主体既包括人,也包括作为人的替代物的机器系统。我们需要分析这个转换过程中隐含的两个核心问题。

第一,人类和机器的差异。

对人类自身而言,直接承担"由本体论信息到认识论信息的转换"这个任务的组织器官是受大脑控制的感觉器官。而对于机器,承担这个任务的技术系统则是用来扩展人类感觉器官功能的传感系统。那么,人类的感觉器官和机器的传感系统有什么问题呢?

众所周知,无论是人类的感觉器官还是机器的传感系统,它们只能对表征外界事物所呈现的运动状态及其变化方式(即本体论信息)的物理化学参量。例如,它们可以对光线的明暗程度、颜色的色调和色度、声音频率的高低、声音强度的大小、物体尺寸的大小、物体重量的多少、化学成分的比例、气味的强烈程度等物理化学参量产生敏感效应,并做出相应的响应。容易理解,这些参量的数值大小表征了事物相对稳定的运动状态,而这些数值大小的变化方式则表征了事物的运动状态变化方式。显然,这些参量数值的大小及其变化方式都是一些形式上的表现,它们在性质上属于"语法信息"的范畴。换言之,人类的感觉器官和机器的传感系统都只能感受到本体论信息的形式因素。

从本质上讲,感觉器官和传感系统只能完成**"由本体论信息到语法信息的转换"**,而不可能实现"由本体论信息到语义信息的转换"和"由本体论信息到语用信息的转换"。我国民间有一句很流行的俗语"画虎画皮难画骨,知人知面不知心",说的也是这个意思。虎的皮和人的面分别都是虎和人所呈现的外部形态,可以被感觉器官和传感系统感受到,但是虎的骨是内在的东西,人的"心"则是抽象的东西,感觉器官和传感系统无法感受到。当然,俗语的意思和这里所论述的本体论信息、语法信息、语义信息、语用信息之间的关系还不是完完全全地对应,但多少可以帮助我们理解其间的奥妙和玄机。

接下来我们讨论本体论信息向认识论信息转化关系的数学表示。在数学上,这种由事物所呈现的本体论信息到认识主体所获得的语法信息的转换关系可以表示为某种映射。如果用符号 $T_S$ 表示感觉器官或传感系统所承担的这种转换,用 $o$ 表示事物的本体论信息,$x$ 表示认识主体所获得的语法信息,那么就有如下映射关系:

$$T_S : o \mapsto x \tag{4.1}$$

因而我们可以明确,感觉器官或传感系统只能把外部事物的本体论信息转化为语法信息,而不可能直接获得全信息。乍看起来,这似乎有悖于常理。但这是一个非常基本而且重要的结论,又是一个与人们原有的直观想象和经验不一致的结论。这种直观想象和经验乃是一种误解!

第二,信息获取环节中的**"注意与选择"**的问题。

面对有如汹涌澎湃的外部事物所不断产生的本体论信息洪流,一方面,人类不能无动于衷,因为本体论信息表征了环境的状态和变化,如果人类不能理会这些信息,那就意味着人类不能了解环境,因而就不可能为适应环境的变化做出有效的努力,这样,就可能被不断变化着的环境所淘汰。另一方面,人类凭着自己相对有限的信息处理能力,又不可能对如此无穷无尽的本体论信息逐一做出响应。因此,逐一做出响应,采取"进"的进取,显然能力不够;而不予理会,采取"退"的逃避,则可能面临灭顶之灾。这是一种进退两难的严峻挑战。

于是,唯一可行的解决办法就是要进行选择,也就是只选择有限量的本体论信息予以关注,而不是面面俱到一视同仁。那么,我们可以将这大的问题就转化为:面对海量的本体论信息,应当选择什么?应当舍弃什么?怎样进行选择?根据什么准则进行选择?事实上,我们可以这样考虑。既然研究信息科学的目的是掌握信息运动的规律为人类的生存与发展服务,那就必须从人类自身的特点出发来考虑和处理问题。只有这样,才能真正找到符合人类需求特点的正确答案。那么,人类最重要的特征是什么?

人类最重要的特征包括:有明确的目的;有相关的知识;有清晰的意识;有丰富的情感;有高水平的智能。这是人类与其他一切对象(包括一般的生物对象和非生物对象)相比的重要的特征。同时,我们注意到其中最基本的特点是有明确的目的。只有当有了这样的目的,其他的要素才能更好地发挥效用。因此,有目的的人类既不会、也不应当漫无目标地去应对一切外界情况。人类只会去关心与自己的生存与发展密切相关的那些外界情况,包括有正面作用的情况,也包括有负面作用的情况。**可见,目的以及作为目的的阶段性或局部性标志的目标,就成为人类选择需要予以关注的本体论信息的依据和准则:凡是与自己的目的和目标密切相关(包括正相关和负相关)的本体论信息就应当予以关注;其他则不必关注。**

这样,我们就找到了应对上述挑战的正确解决办法,即应当判断外界事物的本体论信息与认识主体的目的和目标相关的程度,密切相关的就关注,否则就不关注。这就是人类处理"大数据"的智慧。本体论信息与认识主体的目的和目标密切相关(包括正相关和负相关),就表示它对于实现认识主体的目的和目标而言有价值,这其中的价值包括正面的价值和负面的价值。因此,上述准则也可以表示为:对认识主体目的和目标而言有重要价值的本体论信息就应当关注,否则就不必关注。

我们已经知道,人类认识主体的感觉器官和机器的传感系统所获得的语法信息仅能反映本体论信息的形式因素,而不能反映本体论信息的内容和价值因素。因此,为了能解决"注意与选择"的问题,必须有"目的(目标)准则"。为此,就必须获取"语用信息",因为语用信息反映的才是事物的运动状态及其变化方式对于认识主体目的(目标)而言的效用价值。

进一步的考察表明,"注意与选择"的能力不仅仅与语用信息有关,而且还与语义信息有关。很明显,如果所面对的外界事物本体论信息是已经在此前关注过了(因而是已经知道了)的信息,那就不必再次关注;而如果所面对的本体论信息是以前没有出现过的,那就有必要结合语用信息来确定是否需要关注。我们也注意到,其中的本体论信息从语义信息的角度上说就是旧或新的信息。可见,由于语义信息有助于判断本体论信息内容的新颖程度,它对于"注意与选择"系统是否应当关注某个本体论信息也是有贡献的。于是,为了形成"注意与选择"能力,不仅需要语用信息,而且需要语义信息,也就是需要全信息。这样问题便转化为:怎样才能有效地获得所需要的全信息?怎样才能具体利用全信息来实现"注意与选择"的能力?

总之,本章的主题是"信息获取原理:感知论"。单纯的感觉器官和传感系统感受到了外界事物的本体论信息的存在并把它转换和表示为语法信息,完成了"感"的任务。接着,通过检索/计算和逻辑处理,可以进一步形成"全信息"(见后续章节),从而可以支持"注意与选择"功能,实现了信息层面上的"知"。进一步,信息获取原理还应当能够"知道"所获得的语法信息究竟是属于哪一种模式?这就是所谓的"模式识别"的任务。

综上所述,作为感知论的信息获取原理应当包含三个方面的具体原理:①传感原理,感受到外界事物的本体论信息并把它映射为相应的语法信息;②注意原理,生成并利用全信息,关注和选择对主体目的有价值的信息;③识别原理,识别所获得的语法信息属于哪种模式类别。

## 4.2 信息获取的路径

世间万物,无不在运动;运动的事物,总有自己的运动状态;随着时间的推移,事物运动的状态总会依照某种方式发生变化或转移。事物运动状态及其变化方式即本体论信息。这就是说,世界无时无刻不在产生着巨量的信息。人们要想认识世界,首先就必须能够获得事物的本体论信息。或者说,首先就必须能够把本体论信息转换为认识论信息。这种转换是信息获取的一个必要过程,如图4.1所示。

图 4.1　信息获取过程

认识论信息也称为"全信息",它是语法信息、语义信息、语用信息的有机整体。然而,这三种信息成分的性质不同。语法信息和语用信息是具体的,可以被感知或体验;语义信息是抽象的,不能被直接感觉到或体验到。因此,获取它们的具体方法也各不相同。下面,我们分别对它们进行讨论。

## 4.2.1　语法信息的获取路径

获取语法信息的首要环节是传感,即由某种敏感器件把事物的本体论信息转换为认识论信息的语法信息,并借助显示手段把转换得到的语法信息表示出来,如图 4.2 所示。图 4.2 所示出的传感系统功能结构显然是合理可行的。这是因为,面对外界某个事物所呈现的运动状态及其变化方式(即本体论信息),为了获得相应的认识论信息,首先就必须通过对这种"运动状态及其变化方式的形式"敏感的感觉器官(对人和生物而言)或对这种"运动状态及其变化方式的形式"敏感的器件系统(对机器而言)来感受到"这种运动状态及其变化方式"(这便是所谓"感");在此基础上,还要利用某种适合的方法把所感受到的"运动状态及其变化方式的形式"记录、传达、表示出来(这便是所谓"传")。其含义是将所感知的信息加以表达、传递和呈现。这也是人们把具有这种功能的系统称为"传感系统"的原因。

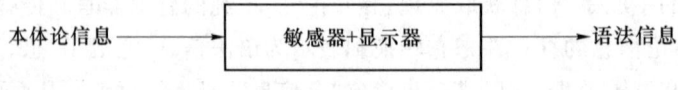

图 4.2　传感系统

应当强调的是,就传感本身而言,它只是感受到了事物所呈现的运动状态及其变化方式的**形式**方面,并不理解这个形式的内容含义和它的效用价值。因此,传感系统的输出结果只是**语法信息**,而不是语义信息或语用信息,更不是全信息。

这是因为,生物的感觉器官和机器的敏感器件智能感受到事物的运动状态及其变化方式的形式,而感受不到运动状态及其变化的内容和价值。例如,人眼是人的视觉器官,人眼视网膜的感光细胞能够对外部事物所投射的光的强度(亮度)和波长(颜色)及其变化——反映事物运动的状态及其变化的光学参量——产生反应,并把它转换为相应的神经生理电信号,从而呈现视觉器官输出的语法信息。但是,视网膜的感光细胞不可能感受到光强度和光波长所蕴含的内容和价值。此外,人还可以通过听觉、嗅觉、味觉和触觉器官感受外界相应的事物运动状态及其变化方式,获取相应的语法信息,而不可能感受到语义信息和语用信息。

事实上,对于人类来说,对信息形式因素(语法信息)的感受是感觉器官的任务,对信息内容和价值因素(语义信息和语用信息)的理解则是思维器官的任务。这是它们之间天然合理的分工。但令人惊讶的是,人们常以为感觉器官能够同时感知语法信息、语义信息和语用信息,这实际上是一种错觉和误解。之所以这样,是因为感受语法信息的感觉器官和生成并理解语义信息和语用信息的思维器官之间既存在非常明确的分工又存在非常密切的合作,导致人们把思维器官的功能归因于感觉器官。

虽然传感系统输出的只是认识论信息的语法信息而不是全信息,但对于人类主体来说并不会造成什么严重的困难或问题。因为如上所述,根据人类积累的经验和知识,人类主体有能力在后续思维器官的认知环节根据语法信息生成相应的语义和语用因素,从而形成全信息。对于机器系统来说,由语法信息生成全信息的过程虽然比较复杂,但并不存在任何原理上的困难。因此,在信息获取的环节只需要准确捕获语法信息。

传感机制的核心在于存在敏感组织或器件,能响应外界事物运动状态及其变化方式的刺激。也就是说,要有某种组织或器件,它能够在某种事物运动状态及其变化方式的作用刺激下,产生相应的响应输出。不难理解,这种刺激与响应关系应当满足一定的条件。例如这种关系必须满足三个条件:①具有一定的敏感域或感受野;②具有一定的敏感度或灵敏度;③具有一定的保真度或可信度。

如果用符号 $u$ 表示传感系统的输入刺激,用符号 $v$ 表示传感系统的输出响应,用符号 $U$ 表示传感系统的敏感范围,用符号 $V$ 表示传感系统输出响应的动态范围,那么,所希望的传感系统输入输出关系可以表述为

$$R=\{f|v=f(u),\quad u=f^{-1}(v);\quad u\in U,\quad v\in V\} \tag{4.2}$$

显然,式(4.2)所规定的是完全一一对应的互逆函数 $f$ 的集合。这种函数关系可以保证传感过程的理想特性,完全不丢失信息。但是,现实的东西都不理想,理想的东西都不存在。因此,在大多数实际情况下,可以允许丢失一些非本质的信息。这样,我们允许一定条件下放松"完全一一对应的互逆函数关系"。

分析和实验都表明,虽然人类的感觉器官在感受外部事物的信息方面具有十分精巧的工作机制,但同时也存在一些天然的缺陷,这主要表现在敏感域不广、敏感度不强、分辨力不高等三个方面。

例如,人的视觉器官的敏感域局限在可见光范围之内,无法直接感受红外或紫外光范围的各种信息;听觉器官只对声频范围的信息有响应能力,无法直接感受次声频或超声频范围的信息;在敏感度方面,人眼很难在微弱(或极强)光照条件下产生正常的感受响应,人耳也很难在微弱(或极强)声场中保持良好的感受特性,这就意味着,人的视觉器官和听觉器官不可能感受远距离的(因而表现为微弱刺激)事物的信息;即使在正常敏感域的范围内,人眼所能分辨的光信息级和人耳所能分辨的声音信息级,也比较有限。

但是,众所周知,红外领域的信息、遥远距离的信息、次声领域的信息以及超声领域的信息等等,对于人类的生存与发展以及社会的进步都具有重要的意义。因此,阐明传感的工作原理,研发高性能的人工传感系统以扩展人类信息感知能力,是一项迫切的任务。

通过上面的简略分析,可以归纳传感系统的基本问题如下。

第一,传感系统由敏感单元和表示单元构成。敏感单元应对事物运动的状态及其变化方式高度敏感,能够产生与"事物运动状态及其变化方式"相对应的实际响应。表示单

元则应把敏感单元的实际输出响应通过适当的方式表示出来,便于观察、处理和利用。

第二,鉴于"事物的运动状态及其变化方式"的无限多样性,应当针对不同事物的运动状态及其变化方式研制出各自相应的敏感单元,这样才能获得尽可能高的敏感度、分辨率和保真度。

第三,由于电信号和光信号的处理技术已经比较成熟,处理也比较方便,表示单元往往都把敏感单元的输出响应转换为电信号或光信号的表示形式。在这个意义上,表示单元可以被理解为"换能器":非电(光)变化转换为电(光)变化。

第四,在实际的研究开发中,人们往往乐于把敏感单元与显示单元两方面的功能紧密结合起来,寻求某种既能对特定事物运动状态及其变化方式产生高度敏感的响应又能把其响应表示为适当形式的物理实现,这其实就是人们所熟知的传感器系统。

第五,除了上述四项最基本的要点之外,在复杂的情况下,传感系统还应当满足其他一些同样十分重要的要求。例如,如果所关心的"事物"产生的运动是以某种复合的方式表现信息的:可视的、可闻的、可嗅的等,那么为了感知这些信息就需要采用多种不同的传感器,并对其中各种传感器的输出表示进行适当的综合或融合。这就是分布式综合传感群。又如,假若所关心的"事物"在所观察的空间中快速运动,那么为了感受它的信息就要求传感器系统能够快速准确跟踪这种事物的运动过程。

值得特别强调的是,上述传感系统的工作原理根植于如下基本性质之中。在不具有主体条件下的事物的本体论信息与相应认识论信息的语法信息之间有可能建立一定意义上的一对一的映射关系。这是因为,事物所呈现的本体论信息乃是它自己的运动状态及其变化方式,而认识论语法信息乃是传感系统所表示的运动状态及其变化方式的形式。这两者可以分别具有各自的肯定度空间。以离散情形为例,可以看到事物本体论信息的离散状态和相应的状态肯定度可以表示为

$$\begin{Bmatrix} X \\ C \end{Bmatrix} = \begin{Bmatrix} x_1 \cdots x_n \cdots x_N \\ c_1 \cdots c_n \cdots c_N \end{Bmatrix} \tag{4.3}$$

而认识主体的认识论信息中的语法信息的离散状态和相应的状态肯定度可以表示为

$$\begin{Bmatrix} X' \\ C' \end{Bmatrix} = \begin{Bmatrix} x'_1 \cdots x'_n \cdots x'_N \\ c'_1 \cdots c'_n \cdots c'_N \end{Bmatrix} \tag{4.4}$$

可见,只要两个肯定度空间之间保持同构关系或者等效关系,那么本体论信息向认识论语法信息的转化就被认为是完全一一对应的或者互为可逆的。在许多实际的场合,由于观察主体的观察能力有限,完全一一对应并无必要,只要在上述两个公式之间保持某种"非混淆"的关系,那么相应本体论信息向认识论语法信息的转换也被认为是满意的或可以接受的。

按照上述原理,人们研制了大批性能良好的传感器。它们作为人工信息传感系统,有效地扩展和增强了人类的信息感受能力。例如,光敏传感器能够灵敏地感受光参量的状态及其变化,并把这种状态及其变化转换为电参量的状态及其变化;声敏传感器能够灵敏地检测声振动参量的状态及其变化,并把它们转换为相应的电参量状态及电参量状态的

变化。

最后还应指出,传感系统之所以能够实际实现出来,归根结底是因为信息具有可转移性和可复制性。否则,信息的感知、转移和获取就会等同于该信息的源事物的实物感知、转移和获取。如果这样,就只能有物质科学,而不会有信息科学。

综上所述,我们可以总结出传感系统的以下基本原理。

第一,信息可以被敏感器所感知是有根据的。信息是事物的运动状态及其变化方式而不是事物本身,因此,信息可以脱离它的源事物而被负载于它事物。

第二,事物之间都是相互联系相互作用的。因此,作为事物运动状态及其变化方式的本体论信息可以通过与其他事物的相互作用而被其他事物所感知,条件是后者对前者的运动状态及其变化方式准确敏感且有表示能力。

第三,传感的实质是本体论信息向认识论信息的转换,它的技术本质是事物运动状态及其变化方式的载体转换。

第四,在信息转换的过程中只要能够保持上述公式的等价关系,传感系统在理论上就可以做到不丢失本体论信息。

第五,无论怎样精巧地设传感系统,它的认识论语法信息的信息量都不可能超过本体论信息的信息量。这是信息获取领域的信息不增原理。

在实际应用的场合,基于以上基本原理的传感系统出现了许多变化和发展。我们给出一个既有理论意义又有应用价值的实例。

传感器的关键单元是"敏感元件"。而通常一种敏感元件只能对某一种物理化学参量的变化敏感。因此,在面向复杂对象的场合,单一品种的传感器不再能够满足全面感受对象事物本体论信息的要求,因此往往需要采用"多传感器"相互配合的形式。例如,感受对象几何形态的传感系统,感受对象色彩的传感系统,感受对象声音的传感系统等系统之间的协作。

在这种情况下,各种传感系统应当互相协同工作形成一个有机的传感器的体系是重中之重。也就是说,多传感器协同工作体系需要解决的一个基本而重要的问题是:如何在各个传感器所获得的信息的基础上有效地综合出反映复杂对象事物全局面貌的信息。这个问题也被称为多传感器的信息融合问题,如图 4.3 所示。这时,我们可以假定有 $N$ 个传感器,它们分别获取 $x_i$ 的信息,那么如何将 $N$ 个信息融合形成综合的信息 $X$ 是综合多个传感信息的关键。

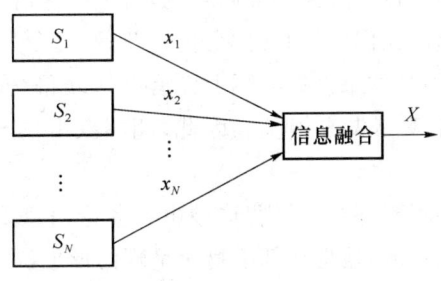

图 4.3 多传感器的信息融合

根据实际应用场合的不同，存在多种信息融合的方式[12]。我们可以将这些方式加以归纳。我们可以将所有的信息以简单集合列表的方式进行融合：

$$X \Leftarrow \{x_1, \cdots, x_n, \cdots, x_N\} \tag{4.5}$$

我们也可以采用直接相加的方式，

$$X \Leftarrow \sum_{n=1}^{N} x_n \tag{4.6}$$

或者，我们也可以采用加权的集成方式，这时多个传感信息具有不同的权重，

$$X \Leftarrow \sum_{n=1}^{N} w_n x_n \tag{4.7}$$

再或者，我们也可以采用更复杂的智能融合方式

$$X \Leftarrow f(x_1, \cdots, x_n, \cdots, x_N) \tag{4.8}$$

其中，$f$ 是智能综合方式的信息融合函数。这些融合方法在神经网络的调整融合设计中经常使用。

应当指出，多传感器体系的信息融合方式是一个非常关键的问题。它的恰当与否牵涉到综合的最终质量和效果。它的函数形式比较复杂且应用场景各异，相关研究仍在持续发展之中。在人工智能领域，多模态智能是多传感信息融合的一个典型例子。例如，图像承载了待分析对象的视觉信息，话语片段承载了待分析对象的听觉信息，而多模态智能的一个重要工作就是如何将两类异构信息进行融合并综合分析。再以人为例，人类认识主体涉及五种感觉器官的信息融合。可以肯定，这样综合出来的信息并非各个感官的感受的简单相加。但是，它们之间究竟采用的是什么样的融合函数，至今还没有明确的定论。无论如何，多传感器体系的信息融合是一个非常值得研究的问题[105]。

## 4.2.2 全信息的获取路径

按照前面的定义，外部刺激本身所呈现的"运动状态及其变化方式"是事物的"本体论信息"，而认识主体所表述的"事物运动状态及其变化方式的形式、含义和效用"则是"认识论信息"，即"全信息"。因此，获取全信息就是由本体论信息到全信息的转换。顺便指出，我们把由本体论信息到全信息的转换称为"第一类信息转换原理"，而把由全信息到知识、策略和行为的转换原理称为"第二类信息转换原理"。前者是信息内部由本体论信息到全信息的转换，后者是由全信息到知识、策略和行为的转换。

于是，一个非常基础因而也十分关键的问题就是：本体论信息能够直接转换成为认识论信息（全信息）吗？或者说，我们能够获得"全信息"吗？迄今为止我们一直都在强调"全信息"是如此这般的重要，但是如果人们实际上没有办法获得全信息，那么全信息概念将沦为空中楼阁，信息科学原理亦失去根基。因此，阐明获取"全信息"的原理，确实意义非凡。

事实上，人类个体时时刻刻都在进行着这种由本体论信息到全信息的转换。他们自然而然（甚至几乎是毫无觉察地）地把外部事物所呈现的形象（本体论信息）在头脑中进行了有效的转换，产生出关于这些事物的内容（语义信息）以及这些形态和内容相对于自己

目标而言的价值（语用信息）。我们可以把人们头脑中所实行的这种"由本体论信息到全信息"的转换表示为相应的技术模型。

图 4.4 给出的就是由本体论信息转换为认识论信息的原理模型。模型包含了前一节所讨论过的"本体论信息到语法信息的转换"。因此，"本体论信息到全信息的转换"是在相应的"本体论信息到语法信息的转换"基础上展开的。图 4.4 的模型表明，第一类信息转换 $S \mapsto (X,Y,Z)$ 的原理包含三个前后相继的步骤，下面我们详细地解释。

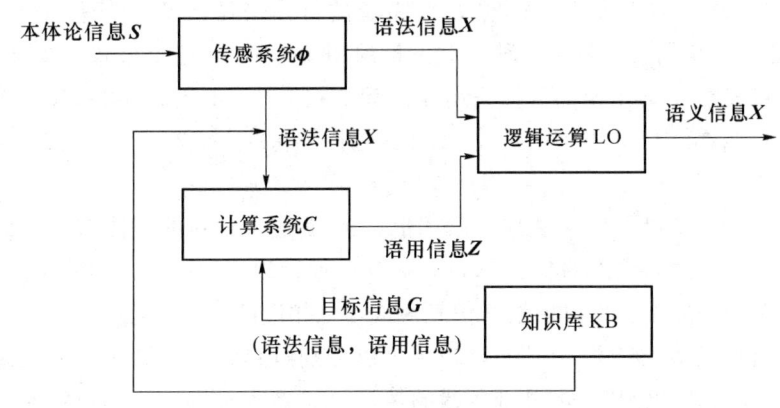

图 4.4　第一类信息转换的原理模型

**步骤 1，由本体论信息 $S$ 生成语法信息 $X$**

前一节已经讨论过，本体论信息 $O$ 通过传感系统 $\boldsymbol{\Phi}$（对于人类智能就是感觉器官）可以把 $O$ 转换成为认识论信息的"语法信息 $X$"。在数学上，这可以看作是一种映射：

$$\boldsymbol{\Phi}: O \mapsto X \tag{4.9}$$

脑科学的研究已经证明，外部事物的运动状态及其变化方式通常体现为它的某些物理化学参量的状态及其变化方式（根据定义，这就是事物的本体论信息），当这些物理化学参量的状态及其变化方式作用于人类感觉器官的时候，感觉器官可以感受到这些物理化学参量的状态及其变化方式的形式（但不是内容和价值），并通过一定的方式把这些形式表示出来（根据定义，这就是认识论信息的语法信息）。技术上的传感系统可以在一定程度上模拟人类感觉器官的这种能力。所以，映射(4.9)是完全可以在技术上实现的。

**步骤 2，由语法信息 $X$ 生成语用信息 $Z$**

这里需要分成两种情况进行处理。第一种情况是基于检索的方法。假设高等人工智能系统的设计者事先在知识库内存储了系统目标信息 $G$ 以及先验的"语法信息与语用信息的关联对"集合 $\{X_k, Z_k\}$，其中，$k$ 是集合元素的指标，它在指标集合 $\{1,K\}$ 内取值，$K$ 是某个足够大的正整数，表示知识库系统积累的语法和语用"关联对"的规模。

于是，可以用步骤 1 所生成的语法信息 $X$ 去访问上述知识库系统。如果此时输入的语法信息 $X$ 与 $\{X_k, Z_k\}$ 中的某个语法信息 $X_{k0}$ 实现了匹配，其中的匹配精度要求依具体的问题而定么，与 $X_{k0}$ 相对应的那个语用信息 $Z_{k0}$ 就被认定为此时输入语法信息 $X$ 所对应的语用信息 $Z$。这个过程可以表示为

$$Z=Z_{k0}\in\{X_k,Z_k\}|_{X=X_{k0}} \tag{4.10}$$

第二种情况是基于计算的方法。如果此时的语法信息 $X$ 无法与知识系统内 $\{X_k,Z_k\}$ 集合中的任何 $X_k$ 实现匹配，那就意味着与这个语法信息 $X$ 相应的外部刺激 $S$ 是一种新的刺激。因此，知识库内目前还没有存储与这个语法信息相关联的语用信息。这时，就可以通过下面的计算来求得相关的语用信息：

$$Z\infty\text{Cor}(X,G) \tag{4.11}$$

其中，符号 $X$ 是输入的语法信息矢量，$G$ 是系统的目标矢量，Cor 是某种相关运算符（比如，两矢量之间夹角的余弦就是一种面对矢量的相关运算）。这个公式的含义是：计算输入的语法信息矢量 $X$ 与系统的目标矢量 $G$ 之间的相关性。计算的结果，规范化的语用信息 $Z$ 的数值应当在 $[-1,1]$ 之间。$-1<Z<0$ 表示负相关；$0<Z<1$ 表示正相关；$Z=0$ 表示不相关。

一旦通过计算获得了与 $X$ 相应的语用信息 $Z$，就把这个新的语法信息与语用信息的对应关系补充存储到知识库的集合 $\{X,Z\}$ 内，从而使知识库的内容得到扩充。

通过以上两种方法就可以由语法信息生成与之相应的语用信息。

对于人类智能系统来说，上述两种情况可以分别解释如下。第一种情况对应人类的回忆机制，即面对曾经经历过的外部刺激的情形。如果他面临的外部刺激 $S$ 是以前曾经经历过的，且在自己的脑海中留有相应的记忆（似曾相识），也就是存在语法信息与语用信息的关系集合 $\{X_k,Z_k\}$，那么他就可以通过自己的主动回忆（相当于高等人工智能系统用 $X$ 作为检索关键词去搜索记忆系统中的那个关系集合 $\{X_k,Z_k\}$，寻求与之匹配的语法信息）来提取这个刺激对自己的目标而言的语用信息 $Z$。这相当于人工智能场合的情形。不过，与机器系统相比，人类智能系统所执行的不会是精确的匹配运算，更可能是模糊的匹配估量。

第二种情况对应人类的体验机制，即面对完全陌生的外部刺激的情形。如果他面临的外部刺激 $S$ 是以前没有经历过的新刺激，那么在他脑海中的语法信息和语用信息的关系集合 $\{X_k,Z_k\}$ 中不存在与它相应的项。在这种情况下，他只有通过直面这个新的刺激进行亲身的体验，来获得这个新的刺激究竟对自己的目标而言是有利还是有害。对于人类智能系统来说，对未知刺激进行亲身体验的过程就相当于执行匹配的计算过程。当然，人类智能系统所进行的这种"计算"过程基本上也是一种定性的"估量"，而不是精确的数值计算。

人类一旦通过体验和估量获得了与语法信息 $X$ 相应的语用信息 $Z$，就增加了一个新的经验，并且会把这个新的语法信息与语用信息的对应关系记入自己脑海的知识库备用，从而增加了他的记忆。

总之，不管所面临的外部刺激（本体论信息）$S$ 是陌生的或是经历过的，只要生成了与这个外部刺激相对应的语法信息 $X$，高等人工智能系统就可以采用检索或计算的方式（而人类智能系统采用的是回忆或体验的方式）获得相应的语用信息 $Z$。

**步骤3，由语法信息 $X$ 和语用信息 $Z$ 生成相应的语义信息 $Y$**

众所周知，一方面，作为某种（或某些）物理化学参量的状态及其变化方式的形式的语法信息是非常直观和具体的,可以通过人类智能系统的感觉器官或高等人工智能系统的传感系统来感知。另一方面,作为某种(或某些)物理化学参量的状态及其变化方式相对于主体目标而言的效用的语用信息虽然不像语法信息那样直观和具体,但毕竟总可以通过人类智能系统的可操作的体验或高等人工智能系统的计算来获得。唯独作为某种(或某些)物理化学参量的状态及其变化方式的内容的语义信息,却是一种纯粹的抽象概念。它既不可能用感觉器官或传感系统来具体感知,也不可能用亲身体验或计算的方式来获得认识。可见,与可具体感知的语法信息和可以体验的语用信息相比,抽象性是语义信息的特质。

比如"苹果",我们可以具体地说出苹果的外表形式(语法信息),也可以说出苹果的价值或功用(语用信息),可是我们能具体描述苹果的"内容"是什么吗?

下面就是关于"怎样获得语义信息"的诀窍。注意到语义信息的"抽象"特点,在获得了语法信息 $X$ 和语用信息 $Z$ 之后,为了获得与之相应的语义信息,在通常情况下,就应当通过抽象的逻辑演绎的方法来获得相应的语义信息。在最简单的情况下,这个逻辑演绎算子就是"逻辑与"。它的意思是语法信息和语用信息两者的"同时满足",即

$$Y \varpropto \wedge (X, Z) \tag{4.12}$$

其中,符号 $Y$ 代表语义信息,符号 $\wedge$ 代表"逻辑与"运算符号,$X$ 和 $Z$ 分别代表与 $Y$ 相对应的语法信息和语用信息。式(4.12)意味着语义信息 $Y$ 可由语法信息 $X$ 和语用信息 $Z$ 的"逻辑与(意思是:$X$ 与 $Z$ 同时成立)"来确定。这对人类智能系统和人工智能系统都是如此。

以上的讨论告诉我们:语法信息可以被感知,语用信息可以被体验,语义信息则只可以通过逻辑演绎(抽象思维)来推知。这样,由语法信息的生成到语用信息的生成再到语义信息的生成,就完美地体现了人类对信息认识的"由表及里"规律。

下面我们通过一个简单的例子来加深对于这种"逻辑与"所表达的语义信息,即对于式(4.12)的认识。比如,人们面对一个黄苹果 $S$,通过多种感觉器官可以感受到它的语法信息(形式)$X$:{色泽嫩黄,形似扁球,大小如拳,重约 200 克}。同时,根据经验(先验知识)或者通过直接品尝可以体验到它的语用信息(功用)$Z$:{味道甘美,水分丰富,有益健康}。这样,人们就可以说:这个黄苹果的语义信息(内容)信息是 $Y \varpropto \wedge(X,Z)$={色泽嫩黄,形似扁球,大小如拳,重约 200 克}且{味道甘美,水分丰富,有益健康}。即同时具备上述语法信息 $X$ 和上述语用信息 $Z$ 所描述的概念,就是它的语义信息 $Y$。所以可以明确的是,如果不是这样,那么应当怎样描述那个"黄苹果"的语义信息(内容)呢?!

应当指出:语法信息具有"可感知性",语用信息具有"可体验性",语义信息具有"抽象性"。这里的语义信息的抽象性,既不可能通过感觉器官去感知,也不可能通过亲身经历去体验,一定程度上是一种"只可意会而难以言传"的性质。因此,无论在日常生活中还是在科学技术领域里,利用"事物的语法信息和语用信息的逻辑与(同时满足)"来表达"事物的语义信息",都是一个基本而且有效的方法。其实,这不仅是语义信息的获取方法,而且也是语义信息的表达方法。

总之,图 4.4 所示的模型和相应公式所表示的操作结合在一起,清晰地阐明了"本体

论信息"转换为"认识论信息"（也就是转换作为语法信息、语义信息和语用信息三位一体的"全信息"）的基本工作原理。可以看出，这个原理不仅在科学理论上十分合理，而且在技术实现上完全可行。这便是"第一类信息转换"的原理：本体论信息转换为认识论信息（全信息）的基本工作机理，也就是全信息的生成机理。阐明"全信息获取原理"不仅揭示了全信息获取的奥秘，而且证明了全信息理论的科学价值。值得注意的是，目前流行的全部信息科学技术研究都局限在语法信息的层次上，没有"全信息"的理论，没有摆脱通信信息论的局限。近年来，在信息处理和人工智能领域，人们虽然越来越普遍地使用"语义信息"的概念，但几乎都带有各种主观随意性，而不是严格遵循4.2节的语义信息的定义，因此效果都不能令人满意。

## 4.3 信息的注意与选择

世间的万事万物无时无刻不处在运动之中。外部世界存在的各种各样的事物无时无刻不在产生本体论信息。从这个意义上看，每个事物所产生的本体论信息都随着时间的推移而形成一条川流不息、奔腾不止的长河；数不胜数的外界事物所生成的各种各样的本体论信息，则汇聚成为无边无际而且不断扩张的汪洋大海。

面对这样汹涌澎湃的本体论信息，任何传感系统都只能被动地感受和表示，而不可能干预或改变。这样看来，传感系统似乎必须具备无限巨大的感知容量和无限快速的表示能力，才能做到"随时发生，随时感受，随时表示"，而不遗漏信息。

当然，无论是人类的感觉器官还是机器的传感系统，它们的敏感域和灵敏度其实都有一定的限度。因此，对于那些距离较远的事物和强度较弱的运动状态及其变化就不再能够感觉到。另外，对于那些虽然距离不算遥远的事物以及强度也不太小的运动状态及其变化，如果不是处于感觉系统的敏感域之内（如视觉的红外、紫外，听觉的次声、超声等），那也就只能是"视而不见听而不闻"。

不仅如此，即使在有限距离的空间范围内，数不胜数的外界事物产生的本体论信息也应当是不可限量的。而任何实际的感觉器官的感知能力却不可能无限大。因此，面对真实的外部世界，再强大的感觉器官和传感系统也都必然是应接不暇，无法应付。如果进一步考虑到感觉器官后面的传导神经系统、记忆系统和思维系统等，它们具有的信息传递能力、信息存储能力、信息预处理能力、认知能力、决策能力等也都是有限度的。

这样，一方面是外部世界无限的本体论信息生成能力，另一方面是认识主体有限的认识论信息消化能力，这两者之间就存在一个巨大的差距和矛盾！极端地说，如果不能解决这个矛盾，人类就将淹没在这个信息海洋之中而不能自拔。那么，有没有办法解决这个尖锐的矛盾？应当怎样解决这个矛盾？

幸好，人类是具有高度智慧能力的生物群体。人的智能首先体现在：任何人都有明确的总体战略目的——不断争取更好的生存发展条件。这个总体的战略目的可以分解为许许多多具体的、局部的、短期的目标（即目的的标志），使得人类在面对每一个具体问题时也都有自己的目标。正是凭着这样的目标，当人们面对外部世界无穷无尽的本体论信息时就会有所选择,而舍弃其余。这就是消解上述尖锐矛盾的有效方法。

当认识主体主动面对外部世界环境的时候,它可以根据自身的目标自上而下地有意识地选择自己感兴趣的事物的本体论信息,舍弃其余所有的本体论信息;当认识主体被动地处于外部世界某种环境的时候,即使一开始会被各种事物的本体论信息所包围,但是,他终究可以根据自己的目标自下而上地排除那些不需要的事物的本体论信息,只保留自己感兴趣的事物的本体论信息。

这就是有智能的认识主体的"注意与选择"能力的奥妙。一切有智能的认识主体就是凭借着这种"基于目标的注意与选择"能力"逃出无用本体论信息的漫天苦海",游向符合自己目标需求的蓝色泳池。很显然,如果没有目的和目标,面对本体论信息的海洋,认识主体就没有选择和舍弃的依据,就必然会沉没在本体论信息的波涛之中。

那么,机器的情况又怎样呢?机器没有生命,机器本身是不能自行产生自己的目的和目标的。但是,不难明白,只要人类设计者在设计具体机器的时候给它赋予一定的目标,那么机器也可以凭借这种人为设定的目标构筑它有针对性的"注意与选择"能力。

现在就来考察,人类认识主体(其实也可以包括被赋予了目标的机器)是怎样根据目标来构筑自己对外界事物本体论信息刺激的"注意与选择能力"的。

根据图 4.4 所示的第一类信息转换原理,主体通过感觉(传感)系统和相关的知识库系统可以把本体论信息转换成为全信息。其中的语用信息可以用来判断外部本体论信息刺激与主体目标之间的相关性程度;语义信息可以判断外部本体论信息刺激的新颖程度。把相关性和新颖性结合起来,就可以判明所面临的外部事物本体论信息是否值得关注。于是,可以给出"注意与选择"能力生成机制的功能模型,这就是图 4.5。

图中的符号 $O$ 代表外部刺激的本体论信息;$X,Y,Z$ 分别代表由本体论信息转换而来的全信息的语法信息、语义信息、语用信息;Op 和 Cl 分别代表门开关的开通指令和关闭指令;$C$ 和 $\sim C$ 分别代表相关性判断的"相关"(表示相关性的绝对值大于所设定的相关性阈值)和"不相关"(表示相关性的绝对值小于相关性阈值);$N$ 和 $\sim N$ 分别代表新颖性判断的"新颖"(表示新颖程度超过预设的新颖性阈值)和"不新颖"(表示新颖程度低于新颖性阈值);$\{S\}$ 代表作为新颖性判断所需参照物的"库存信息样本";$R$ 是"门控逻辑"的控制规则。当"高度相关(无论正负)"的外部刺激所转换而来的认识论信息出现时,就让"门开关"开放;当"高度相关而且新颖"的外部刺激所转换而来的认识论信息出现时,不但要让"门开关"开放,而且要把"新颖"的信息标注出来,以引起系统后续模块的特别关注;当外部刺激看似不相关但是很新颖时,可以存在不同的处理方式,取决于主体的思维风格(比较保守的主体通常倾向于"不理会",而比较敏锐的主体则会倾向于"关注",以便从这种新颖的外部刺激中发现新问题);当外部刺激既与主体目标不相关又不新颖时,予以滤除和抑制。

图 4.5 的"注意与选择"能力生成机制的功能模型表明,感知系统从外部世界接受各种各样可感知的外部刺激(本体论信息)的作用,然后利用 4.2.2 小节所阐明的第一类信息转换原理生成同时包含语法信息 $X$、语义信息 $Y$ 和语用信息 $Z$ 的全信息。其中的语用信息分量 $Z$ 被直接送到"相关性判断"单元,以便在这里对"这个外部刺激与系统目标是

否相关"进行检验并做出"是否需要注意"的判断;相关性判断单元内部设置了一个阈值;如果相关性(无论正负)的大小超过这个阈值,就向逻辑门输出控制指令 $C$;反之,若相关性(无论正负)低于这个阈值,就同时向"门控逻辑"单元和"新颖性判断"单元输出控制指令$\sim C$。

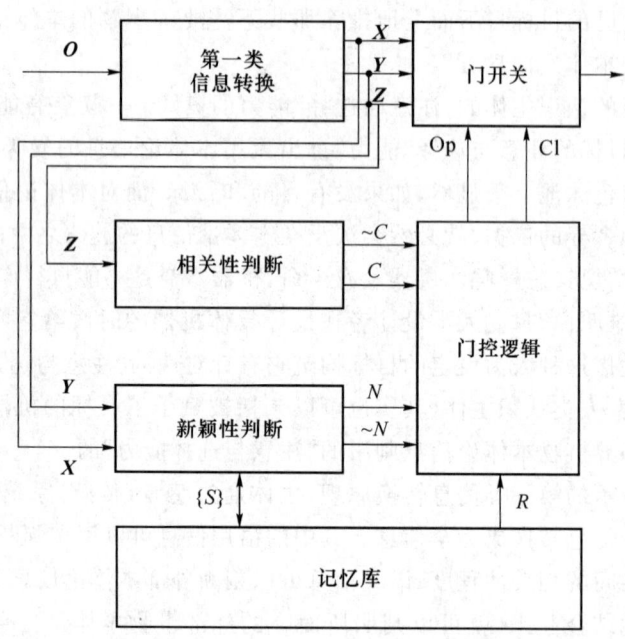

图 4.5 "注意与选择"能力生成机制的功能模型

只要"相关性判断"单元发现面临的外部刺激与系统的目标高度相关(相关性的绝对值高于预设的阈值),就会向"新颖性判断"单元发出"启动"指令,使后者启动"新颖性判断"的工作。"新颖性判断"单元检查这个外部刺激究竟是否已为系统所知。为此,就要从知识库的相关部分调取作为比较参照的信息样本集$\{S\}$,进行匹配检查。如果发现了匹配的情况,"新颖程度"就为零(或者很低),这时"新颖性判断"单元就会发出指令$\sim N$;如果信息样本集 $S$ 中不存在匹配的对象,就表示"新颖程度"高,就会发出指令 $N$。反之,一旦"相关性判断"单元发现当前面临的外部刺激与系统的目标不相关(相关性的绝对值低于预设的阈值),"启动指令"就会自动取消,"新颖性判断"单元就不再工作。

在"相关性判断"单元和"新颖性判断"单元的工作基础上,"门控逻辑"系统按照下面的逻辑向"门开关"发出指令:

$$
\begin{aligned}
&\text{如果满足条件 } C, \text{开通(发出 Op 指令)};\\
&\text{如果满足条件 } C \wedge N, \text{开通且标注新颖性};\\
&\text{否则,关闭(发出 Cl 指令)}.
\end{aligned}
\tag{4.13}
$$

也就是说,我们可以将其形式化为算法表示。如果外部刺激与系统目标高度相关(无论高度有利还是高度不利),那么就应当放行(以便后面的基础意识系统进行处理);如果外部刺激不仅与系统目标高度相关,而且高度新颖,那么系统就必须采取新的措施(或者关注和接纳这个有利的外部刺激,或者关注和阻止这个不利的外部刺激——总而言之要高度

"注意",要开门放行);在其他条件下(只要外部刺激与系统目标不相关,无论新颖与否),原则上都无须"关注"而予以抑制。

顺便指出,"注意"模型中的"门开关"的工作方式也可能不是"0-1"类型(要么完全开通,要么完全关闭),而可能是一类"模糊开关":应当被注意的信息可以完全通过,其他信息则被抑制,但不一定是彻底滤除。不过,这不是讨论的重点。

还要指出,"注意"的作用可以有两种不同的基本工作方式:一种是智能系统"自上而下"有意识的捕捉方式;另一种是系统外部(或内部)刺激"自下而上"的报告方式。显然,自上而下有意识的捕捉方式一定是有明确目标的行为,它必定在语用信息的支持下去抓取那种"具有最大语用信息的"对象;而自下而上的自发刺激要想得到系统的"注意",也必须具有足够大的语用信息。

正是凭借图4.5所示的"注意与选择"能力生成机制和式(4.13)所描述的判决机制,可以使认识主体在排山倒海的本体论信息狂澜之中从容应对,不但不至于被本体论信息淹没,反而能各取所需,驾驭本体论信息为己所用。

## 4.4 语法信息的识别

语法信息通过传感和表示系统之后,再由注意和选择获得了关注,那么接下来还要考虑语法信息是怎么被识别的,也就是说这个被关注的语法信息属于什么类别?应当明确,信息/模式识别是在"传感与表示"和"注意与选择"的基础上进行的一项操作。它的基本任务是要对由"传感系统"所获得、由"注意系统"所选择的语法信息做出判断:明确这个语法信息所属的类别。因此,传感系统所要解决的问题是回答"是否有语法信息存在?",注意系统要解决的问题是回答"这个语法信息是否值得关注?",而识别系统要解决的问题则是"这个语法信息属于哪一个类别?"。与机器系统类似,对人类利用信息这一目的而言,首先当然要解决"有没有信息"的问题,这是最根本的前提。但是一旦感知了信息的存在,接下来就必须知道"它是否需要关注",进一步则要判断"这是什么样的信息"。

对于传感和注意,前面已经阐明,传感是通过传感系统与产生信息的源事物之间的相互作用,把事物的本体论信息转化为语法信息而实现的;注意系统是通过语用信息来判断所获得的语法信息是否需要关注。那么,信息识别的基本原理又是什么呢?

根据实际应用场合的不同,存在多种信息融合的方式。我们可以将这些方式加以归纳:将所有的信息以简单集合列表的方式进行融合。

首先需要指出,正因为识别是在传感与注意的基础上展开的,而传感与注意系统输出的是语法信息,因此,信息识别首先是针对语法信息的识别。由此也就不难理解:针对语法信息的信息识别,其基本的工作原理只能是形态的类比。即:将所感受到的事物运动状态及其变化方式的形式与特定形式的"模板"进行比较。但是,为了使这种基于形式比较的模式识别能够提高效率,通常不是原封不动地把有待识别的语法信息与作为基准的"模板"直接比较。相反,它是把这个语法信息表征为一组形式化参量或者特征,将这些特征参量提取出来与"模板"的相应参量进行比较,然后就根据它们之间匹配程度来判断该信息所应归属的类别。

图 4.6 示出了模式识别的原理模型。读者容易发现,这正是现代模式识别理论所研究的基本问题[7,58]。这里所谓的"模式",就是由某种事物的运动状态及其变化方式形成的本体论信息通过传感系统转换的语法信息。因而,模式识别指的都是语法信息的识别。

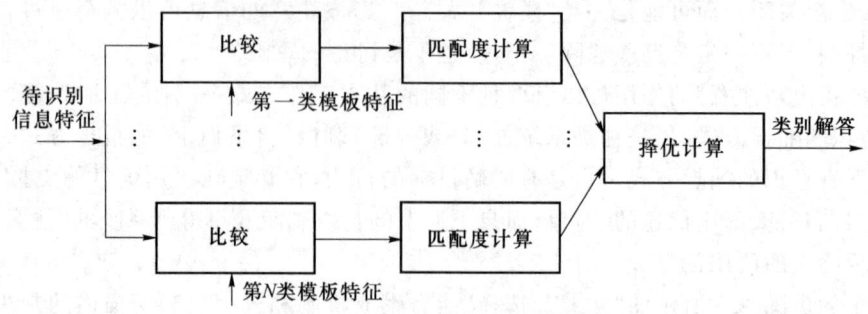

图 4.6 模式识别原理模型

目前,模式识别主要有三类不同的方法。一般来说,规则的模式识别问题可以用数学方法进行严格的描述和分析。例如,在白噪声背景中数字信号的识别(检测)问题,由于白噪声具有明确的统计特性,数字信号形式的信息也具有规则的 0 或 1 的表示形式,且其状态转换的方式也服从明确的统计规则,因此,它的识别过程可以用概率论方法进行定量的分析。这就是模式识别理论中的统计方法或统计识别理论方法。

但是,多数模式识别问题却不可能完全用解析的方法求解,而必须在求解过程中借助于启发式的算法进行推断。如果模式具有明显的结构特征,那么就可以采用模式识别理论中的句法方法或语言学方法。此外,通过大量示例训练的方法,在模式的形式或模式的特征与模式的类属之间建立某种非线性的映射关系,然后利用这种映射关系对未知模式进行分类,也是一种有用的模式识别方法。这就是基于神经网络的方法。下面,分别考察语法模式识别的统计方法、语言学方法和神经网络方法的具体工作原理。

## 4.4.1 统计识别方法

世间万物,无不在运动;运动的事物,总有自己的运动状态;随着时间的推移,事物运动的状态总会依照某种方式发生变化或转移。事物运动的状态及其变化的方式就是事物所呈现的本体论信息。这就是说,世界无时无刻不在产生着巨量的信息。人们要想认识世界,首先就必须能够获得事物的本体论信息。或者说,首先就必须能够把本体论信息转换为认识论信息。这种转换是信息获取的一个必要过程,如图 4.1 所示。

二元识别是统计识别方法中的一类基本研究问题[39],下面以此为例说明统计识别的方法。在这种情况下任何模式都只有两种可能的类属。用符号 $\Omega$ 表示模式空间,$\Omega_1$ 表示第一类模式的子空间,$\Omega_2$ 表示第二类模式的子空间,$\omega_1$ 和 $\omega_2$ 分别表示 $\Omega_1$ 和 $\Omega_2$ 中的点,即 $\Omega=\{\Omega_1, \Omega_2\}$,其中

$$\Omega=\Omega_1 \cup \Omega_2, \quad \Omega_1 \cap \Omega_2=\phi, \quad \Omega_i=\{\omega_i\} \quad (i=1,2) \tag{4.14}$$

现在假设收到一个未知的模式 $x$,问题是要识别它究竟是 $x \in \Omega_1$ 还是 $x \in \Omega_2$。显然,在判断 $x$ 的归属时,可能出现四种情形:

① $x$ 本属 $\Omega_1$,判为 $x \in \Omega_1$:判决正确。
② $x$ 本属 $\Omega_1$,判为 $x \in \Omega_2$:判决错误。
③ $x$ 本属 $\Omega_2$,判为 $x \in \Omega_1$:判决错误。
④ $x$ 本属 $\Omega_2$,判为 $x \in \Omega_2$:判决正确。

若用符号 $c_{ij}$ 表示本属 $\Omega_i$ 的 $x$ 被判为 $x \in \Omega_j$ 所引起的损失,$i,j=1,2$,则识别判决所引起的平均损失 $\overline{C}$

$$\begin{aligned}\overline{C} =& \int_{\Omega_1} [c_{11} p(\omega_1 \mid x) p(x) + c_{21} p(\omega_2 \mid x) p(x)] \mathrm{d}x + \\ & \int_{\Omega_2} [c_{12} p(\omega_1 \mid x) p(x) + c_{22} p(\omega_2 \mid x) p(x)] \mathrm{d}x \\ =& \int_{\Omega_1} [c_{11} p(\omega_1) p(x \mid \omega_1) + c_{21} p(\omega_2) p(x \mid \omega_2)] \mathrm{d}x + \\ & \int_{\Omega_2} [c_{12} p(\omega_1) p(x \mid \omega_1) + c_{22} p(\omega_2) p(x \mid \omega_2)] \mathrm{d}x \\ =& c_{12} p(\omega_1) + c_{22} p(\omega_2) + \\ & \int_{\Omega_1} [(c_{21} - c_{22}) p(\omega_2) p(x \mid \omega_2) - (c_{12} - c_{11}) p(\omega_1) p(x \mid \omega_1)] \mathrm{d}x \end{aligned} \quad (4.15)$$

其中,我们设定 $c_{11}$、$c_{12}$、$c_{21}$、$c_{22}$ 为代价系数,如 $c_{12}$ 表示原本为第一类模式被系统误判为第二类模式所引发的代价程度。而且我们运用了关系:

$$\int_{\Omega_1} p(x \mid \omega_k) \mathrm{d}x = 1 - \int_{\Omega_2} p(x \mid \omega_k) \mathrm{d}x \quad (4.16)$$

式(4.15)中,前两项均为正值。因此,为了使平均损失最小,就应使"被积函数"的值尽量为负,以期尽量抵消前两项的正值,使平均损失尽量小。这就意味着应当采取下述准则:

$$\left.\begin{aligned} 若 \quad & (c_{12} - c_{11}) p(\omega_1) p(x \mid \omega_1) > (c_{21} - c_{22}) p(\omega_2) p(x \mid \omega_2) \\ 则 \quad & x \in \Omega_1 \\ 否则 \quad & x \in \Omega_2 \end{aligned}\right\} \quad (4.17)$$

在许多场合,对于代价系数,可设 $c_{11} = c_{22} = 0$,并且 $c_{12} = c_{21} = 1$,于是式(4.17)成为如下的形式:

$$\left.\begin{aligned} 若有 \quad & \frac{p(x \mid \omega_1)}{p(x \mid \omega_2)} > \frac{p(\omega_2)}{p(\omega_1)} \\ 则判 \quad & x \in \Omega_1 \\ 否则判 \quad & x \in \Omega_2 \end{aligned}\right\} \quad (4.18)$$

式(4.18)中的 $p(x \mid \omega_1)/p(x \mid \omega_2)$ 称为似然比,通常记为 $c(x)$。实际上,它就是模式空间 $\Omega$ 中划分 $\Omega_1$ 和 $\Omega_2$ 的边界方程的特征式,即所谓鉴别函数,记为 $D(x)$。式(4.18)右端部分称为判决阈值,记为 Th。于是,一般化的二元统计模式识别准则就可表示为

$$\left.\begin{aligned} 若有 \quad & D(x) > \mathrm{Th} \\ 则判 \quad & x \in \Omega_1 \\ 否则判 \quad & x \in \Omega_2 \end{aligned}\right\} \quad (4.19)$$

可见,统计模式识别问题的关键在于求出适当的鉴别函数 $D(x)$ 及其相应的判决阈

值 Th。一旦求得了 $D(x)$ 和 Th 的表达式，就可以按照式(4.19)的准则进行识别判决。更一般地，若有对于第二类的模式，可以类似得到相应的判决函数。总之，统计模式识别方法的基本原理是要求出待识别模式的某种统计特征(即鉴别函数和判决阈值)，然后通过判别准则做出分类判决。

### 4.4.2 语言学识别方法

把语言学方法应用于模式识别的基本思想在于：如果模式具有明确的结构，则可以用语言学中的文法结构来描述，一旦在模式结构与文法结构之间建立了确定的对应关系，则可以相应的文法结构生成规则来检验一个未知模式是否与这种文法结构相对应。若存在对应关系，就认为这个未知模式与本文法相对应的模式同类，否则就认为不属于此类。

我们知道，语言学[56]研究的基本对象是某种语言的语句，它由若干符号按一定的语言文法规则生成。这一情形正如模式识别中的模式由若干模式基元按一定模式构造规则生成一样。于是，模式与语句、模式基元与语句符号、模式构造规则与语句生成规则(文法)，就形成了一种对应关系。

例如，若有某种语言的文法 $G$，它由四要素所给定：$G=(V_N,V_T,P,S)$，其中 $V_N$ 是这个语言系统的非终止符，$V_T$ 是终止符，$P$ 是这个文法的生成规则，$S$ 是起始符。如果具体地规定

$$V_N=\{S\}, \quad V_T=\{a,b\}, \quad P=\{S\to aaSb, S\to aab\} \tag{4.20}$$

即这种语言系统的非终止符只有一个，它就是起始符 $S$；终止符只有两种，即 $a$ 和 $b$；文法的生成规则 $P$ 只有两条如式(4.20)所示。显然这是一个十分简单的形式语言系统，它所产生的语句都具有如下的形式：

$$x=a^{2n}b^n, \quad n=1,2,\cdots \tag{4.21}$$

现在假定有一个两类别的模式识别问题，其中第一类模式有两个基元($a$ 和 $b$)，模式的构造规则是：每个模式均由 $2n$ 个基元 $a$ 后接 $n$ 个基元 $b$ 构成，即 $aab,aaaabb,\cdots$。另一类模式也由基元 $a$ 与基元 $b$ 构成，但其构造规则不同。当给定一个未知模式的时候，为了识别它是不是属于第一类模式，就可以通过检验它是不是能由文法(4.20)所生成来作出判断：如果可由文法(4.20)生成，它就属于第一类模式；否则就不属于。

一种具体实现这种模式识别的方法是采用自动机技术，因为语言学中四种形式语言分别有相应的自动机与之相对应：①无限制语言对应于图灵机；②上下文有关语言对应于线性有界自动机；③上下文无关语言对应于下推自动机；④有限状态语言对应于有限自动机。例如，有限自动机 $\mathcal{A}$ 可定义为

$$\mathcal{A}=(K,\Sigma,\delta,q_0,F) \tag{4.22}$$

其中：$K$ 是一个有限非空状态集；$\Sigma$ 是一个有限输入符号表；$\delta$ 是映射；$q_0\in K$ 是起始状态；$F\subseteq K$ 是终止状态集。若令

$$\begin{aligned}&\Sigma=\{0,1\} \quad K=\{q_0,q_1,q_2\} \quad F=\{q_0\}\\&\delta(q_0,0)=q_2 \quad \delta(q_1,0)=q_2 \quad \delta(q_2,0)=q_0\\&\delta(q_0,1)=q_1 \quad \delta(q_1,1)=q_0 \quad \delta(q_2,1)=q_1\end{aligned} \tag{4.23}$$

又若输入模式为 $x=00110011$，自动机由左向右读取输入模式(符号串)，每次读取一位，

这个有限自动机的状态转移就如图 4.7 所示。

当读完输入模式之后，如果自动机停止在它的可能终止状态集的某个状态上，我们就说这个输入模式被自动机接受了。上面这个例子中，自动机读完 $x$ 之后正好停止在 $F=q_0$，因此 $x$ 被式（4.23）所定义的有限自动机接受了。

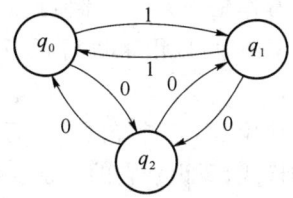

图 4.7　由文法（4.23）定义的有限自动机

利用这个概念，就可以针对所要识别的模式类别设计相应的自动机来执行模式分类的任务。它的基本原理是：既然具有明显结构特征的模式可以用适当的形式语言描述，而各类形式语言又与一定的自动机相对应，那么当给定某种未知模式需要识别时，就可以把这个未知模式输入给各种类型的自动机，未知模式被哪类自动机接受（即在未知模式作用下，哪个自动机停止在它的终止状态集 $F$ 内），未知模式就属于哪个类。

在特别简单的情形下，识别问题只有两个备选类 $\Omega_1$ 和 $\Omega_2$，那么就可以根据其中一类模式（例如 $\Omega_1$ 的模式）设计相应的自动机 $\mathcal{A}_1$（它与 $\Omega_1$ 模式的生成文法 $G_1$ 相对应），把未知模式 $x$ 输入 $\mathcal{A}_1$，若 $x$ 被 $\mathcal{A}_1$ 接受，$x$ 就属于 $\Omega_1$，否则就判为 $x\in\Omega_2$。

### 4.4.3　神经网络识别方法

神经网络是大脑皮层信息处理的系统，它由 $10^{11}\sim10^{12}$ 个神经元构成，其中每个神经元又与大约 $10^3\sim10^4$ 个其他的神经元相连接，神经元之间连接的机制是突触，它的连接强度可根据实际需要灵活调整。每个神经元本身都是一个非线性的信息处理单元。因此，整个神经网络就成为一个特大规模的复杂非线性动力学系统，具有极强的信息处理能力。

用来实现模式识别的神经网络是在结构和功能上都被大大简化了的人工神经网络，有关它的专门知识可以参阅参考文献。可供用来实现模式识别的人工神经网络有许多种不同的模型，如霍普菲尔德（Hopfield）模型、多层感知机（MLP）模型、自组织映射（SOM）模型、玻尔兹曼机（Boltzmann）模型等。限于篇幅，这里仅以应用最为广泛的多层感知机（MLP）人工神经网络为例来叙述其进行模式识别的一般原理。

多层感知机的典型结构可由图 4.8 来描述。图中示出一个三层模型，包含输入层 $u$、隐含层 $v$、输出层 $y$。其中每个小圆代表一个人工神经元。它的典型输入输出关系可以表示为（以隐含层第 $j$ 神经元为例）

$$v_j=f\left(\sum_{i=1}^{I}w_{ji}u_i-T_j\right)\quad j=1,\cdots,J \tag{4.24}$$

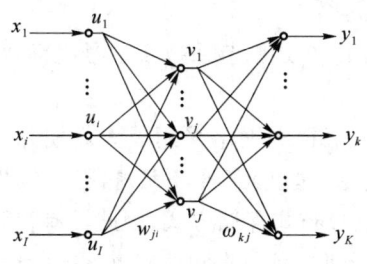

图 4.8　MLP 神经网络模型

其中：$f$ 是某种非线性函数；$v_j$ 是隐含层第 $j$ 个神经元的输出；$u_i$ 是输入层的第 $i$ 个神经元的输出（$i=1,2,\cdots,I$），即隐含层第 $j$ 个神经元的第 $i$ 个输入；$w_{ji}$ 是连接输入层第 $i$ 个神经元与隐含层第 $j$ 个神经元的连接权值（即连接强度）；$T_j$ 是隐含层第 $j$ 个神经元的阈值。

理论上已经证明,三层神经网络可以完成任意复杂的由 $\mathbb{R}^I$ 到 $\mathbb{R}^K$ 的映射。模式分类就可以看作是一类由 $I$ 维空间 $\mathbb{R}^I$ 到 $K$ 维空间 $\mathbb{R}^K$ 的非线性映射。因此,原则上说,层数大于 3 的 MLP 可以用来进行任意复杂的模式识别。这就是现代深度神经网络模型的基本形式。

使用 MLP 神经网络进行模式识别的基本思想是:设备选的模式有 $K$ 类,若现有某个未知模式,要识别它的类别。为此,对未知模式进行适当的处理,提取 $I$ 个表征特征,把这 $I$ 个特征送到 MLP 神经网络的 $I$ 个输入端。如果这个 MLP 神经网络在此之前已经训练好,那么当输出层第 $k$ 个神经元输出为 1 而其余输出神经元的输出均为零时,就表示这个未知模式属于第 $k$ 类。

为训练该网络模型,关键的问题是如何对 MLP 神经网络进行训练。一个非常著名的 MLP 神经网络训练方法称为反向传播算法(Back-propagation,BP)。它是"有导师"训练算法。BP 算法的具体程序可以描述如下。

"有导师"训练算法,意思是有导师提供正确的训练答案。具体来说就是在进行训练时,对于每种输入模式的特征矢量 $(x_1, \cdots, x_i, \cdots, x_I)$ 导师都可以同时给出正确的输出矢量 $(y_1, \cdots, y_k, \cdots, y_K)$ 作为训练网络的输出参考基准。如果用符号 $X_n$ 表示第 $n$ 个输入模式的特征矢量 $(x_1^n, \cdots, x_i^n, \cdots, x_I^n)$,用符号 $Y_n$ 表示第 $n$ 个输出基准矢量 $(y_1^n, \cdots, y_k^n, \cdots, y_K^n)$,导师在训练网络时总是同时给出输入和基准输出矢量对 $(X_n, Y_n), n=1,\cdots,N$(即给出 $N$ 个样本来训练 MLP)。对于每个 $X_n$,按照式(4.25)的规则可以求出 $v_j, j=1, \cdots, J$,进而求出网络的实际输出 $(\widetilde{Y}_n = \widetilde{y_1^n}, \cdots, \widetilde{y_k^n}, \cdots, \widetilde{y_K^n})$。定义

$$E = \frac{1}{2}\left(\sum_{n=1}^{N} Y_n - \widetilde{Y}_n\right)^2 = \sum_{n=1}^{N} E_n \tag{4.25}$$

为网络的误差。如果规定允许的误差值为 $\varepsilon$,那么,当 $E \leqslant \varepsilon$ 时,就认为网络已经训练好;如果 $E > \varepsilon$,则还需要对网络进行训练。这里所谓对网络训练,实质上就是根据误差的情况来调整网络各层的权值。权值调整的过程是从输出层开始向输入层逐层反向调整,权值调整的方向与信息传播的方向恰好相反(这也是反向传播一词的实际含义)。对照图 4.8 来说,就是首先调整权值 $w_{kj}(k=1, K, j=1, \cdots, J)$,然后再调整权值 $w_{ji}(j=1, \cdots, J, i=1, \cdots, I)$,直至满足 $E \leqslant \varepsilon$ 的要求。权值调整的典型规则是

$$w_{ji}(t+1) = w_{ji}(t) - \mu \frac{\partial E}{\partial w_{ji}(t)} \tag{4.26}$$

其中,$w_{ji}(t)$ 是连接神经元 $j$ 和 $i$ 的权在 $t$ 时刻的数值,$\mu > 0$ 是调节系数或学习速率,需实验调整。

总结下来,人工神经网络有如下的优点。①由于人工神经网络采用了大规模并行处理的机制,它的识别速度很快。②人工神经网络的信息处理单元(神经元)执行非线性运算,具有很大的自组织潜力。③人工神经网络采取信息分布式存储方式,因此具有很强的联想能力。而且,人工神经网络通常都具有很高的冗余度,因而有很强的容错性和鲁棒性。这样,神经网络在现代模式或信息识别理论与技术的发展中正在发挥着越来越明显的作用。随着技术的进步,人工神经网络本身的能力将不断得到改进和完善,其在模式识别中的应用也将会不断地得到扩展和加强[15,78]。

由此可以给出信息(模式)识别的基本原理如下。

第一,语法信息识别(分类)的基本原理是形式特征的比较。不同类别的信息的形式特征也不相同,因此,理论上总是可以分辨(识别)的。

第二,识别的原则是:特征相似则接受,特征相异则拒绝。因此,建立信息类别相似性的表示和度量是信息识别的重要任务。

第三,针对不同的信息模式性质,可以采用不同的识别方法:统计的方法,语言学的方法,神经网络的方法等等。

第四,但是,由于存在种种不确定性因素,如:识别环境存在固有的干扰,待识别的信息天然不理想,信息类别特征的表达不完善,因此,无论怎样精巧地设计信息识别系统,完全无差错的识别是不现实的(特别简单的对象除外)。

以上的讨论表明,作为信息获取的基本原理,它所要解决的问题就是实现从客体所呈现的本体论信息到认识主体所获得的认识论信息的转换。由于认识主体感觉器官和它的技术延长物(传感系统)的固有性质,传感环节所转换得到的认识论信息并不是全信息,而是其中的语法信息。不过,传感系统得到的语法信息经过注意与选择以及模式识别以后,已经不是传感系统所被动"反映"出来的本体论信息的简单对应物,而是符合认识主体的目标所需要的语法信息,而且是已经知道了模式类属的语法信息。这样,它就实现了对客体事物的本体论信息的真实"感受"和在信息层面上的(也就是感性层面的)"知晓"的特征。这就是为什么人们把这个信息获取的环节称为"感知"的原因。或者说,信息获取原理所支撑起来的乃是感知理论。当然,读者应当注意"传感""感知""认知"这些感念之间的联系与区别,可以参看文献[16,29,64,74,98]。关于高维基和空间的模式识别问题,还可参看文献[66]。

# 第5章 信息传递：通信论

本章将研究信息在空间中传递的基本原理，也就是通常所说的"通信论"。它是迄今为止发展得最成熟、最成功的信息科学分支。

首先需要重申，信息传递环节所关注的信息是语法信息而非全信息。其中有两个方面的原因。一方面，信息获取环节（传感、注意、识别）为信息的传递环节准备的信息本身就是语法信息而不是全信息。另一方面，传递环节也不需要考虑全信息。真正需要用到全信息的场景是智能（认知与决策）环节。但是，之前已经明确了语法信息是语义信息和语用信息生成的基础。只要有了语法信息，具有目的（目标）的智能环节就可以建立与这个语法信息相应的全信息。

通信，最简单明了的定义就是信息在空间中的传递。**信息传递之所以可能，它的根本原因在于"信息是事物所呈现的运动状态及其变化方式，而不是事物本身"。**否则，如果信息就是事物本身，那么，信息既不可能获取也不可能传递。由此也验证了本书给出的信息的定义的正确性。

研究信息传递原理的主要目的，在于认识信息在传递过程中所必须遵循的规律，从而认识为了保证高质量、大容量、高速度地传递信息所必须采取的方法和原则，并揭示信息传递某些重要性能的界限：什么事情是可以做到的，什么界限是不可逾越的，从而为研究信息传递理论和设计实际通信系统提供理论上的指导。这是香农信息论最杰出的贡献。本章的讨论，将着眼于上述这些信息传递规律方面的共同原理。

## 5.1 信息传递概说

信息传递的核心问题是如何准确、高效、安全、可靠地把有关的认识论信息从空间中的一点传递到另一点。如前所说，认识论信息有三个基本的层次：语法信息、语义信息和语用信息。因此，按照直观想象，研究信息传递问题似乎需要分别研究语法、语义和语用信息的传递问题。然而，实际的情形并非如此。

前已述及，在语法、语义、语用信息三者之间，语法信息是最基本的层次，语义和语用信息则可以由人类主体从语法信息中提炼出来。这是因为，语法信息表述的是"事物运动状态和状态变化方式"，语义信息是这种"运动状态和状态变化方式"的内容含义，语用信息则是这种"状态及其变化方式"相对于认识主体目标而言的价值效用。换言之，语法信息表述了"事物运动状态及其变化方式"的形式化关系，而语义和语用信息分别是这种形式化关系所包含的内容和价值。可见，语义信息和语用信息是建筑在语法信息的基础之上的。有了语法信息这种"事物运动状态及其变化方式的形式化关系"，人类主体就可以从中提炼相应的语义和语用信息。

因此,信息传递的核心问题就定位在传递信息的形式化方面上,而与信息的内容和价值无关。这是所有通信工程所遵循的基本原则,也是香农信息论的核心原则。即:**所谓信息的传递只是概率信息的传递,只要准确传递了概率信息即完成了任务**。

顺便指出:把信息传递过程简化为语法信息的传递过程虽然巧妙,但是实际上是把由语法信息提炼语用信息和语义信息(从而获得全信息)的任务转嫁给了通信系统的人类用户。如果通信的双方不是人类本身,而是没有智力能力的机器系统,那么由语法信息恢复全信息这个任务就不可能完成。所以,香农信息论的这个诀窍从科学技术的观点来看是一种回退:从扩展人的思维系统能力的立场退回到"扩展人的传导神经系统能力"的立场。然而,从整个科学技术发展的目标来说,扩展人的思维系统(至少是部分扩展)的任务是不应当回避的。这样,我们就可以比较客观地理解和评价香农信息论的成功之处和不足之处。

### 5.1.1 信息传递的基本关系

下面,我们先来考察语法信息特别是概率型语法信息(简称概率信息)的几个基本关系。

根据第3章,我们知道对于某个随机变量 $X$,如果它的可能状态集合、相应的先验和后验"肯定度分布"(在这个特定情况下就是先验和后验概率分布)分别为

$$X = \{x_n | x_n \in X, n \in (1, N)\} \tag{5.1}$$

$$P = \{p(x_n) | x_n \in X, n \in (1, N)\} \tag{5.2}$$

$$P^* = \{p^*(x_n) | x_n \in X, n \in (1, N)\} \tag{5.3}$$

那么,通过对 $X$ 的观察(试验),用户 $R$ 可以从中获得的概率信息量应为

$$I(P, P^*; R) = I(P^*) - I(P) = \log \frac{M_\Phi(P^*)}{M_\Phi(P_0^*)} - \log \frac{M_\Phi(P)}{M_\Phi(P_0)} \tag{5.4}$$

其中:$I(P, P^*; R)$ 为用户 $R$ 从 $X$ 中实际获得的信息量,称为实得信息量;而 $I(P)$ 和 $I(P^*)$ 分别是用户 $R$ 关于 $X$ 的先验和后验相对平均肯定度的对数值。这里,相对的比较基准是 $M_\Phi(P_0)$ 和 $M_\Phi(P_0^*)$,其中 $P_0$ 和 $P_0^*$ 分别是均匀分布的先验概率分布和后验概率分布,即

$$P_0 = \left\{ p(x_n) = \frac{1}{N} \middle| x_n \in X, n \in (1, N) \right\} \tag{5.5}$$

$$P_0^* = \left\{ p^*(x_n) = \frac{1}{N} \middle| x_n \in X, n \in (1, N) \right\} \tag{5.6}$$

于是,

$$M_\Phi(P_0) = M_\Phi(P_0^*) = \prod_{n=1}^{N} \left(\frac{1}{n}\right)^{\frac{1}{n}} \tag{5.7}$$

而式(5.4)则化简为

$$I(P, P^*; R) = \sum_{n=1}^{N} p^*(x_n) \log p^*(x_n) - \sum_{n=1}^{N} p(x_n) \log p(x_n) \tag{5.8}$$

在式(5.4)中,我们把用户 $R$ 关于 $X$ 的后验对数相对平均肯定度 $I(P^*)$ 与先验对数相对平均肯定度 $I(P)$ 的差值定义为 $R$ 在观察 $X$ 的过程中所实际获得的语法信息量

$I(P,P^*;R)$。这显然是合理的。因为只有当 $P=P_0$ 时,有
$$I(P)=I(P_0)=-\log N+\log N=0 \tag{5.9}$$
它表示在观察之前用户 $R$ 对于 $X$ 的运动状态及其变化方式完全不能肯定,完全没有把握。也就是说,在观察之前 $R$ 完全没有掌握关于 $X$ 的任何信息。而一般说来,我们有
$$0<I(P)<\log N, \qquad P\neq P_0 \tag{5.10}$$
这表示,在观察之前,$R$ 已经能够在某种程度上肯定 $X$ 的运动状态及其变化方式。也就是说,$R$ 已经获得了关于 $X$ 的某些信息量。可见,$I(P)$ 就是用户的先验信息量。为保持符号的一致,我们可以把 $I(P)$ 改记为 $I(P;R)$。于是有
$$0\leqslant I(P;R)\leqslant \log N \tag{5.11}$$
当 $P=P_0$ 时,式(5.11)左边的等号成立,$R$ 关于 $X$ 的先验信息量等于零;当 $P=P_S$,即服从 0-1 型概率分布时,右边的等号成立,$R$ 掌握了关于 $X$ 的全部信息,其先验信息量达到极大值 $\log N$。

同样道理,$I(P^*)$ 就是用户 $R$ 关于 $X$ 的后验信息量,我们也把它改写为 $I(P^*;R)$。于是,式(5.4)可以重新表示为
$$I(P,P^*;R)=I(P^*;R)-I(P;R) \tag{5.12}$$
根据第 3 章知道,在理想观察的条件下,用户 $R$ 关于 $X$ 的后验信息量就等于 $X$ 本身实际所包含的信息量(称为 $X$ 的实在信息量,简记为 $I(P^*)$)。于是,式(5.12)又可进一步写成
$$I(P,P^*;R)=I(P^*)-I(P;R) \tag{5.13}$$
也就是用户 $R$ 关于 $X$ 的实得信息量等于 $X$ 自身的实在信息量与 $R$ 关于 $X$ 的先验信息量之差。

在研究信息传递的场合,式(5.13)是一个具有基本意义的关系式,由它可以导出许多重要的结果。下面就用两个例子加以说明。

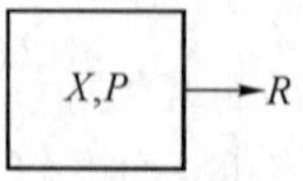

① 直接观察的情形,如图 5.1 所示。假定观察的条件是理想的,试验的结局是确定型的,即有 $P^*=P_S^*$,那么,由式(5.13)可以推出 $R$ 的实得概率语法信息公式如下:

图 5.1 直接观察

$$I(P,P_S^*;R)=\log N-I(P;R)=-\sum_{n=1}^{N}p(x_n)\log p(x_n)=H(X) \tag{5.14}$$

这就是香农熵公式。它表明,在特定条件 $P^*=P_S^*$ 成立的场合,观察者 $R$ 在观察 $X$ 的过程中所实际获得的概率信息量在数值上就等于 $H(X)$。但是要注意,实得信息 $I(P,P^*;R)$ 和熵 $H(X)$ 具有不同的物理意义:前者是信息量,后者是不确定性的大小。

② 间接观察的情形,如图 5.2(a)所示。假定 $R$ 不能直接观察到 $X$,只能通过 $Y$ 来观察 $X$,而 $Y$ 本身也是一个随机试验,且与 $X$ 有概率联系。那么,对 $R$ 来说,这种情形可以等效为图 5.2(b) 的形式。

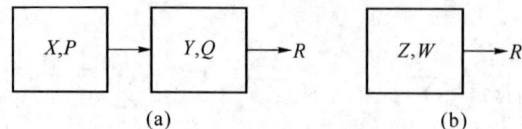

图 5.2 间接观察及其等效模型

如果规定
$$P=\{p(x_n)\,|\,x_n\in X, n\in(1,N)\}$$
$$Q=\{p(y_m)\,|\,y_m\in Y, m\in(1,M)\}$$
$$W=\{p(z_k)\,|\,z_k\in Z, k\in(1,MN)\}$$

那么,在理想观测条件及确定型结局的条件下,$R$ 的实得语法信息量可以这样求出:

$$\begin{aligned}I(W,W_S^*;R)&=I(W_S^*)-I(W;R)\\&=I(P_S^*)-I(P;R)-[I(P_S^*\,|\,Q_S^*)-I(P\,|\,Q;R)]\\&=H(X)-H(X\,|\,Y)=H(X)+H(Y)-H(X,Y)\\&=H(Y)-H(Y\,|\,X)\\&=I(X;Y)\end{aligned} \quad (5.15)$$

其中,
$$I(W;R)=I(P;R)-I(P\,|\,Q;R)$$
$$I(W_S^*)=I(P_S^*)-I(P_S^*\,|\,Q_S^*)$$

式(5.15)恰好是香农信息理论中的 $X$ 与 $Y$ 的互信息公式。

上述这些关系都是信息传递原理中所要用到的基本结果。特别是式(5.14)和式(5.15),后面将经常用到。

## 5.1.2 信息传递模型

信息传递的实质是事物运动状态及其变化方式脱离源事物而附着于另一事物并通过后者的运动将这种运动状态及其变化方式从空间的一点转移到另一点。通常,可以把"事物运动状态及其变化方式脱离源事物而附着于他事物"的过程称为信息表示的过程。而把产生信息的那个事物称为信息的源事物,把信息脱离源事物之后所依附的他事物称为信息的**载体**。因此,**信息的传递是通过载体对信息的表示和载体的运动实现的**。所以,信息的载体既要能够表示信息,同时又要能够在空间中实现转移。

实际上,信息在空间中传递的过程,可能要经过多次变换,要转换多种不同的载体。我们就把这些变换(或表示)称为 $n$ 级变换(或 $n$ 级表示),而把这些载体分别称为 $n$ 级载体。这些不同级的变换和不同级的载体,在具体的形式和性能上肯定是有区别的,否则就没有转换的必要。但是,所有这些不同级的变换和载体在原理上又是共同的,否则它们就不能实现不失真地传递信息这个共同的任务。作为信息科学的基本原理,我们这里将只研究它们共同遵循的原理,而不研究它们在细节上和性能上的差别,后者是信息技术要讨论的问题。

为了研究这些共性原理,我们首先要建立信息传递的一般模型,特别是概率性语法信息的传递模型,以建立定量分析的基础。

信息(在通信工程的场合是指认识论信息的语法信息),是事物运动的状态及其变化方式的形式(在通信系统中表现为信号的波形)。要想把空间中某点的事物运动状态及其变化方式的形式有效而可靠地传递到空间中的另一点,系统至少必须包含如下一些事物、环节和过程。

具体包括:①信源(即信息的生成源),它是产生某种运动状态及其变化方式的事物。

它是能够产生信息的源事物。因为信息传递系统不关心所传信息的内容和价值，所以模型中的信源不需要考虑具体的物理内容和含义，只把它看作是某种运动状态和状态变化方式的形式化关系发生源。②变换过程，它是能够把信源产生的信息转移到某种载体上的过程。它的任务是把要传递的信息从信源映射到某种物理载体上，也就是在源事物的运动状态及其变化方式与载体的某物理量之间建立适当的（如一对一的或同构的）对应关系。③信道，它是能够在空间中转移载体的媒质或设施。不管载体本身在信道中会经受什么样的改变，在信道输出端都应当能够还原出真实度足够满意的信息。④反变换过程，它大体上是"变换过程"的逆过程，即把信道所输出的信息足够满意地还原成为信源所生成的信息。⑤信宿，它是信息传递的接收者、目的地和归宿。

这样，我们就得到一个关于信息传递的最为简略的模型，如图 5.3 所示。

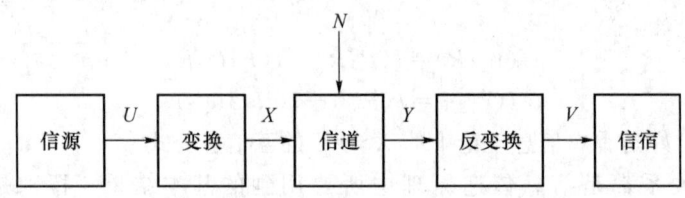

图 5.3 最简信息传递模型

该模型中，信源产生的信息记为 $U$，信息经过变换后成为信号，记为 $X$，信号在信道中传输，并在其中受到噪声 $N$ 的干扰，在信道输出端得到信号 $Y$，它与 $X$ 有联系又有区别，联系的程度和区别的大小，取决于噪声 $N$ 的影响情况。正是因为存在噪声 $N$ 的影响，使 $Y$ 与 $X$ 之间产生了差别。为了使最终所还原出来的信息 $V$ 尽可能和原发的 $U$ 一致，"反变换"就不能简单地成为"变换之逆"，而是要根据噪声 $N$ 的特性和信号的特点，采取适当的措施来消除噪声的影响。这就使得"反变换"比"变换"更复杂。

狭义信息传递并不研究图 5.3 示出的整个模型，而是把注意力集中于从 $X$ 到 $Y$ 这一过程。所以基本上是信道的研究。但是，仅有信道的研究是远远不够的。因为，要想实现满意的信息传递，关键在于要使信源与信道两者在性质上达到良好的匹配。这样，仅仅孤立地研究信道不可能真正解决问题。

一般说来，并非信源天然就能与信道的性质相匹配，而是要采取一定的措施来实现这种匹配。现代信息技术中常用的信息传递系统是电信系统，因而，要把一般事物的"运动状态及其变化方式"通过电信系统传递到对方，首先就要用电参量变化来表示这种"运动状态及其变化方式"，把"源事物"所产生的信息映射为电信号。这就是模型中的"变换"的第一个功能，通常称为"换能"，即把非电的"运动状态及其变化方式"变换为电参量。例如：在电话通信中，声电转换通过麦克风将声波振动转换为电信号；在图像传输中，光电转换通过摄像头将光强变化转化为电信号。

仅有"换能"的措施也还是不够，因为其他形式的能量状态转换成电信号后并不一定就能完全与信道的性质匹配。这是由于一般的信道都有自己固有的通过频带，有它固有的噪声特性。为了克服这种固有噪声的影响，还得把信号进行放大。为了使信号的频谱结构与信道的通过频带相匹配，还必须进行调制——信号频谱的迁移。因此，除了能量形式的转换之外,还要采取放大、调制等技术措施。这是模型中"变换"单元的第二类基本功能。例如:为了在电缆信道上传递信息,需要在群频上进行一系列频谱迁移;为了在无线电信道(包括卫星)上传递信息,需要把信号的频谱迁移到射频的频段上;为了在光导纤维信道上传递信息,需要把信号频谱变换到光波频段上。

此外,为了提高信息传递系统的效率,还要对传递的信号作进一步的变换处理。例如,把频谱宽度比较窄的信号适当地组合去分用一个通过频带较宽的信道,就属于这一类处理技术。一个卫星转发器的通过频带可以容纳几万路电话信号,而一根光导纤维信道的带宽则可容纳几十万路电话信号。要把这么多信号复合起来,又要在信道另一端把它们分开,需要专门的技术和方法——信道的复用和解复用技术。又如,把信号的原始频谱压缩,以便信道能够传送更多的信号,这是一类改善信息传递效率的有效性技术。另外,为了使信息传递尽量少发生差错,也还要对信号进行必要的处理,如通过检错编码来发现信息传递过程中出现的差错,通过纠错编码来纠正由于干扰所造成的传输差错——抗干扰技术。

可见,信息传递模型中的"变换单元"在功能上至少要包括信息到信号的映射(即所谓"换能")、放大、编码、调制等基本内容,才能实现信源与信道在性质上的匹配,达到满意地传输信息的目的。

原则上说,信源和信道给定以后,信息传递的水平主要取决于"变换"技术的水平。具体地说,主要取决于编码技术和调制技术的水平。编码与调制,成了信息传递技术的关键。当然,这里所说的编码,说得更完全一些应当指编码与译码;这里所说的调制,则应当指调制与解调。这样,我们就可以得到一个稍为具体的信息传递一般模型,如图 5.4 所示。

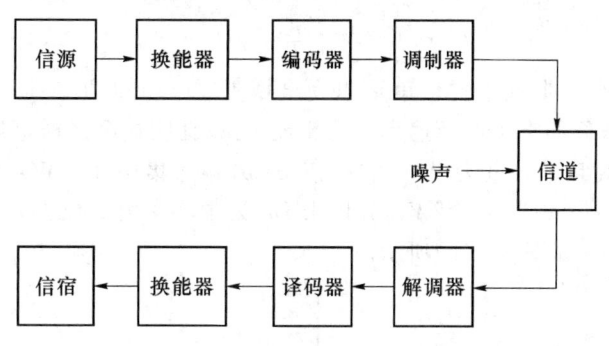

图 5.4　信息传递的一般模型

有了上面所作的解释,这个模型的意义就一目了然了。唯一需要说明的是,实际上信息传递的每一个环节、每一个过程都有可能存在噪声。但是,在上述模型中,我们把噪声全部等效集中于信道这一环节上,这只是为了分析的方便。我们分析和研究图 5.4 的信息传递模型,主要应当研究:①信源的性质及其产生信息的能力;②信道的性质及其传递信息的能力;③信源与信道的关系以及实现这两者在性质上互相匹配的原理和方法,特别是编码(有效性编码、抗干扰编码、安全性编码)和调制-检测的理论。至于信宿和换能器,本书将不做讨论。这是因为,从信息传递的角度来说,信宿所起的作用只表现在信息传递质量的要求和评判准则上,而换能器的工作则基本上已属具体信息技术的范畴。信息传递理论是整个信息科学理论体系中发展最早也最成熟的分支,因此存在大量的文献可供参考。本章末尾所附的参考文献[1-21]也只是其中的一小部分,有兴趣的读者可以从中选择相应的部分参阅。下面就分别来研究信息传递的基本问题。

## 5.2 信息传递的有效性

由前面的分析可知,从数学的观点来考虑,信源的输出可以看作是一个随机过程。而在某个确定的时刻来观察,随机过程则退化为随机变量。此外,随机变量的取值可能是连续型的,也可能是离散型的,视具体的研究场合与对象而定。读者也许已经注意到,我们前面对于信息的讨论以及对于信息的度量却基本上只涉及了离散取值(即离散状态)的情况。为什么可以这样做呢?原来,这里有一个很重要的根据:采样定理。根据这个定理,在一定的条件下(大多数应用场合都能满足),可以将连续型变量转换为离散型变量来处理。采样定理有几种不同的形式。我们介绍非随机信号在时域上的采样定理。

### 5.2.1 采样和编码

我们先来了解一下非随机信号在时域上的采样定理,然后再来讨论随机信号的时域采样定理,最后,我们还将简单地提及在频域上的采样定理。

非随机信号时域采样定理的内容可以表述为:若 $f(t)$ 是低通型信号(即其信号频率成分集中在低频段),其中最高频率分量为 $W_f$(弧度/秒),那么 $f(t)$ 可以用其相隔 $T_s \leqslant \pi/W_f$ 的那些瞬时值 $f(kT_s)(k=1,2,\cdots)$ 来代表。这些瞬时值就称为 $f(t)$ 在相应时刻上的样值。当 $T_s$ 为常数时,采样时间间隔是均匀的。这个定理表明:如果以速率

$$\omega_s = 2\pi \cdot \frac{1}{T_s} \geqslant 2W_f \tag{5.16}$$

来对 $f(t)$ 取样,那么根据这些样值就可以完全恢复 $f(t)$ 的波形。通常把式(5.16)中的 $2W_f$ 称为对 $f(t)$ 取样的奈奎斯特速率。简要地,可以证明这个采样定理。设 $f(t)$ 是一个低通型信号,其最高频率分量为 $W_{f_0}$,它的谱 $F(\omega)$ 必然集中在 $-W_f$ 到 $W_f$ 的频率范围内,如图 5.5(a)所示。现取 $\omega_s \geqslant 2W_f$,并以 $\pm n\omega_s$ 为中心重复 $F(\omega)$,$n=1,2,\cdots$ 得到一个周期性的谱图 $Q(\omega)$,如图 5.5(b)所示。

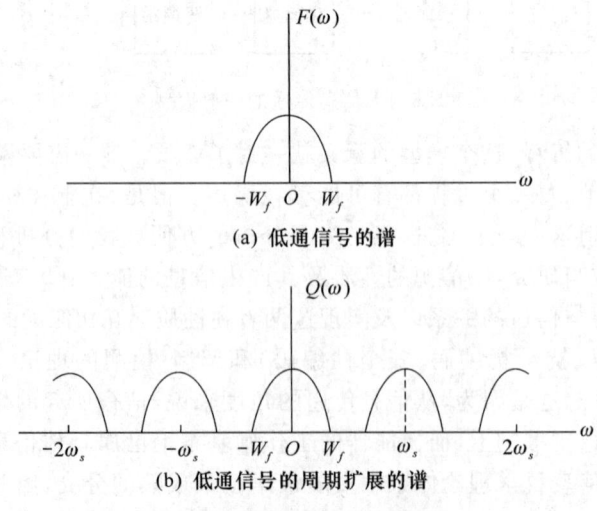

图 5.5 低通信号的谱及其周期扩展的谱

由于 $\omega_s > 2W_f$，$Q(\omega)$ 中的各个分量之间不会发生交叠。而且显然有
$$Q(\omega) = F(\omega), \quad |\omega| \leqslant W_f \tag{5.17}$$
既然 $Q(\omega)$ 具有周期性结构，就可以把它写成傅里叶级数的形式：
$$Q(\omega) \approx \sum_{n=-\infty}^{\infty} c_n e^{jn2\pi\omega/\omega_s} \tag{5.18}$$
而它的傅里叶系数则为
$$c_n = \frac{1}{\omega_s} \int_{-\omega_s/2}^{\omega_s/2} Q(\omega) e^{-jn2\pi\omega/\omega_s} d\omega, \quad n = 0, \pm 1, \pm 2, \cdots \tag{5.19}$$
显然，式(5.19)又可以化为
$$c_n = \frac{1}{\omega_s} \cdot 2\pi \cdot \frac{1}{2\pi} \int_{-W_f}^{W_f} F(\omega) e^{-jn2\pi\omega/\omega_s} d\omega = \frac{2\pi}{\omega_s} f\left(\frac{-n2\pi}{\omega_s}\right) \tag{5.20}$$
代入式(5.18)，得到
$$Q(\omega) = \sum_{n=-\infty}^{\infty} \frac{2\pi}{\omega_s} f\left(\frac{-n2\pi}{\omega_s}\right) e^{jn2\pi\omega/\omega_s} \tag{5.21}$$
根据式(5.17)，可以写出
$$f(t) = \frac{1}{2\pi} \int_{-W_f}^{W_f} Q(\omega) e^{j\omega t} d\omega$$
$$= \frac{1}{2\pi} \int_{-W_f}^{W_f} \sum_{n=-\infty}^{\infty} \frac{2\pi}{\omega_s} f\left(\frac{-n2\pi}{\omega_s}\right) e^{jn2\pi\omega/\omega_s} \cdot e^{j\omega t} d\omega \tag{5.22}$$
令 $k = -n$，则
$$f(t) = \sum_{k=-\infty}^{\infty} \frac{1}{\omega_s} f\left(\frac{k2\pi}{\omega_s}\right) \int_{-W_f}^{W_f} e^{j\omega\left(t - \frac{k2\pi}{\omega_s}\right)} d\omega$$
$$= \sum_{k=-\infty}^{\infty} \frac{2W_f}{\omega_s} f\left(\frac{k2\pi}{\omega_s}\right) \text{Sa}\left[W_f\left(t - \frac{k2\pi}{\omega_s}\right)\right] \tag{5.23}$$

其中，$\text{Sa}(\cdot)$ 是取样函数。式(5.23)表明，$f(t)$ 完全由它的一系列样值 $f\left(\dfrac{k2\pi}{\omega_s}\right)$ 所决定。这就是采样定理的含义。

注意，上述证明是在条件 $\omega_s > 2W_f$ 下进行的。换句话说，我们一直保持条件
$$T_s = \frac{2\pi}{\omega_s} \leqslant \frac{\pi}{W_f} \tag{5.24}$$
若考虑以奈奎斯特速率来取样，即取
$$T_s = \frac{\pi}{W_f} = \frac{2\pi}{\omega_s} \tag{5.25}$$
则式(5.23)变为
$$f(t) = \sum_{k=-\infty}^{\infty} f\left(\frac{k\pi}{W_f}\right) \text{Sa}\left[W_f\left(t - \frac{k\pi}{W_f}\right)\right] \tag{5.26}$$
或
$$f(t) = \sum_{k=-\infty}^{\infty} f(kT_s) \text{Sa}\left[\frac{\omega_s}{2}(t - kT_s)\right] \tag{5.27}$$
这样，就完成了非随机信号时域采样定理的证明。

类似地,也存在随机信号的时域取样定理。在随机过程的场合,信号的波形是指随机过程的样函数。设 $N(t)$ 是一个低通型实值随机过程,而且是一个平稳随机过程(至少广义平稳随机过程)。它的功率密度谱为 $S_N(\omega)$,其频率成分限制在区间

$$|\omega| \leqslant W_N \tag{5.28}$$

之内。那么,$N(t)$ 就可以近似地表示为 $\hat{N}(t)$,而 $\hat{N}(t)$ 的表达式为

$$\hat{N}(t) = \sum_{k=-\infty}^{\infty} N\left(\frac{k\pi}{W_N} + t_0\right) \mathrm{Sa}\left[W_N\left(t - \frac{k\pi}{W_N} - t_0\right)\right] \tag{5.29}$$

其中,$t_0$ 是任意常数,采样率等于奈奎斯特速率。

可以证明

$$E[\{N(t) - \hat{N}(t)\}^2] = 0 \tag{5.30}$$

最后,我们介绍一下频域的采样定理。它的内容可以表述如下:设信号 $f(t)$ 是一个持续时间有限的信号,即

$$f(t) = \begin{cases} f(t) \neq 0, & T_1 \leqslant t \leqslant T_2 \\ 0, & \text{其他} \end{cases} \tag{5.31}$$

令

$$T_f = \frac{T_2 - T_1}{2} \tag{5.32}$$

那么,$f(t)$ 的傅里叶谱 $F(\omega)$ 可以唯一地由它的样值序列 $F(kW_s)$ 所决定,其中

$$W_s \leqslant \frac{\pi}{T_f} \tag{5.33}$$

若 $f(t)$ 是实或复时间函数,则采样定理的具体表达式为

$$F(\omega) = \frac{T_f W_s}{\pi} \sum_{k=-\infty}^{\infty} F(kW_s) \mathrm{Sa}[T_f(\omega - kW_s)] \tag{5.34}$$

对于随机过程 $N(t)$,若其自相关函数 $R_N(\tau)$ 是持续期有限的,那么它的功率谱密度 $S_N(\omega)$ 可以表为

$$S_N(\omega) = \frac{T_f W_s}{\pi} \sum_{k=-\infty}^{\infty} S_N(kW_s) \mathrm{Sa}[T_f(\omega - kW_s)] \tag{5.35}$$

实际上,信号不仅在时域和频域上可以被离散化,而且在幅度域上也可以离散化和量子化(简称为量化)。这就是用一组离散的幅度值来近似实际的连续幅度值,这组离散的幅度值称为量化电平,相邻离散幅度值之间的差值称为量化步幅或量化阶。当然,量化必然引起误差。量化阶越大,误差也就越大。适当选择量化阶的大小,并对信号进行适当的处理,就可能把误差控制在允许的范围之内。

## 5.2.2 离散信源性质

通过采样和量化可以把连续信号变换为离散信号或数字信号;反过来也可以把离散信号或数字信号变换为连续信号。既然如此,我们一般就只研究离散型或数字型(即时间和幅度都离散化了)的信号。现在,我们就来讨论离散、平稳、无记忆信源的情形。

设 $X$ 有 $N$ 个可能的状态 $x_1, \cdots, x_n, \cdots, x_N$,这些状态相应的先验和后验肯定度(在随

机试验场合就是先验概率和后验概率)分别为

$$P = \{p(x_n) | x_n \in X, \quad n \in (1, N)\} \tag{5.36}$$

和

$$P^* = \{p^*(x_n) | x_n \in X, \quad n \in (1, N)\} \tag{5.37}$$

根据前面的分析,观察者 $R$ 从这个试验中实际获得的信息量应为

$$I(P, P^*; R) = I(P^*) - I(P; R) \tag{5.38}$$

如果试验的结局是 0-1 型的,即 $P^* = P_S^*$,那么式(5.38)就成为

$$I(P, P_S^*; R) = -\sum_{n=1}^{N} p(x_n) \log p(x_n) = H(X) \tag{5.39}$$

进一步,若有 $P = P_0$,即

$$P = \left\{ p(x_n) = \frac{1}{N} \middle| x_n \in X, \quad n \in (1, N) \right\} \tag{5.40}$$

那么,式(5.39)又变为

$$I(P_0, P_S^*; R) = \log N \tag{5.41}$$

而且永远有

$$I(P, P_S^*; R) \leqslant I(P_0, P_S^*; R) \tag{5.42}$$

等号只当 $P = P_0$ 时才成立。

对于任何一个给定的实际信源和观察者系统 $(X, P, P_S^*)$,我们定义

$$\mu = \frac{I(P, P_S^*; R)}{I(P_0, P_S^*; R)} \tag{5.43}$$

为 $X$ 的信息含量效率。显然,$\mu = 1$ 当且仅当 $P = P_0$ 时成立。我们定义

$$\gamma = 1 - \mu = \frac{I(P_0, P_S^*; R) - I(P, P_S^*; R)}{I(P_0, R_S^*; R)} \tag{5.44}$$

为 $X$ 的冗余,表示信源含无效成分的程度。当然也有 $0 \leqslant \gamma \leqslant 1$,$\gamma = 0$ 当且仅当 $P = P_0$ 时成立。

以上这些结果提供了如下非常重要的启示。一方面,各种实际信源的信息含量效率是不相同的,有的高,有的低。这本来是一种自然的现象,是事物的差异性、多样性的一种表现。另一方面,从信息传递的观点来看,我们总是希望信息传递的效率尽可能高,即总是希望以最小的代价(如最短的时间、最少的信道符号等)传递尽可能多的信息。显然,这两个方面的情形一般是不协调的。具体说来,信源的自然性质往往不能直接满足高效率传递信息的要求。为了实现高效率的信息传递,就要对信源进行改造。通过这种改造,使信源原有的信息含量效率不高的情形变为较高或尽可能高的情形,从而可以做到单位时间或单位符号所传递的信息量尽可能大。改造这种信源的具体方法,如上述结果所表明的那样,就是要尽可能实现 $P = P_0$ 这一条件,即均匀的先验概率分布。这就是不考虑噪声影响的情况下信源的有效编码问题。所以,这类无噪声的平稳离散无记忆信源(即各元之间互相独立)有效编码的实质是使各元的概率均匀化。

下面来考察信源的有效编码问题。设信源输出 $X$ 经过编码之后变为 $Y$。和前面一样,令

$$\left.\begin{array}{l}X=\{x_n\mid x_n\in X, n\in(1,N)\}\\P=\{P(x_n)\mid x_n\in X, n\in(1,N)\}\\Y=\{y_m\mid y_m\in Y, m\in(1,N)\}\end{array}\right\} \quad (5.45)$$

假设编码时给 $X_n$ 分配的码字长度为 $l_n$，即

$$L=\{l_n\mid x_n\in X,\quad n\in(1,N)\} \quad (5.46)$$

那么，编码以后码字的平均长度

$$\bar{l}=\sum_{n=1}^{N}p(x_n)l_n \quad (5.47)$$

由对数函数凸函数和 Jensen 不等式可知，若有任意数集 $Q$ 满足

$$Q=\left\{q_n\mid 0\leqslant q_n\leqslant 1, \sum_{n=1}^{N}q_n=1, n\in(1,N)\right\} \quad (5.48)$$

则有

$$\sum_{n=1}^{N}p(x_n)\log\frac{1}{p(x_n)}\leqslant\sum_{n=1}^{N}p(x_n)\log\frac{1}{q_n} \quad (5.49)$$

令

$$q_n=\frac{M^{-l_n}}{\sum_{n=1}^{N}M^{-l_n}} \quad (5.50)$$

显然，式(5.50)满足式(5.48)的要求，将其代入式(5.49)后可以得到

$$\sum_{n=1}^{N}p(x_n)\log\frac{1}{p(x_n)}\leqslant\sum_{n=1}^{N}p(x_n)\log\sum_{n=1}^{N}M^{-l_n}-\sum_{n=1}^{N}p(x_n)\log M^{-l_n}$$

$$=\sum_{n=1}^{N}p(x_n)(l_n)\log M+\sum_{n=1}^{N}p(x_n)\log\sum_{n=1}^{N}M^{-l_n}$$

$$=\bar{l}\cdot\log M+\log\sum_{n=1}^{N}M^{-l_n} \quad (5.51)$$

在式(5.51)中，第二项对数函数的宗量必然小于或等于 1，这就是所谓克拉夫特(Kraft)不等式[9]：

$$\sum_{n=1}^{N}M^{-l_n}\leqslant 1 \quad (5.52)$$

故有

$$\log\sum_{n=1}^{N}M^{-l_n}\leqslant 0 \quad (5.53)$$

从而可由式(5.51)导出

$$-\sum_{n=1}^{N}p(x_n)\log p(x_n)\leqslant\bar{l}\cdot\log M \quad (5.54)$$

或

$$\frac{H(X)}{\log M}=\frac{I(P,P_S^*;R)}{\log M}\leqslant\bar{l} \quad (5.55)$$

若设 $M$ 的值与对数底相同，则式(5.55)还可进一步化简为

$$H(X) = I(P, P_S^*; R) \leqslant \bar{l} \tag{5.56}$$

式(5.56)表明：如果用 $Y$ 来对 $X$ 进行编码，那么平均码字的长度将以 $H(X) = I(P, P_S^*; R)$ 为下界。于是，如果能够达到

$$-\sum_{n=1}^{N} p(x_n) \log p(x_n) = \sum_{n=1}^{N} p(x_n) l_n$$

即

$$l_n = \log \frac{1}{p(x_n)} \tag{5.57}$$

那么编出的码字的平均长度 $l$ 将是最短的。换句话说，$Y$ 将具有最大的信息含量效率。这时也必然使 $Y$ 的各元概率 $p(y_m), m \in (1, M)$ 较为均匀化。

通过具体的例子，可以说明这个结果的含义。设有某个离散有限独立信源，其概率空间如下：

$$X: \quad x_1 \quad x_2 \quad x_3 \quad x_4 \quad x_5 \quad x_6 \quad x_7$$
$$P: \quad \frac{1}{2} \quad \frac{1}{2^2} \quad \frac{1}{2^3} \quad \frac{1}{2^4} \quad \frac{1}{2^5} \quad \frac{1}{2^6} \quad \frac{1}{2^6}$$

为了比较，先考虑一种最简单的编码方案：现以 $Y$ 的两个码元来对 $X$ 的七个元进行编码，显然必须采用多重码 $Y^k$。假定要求 $X$ 的各元具有相同长度的码字，则 $k$ 至少必须取值为 3。例如：

$$x_1 \quad x_2 \quad x_3 \quad x_4 \quad x_5 \quad x_6 \quad x_7$$
$$001 \quad 010 \quad 011 \quad 100 \quad 101 \quad 110 \quad 111$$

于是码字长度为 3。容易算出，信源 $X$ 的符号熵等于

$$H(X) = -\sum_{n=1}^{l} p(x_n) \log p(x_n) = \frac{63}{32} (\text{比特}/\text{符号})$$

经过编码，每个码元的平均熵则为

$$H(Y) = \frac{H(X)}{3} = \frac{21}{32} (\text{比特}/\text{码元})$$

这就是编码（按普通等长编码规则）之后平均每个码元的信息含量。而 $Y$ 的概率分布则为

$$p(y_1 = 0) = \frac{115}{115+77} \approx 0.6 \quad \text{且} \quad p(y_2 = 1) = \frac{77}{115+77} \approx 0.4$$

现在再考虑按照式(5.57)的关系来重新对 $X$ 进行编码。按照式(5.57)应编为不等长的码。对于这个具体的例子，各元 $x_n$ 所对应的码字长度 $l_n$ 应有如下关系：

$$X: \quad x_1 \quad x_2 \quad x_3 \quad x_4 \quad x_5 \quad x_6 \quad x_7$$
$$P: \quad \frac{1}{2} \quad \frac{1}{2^2} \quad \frac{1}{2^3} \quad \frac{1}{2^4} \quad \frac{1}{2^5} \quad \frac{1}{2^6} \quad \frac{1}{2^7}$$
$$l: \quad 1 \quad 2 \quad 3 \quad 4 \quad 5 \quad 6 \quad 7$$

这样得到的平均码字长度为 $\bar{l} = \sum_{n=1}^{7} p(x_n) l_n = \frac{63}{32}$（码元/符号）。于是，平均每个码元所载荷的信息量为

$$H(Y) = \frac{I(P, P_S^*; R)}{\bar{l}} = \frac{H(X)}{\bar{l}} = \frac{63/32}{63/32} = 1 \text{（比特/码元）}$$

可见,与等长编码方法相比,这种有效编码方法的每码元平均信息含量从0.69比特提高到了1比特——达到了理想值。同样传递一个码元,在普通等长二进编码情况下只传送了0.69比持信息量,而在有效编码情况下则传送了1比特,效率得到大大的提高。

具体实现这种有效编码的方法有很多,其中比较简单又比较有效的方法是Huffman于1952年提出的一种方法[19],具体的步骤详见参考文献。

由式(5.57)出发,可以导出著名的香农第一编码定理。现在就来推导。在式(5.57)中,若$\log \frac{1}{p(x_n)}$是整数,那么$l_n$就等于这个整数;若$\log \frac{1}{p(x_n)}$不是整数,则可把$l_n$取为下式所限定的整数：

$$\log_M \frac{1}{p(x_n)} \leqslant l_n < \log_M \frac{1}{p(x_n)} + 1 \tag{5.58}$$

由式(5.58)左边可得

$$p(x_n) \geqslant M^{-l_n}, \quad 1 = \sum_{n=1}^{N} p(x_n) \geqslant \sum_{n=1}^{N} M^{-l_n}$$

可见式(5.58)满足Kraft不等式的要求。在式(5.58)两边乘以$p(x_n)$并对所有$n$求和,可以得到

$$H_M(X) \leqslant \bar{l} < H_M(X) + 1 \tag{5.59}$$

其中,$H_M(X)$的下标$M$表示其中对数的底为$M$。由于信源是平稳无记忆的,因此,上式可以直接推广到$K$重信源。这时就有

$$H_M(X)^K \leqslant \bar{l}_K < H_M(X^K) + 1 \tag{5.60}$$

其中,符号$\bar{l}_K$是$K$重信源$X^K$的各个符号所对应的平均码字长度。而$\bar{l}_K/K$则是分配到单重信源$X$的各符号所对应的平均码符长度。由于有

$$H_M(X^K) = K H_M(X) \tag{5.61}$$

故式(5.60)可化为

$$H_M(X) \leqslant \frac{\bar{l}_K}{K} < H_M(X) + \frac{1}{K} \tag{5.62}$$

以及

$$\lim_{K \to \infty} \frac{\bar{l}_K}{K} = H_M(X) \tag{5.63}$$

式(5.62)就是著名的香农第一编码定理。它表明,如果用$M$一元码符号表对离散无记忆平稳信源$X$编码,那么每个信源符号对应的码字的平均长度(平均码元数)$\bar{l}_K/K$将以$H_M(X)$为下界,$K$越大,$l_K/K$越接近于$H_M(X)$,但编码的过程越复杂。另一方面,只要平均码字长度满足式(5.62),就总可以找到一种无失真的编码;反之,若$\bar{l}_K/K$小于$H_M(X)$,则编码必定有失真。这是信源有效编码理论的一个基本的界限。

以上,引出了香农第一编码定理,证明了离散无记忆无噪声平稳信源存在有效编码方法。人们可以通过这种编码来提高信息传递效率,而不会引起信息失真。

如果信源是有记忆的,情况有所不同,我们可以这样考虑。

$$-\sum_{n=1}^{N}\sum_{m=1}^{N} p(x_n,y_m)\log p(x_n y_m)$$

$$=-\sum_{n=1}^{N} p(x_n)\log p(x_n)-\sum_{n=1}^{N}\sum_{m=1}^{N} p(x_n y_m)\log p(y_m|x_n)$$

$$\leqslant -\sum_{n=1}^{N} p\log p(x_n)-\sum_{n=1}^{M} p(y_m)\log p(y_m) \quad (5.64)$$

即

$$H(XY)\leqslant H(X)+H(Y) \quad (5.65)$$

或者,

$$I((PQ),(PQ)^*;R)\leqslant I(P,P^*;R)+I(Q,Q^*;R) \quad (5.66)$$

这表明,由于信源内部有关联(也称为有记忆),它的信息含量密度就会降低。这样就得到一个启发,为了提高信息传递的效率,应当尽可能采取措施来消除信源的相关性,把有记忆的信源改造成为无记忆的信源,或把记忆强的信源化为记忆弱的信源。消除信源相关性的本质在于降低信源中的冗余(例如,那些可以根据前面的元来预测出的元,就是冗余的一种形式),由此就引出了另一类信源处理的理论和方法,通常称为"消相关"方法或"符号独立化"方法。

这里,我们只介绍两种消相关的方法。一种称为"合并法",另一种称为"预测法"。先介绍合并法。

如果信源的符号序列中,只在相邻的少数几个符号之间有相关性,而相距较远的符号之间的相关性可以忽略不计,那么这种信源就称为弱记忆信源。在这种情况下,可以把具有较强相关性的邻近几个符号看成一个大符号。于是,这些大符号之间的(相对)相关性就小得多了。这在实际上就是把原来的基本信源空间变换成了多重空间。多重空间的重数越高,这种大符号之间的相关性就越小,以至可以看成是相互独立的情况。这就是所谓的合并法。

而预测法的思想简要描述如下。如果信源符号序列之间存在较强的相关性联系,以至根据其中一部分符号就能够以一定的准确性推断出其余的符号,那么,这种信源就称为强记忆信源。在传递这样的信息时,那些可以被推断出来的符号就不必传送,从而可以节省时间,提高传递的效率。不过,一般说来,完全可以精确推断的情况是很少的,我们只能根据信源的统计相关性来做近似的预测。这就是预测法。

这里举一个线性预测的例子来说明。设信源的符号序列是

$$\cdots x_{t-N}, x_{t-N+1},\cdots, x_{t-1}, x_t,\cdots \quad (5.67)$$

其中,$x_t$ 是现在要观察的符号,它与其前若干个符号 $x_{t-k}, x_{t-k+1},\cdots, x_{t-2}, x_{t-1}$ 相关,$k$ 为任意正整数。现在,我们希望根据这 $k$ 个符号来预测 $x_t$ 的值,并把这种预测表示为

$$\hat{x}_t = f(x_{t-1}, x_{t-2},\cdots, x_{t-k+1}, x_{t-k}) \quad (5.68)$$

问题就在于如何适当地选取预测函数 $f$ 的形式,使预测的误差

$$\varepsilon = x_t - \hat{x}_t \quad (5.69)$$

最小。其中,$x_t$ 是现在要预测的符号的真值,$\hat{x}_t$ 则是 $x_t$ 的预测值。

如果我们考虑的是线性预测,那么 $f$ 就是 $x_{t-1}, x_{t-2}, \cdots, x_{t-k+1}, x_{t-k}$ 的某种线性组合:

$$\hat{x}_t = a_1 x_{t-1} + a_2 x_{t-2} + \cdots + a_k x_{t-k} \tag{5.70}$$

最简单的情形是只考虑相邻两个符号之间的预测,即 $k=1$:

$$\hat{x}_t = a_1 x_{t-1} \tag{5.71}$$

这时,预测误差为

$$\varepsilon = x_t - a_1 x_{t-1} \tag{5.72}$$

通常希望预测的均方误差最小,即

$$\min \varepsilon^2 = \min \overline{(x_t - a_1 x_{t-1}^2)} \tag{5.73}$$

为此就要适当选取 $a_1$ 的值。若令 $a_1 = 1$,即

$$\hat{x}_t = x_{t-1} \tag{5.74}$$

则

$$\varepsilon^2 = \overline{x_t^2} + \overline{x_{t-1}^2} - 2\overline{x_t x_{t-1}} = 2R(0)[1 - \gamma(1)] \tag{5.75}$$

其中,$R(0)$ 是符号序列的方差,$R(1)$ 是符号 $x_t$ 与 $x_{t-1}$ 之间的相关系数,$\gamma(I)$ 是 $x_t$ 与 $x_{t-1}$ 之间的归一化相关系数。$\gamma(I) = 1$ 表示二者完全相关,$\gamma(I) = 0$ 表示两者不相关。由式(5.75)可见,当前后两符号完全相关时,预测误差为零,那么这个符号就不需要传送,对方完全可以根据 $x_{t-1}$ 来预测它。这样就提高了信息传递的效率。

到这里,我们从两个方面分析了信源的性质:概率分布的均匀性和符号之间的相关性,从而引出两类不同的信源处理方法:有效编码和消除相关。这两类信源处理方法的实质都在于减少信源符号序列中的冗余:通过有效编码来降低由于概率分布不均匀所引起的冗余;由于存在相关性而引起冗余则通过消除相关性(合非法、预测法等)来减少。在联合使用这两种方法时,应当注意先后的次序。一般说来,先用消除相关性的方法来减弱符号间的记忆,使符号独立化,在这个基础上,才能使用有效编码方法,因为后者的前提是假定符号之间相独立。关于提高信息传递效率的方法还有很多,读者可参阅相关文献。

## 5.3 信息传递的可靠性

本节将探讨信道传递信息的能力和与信道有关的一些基本问题。

由于信道中存在噪声,因而信道传递信息的能力必然会降低。噪声越严重,准确传递信息就会越困难;当噪声严重到一定程度,传递信息就成为不可能。通常,在有噪声存在的信道上传递信息,难免会发生差错。但是,在同样的噪声条件下,如果降低信息传递的速度,或者把每个信息重复传送若干次,就可能改善信息传递的可靠性,减少最终的差错。通常,信息传递的速度降低得越多,或者重复传递的次数越多,最终的差错率就越低。

这样,就产生了一种直观的推断:在有噪声的信道上,信息传递的质量指标(差错率低)和数量指标(速率高)之间是互相矛盾的;为了使传递的差错率足够低,传递的速率也必须足够低,或者重复传递的次数必须足够多。在极端情形下,为了保证信息传递的差错

率为零,很可能要求传递信息的速率也降到零,或者要求重复传递的次数无限多。显然,这都是极端的假设,现实的情况又是怎样的呢?

## 5.3.1 信道容量

所幸的是,上面这种直观的推断在理论上被证明是不够正确的。香农第二定理指出:即使信道上存在噪声,只要通过足够复杂的编码处理,仍然有可能使信息传递的速率达到或接近信道的最大可能通过能力——信道容量的数值,而传递的差错率则逼近于零。可见,只要采用适当的技术措施,我们仍可以在有噪声的信道上有效而可靠地传递信息。下面,我们就来考察一下在有噪声存在的信道中传递信息的问题。

对于一个平稳、离散、无记忆、有噪声的信道。由于存在噪声,信源 $X$ 的每个元 $x_n$ 都可能变为 $Y$ 的各个元 $y_1,\cdots,y_m,\cdots,y_M$。$X$ 与 $Y$ 的元之间的这种转换关系,完全由信道噪声的特性所决定,并且可以用一个转移概率矩阵来描述:

$$\{p(y_m|x_n)\}=\begin{pmatrix} p(y_1|x_1) & \cdots & p(y_m|x_1) & \cdots & p(y_M|x_1) \\ \vdots & & \vdots & & \vdots \\ p(y_1|x_n) & \cdots & p(y_m|x_n) & \cdots & p(y_M|x_n) \\ \vdots & & \vdots & & \vdots \\ p(y_1|x_N) & \cdots & p(y_m|x_N) & \cdots & p(y_M|x_N) \end{pmatrix} \tag{5.76}$$

若 $N=M$,式(5.76)的右边就成为一个方阵。显然,如果方阵对用线以外的元素全部为零,这个信道就成为无噪声信道或近似为无噪声的信道。转移概率矩阵是信道固有的一个统计特征。任意给定一个信道,都有相应的转移概率矩阵。这样,只要给定了 $\{P(x_n)\}$ 和 $\{p(y_m|x_n)\}$,也就规定了一种信息传递的具体关系。

它表示 $Y$ 中所包含的关于 $X$ 的信息量。由于对称性,它也表示 $X$ 中所包含的关于 $Y$ 的信息量。实际上,它就表示了信道所传递的信息量。

$$I(X;Y)=-\sum_{m=1}^{M}\Big[\sum_{n=1}^{N}p(x_n)p(y_m|x_n)\Big]\log\Big[\sum_{n=1}^{N}p(x_n)p(y_m|x_n)\Big]+$$
$$\sum_{n=1}^{N}\sum_{m=1}^{M}p(x_n)p(y_m|x_n)\log p(y_m|x_n) \tag{5.77}$$

可以看出,$I(X;Y)$ 与 $\{p(x_n)\}$、$\{p(y_m|x_n)\}$ 有关。如上所说,对于给定的信道,其转移概率 $\{p(y_m|x_n)\}$,也给定了。于是,$I(X;Y)$ 将随信源的概率分布 $\{p(x_n)\}$ 的改变而改变。

可以证明:$I(X;Y)$ 是 $\{p(x_n)\}$ 的上凸函数。于是,如果我们固定一个信道(因而也就固定了它的转移概率矩阵),并改变它的信源(因而也就是改变信源的概率分布)。那么,在所有可能的信源集合中,就必然存在某种信源的分布 $\{p(x_n)\}$,它能使互信息量 $I(X;Y)$ 达到极大值。我们把这个极大值称为该信道的通过能力或信道容量。显然,它是信道所固有的一个基本参数,用符号 $C$ 来表示,即

$$C=\max_{\{p(x_n)\}} I(X;Y) \tag{5.78}$$

我们来考察一个具体的例子。设接收端和发送端有 $M=N$,且

$$p(y_m|x_n)=\begin{cases} \dfrac{\varepsilon}{N-1} & n\neq m \\ 1-\varepsilon & n=m \end{cases} \tag{5.79}$$

于是，
$$I(X;Y) = H(Y) - H(Y \mid X)$$
$$= H(Y) + \sum_{n=1}^{N} p(x_n) \sum_{m=1}^{M} p(y_m \mid x_n) \log p(y_m \mid x_n)$$
$$= H(Y) + \sum_{n=1}^{N} p(x_n) \left[ \varepsilon \log \frac{\varepsilon}{N-1} + (1-\varepsilon) \log(1-\varepsilon) \right]$$
$$= H(Y) + \left[ \varepsilon \log \frac{\varepsilon}{N-1} + (1-\varepsilon) \log(1-\varepsilon) \right]$$
$$= H(Y) - H\left(1-\varepsilon, \frac{\varepsilon}{N-1}, \cdots, \frac{\varepsilon}{N-1}\right) \tag{5.80}$$

可见，要使 $I(X;Y)$ 最大，就应使 $H(Y)$ 最大。而 $H(Y)$ 的最大值必然发生在
$$p(y_m) = \frac{1}{M} = \frac{1}{N}, \quad m=1,\cdots,M \tag{5.81}$$

且 $H(Y)$ 的最大值为 $\log N$。把这个结果代入式(5.80)就得到它的信道容量 $C$：
$$C = \log N - H\left(1-\varepsilon, \frac{\varepsilon}{N-1}, \cdots, \frac{\varepsilon}{N-1}\right) \tag{5.82}$$

由式(5.81)又可得
$$p(y_m) = \frac{1}{N} = \sum_{n=1}^{N} p(x_n) p(y_m \mid x_n)$$
$$= (1-\varepsilon) p(x_m) + \sum_{n \neq m} p(x_n) \frac{\varepsilon}{N-1}$$
$$= (1-\varepsilon) p(x_m) + [1 - p(x_m)] \frac{\varepsilon}{N-1} \tag{5.83}$$

由式(5.83)解得
$$p(x_m) = \frac{1}{N}, \quad m=1,\cdots,M \tag{5.84}$$

可见，对于这类（所规定的离散的、对称的）信道，只有当输入的信源符号为等概率分布时，才能达到 $I(X;Y)$ 的极大值，即信道容量。这时信道容量的具体值如式(5.82)所示。这是关于离散对称信道容量的一个基本结果。

与离散信道相对应，我们很容易联想到连续信道。而最为典型的连续信道则是高斯连续信道。它的信道容量可以作如下分析。

设信源符号 $X$ 可在 $(-\infty,\infty)$ 上取任意实值，信道噪声是均值为零，方差为 $\sigma^2$ 的高斯变量（加性信道），信道的输出为
$$Y = X + n \tag{5.85}$$

对于特定的 $X$ 的值 $x$，随机变量 $Y$ 必为正态变量，其均值为 $x$，方差为 $\sigma^2$。故信道的转移概率密度为
$$p(y \mid x) = \frac{1}{\sqrt{2\pi\sigma^2}} \exp\left[-\frac{1}{2\sigma^2}(y-x)^2\right] \tag{5.86}$$

而

$$I(X;Y) = H(Y) + \int_{-\infty}^{\infty} p(x) \int_{-\infty}^{\infty} p(y \mid x) \log p(y \mid x) \mathrm{d}y \mathrm{d}x$$

$$= H(Y) - \int_{-\infty}^{\infty} p(x) \log \sqrt{2\pi e \sigma^2} \mathrm{d}x$$

$$= H(Y) - \log \sqrt{2\pi e \sigma^2} \tag{5.87}$$

其中，$p(x)$是$X$的概率密度。同前面相类似，$H(Y)$与$p(x)$有关。显然，只当$Y$是均值为零的正态变量时才有$H(Y)$为最大。而为了使$Y$的均值为零，只有要求$X$的均值也为零。设$X$是均值为零、方差为$P_x$的正态变量，那么由于$P_Y = P_X + \sigma^2$，故

$$C = \log \sqrt{2\pi e P_Y} - \log \sqrt{2\pi e \sigma^2} \tag{5.88}$$

$$= \frac{1}{2} \log \frac{P_Y}{\sigma^2} \tag{5.89}$$

$$= \frac{1}{2} \log \left(1 + \frac{P_X}{\sigma^2}\right) (\text{比特}/\text{符号}) \tag{5.90}$$

若信源输入为频带等于$W$、持续期等于$T$的白高斯信号，那么单位时间所传送的符号数为$2WT$，又若把$\sigma^2$记为$N$，则单位时间的信道容量为

$$C' = WT \log \left(1 + \frac{P_X}{N}\right) = WT \log \frac{P_Y}{N} (\text{比特}/\text{秒}) \tag{5.91}$$

这就是大家所熟知的限频限时高斯连续信道的容量公式。这一公式显示出，频带、时间和信号噪声功率比三者之间是可以互相转换的。这一性质在工程实际中有着十分重要的意义。在功率受限的情况（如卫星通信）下，可以用频带和时间来换取功率，在频带受限的场合，又可以用功率和时间来换取频带。这就是本节一开始提到的"通过降低传输速率或重复传送（即增加时间）来减少传递差错（换取信号噪声比）"的理论依据。

### 5.3.2 编码定理

现在，就来介绍一个超乎直观想象的惊人结果——香农第二编码定理。这里只考虑无记忆、平稳、离散信道的情况。设信源输出的符号有$M$种可能的取值，即对这$M$种可能的符号进行编码，用$M$个码字$X_1,\cdots,X_M$来分别表示$x_1,\cdots,x_M$。设经过信道编码处理的每个信道输入序列$X$含有$K$个码元，其中每个码元都是$X_1,\cdots,X_M$中的一种。由于噪声干扰，信道的输出序列变为$Y$，当然$Y$也包含有$K$个受干扰的码字。干扰特性可以用转移概率$p(Y|X_m)$描述。收到$Y$后，接收端进行译码，即由$Y$判断发送的是哪一个$X_m$。若判断出来的$X_m$与实际发出的不同，则发生差错。给定判断准则后，就可以计算出发生差错的概率（即差错率）。

一般说来，判断规则是将收到的$Y$的空间$S$划分为$M$个子空间$S_1,\cdots,S_M$分别对应于$M$个信源码字$X_1,\cdots,X_M$；如果收到的$Y$落入$S_m$，就判断原发的码字是$X_m$。那么，应当怎样来划分空间$S$才能得到最小的差错率呢？一种显然的划分规则是

$$S_m = \{Y \mid p(Y|X_m) \geqslant \max_{n \neq m} p(Y|X_n)\} \tag{5.92}$$

这种规则称为最大似然法则。按这一法则来划分和判别时，所发生的差错率为

$$p_e = \sum_{m=1}^{M} p(X_m) \sum_{Y \in S_m} p(Y \mid X_m) \tag{5.93}$$

$$= \frac{1}{M} \sum_{m=1}^{M} \sum_{Y \in S_m} p(Y \mid X_m) \tag{5.94}$$

其中,假定了 $M$ 个信源符号(因而 $M$ 个码字)是等概率的。

可以证明,差错率平均值的上界为

$$\bar{p}_e \leqslant \exp\{-K[E(\rho,p) - \rho R]\} \tag{5.95}$$

其中,

$$R = \frac{1}{K} \log M \tag{5.96}$$

$$E(\rho,p) = -\log \sum_Y \left[ \sum_X p(X) p(Y \mid X)^{\frac{1}{1+\rho}} \right]^{1+\rho} \tag{5.97}$$

$$0 < \rho \leqslant 1 \tag{5.98}$$

若令 $p = p^*$ 时 $I(p^*)$ 具有最大值 $C$,则也可以定义

$$E(R) = \max_{\rho} [E(\rho, p^*) - \rho R] = E(\rho^*, p^*) - \rho^* R \tag{5.99}$$

其中,$\rho^*$ 与 $R$ 有关($R < C$)。于是由式(5.95)有

$$\bar{p}_e \leqslant \exp[-KE(R)] \tag{5.100}$$

由式(5.97)至式(5.99)可以看出,当 $R < C$ 时,存在 $\rho^*$ 使 $E(R)$ 最大且大于零。这样,当 $K$ 足够大时,由式(5.100)知,$\bar{p}_e$ 可以小于任意小的正数,即当

$$K \geqslant -\frac{\log \varepsilon}{E(R)} \tag{5.101}$$

时,必有

$$\bar{p}_e \leqslant \exp[-kE(R)] < \varepsilon \tag{5.102}$$

此外,$E(R)$ 越大,为了达到同样的 $\varepsilon$ 所需要的 $K$ 越小;反之,$E(R)$ 越小,为了达到同样的 $\varepsilon$ 所需的 $K$ 越大。因此,我们把 $E(R)$ 称为可靠性函数,它表征了差错率接近于零的速度。另外,从上述诸式还可以看出,$R$ 越小(当然小于 $C$),$E(R)$ 就越大。从极限的情况来说,只要 $R < C$,就可以保证 $E(R) > 0$,在这个条件下,只要 $K$ 足够大,总可以使 $p_e$ 任意接近于零。

类似地,差错率的下界为

$$p_e \geqslant 1 - \exp[-KE'(R)] \tag{5.103}$$

其中,$E'(R)$ 具有与 $E(R)$ 类似的性质,且若有 $R > C$,则必有 $E'(R) > 0$。在这种情况下,当 $K \to \infty$ 时,必有 $p_e \to 1$。

综上所述,可以得到如下结论:若信道是离散、无记忆、平稳型,且其容量为 $C$,那么只要传输的信息率 $R < C$,就总可以找到一种编码的方法,使在输入序列长度 $K$ 足够大时,译码的差错率任意接近于零;反之,当 $R > C$ 时,则不管采用怎样的编码方法,它的差错率 $p_e$ 也必然大于零,而且随着 $K \to \infty$,必有 $p_e \to 1$。

这个结论就是香农第二编码定理。这个定理揭示了有噪声信道传递信息的一个重要的界限:信息传递速率 $R$ 可以任意接近于信道容量 $C$,即 $R = C - \delta$,$\delta$ 是任意小的正数,在这个前提下,通过足够复杂的编码处理(表现为 $K$ 足够大),就可能使译码的差错率 $p_e$ 任意接近于零。这是一个非常吸引人的结果。但是,一旦 $R > C$,即有 $R = C + \delta$,则上述结果就不再可能实现,而且,在后一条件下,码的长度 $K$ 越长,差错率反而越高。

有噪声信道信息传递的这种界限具有很重要的指导意义。一方面，它告诉我们什么是通过努力可以做到的事情，什么是怎么努力也不可能做到的事情。另一方面，这个结果可以用来评价一个实际信息传递系统质量的优劣：看看它的信息传输速率在什么程度上接近于信道容量，看看它的译码差错率在什么程度上接近于零，还有多大的技术潜力，等等。

虽然在极限情况下，理论上存在 $R$ 无限接近于 $C$ 和 $p_e$ 无限逼近于零的可能性，但是在实际上，这只是一个可望而不可即的极限，只能作为一种界限而存在。其根本的原因是不可能采用无限复杂、无限延时、无限长的编码方法。因此，从实际条件出发，恒有

$$R = I(X;Y) < C \tag{5.104}$$

然而，式(5.104)并不意味着对于给定的信道特性 $\{p(y_m|x_n)\}$，不必通过任何措施就能绝对可靠地传递 $R=I(X;Y)$ 的信息量。实际的情况总是：$R<C$ 且 $p_e>0$。那么，很自然会想到一个问题：在给定 $R<C$ 的前提下，怎样才能使 $p_e \to 0$ 呢？这实际上就是差错控制或纠错编码问题。

在有噪声存在的信道上，有

$$R = I(X;Y) = H(X) - H(X|Y) = H(Y) - H(Y|X) \tag{5.105}$$

这是信道所传递的信息量，其中 $H(Y|X)$ 或 $H(X|Y)$ 分别称为信道的散布度和疑义度。后面这两个量反映了信道噪声对信息传递的不利影响。正是由于这种影响，信道不可能准确地把信源的全部信息量 $I(P, P_S^*; R) = H(X)$ 传递过去。

那么，所谓纠错编码，无非就是要通过传递一定的"冗余"码元来克服或减轻噪声的这种影响。这里所说的"冗余"码元是相对于要传递的信息（不妨称为主信息）来说的。相对于主信息来说，它是一种"冗余"；然而对于"指示信道噪声影响的状态及其变化方式"而言，它们却是极宝贵的信息。我们把它称为传递的可靠性信息或抗扰性信息。我们在信道上传递主信息的同时，也传送适量的可靠性信息。在译码的时候，就可以利用可靠性信息来纠正传递过程中主信息出现的差错。

问题是需要传递多少可靠性信息才能满足可靠传输主信息的要求呢？

一个自然的答案是：所传递的可靠性信息量应当足以抵消或消除由于噪声存在而引起的不定性数量。因此，量 $H(X|Y)$ 便是可靠性信息量的下界。若以 $I_r$ 来代表可靠性（需要传递的）信息量，那么就必须满足关系

$$I_r \geqslant H(X|Y) \tag{5.106}$$

显然，要消除噪声所引起的不定性，就要把噪声的状态及其变化方式描述出来。具体的描述方法就是编码，根据噪声的状态及其变化方式（即概率分布）来确定码的字长和编码的方案。

根据第一编码定理，为了描述 $I_r \geqslant H(X|Y)$ 这么大的信息量，需要的码字平均长度也应当满足下述条件：

$$H(X|Y) \leqslant \bar{l}_r < H(X|Y) + 1 \tag{5.107}$$

这就是可靠性信息的编码码字平均长度，也就是纠错编码的码字平均长度。所以，码字长度是由噪声情况决定的。

应当承认，可靠性信息编码通常需采用等长码，不然就会使它与信息码字之间的关系

过分复杂化。而采用等长码后,式(5.107)的右边不等式关系不一定能够成立。于是,原则上只能考虑 $\bar{l}_r$ 的下界

$$\bar{l}_r \geqslant H(X|Y) \tag{5.108}$$

当然,如果并不希望纠正全部差错,不希望消除噪声引起的全部不定性,那么 $\bar{l}_r$ 的数值可以小于式(5.108)所确定的数值。

一般地,我们可以把式(5.106)和式(5.108)分别称为必要可靠性信息量和必要可靠性编码码字平均长度。沿着这个思路,我们还可以进一步探讨可靠性编码码字平均长度与纠错编码理论中汉明(Hamming)距离之间的关系、可靠性信息码与主信息码之间的构造关系等问题。不过,我们将把这些问题留待以后去研究。有兴趣的读者也可以在这些方面进行自己的探索。

现在,我们来研究与 $I(X;Y)$ 有关的另一方面的问题。

上面的分析已经看到,$I(X;Y)$ 与信源的统计特性 $P(X)$〔或记为$\{p(x)\}$〕以及信道的统计特性 $P(Y|X)$〔或记为$\{p(y|x)\}$〕有关。当给定信道以后,它的统计特性 $P(Y|X)$ 也就给定了,于是 $I(X;Y)$ 将随 $P(X)$ 而改变。前曾述及,$I(X;Y)$ 是信源分布 $P(X)$ 的上凸函数。因此,在所有可能的 $P(X)$ 中必有一个分布形式使 $I(X;Y)$ 达到最大值。这就是刚刚讨论过的信道容量,它表征了信道自身所固有的通过能力。

现在,反过来,如果给定的条件不是信道特性 $P(Y|X)$,而是信源特性 $P(X)$,情形又将如何呢?可以证明,这时 $I(X;Y)$ 是 $P(Y|X)$ 的泛函,而且是它的下凸函数。因此,对于给定的信源 $P(X)$,在所有可能的 $P(Y|X)$ 中,必然存在一个 $P(Y|X)$ 使 $I(X;Y)$ 达到最小值。很容易看出,若有 $P(Y|X)=P(Y)$,即 $X$ 与 $Y$ 独立,则必有 $I(X;Y)=0$,这就是它的最小值。可是,如果我们不是在所有可能的 $P(Y|X)$ 中来考虑问题,而是在某个有限制的 $P(Y|X)$ 内来考虑问题,情形就会不一样。比如,我们来考虑这样一种限制:能够产生有限平均失真(即平均失真不超过限定值)的那些信道。

所谓信道产生的失真 $d(x_n,y_n)$ 是指:当信道输入为 $x_n$ 时,输出得到的是 $y_m$,这时所造成的差异、失真或损失,一般可以表示为

$$d(x_n,y_m) = \begin{cases} 0, & x_n = y_m \\ a > 0, & x_n \neq y_m \end{cases}$$

而平均失真为

$$\bar{d} = \sum_{n=1}^{N}\sum_{m=1}^{M} p(x_n)p(y_m|x_n)d(x_n,y_m) \tag{5.109}$$

显然,如果我们要求平均失真 $\bar{d}$ 小于某个给定值 $D$,即要求

$$\sum_{n=1}^{N}\sum_{m=1}^{M} p(x_n)p(y_m|x_n)d(x_n,y_m) \tag{5.110}$$

这就意味着对 $P(Y|X)$ 施加了相应的限制:并非所有的 $P(Y|X)$ 都能满足条件(5.110)。如果把满足条件(5.110)的那些 $P(Y|X)$ 记为 $P_D$,在集合 $P_D$ 中寻求一个 $P(Y|X)$ 使 $I(X;Y)$ 极小,把这个极小值称为在 $\bar{d} \leqslant D$ 的条件下所必须传送的信息速率,并记为 $R(D)$,即

$$R(D) = \min_{P(Y|X) \in P_D} I(X;Y) \tag{5.111}$$

称 $R(D)$ 为信息率-失真函数。它表示信息率与失真量的关系。由定义式(5.111)可以看出，在集合中，任意一个 $I(X;Y)$ 值(大于 $R(D)$ 的值)所对应的平均失真都小于或等于 $D$；而 $R(D)$ 则是满足条件 $\bar{d} \leqslant D$ 的最小可能 $I(X;Y)$ 值。换言之，在 $P_D$ 集合内，只要 $I(X;Y) \geqslant R(D)$，就可以达到 $\bar{d} \leqslant D$；但是如果 $I(X;Y) < R(D)$，就意味着 $P(Y|X)$ 不在集合 $P_D$ 之内，因而不能满足条件 $\bar{d} \leqslant D$。

于是，如果给定信源 $P(X)$ 和译码的失真允许值 $D$，就存在一个 $P(Y|X)$ 的集合 $P_D$，在这个集合 $P_D$ 中能够找到一个信道 $P(Y|X)$，使 $I(X;Y)$ 的值最小，且为 $R(D)$。如果实际传递的信息率比 $R(D)$ 小，势必会使平均失真超过允许值 $D$。因此，在进行压缩信源这类处理时，$R(D)$ 就成为一个界限：不应使实际的信息率低于 $R(D)$。显然，允许的 $D$ 值越大，$R(D)$ 的值就可以越小。

我们来看一个具体例子。设信源符号有 $2N$ 种：$x_1, \cdots, x_{2N}$，且各符号的概率相等：$p(x_n) = 1/2N, n=1, \cdots, 2N$。失真函数定义为

$$d(x_n, x_m) = \begin{cases} 0, & n=m \\ 1, & n \neq m \end{cases}$$

要求 $D=1/2$，试求最小的 $I(X;Y)$ 是多少？

如果要求 $D=0$ 那么，每个符号就需要 $\log 2N$ 的信息率。现在要求 $D=1/2$，显然可以允许有一半符号发生差错。因此可以设想：对于前 $N$ 个符号 $x_1, \cdots, x_N$ 照原样传送，而对 $x_{N+1}, \cdots, x_{2N}$ 这 $N$ 个符号都用 $X_N$ 来代表，将有

$$p(x_1) = \cdots = p(x_{N-1}) = \frac{1}{2N}$$

$$p(x_N) = 1 - \frac{N-1}{2N} = \frac{N+1}{2N}$$

所以，传送这 $N$ 种符号的熵为

$$R = H\left(\frac{1}{2N}, \cdots, \frac{1}{2N}, \frac{N+1}{2N}\right) = \frac{N-1}{2N}\log 2N + \frac{N+1}{2N}\log \frac{2N}{N+1}$$

$$= \log 2N - \frac{N+1}{2N}\log(N+1) < \log 2N$$

可见，由 $D=0$ 变为 $D=1/2$，使 $R$ 由 $\log 2N$ 变为 $\log 2N - \frac{N+1}{2N}\log(N+1)$，确实压缩了需要传递的信息量。

由此引出离散无记忆信源的限失真编码定理，也就是习惯上所说的香农第三编码定理，它的内容可以表述如下：若有离散无记忆平稳信源，其信息率-失真函数为 $R(D)$，那么只要满足信息率 $R > R(D)$ 这一条件，当信源序列长度 $K$ 足够大时，就一定存在一种编码方法，使其译码失真小于或等于 $D+\varepsilon$，其中 $\varepsilon$ 为任意小的正数；反之，若 $R < R(D)$，则无论什么样的编码方法，都不可能使译码的失真小于或等于 $D+\varepsilon$。由于篇幅所限，这里就不给出限失真编码定理的证明。

对于连续平稳无记忆信源，显然不可能进行无失真的编码，只能进行限失真的编码。这种情况下的编码定理与离散情况的编码定理相似。至于有记忆信源的情况，限失真编

码定理要复杂得多,这里就不作介绍了。

### 5.3.3 受扰信息的复原

我们已经看到,通过对 $H(X)$ 的分析导出了信息传递原理中的无失真信源的有效性原理(即第一编码定理),通过对 $I(X;Y)$ 的分析建立了信息传递原理中的限失真信源的有效性原理(即第三编码定理)和有噪声信道的可靠性原理(即第二编码定理),并通过对 $H(X|Y)$ 的分析得到了纠错编码码字长度的一个下界。这些都是信息传递原理中的核小理论。现在,我们进一步来分析信息传递过程中有关在接收端重建信息方面的问题。

图 5.6 是前文已经提到过的信息传递过程。

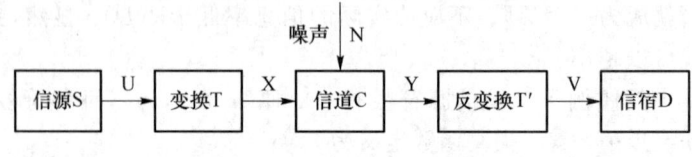

图 5.6 信息传递过程

由于通常都假定变换是一一映射关系,不丢失信源产生的信息,所以一般就用 $H(X)$ 来代替 $H(U)$;即使变换过程中发生了信息损失,一般也认为这种损失是允许的,无妨大局(这种损失有时甚至是必要的,例如,为了提高信息传递的效率而有意地丢弃一些次要的信息,等等)。因此,无论情形怎样,用 $H(X)$ 来代替 $H(U)$、用对 $H(X)$ 的分析来代替对 $H(U)$ 的分析都是可以接受的。但是,在接收方面反变换的情形却有所不同。由于信道的输出 $Y$ 包含了噪声 $N$ 的附加作用,反变换不能也不应当在 $Y$ 与 $V$ 之间建立一一映射的关系。换句话说,它不能也不应当是变换 $T$ 的简单的求逆过程。相反,它应当明确区分并具有决策能力,能够正确(至少是尽可能正确)地区分信号(携带有用信息)和噪声的影响,把有用的信息从混杂噪声的信号中提取出来。这显然不是一一映射所能胜任的事情。我们具体地考察一下反变换的情况。在它的输入端,作用了信号 $X$ 与噪声 $N$ 的复合结果 $Y$,一般可以表示为

$$Y = f(X, N) \tag{5.112}$$

如果信道噪声的影响具有可加的性质,则上式中的函数关系 $f$ 就具体化为相加的关系,即

$$Y = X + N \tag{5.113}$$

反变换的任务,就是要在每个信号元的持续期(如 $T$ 秒)内,对 $Y$ 的这个信号元进行观察和分析,在这个基础上给出一个 $V$ 的解答,使 $V$ 尽可能与 $X$(因而也就与 $U$)相一致。显然,要完成这个任务,实现 $Y$ 空间到 $V$ 空间的恰如其分的转换,反变换器就要有一个正确的判别规则,即反变换器的决策规则 $D(V|Y)$。

用信号空间的概念来说,建立决策规则的问题实质上就是如何把信号空间 $Y$ 划分为子空间的问题,如图 5.7 所示。图中示出了一个 $Y$ 信号的空间表述;如果能够找到一种方法,将整个 $Y$ 空间分割为 $K$ 个互不重叠的子空间,并使每个子空间分别与 $X$(因而也与 $U$)的相应符号相对应,那么当实际的 $Y$ 信号落入某个子空间(如 $k$),就可以把 $Y$ 指定为

$v_k, k \in (1, K)$。

于是,问题就在于怎样建立一个恰当的 $Y$ 空间的分割,或者说,怎样才能建立这 $K$ 个子空间之间的正确的边界,使反变换器能够在各种复杂的情形下做出尽可能满意的决策结果。这就是寻求最佳决策规则 $D(V|Y)$ 的问题。

解决这一问题的困难还在于这样一个重要的事实:信息和噪声都具有随机的性质,$Y$ 信号是一个随机信号,因此,信号 $Y$

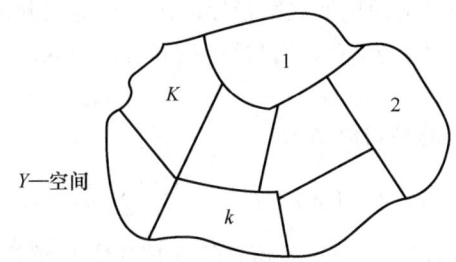

图 5.7 信息决策空间

在信号空间中将以随机的方式出现在那些可能的信号子空间中。这样就使决策的问题变得更加复杂了,并常常导致决策发生差错。例如,假设我们共有 $K$ 个信息元.于是可以建立如图 5.7 所示的决策空间。本来,第 $k$ 个信息元所对应的信号 $Y=y_k$ 应当落入第 $k$ 个子空间范围内。但是,由于噪声的干扰,$y_k$ 很可能落入第 $l(l \ne k)$ 个子空间区域内,结果人们就会把它错误地判决为 $v_l$:信源发出的是 $v_k$(变换为 $v_k$),而信宿(观察者)理解的却是 $v_l$。

造成这种决策差错的根源是信道噪声的影响,而这种噪声的存在又是不可改变的现实。所以,人们不可能期望建立一种理想的决策规则,不可能期望实现百分之百正确的决策,差错总是在所难免的。人们应当争取的是能够使总体平均上的差错率尽可能小的决策规则。

这样人们很自然就会想到,可以利用条件概率 $p(y_k|v_l)$ 作为一种决策的依据(即所谓判据或准则),因为 $p(y_k|v_l)$ 越大,这个 $y_k$ 转化为 $v_l$ 的可能性就越大,把 $y_k$ 判决为 $v_l$ 所造成的差错的机会也就找小。

例如,对于一种最简单的信息传递形式:$x$ 只取 $x_1=1$ 和 $x_2=0$ 这两个可能的状态,在反变换器的输入端就会有两种可能的情况:

$$y_1 = x_1 + n = 1 + n \tag{5.114}$$

和

$$y_2 = x_2 + n = n \tag{5.115}$$

其中,$n$ 表示噪声。假设在反变换器输出端得到的结果为 $v_l$,而且能够计算出条件概率 $p(y_1|v_l)$ 和 $p(y_2|v_l)$,那么就可以建立这样的决策规则 $D(V|Y)$:若 $p(y_1|v_l) \geqslant p(y_2|v_l)$,则把 $y_1$ 判为 $v_l$;反之,则把 $y_2$ 判为 $v_l$;$l=1,2$。其中,$p(y|v)$ 是在 $v$ 出现的条件下发生 $y$ 的概率,称为后验概率。于是这种决策规则就称为后验概率决策规则。

在实际考虑问题的时候,人们不仅要研究按照某种决策规则进行决策时所造成的差错率的大小,更要研究各种可能的决策差错所造成的损失或所必须付出的代价。因为,倘若发生决策差错并不引起任何损失,不需要付出代价,那么,这种差错的概率是大是小就无所谓了。所以,重要的问题不在于决策差错率本身,而在于这种差错所招致的损失。人们追求的应当是由决策差错所造成的平均损失最小的决策规则。这种决策规则通常称为最佳决策规则。

既然我们现在研究的问题是信息的传递,那么在这种场合,我们最关心的损失,自然就是由某种决策规则指导的决策行为引起的信息量的损失。这样,与上述决策规则中的条件概率 $p(y|v)$ 相联系,我们可以引入

$$l_{kl} = -\log p(y_k|v_l) \tag{5.116}$$

而 $l_{kl}$ 的平均值则为

$$H(Y|V) = -\sum_{k=1}^{K}\sum_{l=1}^{L} p(y_k,v_l)\log p(y_k|v_l) = \sum_{k,l} p(y_k,v_l)l_{kl} \tag{5.117}$$

注意,$H(Y|V)$ 正是信息传递理论中的疑义度公式,它表示观察者在收到 $V$ 以后对"$Y$ 究竟取何值"这一问题所仍具有的平均不肯定程度。这种平均不定度反映了决策过程中所发生的信息量的平均损失。

显然,我们希望式(5.117)所表示的平均损失的信息量越小越好。于是,我们就可以建立一种新的以平均信息量损失最小为准则的决策规则:

$$\left.\begin{array}{l} 若有 \sum_{k,l} p(y_k,v_l)l_{kl} \leqslant \sum_{k,l} p(y_k,v_l)l_k,则把 y_k 判为 v_l \\ 否则,就把 y_k 判为 v'_l; l, l' \in (1,L), k \in (1,K) \end{array}\right\} \tag{5.118}$$

显而易见,如果存在一种关系 $\{k, l^*\}$,使

$$\sum_{k,l^*} p(y_k,v_{l^*})l_{kl^*} = \min_{\{k,l\}}\left\{\sum_{k,l} p(y_k,v_l)l_{kl}\right\} \tag{5.119}$$

那么,$k \to l^*$ 就是最佳映射,即

$$y_k \to v_{l^*}; \quad k \in (1,K), \quad l^* \in (1,L) \tag{5.120}$$

就是以平均信息量损失最小为准则的最佳决策规则。

至此,我们在分析 $H(Y|V)$ 性质的基础上,建立了一种最佳的反变换器原理——以平均信息量损失最小为准则的最佳决策规则。这种规则所引起的平均信息量损失由式(5.119)所确定,可以把它简记为

$$\lambda^* = H(Y|V^*) = \sum_{kl^*} p(y_k,v_{l^*}) \tag{5.121}$$

$$= -\sum_{kl^*} p(y_k,v_{l^*})\log p(y_k|v_{l^*}) \geqslant 0 \tag{5.122}$$

只有当噪声的平均功率远远小于信号的平均功率时,等号才能成立;在大多数场合,决策都会引起信息量的损失。

现在,我们把已经得到的信息决策规则作一些适当的推广。也就是说,把式(5.116)定义的 $l_{kl}$ 推广到其他场合,把它作为一般的损失函数来看待。这样,我们就重新把

$$\lambda = \sum_{k,l} p(y_k,v_l)l_{kl} \tag{5.123}$$

称为平均损失(不一定是指信息量的损失,可以是任何意义上的损失,其含义将随 $l_{kl}$ 的具体定义方式而变)。

考虑简单的二元信息传递的情形,这时,$k \in (1,2)$ 且 $l \in (1,2)$;于是

$$\lambda_1 = p(y_1,v_1)l_{11} + p(y_1,v_2)l_{21} - [p(y_1,v_1)|l_{11}| + p(y_2,v_2)|l_{22}|] \tag{5.124}$$

在一般性的损失意义下,$l_{kl}$ 是指由于把 $y_k$ 判定为 $v_l$ 所引起的某种损失。如果我们规定:把 $y_1$ 判定为 $v_1$ 以及把 $y_2$ 判定为 $v_2$ 是正确的决策,而把 $y_1$ 判定为 $v_2$ 及把 $y_2$ 判定

为 $v_1$ 是错误的决策,那么 $l_{12}$ 和 $l_{21}$ 就代表错误判决所引起的损失,而 $l_{11}$ 和 $l_{22}$ 则是正确判决所引起的后果。如果损失定义为正,则正确决策的后果应当为负值(损失的反面)。这样,式(5.124)的平均损失就可以表为

$$\lambda_1 = p(y_1,v_2)l_{12} + p(y_2,v_1)l_{21} - [p(y_1,v_1)|l_{11}| + p(y_2,v_2)|l_{22}|] \quad (5.125)$$

其中,符号$|\cdot|$表示绝对值。在这种情况下,平均损失 $\lambda_1$ 可能为正、为负或为零,视具体的 $l_{kl}$ 的定义方法而定。我们把以

$$\lambda_1^* = \min \lambda_1 \quad (5.126)$$

为准则的决策规则称为 Bayes 决策规则。

在另外一些场合,常常规定 $l_{11} = l_{22} = 0$,即认为正确的决策不引起损失,但也不考虑它所导致的得益。这样,式(5.125)就化为

$$\lambda_2 = p(y_1,v_2)l_{12} + p(y_2,v_1)l_{21} = p(y_1)p(v_2|y_1)l_{12} + p(y_2)p(v_1|y_2)l_{21} \quad (5.127)$$

我们把这种特殊的平均损失 $\lambda_2$ 称为平均风险,而把以

$$\lambda_2^* = \min \lambda_2 \quad (5.128)$$

为准则的决策规则称为最小平均风险准则。

此外,如果为了方便,规定 $l_{12} = l_{21} = 1$,即把决策差错引起的损失对称化,那么式(5.128)又进一步化为

$$\lambda_3 = p(y_1)p(v_2|y_1) + p(y_2)p(v_1|y_2) \quad (5.129)$$

这样,$\lambda_3$ 就成为总的差错概率,也叫全差错概率。用信号检测理论的术语来说,如果下标 1 表示"有目标",下标 2 表示"无目标",那么,$p(v_2|y_1)$ 就是漏警概率,$p(v_1|y_2)$ 则是虚警概率,$p(y_1),p(y_2)$ 分别是 $y_1$ 和 $y_2$ 的先验概率。于是,以

$$\lambda_3^* = \min \lambda_3 \quad (5.130)$$

为准则的决策规则就称为理想观察者决策规则。

当然,在某些场合往往不知道先验概率 $p(y_1),p(y_2)$,有时就可以用一对加权系数 $c$ 和 $d$ 来代替它们。这时,式(5.129)就成为

$$\lambda_4 = cp(v_2|y_1) + dp(v_1|y_2) \quad (5.131)$$

其中的加权系数 $c$ 和 $d$ 满足一般权系数条件,即

$$0 \leqslant c \leqslant 1, \quad 0 \leqslant d \leqslant 1, \quad c+d=1 \quad (5.132)$$

式(5.131)的 $\lambda_4$ 称为加权差错概率,而以

$$\lambda_4^* = \min \lambda_4 \quad (5.133)$$

为准则的决策规则就称为加权差错概率决策规则。

如果 $l_{12} \geqslant l_{21}$,即虚警引起的损失远比漏警引起的损失严重,那么可以选取一个可以接受的正常数 $\varepsilon \leqslant 1$,按如下规则来决策:

$$令 \ p(v_1|y_2) = \varepsilon, \quad 使 \quad p(v_2|y_1) = \min \quad (5.134)$$

这就是著名的 Neyman-Pearson 决策规则。

除此之外,在式(5.123)中,若令

$$l_{kl} = p(v_l|y_k) \quad (5.135)$$

则有

$$\lambda_5 = \sum_{k,l} p(y_k, v_l) p(v_l \mid y_k) \tag{5.136}$$

其中,$p(v_l|y_k)$是给定 $y_k$ 条件下 $v_l$ 的概率,称为似然概率或似然度,$\lambda_5$ 成为平均似然度。以

$$\lambda_5^* = \max \lambda_5 \tag{5.137}$$

为准则的决策规则称为最大平均似然度决策规则。

同样,若令

$$l_{kl} = p(y_k|v_l) \tag{5.138}$$

则有

$$\lambda_6 = \sum_{k,l} p(y_k, v_l) p(y_k \mid v_l) \tag{5.139}$$

其中,$p(y_k|v_l)$是给定 $v_l$ 条件下 $y_k$ 的概率,也称为反概率,$\lambda_6$ 就是平均反概率。以

$$\lambda_6^* = \max \lambda_6 \tag{5.140}$$

为准则的决策规则称为最大平均反概率决策规则。

如果考虑模拟信号的情况,式(5.123)相应地成为

$$\lambda = \int_Y \int_V p(y,v) l(y,v) \mathrm{d}v \mathrm{d}y \tag{5.141}$$

我们仍然称它为平均损失,其中 $l(y,v)$ 是把 $y$ 判定为 $v$ 的损失。若令

$$l(y,v) = |y-v| \tag{5.142}$$

则

$$\lambda_7 = \int_Y \int_V p(y,v) \mathrm{d}v \mathrm{d}y \tag{5.143}$$

我们称它为平均绝对误差,以

$$\lambda_7^* = \min \lambda_7 \tag{5.144}$$

为准则的决策规则为最小平均绝对误差决策规则。若令

$$l(y,v) = (y-v)^2 \tag{5.145}$$

则

$$\lambda_8 = \int_Y \int_V (y-v)^2 p(y,v) \mathrm{d}v \mathrm{d}y \tag{5.146}$$

表示 $y$ 与 $v$ 之间的均方误差,以

$$\lambda_8^* = \min \lambda_8 \tag{5.147}$$

为准则的决策规则称为最小均方误差决策规则。

由式(5.146)有

$$\int_Y \int_V (y^2 + v^2 - 2yv) p(y,v) \mathrm{d}v \mathrm{d}y$$
$$= \int_Y y^2 p(y) \mathrm{d}y + \int_V v^2 p(v) \mathrm{d}v - \int_Y \int_V 2yv p(y,v) \mathrm{d}v \mathrm{d}y$$
$$= E_y + E_v - 2 \int_Y \int_V yv p(y,v) \mathrm{d}v \mathrm{d}y \tag{5.148}$$

其中,$E_y$ 和 $E_v$ 分别是 $y$ 和 $v$ 的平均功率,可以认为是常数。最后一项是 $y$ 和 $v$ 的互相关

函数。

如果噪声是高斯型噪声,可以证明

$$\int_Y \int_V yvp(y,v)\mathrm{d}v\mathrm{d}y = \frac{1}{T}\int_r y(t)v(t)\mathrm{d}t \tag{5.149}$$

于是

$$\min \lambda_8 \approx \max\left[\int_r y(t)v(t)\mathrm{d}t\right] \tag{5.150}$$

式(5.150)右边称为最大互相关函数,以最大互相关函数为基础的决策规则称为最大互相关决策规则,式中 $T$ 是信号元的持续时间。

这些就是现代最佳接收理论或最佳信息检测理论的一些基本决策准则和决策规则。当然,人们还可以提出更多的准则和规则。由于篇幅所限,不逐一介绍,有兴趣的读者可以参考相关文献。

# 第6章 知识生成原理:认知论

知识生成的核心问题是探索各种有效的机制对信息进行有效提炼的过程,包括"去粗取精,去伪存真,由表及里,由此及彼",从而从大量原始繁杂的信息现象中抽象出具有普遍意义的科学本质,成为可供人们使用的知识。知识生成的过程就是"认知"的过程,反过来,认知的过程就是知识生成的过程。生成知识既是认知的目的,也是认知成功的标志。

回顾1956年在美国达特茅斯(Dartmouth)召开的人工智能大会的情景。当时的会议发起者凭直觉认识到人工智能理论离不开信息理论的支持。于是,约翰·麦卡锡(John McCarthy)首先邀请信息论的创始人克劳德·香农(Claude E. Shannon)参与会议筹备。此后两年,曾有不少人工智能的重要论文陆续发表于信息论研究的顶级杂志《IEEE信息理论会刊》。但很快人工智能的论文便与这份信息论杂志渐行渐远。其原因很简单:科学家们认识到香农信息论不能为人工智能的研究提供实质性的帮助;人工智能和信息论的学术论文之间也鲜有直接的联系。更进一步,我们发现,不仅香农信息论不能为人工智能的研究提供实质性的帮助,即使是全信息理论也难以为人工智能的研究提供直接的支持。事实上,在信息理论与智能理论之间必须通过认知理论构筑知识理论的桥梁!这是一个非常重要的发现。

香农信息论和人工智能理论分别在20世纪40年代和50年代问世,而知识理论却意外地被人忽视,几乎成为一个空白的学术领域。信息论和智能理论各自独立发展,几乎没有什么联系。这种状况在信息论和人工智能理论发展的初期似乎并没有造成明显的问题。但是,随着研究的不断深入,知识理论的空白逐渐成为制约因素,使信息论和智能理论的发展受到严重影响。研究和建立系统的知识理论已经变得迫在眉睫。

本章关于知识生成(认知)原理及下一章关于知识激活原理的研究,不仅可以加深人们对于知识本质的理解,逐步构筑起知识理论的体系,而且有助于沟通信息论与智能理论之间的联系,形成信息、知识、智能的统一理论,为研究智能理论提供坚实的理论基础。

因此,本章将在6.1节论述知识的基本问题,给出知识的概念、定义、分类、表示方法以及度量方法等;然后在6.2节阐明由信息生成知识(认知)的基本原理。

## 6.1 知识的概念、分类和表示

知识理论最早在哲学领域中定义。哲学中知识被定义为"被确证的真实信仰",相应的知识理论被称为"知识论或认识论(Epistemology)"。知识论则是探讨知识的本质、起源和范围的哲学分支[79]。

在自然科学领域,知识理论的问题则首先被人工智能研究者所关注。20世纪70年代以来,人工智能的研究目标由初期的通用问题求解转变到面向专门领域的问题求解,构建所谓的"专家系统",使研究目标逐渐从纯粹理论研究走向实用化。由于构建人工智能专家系统需要相关专门领域的知识作为基础,爱德华·费根鲍姆(Edward Feigenbaum)等人提出了"知识工程"[6,11,25,47]的研究课题,使知识问题的研究得到越来越多的重视。

然而,知识工程主要关注了知识的表示和知识的推理(即由知识生成智能策略)的方法;至于如何获取专家系统所需要的专门领域知识(即如何生成知识的问题),则由于它的难度太大而少有涉及。事实上,绝大多数专家系统的知识获取都依靠专家系统设计者的手工操作而烦琐低效。简言之,专家系统利用领域知识的过程可以描述如下:首先由专家系统设计者拟定专家系统所需要的知识内容提纲,然后根据提纲咨询相关的领域专家,在此基础上把采访的记录加以整理和提炼,并用专家系统的专用语言和结构形式表达出来输入到专家系统的知识库备用。因此,"知识工程"基本可以认为是一个"知识表达和推理"的理论。

20世纪90年代初期,由于互联网在全球范围的广泛普及,网络信息的数量呈现指数式的增长,出现了所谓的"信息泛滥而知识贫乏"的奇特反差,使学术界迅速掀起了专门面向网络数据的"数据挖掘"和"知识发现"研究的热潮[2,3,38,49]。虽然"数据挖掘"和"知识发现"各有自己的侧重点,但是它们共同的特点都是希望从大量的数据(信息的载体)中挖掘和发现稳定、新颖而有用的知识,均聚焦于知识的获取问题。具体而言,两者都利用算法从特定数据库的海量数据中发现新颖、有用且稳定的概念及其关系,把它们称为"知识"。

随后,在2012年,谷歌公司提出了知识图谱(Knowledge Graph)的概念。作为一种知识表示方法,知识图谱通过建立实体、概念及其之间各种语义关系构建的复杂语义网络。知识图谱可视为传统知识工程在大数据时代的延伸和发展[67]。知识图谱的构建可以采用专家系统的自顶向下的构建方式,也可以采用自动实体和关系挖掘的自底向上的构建方式,或是两者的结合。然而,无论是数据挖掘、知识发现还是知识图谱,这些研究基本局限于特定的数据领域,远远没有形成普遍性和系统性的知识生成理论,而且基本上没有关注知识的利用或激活的理论。

因而可以明确,全面研究和建立系统的知识理论成为现今必须面临的一个研究课题。

本节首先将定义一组关于知识理论的基本概念。为了便于揭示信息和知识之间的内在联系,这里也有必要重新引用前述的信息定义。

## 6.1.1 基础概念

知识理论的核心概念是知识。但是,任何概念都存在于一定的概念关联之中,而不是互相孤立的。知识的概念也是如此。知识并非无源之水亦非无本之木,知识来源于信息现象。因此,本节关于知识这个概念的讨论将会涉及:信息、经验、知识等密切相关的概念。

**1. 信息**

之前,我们将信息划分为本体论信息和认识论信息。因而,当人们所谓得到了关于某个事物的信息,通常是指知道了这个事物现在处在什么样的运动状态以及知道了这个运动状态会按照什么具体方式发生变化。具体而言,本体论信息是指事物本身所呈现的运动状态及其变化方式;认识论信息是指认识主体所表述的"事物运动状态及其变化方式,包括状态及其变化方式的形式、含义和效用"。可以明确,认识论信息与知识理论的关系更为密切。

**2. 经验**

经验是人们在解决实际问题的过程中摸索出的成功操作程序。经验的特征在于:它能告诉人们什么样(状态)的事情应当用什么样的办法(状态变化的程序)去做才有可能达到目的(新状态)。经验一般是可被借鉴的,这使得经验非常宝贵。但其稳定性不足,可能在某些情况下失效。

对照信息的定义可以看出,经验本质上表达的是某种"事物运动的状态及其变化方式"。换言之,经验也是信息,而且属于认识论的信息。不过,经验所表述的"事物运动状态及其变化方式"不是本体论信息在人们头脑中的直接反映,而是经过人们实践、思考和整理之后所得出的"变化程序"。因此可以把经验的定义表达为:**经验是认识主体所表述的关于"如何改变事物运动状态及其变化方式"的程序**。

理论上,经验应当是可以重复使用的。只要所面临的问题及环境与经验的"源问题"及环境基本相类似,经验的应用就很可能取得成功。不过,由于经验的形成没有经过严格的验证,经验的可应用条件并不十分明确,其描述也缺乏严格标准,因此经验的成功运用并没有严格的保证。

可见,一方面,经验在一定程度上具备了知识的潜质;但另一方面,经验又还不是真正符合标准的知识。正是从这个意义上,人们往往也把经验称为"**前知识**""**潜知识**""**准知识**""**欠成熟的知识**",或者更直白地称为"**经验型知识**"。

**3. 知识**

知识一定程度上可以是经验的提炼和升华。它能告诉人们:什么样状态的事物会按照什么样的规律变化成为什么样的新状态。例如,在经典力学中,力等于质量乘以加速度的牛顿第二定律 $F=ma$ 是一个知识。它所表述的是物理学中一种事物运动状态及其变化的规律:质量为 $m$ 的物体,受到大小为 $F$ 的力的作用后会产生加速度为 $a$ 的运动。再如,化学反应知识所表述的是关于由若干种物质(初始状态)化合成新物质(目标状态)的规律;生物遗传学知识所表述的是父代(原有状态)如何衍生成子代(新状态)的规律;控制论所表述的则是一个系统如何通过调节机制由起始状态演进到目标状态的规律。如此等等,这些都是认识主体从经验中提炼和升华的结果。因此,可以把知识的定义表达为:**知识是认识主体所表述的"事物运动状态及其变化规律"**。

**4. 常识**

接下来,我们讨论与经验、知识密切相关的另一个概念"常识"。顾名思义,常识也应当是一种知识;但常识又不同于严格意义上的知识。所以,常识的概念比较模糊,通常被理解为"**一般人所共有的基础性知识**"。然而,究竟什么人是"一般人"?什么知识是"基础性知识"?也仍然是一些模糊的概念。比如,"红灯停绿灯行"与"杜甫是诗圣"两种常识知识是不同的,前者指导人们的日常行为,而后者一般是中学生学习的知识。

有趣的是,人工智能领域的自然语言处理研究有一个具有挑战性的任务:常识推理。这一任务需要运用我们日常生活中的基础知识来进行逻辑推理,涉及对物理规律、社会规则、生活经验等的理解。例如,如果我们看到一个人在雨中跑步,我们可能会推断他可能在赶时间或者忘记带伞。这种推理过程就是常识推理的范畴。

为此,我们这里把常识更具体地定义为"**人们通过后天习得的、几乎尽人皆知而且无须证明的经验和知识**"。这个定义明确了常识的三个基本特征:后天习得,尽人皆知,无须证明。因此,常识不仅可以来源于成熟的知识,而且可以来源于欠成熟的经验。这是因为,在知识和经验这两类集合中都有能够同时满足上述三个基本特征的部分。但是另一方面,那些人尽皆知、无须证明的常识却不同于"本能知识"。因为,常识不是人们与生俱来的先天产物,而是后天习得的结果。

如前所说,为了对知识进行全面研究,除了要考察知识与它的"原材料"——信息之间的关系以外,还应当考察知识的发展走向,即知识与策略的关系:由知识生成策略。为此,下面就来论述与此相关的策略概念。

**5. 策略**

简言之,**策略是在知晓相关规律的基础上形成的关于如何改变问题的状态才能达到目标的对策与方略**,包括在什么时间、在什么地点、遵循什么规则、由什么主体采取什么行动、按照什么步骤、达到什么目标等一套具体而完整的行动规划、行动步骤、工作方式和工作方法。因而,策略指导人们面对具体问题(事物的初始状态)时,应当按照什么方法和步骤(状态变化方式),才能把问题的原始状态逐步地转变为目标状态,使问题得到满意的解决。它的前提是对问题本质规律的深刻认识。

同时,我们注意到策略的双重性质。一方面,对照信息的定义就不难知晓,**策略也是一种特殊的信息**,可以称为**策略信息**。不过,策略信息既不是天然的本体论信息,也不是一般的认识论信息,而是由认识主体运用经验与知识所生成的用以求解问题的高级信息产物。另一方面,对照知识的定义,**策略是一种特殊的知识,一种用来求解问题的知识**,可以称为**策略知识**。这是因为策略满足"**由信息加工出来的反映事物本质及其运动规律的抽象产物**"这一条件,否则它就不能用来求解问题。不过,这种策略知识又和一般的知识有很大的不同。策略知识是和具体的求解问题以及具体的求解的目标紧紧联系在一起的特殊知识。如前所述,信息回答的问题是"是什么(What)?",知识回答的问题是"为什么(Why)?",而策略回答的问题则是"怎么做(How)?"。

还需要指出的是,主体所生成的策略信息必须能够用来有效地解决问题。因此,策略既要体现主体的目标要求(否则无意义),又要符合客观规律(否则无法实现),策略是主体的目标要求与问题的客观规律两者的有效结合。从这个意义上讲,**策略是智能(智慧能力)的集中体现,是智能的核心**,可以称为"**核心智能**"或者"**狭义智能**"。正因为如此,人们往往在策略一词的前面冠以"智能"的修饰,称为"智能策略"。甚至,在不需要严格区分的时候把"智能策略"简称为"智能"。

以上的讨论可以表明,生成智能策略需要从给定问题的信息、知识以及预设目标中转换出解决方案,这正是智能理论的核心问题。

**6. 信息、知识、策略的关系:知识的生态学规律**

对照认识论信息、经验、知识的定义可以看出,从认识论的角度上,它们之间确实存在深刻的联系:从共性看,(a)认识论信息、知识、策略都是认识论范畴的概念,这是它们的宏观共性;(b)认识论信息、知识和策略所表述的,都是认识主体所反映和表述的"事物运动状态及其变化",这是它们之间的微观共性;从个性看,(c)认识论信息是认识主体所表述的**"事物运动状态及其变化方式"**,知识是认识主体所表述的**"事物运动状态及其变化规律"**,策略是根据"事物运动状态及其变化规律"而设计的**"控制事物运动状态变化方式的程序和步骤"**。这是它们之间的微观个性。

我们再来考量信息、知识和策略的关系。认识论信息是主体所表述的个别具体事物的运动状态及其变化方式,知识是主体所表述的一类共性事物的运动状态及其变化规律,策略是主体所表述的事物(被控对象)应当遵循的运动状态及其变化方式。个别具体事物的运动状态及其变化方式属于"现象"的范畴,一类事物的运动状态及其变化规律属于"本质"的范畴,而事物应当遵循的运动状态及其变化方式则属于"规律运用"的范畴。

可见,由信息到知识的演进,就是由现象到本质的飞跃;由知识到策略的转换,则是由本质到运用的飞跃。这是人类认识过程的两个"质的飞跃",是认知过程获得升华和实践过程获得成功的标志。实现这两个"质的飞跃"的基本方法,前者是归纳,后者是演绎。当然,归纳和演绎两种方法的运用并不是完全互相孤立的,而是相辅相成、互为补充的。这样,我们就可以总结出一个非常重要的规律,**知识的外部生态学规律**。也就是知识生长的源泉和去向的规律。它明确而深刻地揭示并回答了知识"由何处生长而来,又向何处生长而去"的规律。具体而言,知识由信息经过归纳而生成;知识又经过演绎而生成为策略。其中的归纳方法和演绎方法可以根据需要而互相支持。我们用图 6.1 的形式总结知识的外部生态学规律。

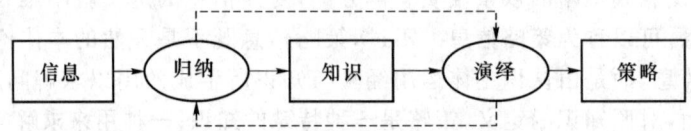

图 6.1　知识的外部生态学规律

由知识的外部生态学规律,读者不禁会问:为什么将这样一种由信息到知识再到策略的知识生长和运用的规律称为外部的?是否有所谓的内部生态学规律呢?事实上,关于外部的命名,这是因为它所揭示的正是知识外部(一侧是信息,另一侧是策略)的生长规律。另一方面,也确实存在一个**"知识的内部生态学规律"**。这个规律揭示的是知识内部(而非外部)在本能知识的支持下由欠成熟的经验知识通过完善而生长成为成熟的规范知识,又由规范知识和经验知识通过沉淀而生长成为过成熟的常识知识,以及由常识知识通过某种复杂的进化机制而生长成为新增的本能知识的规律。也就是说,这个内部的规律考虑的是知识内部不同形态之间的转化规律。我们用图 6.2 的形式总结知识的内部生态学规律。

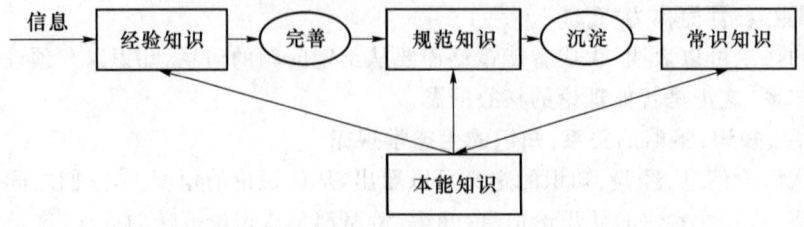

图 6.2　知识的内部生态学规律

知识的内部生态学规律与知识的外部生态学规律两者的有机结合,构成了完整的知识生态学规律。这一框架对于人们认识知识本身的生长规律无疑具有极其重要的作用,而尤其对于人们认识"**智能策略的生长机制**"、认识"**信息-知识-智能策略的转换规律**"更是具有特别重大的意义。

需要指出的是,知识的双重属性,这可以对照知识和信息的定义加以明确。我们也常常会说"知识是一类特殊的信息"。这是指知识是一类高阶的抽象的具有普遍性意义的信息,而不是原始的具体的信息。作为"事物运动状态及其变化规律"的知识,当然满足了"事物运动状态及其变化方式"的条件。正是在这个意义上,知识也是一类信息。但是,反过来说,信息虽然可能被加工成为知识,但信息却不应当被称为知识,因为它不满足"事物运动状态及其变化规律"这个条件。

此外,既然知识也是认识论范畴的概念,那么与认识论信息一样,对于认识主体而言,知识也应当是"形式、内容、价值的三位一体"。具体而言,认识主体可以感受到知识的外部形态,可以理解知识的内在含义,可以判断它对主体的目标而言的价值效用。我们分别把知识的外部形态称为"**形态性知识**",把知识的内在含义称为"**内容性知识**",把知识相对于主体目标而言的效用价值称为"**效用性知识**"。这就是知识的形式、内容、价值的三位一体。

最后,我们还需要指出知识的效用性所引发的问题,这需要引起特别的注意。如前所说,由于认识论信息属于现象范畴,与它所关联的"认识主体"通常是具体的个人或团体,因此对于同样一个事物的运动状态及其变化方式(信息),具有不同目的或目标的个人或团体会从中得到不同的"语用信息"。不过,知识属于本质的范畴,与它所关联的"认识主体"通常是整个人类或领域专家,因此,似乎"效用性知识"就不应当像"语用信息"那样存在这种因人而异的问题。然而实际情况并非如此。在这里,重要的因素在于目的或目标。对于同样的知识,具有不同目的或目标的人群从中得到的"效用性知识"还是会显现出不同的效用。这可以认为是科学技术知识的"双刃剑"问题:好人可以用它来造福,坏人可以用它来作恶。

以上就是关于知识、知识与信息关系的定性分析。知识与信息的这种关系会给我们建立知识的理论带来许多有意思的启发。

## 6.1.2 知识分类

以上关于知识基础概念的讨论,为我们提供了关于知识的定性理解,并为展开知识的定量研究准备了条件。容易理解的是,为了定量地研究知识理论,必须解决知识的度量问题。而为了研究知识的度量,首先又必须解决知识的表示问题。进一步,为了更好地表示知识,则必须研究知识的分类,才能对知识进行分门别类的具体表示,而不是笼统的表示。当然,寻求更为统一的知识表示方法是一个更宏大的想法。但在现阶段,先对知识分类,再进行表示更为可行。

那么,怎样来进行知识的分类呢?知识分类将遇到什么困难呢?显而易见,人类迄今所拥有的知识已经构成了一个极其庞大的学科体系。而且,随着人类科学技术活动的进一步展开,这个学科体系还会继续扩展,这个学科体系是一个开放的发展的体系。如果按照这种给定的学科结构来划分知识的种类,那将永远也不能稳定下来,因而实际上无法操作,也就无法形成用于计算机表示的知识分类。

再回顾研究知识理论的目的,我们不是要代替现有的各门各类的知识研究。这既没有可能,也无必要。知识理论的研究目的是要站在比各门各类的具体知识更高的宏观层次,研究各门知识的共性规律。因此,知识理论所关注的知识分类不可能是按学科来划分的分类,而是为了研究知识的宏观共性规律、针对知识的共有的性质而提出的具有一定普遍意义的分类。举例来说,我们已经有了计算机学科的知识,也有了信息通信学科的知识,我们更希望研究出一种能胜任跨越学科的知识表示方法。

之前已经阐明,知识是认识论范畴的概念,是相对于认识主体而存在的。我们回顾信息的概念,包括本体论和认识论信息。而知识恰好是从认识论信息中提炼获得。因此,与认识论信息的概念相通,知识也有"**形态性知识**""**内容性知识**""**效用性知识**"。形态性知识是指知识所表达的"事物运动状态和状态变化规律"的外部形态;内容性知识是指知识所表达的"事物运动状态和状态变化规律"的特定逻辑内容;效用性知识是指知识所表达的"事物运动状态和状态变化规律"的效用价值。三者的综合,构成了知识的三位一体,形成了完整的知识概念。这可以用一个公理来表述:"**任何知识都由相应的形态性知识、内容性知识、效用性知识构成。这称为知识的三位一体**"。

根据以上对于知识的三位一体的描述,我们可以看到:①形态性知识与认识论信息(全信息)的语法信息概念相联系;②内容性知识与认识论信息(全信息)的语义信息概念相联系;③效用性知识则与认识论信息(全信息)的语用信息概念相联系。这种与信息密切联系的知识分类方法抓住了知识描述的本质,而且体现了知识与认识论信息(全信息)之间存在的内在联系。信息概念的三位一体很自然地延拓到知识这一核心概念。这在理论上具有重要的意义。反之,如果不能揭示知识与认识论信息(全信息)之间深刻的内在联系,那么知识理论的建立就会遭遇到诸多困难而难以构建。显然,明确了知识的分类就可以对知识进行分门别类的描述和有效的表示。

## 6.1.3 知识表示

基于上述分类,我们可以对形态性知识、内容性知识、效用性知识逐一进行分门别类地描述。这里,还需要引入相应的三类知识的描述参量。

首先,我们讨论形态性知识的描述。这里的关键就是对事物运动的状态及其变化规律的形式的描述。我们可以提出如下问题:"某种事物的运动具有多少种可能的运动状态,这些状态变化规律的形式特征是什么?"。注意,形态性知识的描述问题与语法信息的描述问题非常类似。在字面上两者的区别仅仅在于:语法信息关注的是"状态变化的方式",形态性知识关注的是"状态变化的规律"。一个是"方式",另一个是"规律"。虽然只是"方式"和"规律"的两个字的差别,但是我们需要考虑这种"方式"和"规律"在具体的表示上是否有实质的区别。下面进行具体的分析。

从形式上考虑,描述某种"事物运动状态"的特征就是直接对这些状态赋以特定的抽象符号,每个抽象的符号对应于一种实际的运动状态。这种情况和语法信息的表示方法没有任何实质的区别。相较而言,为了从形式上来描述"状态变化规律"的特征,通常要针对事物运动的具体规律,采取相应的具体描述方法。这就是描述状态和规律的方法。

现举例如下。如果事物状态变化规律是随机的性质,它的状态变化规律的形式特征可以用状态转移概率分布来描述,如图 6.3 所示。左图中各个顶点及它们的相应的符号 $x_i, i=1,\cdots,5$,表示事物运动的 5 种可能的状态;右图的转移概率矩阵中的各个元素则表示相应状态之间发生转移(状态变化)的统计规律。可见,这类(随机型)形态性知识的描述至少在形式上与概率型语法信息的描述是一致的。

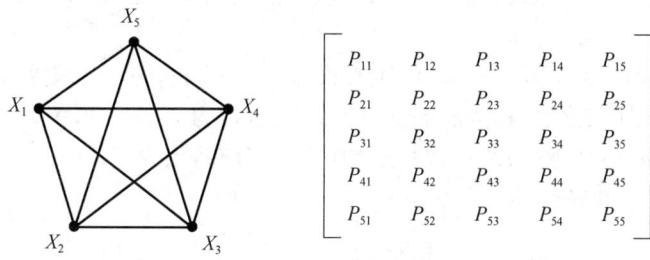

图 6.3 状态及其随机变化规律

可见,认识论信息(全信息)的描述方法完全可以用来描述各种知识。

进一步,根据莱布尼兹和伯努利等人的分析,概率分布、可能度分布、隶属度分布在概念上是相通的,它们的统一概括便是肯定度分布 $C$。因此,可以定义出一般的事物状态变化规律的描述方法。

**定义 6.1** 设事物 $X$ 具有 $N$ 种可能的状态:$x_1,\cdots,x_n,\cdots,x_N$,则状态 $x_n$ 在形态上呈现的肯定程度称为状态 $x_n$ 的肯定度,记为 $c_n (n=1,\cdots,N)$。由 $X$ 的全部状态的肯定度所构成的集合,称为 $X$ 的(广义)肯定度分布,记为 $C$。这个肯定度分布就刻画了该事物状态变化的规律。

对于以上肯定度的定义,需要注意到概率和可能度的归一性、隶属度的不归一性,肯定度 $C$ 应当具有如下的性质:

$$0 \leqslant c_n \leqslant 1, \forall n \quad \text{且} \quad \sum_{n=1}^{N} C_n \geqslant = \leqslant 1 \tag{6.1}$$

式(6.1)中的符号"$\geqslant = \leqslant$"表示全部状态的肯定度之和可以大于、等于、小于 1,不一定能够归一。依据变量的类型,当给定的事物是随机型变量时,全部状态的肯定度之和归一;当给定的事物是模糊型变量时则不归一。于是,与语法信息表示的情形类似,可以用事物 $X$ 的状态集合及其肯定度分布 $\{X,C\}$ 来描述事物 $X$ 的形态性知识。

透过任何形态性知识,必然蕴含着相应的逻辑内容。因此,应当进一步来讨论内容性知识的描述问题。显然,事物的状态所代表的实际内容将随不同的具体事物而不同,甚至千差万别,无限丰富多彩,不可能对它们一一做出具体的描述。那么,怎么才能对内容性知识作出科学的描述呢?逻辑学的原理表明:一切科学定律和定理都可以用一串真伪选择序列来表达。因而,关于内容性知识的比较合理的共性描述,是各个状态在逻辑上的真实性。借助这个逻辑学原理,我们可以定义内容性知识的描述方法。

**定义 6.2** 设事物 $X$ 具有 $N$ 种可能的状态:$x_1,\cdots,x_n,\cdots,x_N$,则状态 $x_n$ 在逻辑上真实的程度称为状态 $x_n$ 的真实度,记为 $t_n, n=1,\cdots,N$。$X$ 的各个状态的逻辑真实度所构成的集合,称为 $X$ 的真实度的(广义)分布,记为 $T$。

按照定义 6.2,显然有

$$0 \leqslant t_n \leqslant 1, \forall n \quad \text{且} \quad \sum_{n=1}^{N} t_n \geqslant = \leqslant 1 \tag{6.2}$$

因此,与语义信息表示的情形类似,可以用事物 $X$ 的状态集合及其真实度分布 $\{X,T\}$ 来描述事物 $X$ 的内容性知识。类似地,可以建立效用性知识的描述。很自然,可以根据事物 $X$ 各个状态 $x_n$ 相对于主体目标所显示的价值来定义相应状态的效用度 $u_n, n=1,\cdots,N$,具体定义如下。

**定义 6.3** 设事物 $X$ 具有 $N$ 种可能的状态:$x_1,\cdots,x_n,\cdots,x_N$,则状态 $x_n$ 相对于主体目标所显示的效用(或价值)称为状态 $x_n$ 的效用度,记为 $u_n, n=1,\cdots,N$。$X$ 的各个状态的效用度所构成的集合,称为 $X$ 的效用度的(广义)分布,记为 $U$。

按照定义 6.3,也有

$$0 \leqslant u_n \leqslant 1, \forall n \quad \text{且} \quad \sum_{n=1}^{N} u_n \geqslant = \leqslant 1 \tag{6.3}$$

因此,与语义信息表示的情形类似,可以用事物 $X$ 的状态集合及其真实度分布 $\{X,U\}$ 来描述事物 $X$ 的效用性知识。

从认识论观点出发,我们注意到形式、内容和效用三个要素之间的相互关系。形式是最先被观察或感知的要素,它通常是直观的、表象的。内容则是通过分析形式才能进一步感知的深层要素,它关联着事物的内在本质。效用则是一个针对特定形式、内容和主体需求而体现的实用维度,它涉及知识的适用性和价值。因此,在研究知识时,我们不仅需要单纯描述形态性知识、内容性知识和效用性知识,还需要探讨它们之间的综合描述方法,包括形态性与内容性知识的综合描述方法,以及形态性、内容性和效用性知识的综合描述方法。为此,我们首先可以借助状态的肯定度和真实度定义状态的综合真实度,具体如下。

**定义 6.4** 状态的肯定度与状态的真实度的结合称为状态的综合真实度,记为

$$\begin{aligned}\Gamma_n &= \alpha c_n \cdot \beta t_n \Rightarrow c_n t_n, \quad \forall n \\ \Gamma &= \{\Gamma_n\}\end{aligned} \tag{6.4}$$

称 $\Gamma$ 为综合真实度分布。式中,$\alpha$ 和 $\beta$ 是相应的权重系数,箭头符号表示"可简化为"。显然这个综合真实度满足

$$0 \leqslant \Gamma_n \leqslant 1, \forall n \quad \text{且} \quad \sum_{n=1}^{N} \Gamma_n \geqslant = \leqslant 1 \tag{6.5}$$

与此相应的知识,称为综合内容性知识。

**定义 6.5** 状态的肯定度、真实度与效用度的结合称为状态的综合效用度,记为

$$\begin{aligned}\eta_n &= \alpha c_n \cdot \beta t_n \cdot \gamma u_n \Rightarrow c_n t_n u_n, \quad \forall n \\ \eta &= \{\eta_n\}\end{aligned} \tag{6.6}$$

称 $\eta$ 为综合效用度分布。式中,$\alpha$、$\beta$ 和 $\gamma$ 是相应的权重系数,箭头符号表示"可简化为"。显然综合效用度分布满足

$$0 \leqslant \eta_n \leqslant 1, \forall n \quad \text{且} \quad \sum_{n=1}^{N} \eta_n \geqslant = \leqslant 1 \tag{6.7}$$

与此相应的知识,称为综合效用性知识。

在研究逻辑推理问题的场合,综合内容性知识的描述非常有用;在研究基于知识的决策问题的时候,综合效用性知识的描述非常有用。

应当指出知识描述的方法不是唯一的。但是,不管何种知识描述方法都应当能够描述事物的运动状态以及状态的变化规律。这是知识这个概念的内在要求。另外,这里所采用的知识描述方法不是针对某几种具体领域的知识的描述,而是针对一切知识的共性(形态、内容和效用)所做的描述,因此具有广泛的普遍适用性。

## 6.2 知识的度量

知识的概念、定义、分类等都是关于知识的定性讨论。但是,只有定性把握显然是很不够的,还必须研究知识的定量分析方法。

中国战国时期思想家惠施以"学富五车"著称,其著作载于五车竹简,被认为是学识渊博之人。学富五车可能是历史上有记载的最早的知识度量方法,用马车能承载的书简的量来衡量知识渊博(拥有的知识量)的程度。类似地,中国成语中还有"才高八斗"的表述。可见,知识度量的问题很早就被注意到,历史上的只言片语给我们以启发,但是并没有形成有统一的理论和方法。而这,恰巧是我们需要探索和解决的问题。进一步而言,知识处理的最基本和最重要的内容应当包括:各种知识的定量度量、基于综合内容性知识的推理,以及基于综合效用性知识的决策。

### 6.2.1 基本度量方法

如同知识的分类一样,知识量也可以进一步细分,包括形态性知识量、内容性知识量、效用性知识量,以及综合内容性知识量和综合效用性知识量。其中,最具基础意义的知识量是形态性知识量。因此,我们从形态性知识的度量问题开始讨论。

**定义6.6** 知识的数量称为知识量。

我们设定了一个这样的思路:用"一个知识所能解决的问题多少"来度量相应的"知识量"。这对于知识度量的研究显然是直观而合理。基于这个思路,"知识量"的研究就转化为"问题量"的研究。为此,我们首先需要设计一种合理的"标准问题",把它所包含的问题量作为问题量的衡量"单位"。然后,任何一个实际问题的问题量就可以同这个单位相比较,从而得出这个实际问题的问题量。这就如同我们要称重先要给定1千克的标准,然后再通过将待称重的物体与1千克相比较而确定它的重量。

有了以上的对于知识度量问题的求解思想,我们注意到,一个形态性问题的问题量与两个因素有关:一是问题的可能状态数;二是问题中各状态的肯定度分布。直观上,我们很容易看到:一方面,在同样的肯定度分布条件下,问题的可能状态数越大,问题量也越大;另一方面,在同样的可能状态数的条件下,肯定度分布越均匀,问题量也越大。因此,我们可以明确,最容易被接受的合理标准问题是"标准二选一问题"。也就是,一个问题只有两种可能的状态,且这两种状态的肯定度相等。这里所谓"标准"二选一问题,是指两种可能状态的肯定度分布为均匀分布。图6.4给出了标准二选一问题的模型。基于以上标准二选一问题的设计,我们可以给出这个标准问题的问题量,具体如下。

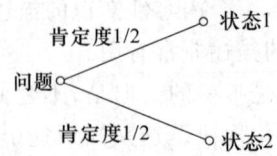

图 6.4  标准二选一问题的模型

**定义 6.7**  "标准二选一问题"所包含的问题量定义为一个单位问题量,单位为奥特。如果一个知识正好解决了一个单位问题,那么相应地它的知识量也就等于 1 奥特的知识量。

以上定义是很直观自然的,因为按照这个定义,所谓 1 单位知识量就是解决一个标准的"是或非"问题、一个标准的"正或负"问题、一个标准的"开或关"问题、一个标准的"有或无"问题、一个标准的"好或坏"问题、一个标准的"输或赢"、一个标准的"加热或制冷"的问题等所需要的知识量。

如此一来,有了问题量单位,任何一个具体问题的问题量就等于它所包含的"标准二选一问题"的数量。例如,如果某个实际问题有 4 种可能的状态,且 4 种状态的肯定度等于 1/4,那么,这个问题实际上包含了两个"标准二选一问题",它的问题量恰好为两个单位,即 2 奥特。

虽然上述这种利用单位问题量来测度实际问题量的方法在概念上非常直观自然,但是在实际应用的时候却并不总是十分方便。这是因为,一方面,单位问题量是 1 奥特,小于 1 奥特的问题量就不好度量,另一方面,当问题所包含的可能状态数目不是正好等于 2 的 $n$ 次方或者肯定度的分布不是均匀分布时,这种直观的方法反而不直观了,问题量不好计算。因此,还是要寻求一般的问题量的度量方法。

为此,还需要引入新的概念和定义。回顾之前给出的肯定度的定义 6.1,注意到肯定度存在归一和不归一两种情形。这里首先研究肯定度归一情形下如何计算知识量的问题。

**定义 6.8**  离散型均匀分布的肯定度和 0-1 型分布的肯定度代表肯定度分布的两种极端情形,分别把它们记为

$$C_0 = \left\{ c_n \,\middle|\, c_n = \frac{1}{N}, \forall\, n \right\} \tag{6.8}$$

和

$$C_S = \{ c_n \,|\, c_n \in \{0,1\}, \forall\, n \} \tag{6.9}$$

**定义 6.9**  定义在肯定度分布 $C$ 上的平均肯定度由下式给出

$$M_\phi(C) = \phi^{-1} \left\{ \sum_{n=1}^{N} c_n \phi(c_n) \right\} \tag{6.10}$$

式(6.10)中的 $\phi$ 是待定的单调连续函数,$\phi^{-1}$ 是它的逆函数,也单调连续。

需要说明,之所以选择式(6.10)作为定义在 $C$ 上的平均肯定度表达式,主要是因为这个平均肯定度表达式包含了待定函数 $\phi$。这样,可以通过施加某些合理的约束条件来确定这个待定函数的形式,从而确定用来度量知识量的确切的显示函数。

**定义 6.10** 两个问题 $X$ 和 $Y$ 具有相同的状态数 $N$,各自的肯定度分布为 $C$ 和 $D$,若满足条件

$$\phi^{-1}\left\{\sum_{n=1}^{N}c_n\phi(c_nd_n)\right\} = \phi^{-1}\left\{\sum_{n=1}^{N}c_n\phi(c_n)\right\}\phi^{-1}\left\{\sum_{n=1}^{N}c_n\phi(d_n)\right\} \tag{6.11}$$

则称它们互相 $\phi$-无关。

在以上讨论的基础上,可以得到下面的定理。

**定理 6.1** 满足定义 6.4 和定义 6.5 各项条件的待定函数必为对数形式。

这是一个很重要的结果。在此不再详细介绍证明。

**推理 6.1** 状态数为 $N$ 且肯定度分布为 $C$ 的事件 $X$ 的平均肯定度为

$$M_\phi(C) = \prod_{n=1}^{N}(c_n)^{c_n} \tag{6.12}$$

**推理 6.2** 这样定义的平均肯定度的值界于 $\frac{1}{N}$ 与 1 之间

$$\frac{1}{N} = M_\phi(C_0) \leqslant M_\phi(C) \leqslant M_\phi(C_S) = 1 \tag{6.13}$$

以上两个推论的证明是直截了当的。

推论 6.2 的结果表明,肯定度为均匀分布时,平均肯定度最小;肯定度为 0-1 分布时则平均肯定度最大。直观理解,前者是最不肯定的情形,相当于无知识的情形;后者是完全肯定的情形,相当于拥有充分知识的情形。进一步,如果从观察者或者主题的视角,我们可以使用以上定义的平均肯定度来度量知识的多少。即:某个观察者对于某个事物拥有多少知识,可以用这个观察者对于这个事物所具有的平均肯定度的大小来判断。平均肯定度越大,拥有的知识越充分。

如果把最小平均肯定度 $M_\phi(C_0)$ 作为一个比较的基准,就可以建立一个相对的形态性知识度量。

**定义 6.11** 观察者 $R$ 关于事物 $(X,C)$ 的形态性知识量,可以用下式测度

$$K(C) = \log\frac{M_\phi(C)}{M_\phi(C_0)} = \log N + \sum_{n=1}^{N}c_n\log c_n \tag{6.14}$$

**定义 6.12** 观察者 $R$ 在观察某个事物 $X$ 之前所具有的关于 $X$ 的肯定度分布称为他关于 $X$ 的先验肯定度分布,通常记为 $C$;观察之后的肯定度分布则称为后验肯定度分布,记为 $C^*$。

于是,显而易见,所谓观察者 $R$ 通过观察获得了关于事物 $X$ 的形态性知识,就是指他在观察之后关于 $X$ 的后验平均肯定度比观察之前的先验平均肯定度增大了。

**定义 6.13** 观察者 $R$ 通过观察 $X$ 所获得的形态性知识量可以用下式测度

$$K(C,C^*;R) = K(C^*) - K(C) = \sum_{n=1}^{N}c_n^*\log c_n^* - \sum_{n=1}^{N}c_n\log c_n \tag{6.15}$$

这是在肯定度分布归一的情形下关于形态性知识量的重要结果。只要知道了观察者在观察某一事物或实验的先验和后验肯定度分布,就可以利用式(6.15)计算出观察者在观察过程中所得到的形态性知识量。

现在,我们进一步理解以上定义的观测过程引发的知识量变化。当先验肯定度为均

匀分布而后验肯定度分布为 0-1 分布时,观察者所获得的形态性知识量达到最大值。一般而言,只要观察者的后验平均肯定度大于先验平均肯定度,就意味着他在检察过程中获得了某种程度的形态性知识。不管先验和后验肯定度分布的形式如何,只要两者相同,观察者在观察过程中所获得的形态性知识量就总是为零。反之若观察者的平均后验肯定度小于平均先验肯定度,就意味着他在观察过程中丢失了形态性知识量。若观察者的先验肯定度分布为 0-1 形式而后验肯定度分布为均匀分布,那么观察者在观察过程中所丢失的形态性知识量达到最大值。这些都是与人们的直觉相一致的结果,因而是合理的结果。

不难看出,定义 6.7 规定的单位形态性知识量与式(6.15)的理论结果是完全一致的。只要在式(6.15)中令状态数 $N=2, c_1=c_2=\frac{1}{2}, C^*$ 为 0-1 分布,就可以得到:

$$K(C_0, C_S^*; R) = 0 - \log \frac{1}{2} = 1$$

其中,对数的底取为 2,单位为奥特。

在理想观察条件下,后验肯定度为 0-1 型分布,表明具有最大的肯定度。此时,若假定先验分布为均匀分布,那么由式(6.15)可以得到

$$K(C_0, C_S^*; R) = \log N$$

这时,形态性知识量与状态数目呈对数函数关系。

## 6.2.2 扩展度量方法

以上我们讨论了肯定度归一情形下的知识的度量问题。现在,考虑肯定度不归一的情形,即模糊试验的情形。显然,由于肯定度不归一,不能直接应用前面的结果。但是,我们注意到,对于肯定度集合的任意元素 $c_n$ 总可以构造如下新的分布

$$\{c_n, (1-c_n)\}, \quad \forall n \tag{6.16}$$

显见,式(6.16)永远是归一的集合,这样我们就可以应用上面的结果。于是由式(6.12)有

$$M_\varphi(C_n) = (c_n)^{c_n}(1-c_n)^{(1-c_n)} \tag{6.17}$$

由式(6.14)可以写出第 $n$ 分量的先验形态性知识量

$$K(C_n) = c_n \log c_n + (1-c_n)\log(1-c_n) + \log 2 \tag{6.18}$$

根据式(6.15)可以进一步写出第 $n$ 分量的形态性知识量公式

$$K(C_n, C_n^*; R) = c_n^* \log c_n^* + (1-c_n^*)\log(1-c_n^*) - [c_n \log c_n + (1-c_n)\log(1-c_n)]$$
$$\tag{6.19}$$

对于确定性的模糊试验来说,显然可以直接写出相应的平均知识量

$$K(C, C^*; R) = \frac{1}{N} \sum_{n=1}^{N} K(C_n, C_n^*; R) \tag{6.20}$$

这样,就建立了形态性知识量的计算或测度的方法。

注意到逻辑真实度 $T$、综合逻辑真实度 $\Gamma$、效用度 $U$、综合效用度 $\eta$ 都具有模糊集合的性质,因此,式(6.17)~式(6.20)的演算过程可以直接应用。只要把公式中的模糊肯定度参量换成相应的逻辑真实度、综合逻辑真实度、效用度、综合效用度,同样可以建立如下所示的内容性知识、综合内容性知识、效用性知识、综合效用性知识的度量公式

$$K(T,T^*;R) = \frac{1}{N}\sum_{n=1}^{N} K(T_n,T_n^*;R) \qquad (6.21)$$

$$K(\Gamma,\Gamma^*;R) = \frac{1}{N}\sum_{n=1}^{N} K(\Gamma_n,\Gamma_n^*;R) \qquad (6.22)$$

$$K(U,U^*;R) = \frac{1}{N}\sum_{n=1}^{N} K(U_n,U_n^*;R) \qquad (6.23)$$

$$K(\eta,\eta^*;R) = \frac{1}{N}\sum_{n=1}^{N} K(\eta_n,\eta_n^*;R) \qquad (6.24)$$

详细的过程就不一一列出了。

读者可以发现,知识的度量方法和全信息的度量方法并行不悖,互相贯通。这就为我们探索由信息生成知识的机制提供了极大的方便。显而易见,知识度量与信息度量之间的这种并行不悖和互相贯通关系并不是人为设定的,它们在客观上本来就存在这种互通关系。

以上我们初步地讨论了知识度量的方法,但是我们还是需要注意知识度量问题的复杂性。为此,有工作将知识度量问题分为针对知识生成的度量和针对知识激活的度量。前者正是本书所讨论的方法,而后者则引入偏序的思想对知识的量进行排序,形成知识激活下的知识度量方法。

## 6.3 知识生成的方法

6.1节总结和阐述了"知识生态学规律"。有了这个基础,"知识生成"的研究就有规律可循了。现在就来研究知识理论中知识生成的主题。应当说,"知识生成"乃是人类科学实验活动的基本问题:人们通过科学实验来发现新的知识(知识生成);并运用所获得的知识来解决所面临的各种复杂问题。因此,这里所研究的内容正是人类科学实验活动的基本规律之一。

然而,我们的着眼点是机器,而非人类本身。换言之,这里研究的目的是试图使机器能够具有"知识生成"的能力,所采取的基本研究思路是"拟人律"。也就是可以借鉴人类科学实验活动中的"知识生成"机制,寻求能够在机器中实现的机理。这当然意味着,在人类的知识生成的机制中,有些机制可能当前难以在机器中实现。因此,不能奢望机器能够具备同人类一样卓越的知识生成能力。但是,即使如此,机器生成知识的能力也仍然具有十分重要的意义。

总体上,知识的生成有两个基本途径:归纳和演绎。归纳途径是从实践中逐步积累,把所观察到的现象的共性核心升华成为概念,把所积累经验的精华上升成为理论。演绎的途径是由已有的知识通过推断产生新的知识。前者是由信息到知识、由具体到抽象、由现象到本质的过程,在逻辑上称为归纳;后者是从知识到知识、由抽象到抽象的过程,在逻辑上称为演绎。

那么,归纳和演绎在人类知识积累中的作用是怎样的呢?在人类社会进步的早期阶段,由于人类所拥有的知识量很少,知识非常零碎,远远没有系统化。"此知识"和"彼知识"之间相距很远,难以建立相互的联系,演绎的途径难有大的作为。因此,在科学发展的初期阶段,人类主要通过观察与归纳的方法一点一滴地生成和积累知识。随着人类所拥有的知识越来越丰富,知识之间的距离变得越来越接近,通过理论思维从已有知识演绎出新知识就逐渐成为知识生成的重要手段。这就是近代科学理论能够得到迅速发展的原因。当然,从发现新知识来说,无论演绎怎样重要,归纳永远是基本的途径,而且是具有永恒生命力的途径。

实际上,演绎和归纳是相辅相成的知识生成手段。在现代科学技术发展的条件下,任何复杂规律的发现和新知识的生成都不可能仅仅单纯地依赖归纳或演绎的手段,而必然是归纳和演绎的辩证互动。这是现代一切技术科学的基本特征。为了叙述上的简便,我们这里把两种知识生成的途径分别研究。首先关注归纳型的知识生成问题,然后探讨演绎型的知识生成问题。

从6.1节中关于信息和知识定义的讨论中可知,信息表达的是事物运动的状态以及状态变化的方式,知识表达的是事物运动的状态以及状态变化的规律。因此,由信息生成知识的归纳过程本质上就是一个由大量个别事物运动状态的具体变化"方式"升华为一类事物运动状态的普遍变化"规律"的抽象化过程。这是一个量到质的飞跃过程。

## 6.3.1 归纳型的知识生成

之前,我们已经对知识进行了分类,也讨论了知识生成的归纳和演绎的基本途径,这为我们进一步讨论具体的知识生成方法作了充分准备。显然,我们不应当笼统地研究知识生成的问题,因为不同类型知识的生成有着不同的规律。因此,以下将从知识的类型着手分别探讨形态性知识、内容性知识、效用性知识的归纳型生成机制。

**1. 形态性知识(概念)的归纳型生成机制**

目前,我们已经明确信知识是由信息通过加工提炼生成的。问题在于,究竟通过什么具体的机制才能实现把信息加工成为知识的过程?经验表明,由信息生成知识的过程通常非常复杂。不过,形态性知识的生成机制相对而言比较简单清晰。另外,"概念"是人类认知过程中知识形成的基元。知识生成必须从概念生成开始。

研究发现,概念的形成是通过把所感知的信息的共同本质特点抽象出并加以归纳概括。基于这个发现,由信息生成形态性概念知识的基本算法可以归结如下。

**归纳型生成机制** 归纳型的形态性概念知识生成的机制是一类基于语法信息的形式对比的归纳过程。它的原理性算法可以表述如下:

① 观察一个信息样本 $S_1$,提取它的形式特征,记为 $f_1$。这里假设所提取的特征能够充分表征样本的本质,可以包括它的运动状态的形式特征(如大小、高度、重量、形态、颜色等)和状态变化方式的形式特征(如随机性或确定性等)。

② 建立度量特征的相似性准则,然后观察第二个信息样本 $S_2$,也提取它的形式特征 $f_2$,并与第一个信息样本的信息特征 $f_1$ 相比较,如果这两个样本的特征能够满足特征相似性准则的要求,则第二个样本予以保留;否则,舍弃。

③ 把步骤②重复 $N$ 次,$N$ 是一个足够大的正整数,从而得到一组具有共性意义的信息特征 $\{f_k\}$,$k=1,2,\cdots,K$,其中 $K$ 也是一个正整数,且 $K \leqslant N$。它们构成这些信息样本

的一个"共性特征集合"。随着观察样本 $N$ 的增大,$K$ 可能会继续增大,但它总是小于所观察的信息样本数 $N$。

④ 当观察的信息样本数 $N$ 再进一步增加而具备共性特征集合$\{f_k\}$的样本数 $K$ 稳定不变,或者已经没有新的样本可供观察时,就把这 $K$ 个样本予以冻结。

⑤ 把所有满足共性特征集合$\{f_k\}$的 $K$ 个信息样本称为同类信息样本。给这样形成的信息样本"类"命名,就形成了一个具有"类"名称的概念。这个"类"的共性特征集合$\{f_k\}$就是这个"类"的内涵,这个 $K$ 信息样本集合则是这个"类"的外延,于是完成了一个概念的生成。

同样,利用概念生成机制也可以建立其他的"类"概念。当然,由于观察样本数量的有限性,样本特征提取的不完善性,以及样本特征相似性准则的不完善性,在实际应用过程中也存在对"类"概念的"共性特征集合"进行局部调整的可能。但是通过这样的调整,"共性特征集合"一般应当能够稳定下来。否则,这个形成的概念就有问题,需要返回步骤①重新建立。

概念是知识的基元,因此,由信息样本建立"类"概念的过程,就可以看作是基本知识单元的生成过程。有了"类"的概念,就具有了分类的知识,也就具有了利用"类"的"共性特征集"对新的对象进行分类的能力。

我们可以这样来表述利用生成机制所生成的形态性知识:某个概念(知识)的内涵就是与之相联系的"共性特征集合",而这个概念(知识)的外延则是满足这个"共性特征集合"条件的信息样本全体。在这里,在所观察的信息样本中发现和建立它们之间共性特征(运动状态和状态变化方式的共性形式特征集合)的过程,是由大量个别现象到一般规律的抽象化的关键环节。

我们注意到形态性概念知识的生成机制比较简单。但正因为它比较简单,就比较容易看清楚其中最基本的机理,因此也就成为研究其他知识生成机制的基础。而且,作为"知识理论"的框架性研究,阐明概念知识的生成机制很有意义。

**2. 形态性知识(关系)的归纳型生成机制**

概念和关系是知识的两个基本要素。因此,除了"概念"生成之外,"关系"生成也是形态性知识生成的重要组成部分,也尤为重要。后者正是当前仍在发展的数据挖掘与知识发现的研究内容。熟悉这些内容的读者会知道,数据挖掘与知识发现的基本算法本质上也是归纳算法。这里不妨以最早发展起来也是最著名的"关联规则挖掘算法"为例来说明。

问题:从交易数据库的数据中挖掘顾客购买不同商品之间的"关联规则"。

定义:所谓关联规则是指一类蕴涵式 $X \Rightarrow Y$,其中 $X$ 和 $Y$ 是数据库所记录的不同种类的商品,即 $X \leqslant I, Y \leqslant I, X \cap Y = \phi$,$I$ 是 $m$ 类商品的集合。可以看出,关联规则的直观含义是:如果顾客购买了商品 $X$,那么也会购买商品 $Y$。

假设数据库记录的总交易次数为 $N$,其中购买了商品 $X$ 的交易次数为 $n(X)$,同时购买商品 $X$ 和商品 $Y$ 的交易次数为 $n(X \cup Y)$,则分别称数值

$$\text{Sup}(X) = \frac{n(X)}{N} \times 100\% \quad \text{和} \quad \text{Sup}(X \cup Y) = \frac{n(X \cup Y)}{N} \times 100\%$$

为 $X$ 和 $X\cup Y$ 的支持度,后者又称为关联规则 $X\Rightarrow Y$ 在数据库中具有的支持度,而数值

$$\text{Con }f=\frac{\text{Sup}(X\cup Y)}{\text{Sup}(X)}\times 100\%$$

为关联规则 $X\Rightarrow Y$ 在数据库中具有的置信度。

**算法思想:**

① 给定最小支持度 MinSup 和最小置信度 MinConf,找出满足 Sup≥MinSup 的商品集合 $\{A\}$,称为高频商品集;

② 对于每一个高频商品集 $A$,找出 $A$ 的所有非空子集 $a$;

③ 若有 $\frac{\text{Sup}(A)}{\text{Sup}(a)}\geqslant$ MinConf,则有生成关联规则 $a\Rightarrow(A-a)$。

以上的算法思想表明,关联规则的挖掘算法也是一类基于归纳的算法。实际上,不管具体的挖掘算法的内容是什么,归纳都是数据挖掘(知识发现)算法的基础和核心。

**3. 效用性知识的归纳型生成机制**

从认知的过程看,形态性知识和效用性知识都可以从外部信息中直接感知,而内容性知识则只能通过对形态性知识和效用性知识的联合演绎得到。因此,需要先讨论效用性知识的生成机制,在形态性知识生成机制和效用性知识生成机制基础上才能研究内容性知识的生成机制。

为了具体明确"效用"的概念,这里重申以前的约定:所谓一个信息对某个主体有没有"效用",是指这个信息"对于实现主体的目标而言有没有贡献"。而"效用度"则是用来度量这种贡献程度的一个参量。可见,效用是与主体目标相联系的概念。一般情况下,效用性知识可以通过对信息的加工提炼直接得到,在另一些情况下也可以通过经验推理或理论演绎间接得到。同样,由于这里特别关注信息与知识之间的关系,因而这里将主要论及前者。

不难理解,由信息生成效用性知识的过程要比生成形态性知识的过程复杂。原因是其中不但要利用形式化的比较,更重要的是需要按照上面关于"效用"概念的约定,生成效用性知识的主体(人、生物或机器)必须具有明确定义的目标,还要有能力来判断某个信息究竟是有利于实现目标还是有碍于实现目标。有利于实现主体目标的信息,具有正的效用度;有碍于实现目标的信息,具有负的效用度。当然,要真正判断一个信息对于实现主体目标究竟是利或害,不能是一种简单的形式上的比较,而是要通过复杂的分析。在不具备分析能力的条件下,就可能不得不在实践中直接体验它所引起的真实后果——或者是收到某种得益,或者是付出某种代价。基于以上的讨论,我们可以给出由信息生成效用性知识的过程的一个原则性算法描述。

**效用性知识的归纳生成机制** 由信息生成效用性知识的原理性算法包括如下步骤。

① 明确定义主体追求的总体目标 $G$。为了便于操作,有时还要把这个总体目标分解成为一系列容易检验的具体目标 $G=\{G_n\}_{n=1}^{N}$,其中 $N$ 为分解的目标个数。任何一个具体目标都可以看作是目标状态空间中的一个状态 $G_n,\forall n$。

② 输入信息 $X$,主体首先记住 $X$ 的形态描述 $D(X)$。然后计算在目标状态空间中信

息 $X$ 所反映的现实状态与主体目标状态之间的距离。如果采用欧氏空间的距离,则可以记为

$$d_n(t_m) = \{[X(t_m) - G_n(t_m)]^2\}^{1/2}, \quad \forall n, \quad m=0,1,2,\cdots \quad (6.25)$$

其中,$d_n(t_0)$ 是信息的当前($t=t_0$)时刻状态与第 $n$ 个具体目标状态之间的距离。$m$ 是时间坐标点,$X(t_m)$ 和 $G_n(t_m)$ 分别是在第 $m$ 时刻的信息状态和第 $n$ 目标状态。

③ 根据信息 $X$ 的状态变化方式,考察信息所反映的未来状态与主体目标状态之间的距离的平均变化趋势,若有

$$E\{\overline{d_n(t_{m+i})}\} \leqslant E\{\overline{d_n(t_m)}\}, \quad \forall i, \quad \forall m \quad (6.26)$$

则赋值效用度 $u_n \geqslant 0$,反之则有 $u_n < 0$。式(6.26)中的符号 $E$ 表示对所有的状态 $n$ 取平均,符号上面的横杠表示在时域上的平均。

④ 由效用度分量 $u_n, n=1,\cdots,N$,可以通过简单求和的方式计算出整体效用度 $u$。

⑤ 对于新信息,可以建立某种相似度准则,如果它们的形态描述与 $D(X)$ 相同或相近,就可以设定基于相似度计算得到的效用度,或者,直接依据计算的相似度设定相同的效用度。否则就返回第②步,重新判断。

在效用性知识的生成机制中,步骤②是关键。在这里,信息状态和主体目标状态之间的差异被定义为欧几里得距离。实际上,距离的定义要根据具体问题的情况确定。在有些情况下,也许很难给出距离的确切定义和算法。但是,无论如何,生成机制的基本原则——通过评价信息状态与主体目标状态之间的差异以及这个差异的发展趋势来判断信息对于主体的效用,这在逻辑上是合理的,在实践上是有意义的。

例如,一个儿童第一次看见"狗"这种陌生动物。首先,他看到并且记住了这只"狗"的形象。同时,他就在思考:具有这种形象的"狗"同自己的目标(在这里是自身的安全)之间存在什么联系(计算这之间的距离)?是一种保护还是一种威胁?如果狗露出了锋利的牙齿,眼里射出了凶光,这种状态就会使他算出负的效用度,选择逃避或求援。此后,如果再见到这种动物,他心中就会有"负效用度"这一概念,从而获得了效用性知识。在这个例子中,谁也不知道这个儿童究竟是怎样定义他的目标(安全)与他看到的信息状态(狗)之间的距离的,也不知道他是怎样进行具体的计算的。但是,毫无疑问,他确实进行了这样的"计算"(其实是一种"估量"),并且得出了他自己的结论。

**4. 内容性知识的归纳型生成机制**

如前所说,内容性知识是一种抽象的知识,它的生成机制也更为复杂。图 6.5 示出的是内容性知识生成机制的一种可能的实现途径。可以看到,内容性知识的生成要以形态性知识和效用性知识为前提条件。那么,在生成了形态性知识和效用性知识的基础上,怎样进一步生成相应的内容性知识呢?为了解决这个问题,需要进一步明确:什么是内容性知识?

如前所说,内容性知识就是主体所表述的事物运动状态及其变化规律的含义。对于抽象的内容性知识来说,一种最简单也是最自然的表现方法是用这个内容相关联的形态性知识和效用性知识来联合表示,这就是"与逻辑"算法。具体来说,就是为了要陈述一个概念的内容,就将与这个概念相联系的形态性知识和效用性知识按照逻辑"与"的规则直接关联起来。具体的形式可以表达为:

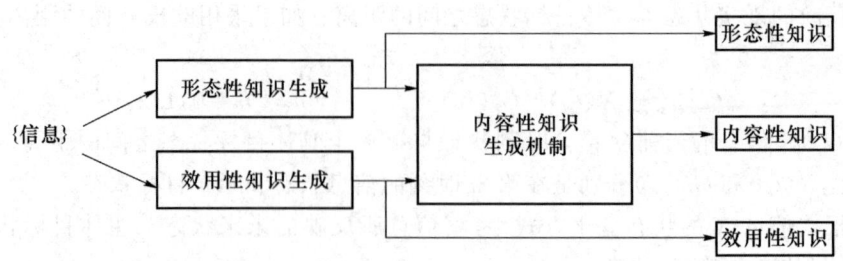

图 6.5　内容性知识生成的功能性模型

**概念内容：具有如此这般的形态"且"具有这般如此的效用**

举例说来，如果给定一个概念"锤子"，怎样才能描述这个概念的内容？虽然"锤子"本身是具体的，但"锤子"这个概念的内容却是抽象的。按照上述"与逻辑"的规则，"锤子的内容"可以表示如下："锤子：金属的柱体和木材的手柄（形态）且用于敲击物体如钉子等（效用）"。

这就表明，抽象的内容性知识可以用具体的形态性知识和同样具体的效用性知识这两者的同时满足的方法来表示。既然如此，抽象的内容性知识也就可以用具体的形态性知识和同样具体的效用性知识这两者的"同时满足"来生成。这是显而易见的道理。基于以上讨论，我们可以构造如下的内容性知识的生成算法。

**内容性知识的归纳型生成机制**　由信息生成内容性知识的原理性算法可以描述如下：

① 利用前述形态性知识生成机制由信息生成形态性知识 $K_F$；
② 利用前述效用性知识生成机制由信息生成效用性知识 $K_U$；
③ 内容性知识的最简单生成机制是直接在形态性知识与效用性知识之间建立一个具有"与逻辑"含义的映射关系

$$K_C \Leftrightarrow K_F \cap K_U \tag{6.27}$$

对于式（6.27）的含义可以这样理解："具有了形态性知识 $K_F$ 且具有了效用性知识 $K_U$ 就意味着具有了内容性知识"。人们可以真实地创造具有具体形态和具有具体效用的事物，却不可能直接去创造没有形态和效用的抽象内容。抽象的内容必定存在于与它紧密关联着的具体形态和效用之中。

## 6.3.2　演绎型的知识生成

以上已经讨论过，演绎型的知识生成就是利用已有的知识生成新的知识。演绎型的知识生成有许多不同的实现途径。由于本书的宏观原理性质，而不是专门研究知识生成方法，这里仅简要讨论两种基本的生成途径：推理与决策。首先讨论推理型的知识生成问题。

**1. 推理型的知识生成**

逻辑推理是"演绎型知识生成"的一种基本形式。这里我们介绍相对粗糙的经验推理和比较严谨的逻辑推理。

**推理规则 6.1**　推理的基本规则形式是

若{前提事物的运动状态和状态变化方式为真},

则{结果事物的运动状态和状态变化方式为真}。 (6.28)

也可用符号表示为

$$\text{Premises} \Leftrightarrow \text{Conclusion} \tag{6.29}$$

其中:符号 Premises 表示推理的相关前提,它可以是单一前提或多个前提;而 Conclusion 则表示推理的结论,可以是单一结论或多个结论;双箭头表示推理的方向和过程。容易看出,在式(6.29)中,无论是推理前提还是推理结论都是某种综合的内容性知识。因此,是基于综合内容性知识的推理。

类比推理是最常用的一种经验性推理。它的基础是"相似性原理"。其含义如下:若事物 $A$ 有 $N$ 个状态,事物 $B$ 也有 $N$ 个状态;且事物 $A$ 和 $B$ 的前 $N-1$ 个状态都相同或相似,于是,如果 $A$ 和 $B$ 的状态变化规律也相同或基本相似,那么,结论"$B$ 的第 $N$ 个状态也与 $A$ 的第 $N$ 个状态相同或相似"也应当为真。我们可以形式化如下:

**推理规则 6.2** 类比推理规则的符号表达式是

$$\text{IF } A=\{A_n\}, \quad B=\{B_n\}, \quad A_n=B_n, \quad R(A) \approx R(B), \quad n=1,\cdots,N;$$
$$\text{THEN } A_N=B_N \tag{6.30}$$

其中,符号 $R$ 表示某个事物运动状态的变化规律。

严格地说,基于经验类比的推理一般不能保证推理结果必然正确,但是在经验和常识范围内却往往有效。而且经验类比推理容易理解,容易操作,容易被接受,因此仍然是一种有用的初级逻辑推理方法。这样,利用类比推理就可以由已有的知识演绎出新的知识。

比较规范的逻辑推理是数理逻辑推理。它包括命题逻辑和谓词逻辑两种规范。数理逻辑推理的基本特征是:基于事物之间存在的某种因果性联系或者某种默认的关系,建立了一套严格的推理公式和推理程式。下面是熟知的命题逻辑和谓词逻辑推理规则。

**推理规则 6.3** 典型的命题逻辑和谓词逻辑推理规则包括

$$W_1, W_2, \cdots, W_N \Rightarrow \wedge_{n=1}^{N} W_n \tag{6.31}$$

$$W, W \rightarrow V \Rightarrow V \tag{6.32}$$

$$(\forall x) W(x), A \Rightarrow W(A) \tag{6.33}$$

运用这些基本推理规则和其他有关规则,可以相当有效地进行许多重要的推理。例如,人们熟知的"三段论"逻辑推理就可以很容易表达出来:

大前提　人都是要死的。

小前提　苏格拉底是人。

结论　　苏格拉底也是要死的。

或写成数理逻辑表达式则是

$$(\forall x)\{\text{MAN}(x) \rightarrow \text{MORTAL}(x)\}$$
$$\text{MAN}(\text{SOCRATE})$$
$$\text{MORTAL}(\text{SOCRATE})$$

而且可以很容易运用推理规则和"归解原理"证明:结论逻辑为真。

同样可以看出,在数理逻辑推理公式中,前提和结论也都是综合的内容性知识,因此也是基于综合内容性知识的推理。

经典逻辑推理虽然已经自成体系,但是也还有许多问题没有充分考虑。于是就导致了一系列新的逻辑系统(即所谓非标准逻辑)的陆续问世。

首先,知识通常都通过语言表达,而语言学常常包含大量的模糊现象。因此,作为对于经典标准逻辑的补充,模糊逻辑得到了越来越多的关注。模糊逻辑是通过在经典逻辑的基础上引入模糊因素而形成的。模糊因素可以表现为或者前提模糊,或者结论模糊,或者推理模糊,或者前提、结论和推理均模糊的情况。例如,下面的推理就是一个典型的模糊推理:

"如果(能说一口流利的普通话),那么准是(在中国住了相当长的时间。)"

在这里,推理的前提"能说一口流利的普通话"(有多流利?)和结论"在中国住了相当长的时间"(有多长?)都是模糊的;而且由前提到达结论的推理本身也是模糊的,因此才会有"准是"(有多大的可能性?)这样的模糊表述。一般地,模糊推理的形式化表示为推理规则 6.4。

**推理规则 6.4**　首先,模糊推理的公式可以表示为

$$\text{IF}(模糊条件) \rightarrow \text{THEN}(模糊结论) \quad 置信度(b) \tag{6.34}$$

对照前例,式中的含义一目了然,而 $0 \leq b \leq 1$ 是推理置信度(模糊度)的表示。

其次,经典的标准逻辑不能表示语言的情态。因此,作为补充,人们又提出了所谓的模态逻辑。它是通过在一阶谓词逻辑的基础上引入"必然"算符和"可能"算符而形成的。此外,为了表达逻辑推理中的时间概念,又引入了时序逻辑等。

最后,特别指出,有时一个推理规则可能会得出多个不同的推理结论,这时就需要计算由前提到达各个不同结论的综合内容性知识量,然后选择其中最大者作为优选的结论,即:

若有

$$K(\Gamma_{k0}) = \text{Max}_{k} \{K(\Gamma_k)\} \tag{6.35}$$

则选择第 $k_0$ 个结论作为优选的推理结论。

可见,知识推理和知识度量之间存在密切的关系,后者是前者必不可少的理论基础。在某些情况下,没有知识量的比较,就不可能进行结论的合理选择。

**2. 决策型的知识生成**

决策,就是面对给定的问题、环境和目标,利用所得到的知识选择适当的策略来求解给定的问题,以期达到最大的得益或最小的损失。这也是知识生成的一种重要模型:已有的知识包括关于问题及其环境的知识,关于目标的知识,需要生成的新知识则是由此演绎出来的用以求解问题的策略(之前已经讨论过,策略也是一种知识,称为策略性知识)。

在这里直接发挥作用的是效用性知识。不过,由于它总是建立在形态性知识和内容性知识的基础之上,因此实际上发挥作用的应当是综合效用性知识。如果把问题的"综合效用性知识量"定义为求解问题的目标函数,那么最有利的求解策略就是能够使综合效用性知识量达到最大值的策略。这种策略就被称为"最大综合效用性知识量"决策准则。这是一种典型的基于知识的决策。

值得指出的是,作为目标函数的"综合效用性知识量"不但直接体现了决策问题的目标(效用性知识量),而且也把环境的约束条件(问题状态的肯定度分布和逻辑真实度分

布)同时表达出来了,实际上集目标函数和约束条件于一身。

具体地,假设决策问题 $X$ 有 $L$ 种可能的状态 $\{x_l\}_{l=1}^L$。又假定这些状态的肯定度分布和逻辑真实度分布分别为 $\{c_l\}_{l=1}^L$ 和 $\{t_l\}_{l=1}^L$。进一步,假定存在 $K$ 种不同的求解策略 $\{a_k\}_{k=1}^K$。显然,不同的求解策略不会改变状态肯定度和真实度这些客观参数,因此对所有 $k$ 和 $l$ 应当有:$c_{kl}=c_l, t_{kl}=t_l$。但是,状态的效用度却必然因策略的不同而不同,即 $u_l$ 应与策略有关,因而必须改写为 $u_{kl}, \forall l, \forall k$。这样就可以得到一个决策矩阵:

$$\begin{bmatrix} a_1 & u_{11} & u_{1l} & u_{1L} \\ a_k & u_{k1} & u_{kl} & u_{kL} \\ a_K & u_{K1} & u_{Kl} & u_{KL} \end{bmatrix} \tag{6.36}$$

由式(6.36)所示的决策矩阵可以建立相应于各个策略和状态的综合效用度:

$$\eta_{kl} = c_l t_l u_{kl}, \quad \forall l, \forall k \tag{6.37}$$

至此就可以利用式(6.37)分别构造它们的先验综合效用性知识量。这里要根据 $\{\eta_{kl}\}$ 是否归一区分两种情况。如果归一,则有

$$K(\eta_k) = \sum_{l=1}^{L} \eta_{kl} \log \eta_{kl} + \log L \quad \forall k \tag{6.38}$$

否则有

$$K(\eta_{kl}) = \eta_{kl} \log \eta_{kl} + (1-\eta_{kl}) \log(1-\eta_{kl}) + \log 2 \quad \forall l \tag{6.39}$$

$$K(\eta_k) = \frac{1}{L} \sum_{l=1}^{L} K(\eta_{kl}) \quad \forall k \tag{6.40}$$

由此可以得到如下的基于综合效用性知识量的决策规则。

**决策规则 6.1** 根据"最大综合效用性知识量"准则,基于综合效用性知识量的决策规则可以表示为

$$\text{IF } K(\eta_{k0}) = \max_{\forall k}\{K(\eta_k)\}$$
$$\text{THEN choose } k_0 \tag{6.41}$$

由式(6.38)至式(6.41)所描述的基于综合效用性知识量的决策规则是具有普遍意义的决策规则。可以看出,有了综合效用性知识,就有可能做出合理的决策。

不过也要看到,公式中有一些参数(如肯定度和真实度)是通过统计或其他方法得到的,具有一定的客观性;另一些参数(特别是效用度)的赋值则存在很强的经验色彩。因此,一个好的决策者不但要具有决策理论的科学知识,而且要具有比较丰富的决策经验和决策艺术,这样才能真正做出好的决策。这就是为什么人们经常说"决策,既是一门科学,同时又是一门艺术"的道理。

有趣的是,如果把这个规则作一些简化处理就可以发现,历史上已有的许多重要和著名的决策规则实际上都可以在一定意义上看作"基于综合效用性知识量的决策规则"这个普遍规则的简化规则。

先来看简化基于知识的决策规则。例如,把式(6.38)简化为

$$K(\eta_k) \approx \sum_{l=1}^{L} \eta_{kl} = \sum_{l=1}^{L} c_l t_l u_{kl} \tag{6.42}$$

进一步,若令 $t_l = l, \forall l$,即认为所有状态都为真,同时假设决策问题是随机性事件,那么

肯定度就退化为概率,式(6.42)就化为

$$K(\eta_k) = \sum_{l=1}^{L} p_l u_{kl}, \quad \forall k \tag{6.43}$$

于是,决策规则(6.41)就化为:

**决策规则 6.2**

$$\text{IF } \sum_{l=1}^{L} p_l u_{k_0 l} \geqslant \sum_{l=1}^{L} p_l u_{kl}, \quad \forall k$$
$$\text{THEN choose } k_0$$
$$\text{ELSE choose others} \tag{6.44}$$

这恰好就是决策学的著名的 Bayes 决策规则。显然,它是"基于综合效用性知识量决策规则"的一个特例。

同样,容易证明,著名的极大极小决策规则也是基于知识的决策规则的简化规则。

**决策规则 6.3** 极大极小决策规则是:

$$u_{\text{opt}} = \max\{\min[u_{kl}]\} \tag{6.45}$$

它的基本操作过程是:在决策矩阵$\{u_{kl}\}$, $k=1,\cdots,K$,且 $l=1,\cdots,L$ 中,首先找出每一行各元素 $u_{kl}$, $l=1,\cdots,L$, $\forall k$ 的最小值(即每个策略的最小得益),然后在所有各行的最小值之间挑选最大者(即挑选"最佳"策略)。可见,极大极小决策规则连每个策略的平均得益都不计算,只关心每个策略的最小得益(因此是最保守的规则)。它所选择的策略实质是极大的极小得益,因而有"极大极小"决策规则的名称。显然,极大极小决策规则是综合效用性知识决策规则的特例。

# 第 7 章  知识激活原理:谋行论

信息科学的研究目标是扩展人类信息器官的功能,特别是扩展作为这些信息功能的有机整体,即智力功能。具体地说,人类的智力功能是由信息获取、信息传递、知识生成、策略生成、策略传递、策略执行等功能构成的有机整体。

本篇前 3 章先后讨论了信息获取、信息传递和信息认知的基本原理。它们是信息科学原理的重要组成部分,因为如果没有信息和知识,后续高级环节就没有赖以存在的基础。不过,获得信息和知识并非信息过程的最终目的。人们获得信息和知识的最终目的是要利用它们来生成解决问题的策略,因为只有寻求到解决问题的策略,人们才能够凭借策略的实施来改造和优化人类生存发展的环境。

应当明确:没有信息和知识,不可能生成正确的策略。这是显而易见的。但这也不等于说,有了信息和知识就一定可以生成正确的策略。问题并没有这么简单。即使有了信息和知识,如果没有明确的目标,生成策略的过程就没有方向,同样也不能(或者很难)有效地生成正确的策略。可见,从拥有信息到生成策略,其间需要对信息、知识、目标进行科学加工。只有对充分的信息、必要的知识、明确而合理的目标进行综合的演绎,才可能产生新的飞跃,从而生成用以问题求解的智能策略。

在目标的牵引下把知识演绎成为求解问题的策略的过程称为"知识的激活",它是整个信息过程的核心环节。此前讨论的信息获取、信息传递和知识生成都是为了生成策略而准备的基础条件,后续研究的策略传递和策略执行则是为了实施策略。

本章将深入探讨知识激活的基本原理以及实现途径。它是信息转换过程中最关键的环节,也是信息转换原理的核心与制高点。

## 7.1 知识激活概说

知识既是人类认识世界的基础,也是人类认识世界的结果。一方面,知识成为人类改造世界的利器;另一方面,知识成为人类改造世界的战利品。但是,从人类活动的总体战略来说,认识世界是手段,优化世界才是目的。人类只有通过优化世界,才能实现自己更好的生存和发展。知识本身并不直接改变客观事物的状态,知识只有被激活成为策略,才能被人们用来正确地解决各种复杂的实际问题,从而达到优化世界的目标,才能真正发挥出积极的作用。因而,我们认为只有"活的"知识才是知识的价值所在,才能体现出"知识就是力量"。

所谓"知识激活",其根本目的是将知识转变为一种用于优化世界的动态程序。各类知识可能存在于知识库、图书馆、甚至是人们头脑中。无论知识的形态如何,只要被转变为动态程序,就形成了求解各种问题的"策略"。

策略本身也是一种知识,同时也可视为信息。但策略主要揭示的并非"事物本身"的运动状态及其变化规律,而是主体应当怎样去改变事物的状态以达成目标,同时符合客观规律。也就是说,策略告诉人们的主要不是"是什么和为什么",而是"如何做"。如果说知识的直接作用是认识世界,那么策略的作用则是用来指导人们解决问题和优化世界。因此,"知识激活"的要点是将静态知识转换为动态策略。

那么,我们自然要问,知识是怎样被激活成为策略的?知识激活的本质机制是什么?这就涉及人类智能活动,也因而涉及人工智能系统工作的基本问题。

我们先考察人类的智能活动的模型。它的基本工作机制是:针对给定的问题以及问题的领域知识和问题的求解目标,智能系统必须首先获得关于问题和目标的信息,根据这些信息生成求解问题所需要的知识,并在目标的引导下由知识生成求解问题的策略,然后把策略转变成行为作用于问题,从而成功地解决问题,实现预期的目标。

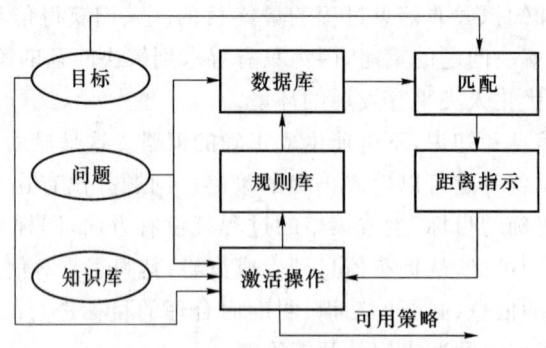

图 7.1　人工智能系统模型

由此可见,知识的激活是智能系统的核心环节[93]。图 7.1 展示了人工智能系统的工作模型,描述的是一个人工智能系统的逻辑模型。其中,系统的"问题、目标、数据库"分别表示在模型左边三个椭圆中。数据库表示了问题的初始状态(也就是问题求解的起点),目标则规定了问题求解的"终点状态"。知识库和规则库表示了求解问题所需的知识和操作规则。系统的工作过程可以描述如下:激活操作从规则库选取具体规则作用于数据库,使问题的初始状态转变成为一个新状态。这个新状态与目标状态之间的差距及其增大减小的状况则由距离或差异测度指示出来。如果两个状态之间的差距缩小了,说明激活操作是有效的;反之则是无效或负面的。进一步,距离测度被反馈给激活操作单元,后者就可以根据这个效果来改进激活操作,使距离测度朝减小的方向变化。一旦这个距离的测度为零,或者变成可以接受的大小,就认为问题得到了满意的解决。这样,系统就可以把有效的规则选取顺序以及相应的规则作为问题求解的可用策略输出。

在人工智能系统中,知识库的知识和规则库的规则是由系统设计者事先设定的。它们都是求解问题需要的先验知识。数据库的数据和求解目标则是随着问题的输入而给定的。作为知识存储载体的知识库和规则库是人工智能系统不可或缺的组成部分。但是,面对具体的问题,更为重要的是需要有明智的激活操作方法来调度使用这些知识。也就是说,系统需要确定在哪个进程上调用哪个规则,作用于数据库的哪个知识状态,才能逐步把问题从初始状态转变到预期的目的状态使问题得到最终解决。所以,激活操作方法的获得是整个智能系统的核心环节。事实上,激活操作中的那些有效操作序列就构成了最终的"可用策略"。

可以看出,激活操作方法的好坏体现了智能系统的智能水平。如果说整个人工智能系统体现了完整的智能过程,那么激活操作方法所产生的策略就是整个智能过程的核心部分,也可以称为"核心智能"。为此,我们就可以把被称为核心智能的"策略"称为"智能策略"。实际上,若是没有激活操作的调度和激活,知识原本是静态的和刻板的,激活操作使静态的知识变成了活的知识,变成了可以解决问题的知识。因此,把知识转换成智能策略的过程就是知识被激活的过程。

有趣的是,我们发现除知识内生态规律之外的另外一个重要规律。我们先回顾第6章所讨论的**知识内生态规律:经验知识-规范知识-常识知识的转换**。这个规律揭示了知识被激活为智能策略的核心过程。与之相应,知识理论存在另一个非常重要的规律,这就是**"知识的外生态规律:信息-知识-智能策略的转换规律"**。我们将这两者结合,就得到了完整的"知识生态规律"。这是一个非常重要的发现。

知识的外生态规律不仅完善了人们对于知识规律的认识,而且还从本质上揭示了"智能策略的生成机制",因而具有巨大的科学意义。为此,我们应当特别关心的是,如何将一般知识激活为能够有效解决问题的智能策略?这是本章要探讨的核心问题。

目前,激活操作方法可以称为元知识,这种知识的形成还没有一般性的方法。其中,比较成熟的是搜索方法,包括盲目搜索方法和启发式搜索方法。盲目搜索方法通过逐一的尝试,才能最终找出解决问题的策略——问题求解的路径。它的一个明显不足是没有利用与问题有关的任何信息和知识,因此是智能程度最低的方法。启发式搜索方法则利用了问题的效用性知识来建立解决问题的策略。它巧妙地利用了图7.1的"距离测度"提供的指示。我们注意到,这里的"距离测度"同时要给出"距离大小和方向"的评估测度,从而可以判断现有策略的优劣程度。此外,还可以根据"距离增大或减小"的变化情况,指示出策略改进的方向。显然,这种评估测度实际上就是之前讨论过的效用性知识的测度。

这里有个重要启示,就是激活效果或者效用性知识的反馈至关重要。若系统能将行为与效果关联,即可明确方向——保留效果好的激活操作;丢弃效果不好的激活操作。

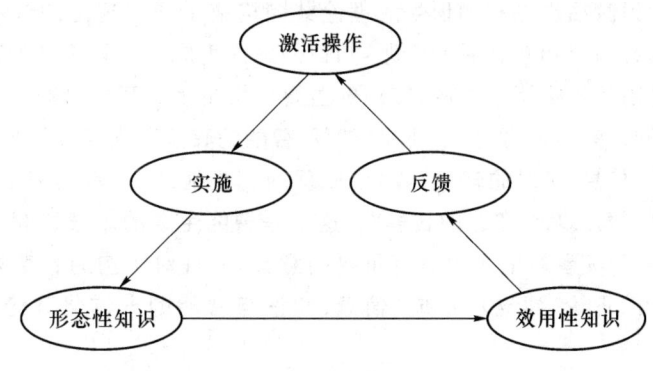

图7.2 知识与策略(知识激活)

图 7.2 给出了一种基于反馈调节学习机制的示意模型。该模型的工作过程如下：一个子过程是形态性知识改变，也就是通过把激活操作实际作用于所要求解的问题，就会改变问题的状态，从而改变了问题的形态性知识；而不同的问题状态（不同的形态性知识）则必然会显现出对于求解目标而言的不同的效果（效用性知识）；另一个子过程是效用性知识的利用，也就是把这个效用性知识通过反馈机制送给激活操作单元就可以确定这个操作是否需要保持还是修正。可见，通过"操作-反馈-判断-调整"的动态学习机制，激活的操作便逐步得到了优化，知识也由此得以被调度、激活，求解问题的智能得以形成，待求解的问题便在这个过程中得到了满意的解决。

需要注意的是，图 7.2 中的知识只显示了形态性知识和效用性知识的作用，而没有表现出内容性的知识的作用。这是一个有趣的现象。回顾第 6 章所讨论的"内容性知识的生成机制"可知：抽象的内容性知识是通过具体的形态性知识和效用性知识两者的联合满足而演绎出来的。所以，只要生成了具体的形态性知识和直接相关的效用性知识，内容性的知识也就自然生成了。为了使图更为简洁，内容性知识就不必在图中显性标注。

对比图 7.1 和图 7.2 的机制，可以得出"知识激活"的四个基本原理：①按照智能的基本定义，知识激活的有效方法集中体现了求解问题的智能，因此把知识激活成为智能，就是要在目标引导下由相关知识生成求解问题的策略。②在目标引导下由知识生成策略的基本方法，不仅要在激活操作单元与体现问题求解状态的知识单元之间建立实施关系，还要在知识单元与激活操作单元之间建立激活操作效果的反馈联系。③激活操作的效果的好坏可以利用综合效用性知识测度的方法来度量。④知识单元的知识要表示出形态性知识和效用性知识。形态性知识主要用来显示问题求解的当前状态，效用性知识则用来反馈给激活操作单元，用以判断是否应当保持还是需要修正激活操作方法。

综上，形态性知识和效用性知识的表示与度量，形态性知识的调控，效用性知识的反馈，它们共同构成了激活知识生成策略的基本要素。如果没有这些知识，没有对于知识的操作和反馈，那么生成策略就会成为空中楼阁。当然，这里提出的激活原理是其中一种可行的机制，更丰富的结果有待进一步的研究。

但是，从图 7.2 的分析已经可以看出，只要给定明确的问题和目标，知识是可以被激活的，知识是可以通过激活操作而转变成为有效的智能策略的。

值得指出，知识激活理论和知识生成理论共同构成了知识理论的核心。基于这一理论，可以系统地回答两个相互联系的问题：知识是怎样生成的？知识又如何发挥作用？答案很明显：知识是由信息提炼生成的；知识的主要作用是生成智能策略。

如上所说，"知识激活原理"的实质是**"知识-智能的转换"**，而第 6 章所阐明的"知识生成原理"的实质是**"信息-知识的转换"**，两个原理的有机地结合，就是完整的"知识外生态学规律"，也就是**"信息-知识-智能的转换"**。这正是**智能生成**的**本质机制**。揭示智能生成的本质机制不仅对于完善智能理论具有重要的意义，而且对于沟通长期处于分离状态的信息、知识和智能的理论、建立和形成**"信息、知识与智能的一体化理论"**也具有重要的意义。

本章以下部分将讨论实现"知识激活原理"的各种重要途径。

## 7.2 经验知识的激活：人工神经网络方法

经验知识是认识论范畴的概念。它是人类在改造和优化世界的长期活动中逐渐摸索和总结出来的，其主要内容是关于"如何成功掌控事物运动状态及其变化方式从而改善自己生存与发展环境"的描述。1943年，W. McCulloch 和 W. Pitts 最早提出神经网络模型，这就是人工神经网络研究的开始，其目的是要模拟人类智能的原型来研究和建造人工智能系统。本节将会阐明，人工神经网络是一类通过大规模信息样本训练而逐渐积累"经验性知识"，进而形成"经验性智能策略"的人工智能系统。它们是典型的通过经验知识的激活而获得策略的人工智能系统。既然人工智能的原型是自然智能（特别是人类的智能），那么，探究自然智能（特别是人类的智能）的奥秘便成为研究智能科学技术的重要途径。

我们关心的问题是：人类是怎样通过摸索来学习经验知识的？为此，首先来考察人类智能活动的宏观过程。当人类面对具体的问题、问题的环境约束和预期目标时，首先要通过感觉器官获得关于这些问题-环境-目标的信息（称为**"原始信息"**或**"生信息"**），并通过输入方向的传导神经系统把这些信息传送给思维器官。在后者这里，这些"生信息"首先经过非认知性的预处理（如排序、分类、过滤、去除冗余以及进行某些必要的数值计算和必要的逻辑处理等）变成有序的便于利用的**"可用信息"**或**"熟信息"**，然后通过认知过程把这些"熟信息"转换为相应的**知识**，进而在目标引导下把知识激活成为能够满足环境约束、解决问题、达到目标的**智能策略**，再通过传出方向的传导神经系统把智能策略传送到效应器官，在这里把智能策略转换为相应的**智能行为**，从而在满足约束的条件下达到预期的目标。

从器官层面而言，人类的"广义的智能系统"是包含感觉器官、神经系统、思维器官和效应器官在内的完整系统。"狭义的智能系统"则是其中执行认知与决策功能的思维器官。这里，我们把主要的注意力集中在思维器官（大脑）的结构与功能是合理的。

回顾脑神经科学的基础知识可知，人类大脑表面覆盖的大脑皮质由大约 $2\times10^{10}$ 个神经元和更大数量的神经胶质细胞以及神经纤维构成。皮质的神经元和神经纤维都呈层状排列，神经元之间存在大量的连接，构成大规模的复杂神经网络。它们之间的连接的广泛性和复杂性，使皮质具有高度的分析与综合能力，构成了思维活动的物质基础。随着神经科学的发展，特别是脑电图（EEG）和功能性磁共振成像（fMRI）技术的发展，神经网络的结构对于大脑活动的影响被细致地描绘。但是，意识和思想是如何产生的，还未有定论。也许这个探索将为人工智能的发展带来更多的空间。

下面介绍人工神经网络方法。

基于大脑皮层神经元和神经网络的工作原理，人们试图按照"自底向上"的方法构建人工神经网络，从而模拟人类大脑的智力功能。最原始的思想是构建单个神经元的数学模型。1943年，McCulloch 和 Pitts 提出了神经元的数学模型。之后，这个模型演变为图 7.3 所示

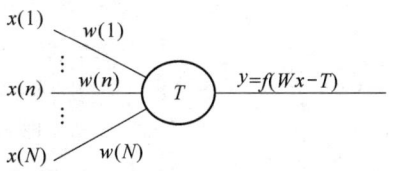

图 7.3 人工神经元感知机模型

的结构——人工神经元感知机(Perceptron)模型。根本上,人工神经元是一种非线性信息处理单元。

图 7.3 中,生物神经元被表示为具有触发阈值 $T$ 的信息处理单元,树突被表现为相应的总数为 $N$ 的输入连接,可以把 $N$ 维的外部刺激 $X$ 输入到神经元,树突与处理单元之间的连接强度被表示为相应的权系数 $W(n), n=1,2,\cdots,N$,轴突则被表现为工作单元的输出连接,处理单元的输出为 $Y$,它在数值上与输入矢量 $X$、权值矩阵 $W$ 和阈值 $T$ 构成如下的函数关系:

$$Y = f(XW - T) \tag{7.1}$$

其中,$X=(x(1),\cdots,x(n),\cdots,x(N))^t$,常记为 $X=(x_1,\cdots,x_n,\cdots,x_N)^t$,$W=(w(1),\cdots,w(n),\cdots,w(N))^t$,常记为 $W=(w_1,\cdots,w_n,\cdots,w_N)^t$,它们分别是神经元的输入矢量和权重矢量,上标 $t$ 是时刻信息,$f$ 是开关形式的非线性函数。图 7.3 表示的人工神经元感知机模型也被称为"人工神经元感知器(Perceptron)",它是一种最简单的神经网络模型,具有一定的模式分类能力。事实上,以上感知机的神经元输出的激活函数有两种常见的形式:一种用于离散神经网络,称为符号函数,通常用 sgn 表示;另一种用于连续神经网络,称为 Sigmoid 型函数。它们的表达式分别为

$$\operatorname{sgn}(x) = \begin{cases} 1, & x \geq 0 \\ 0, & \text{其他} \end{cases} \tag{7.2}$$

与

$$f(x) = \frac{1}{1+e^{\lambda x}}, \quad \lambda > 0 \tag{7.3}$$

基于以上基本的神经元,可以构建形成具有复杂连接的人工神经网络。它是对生物神经网络的简化模拟。图 7.4 表示了人工神经元之间互相连接构成人工神经网络的情形。

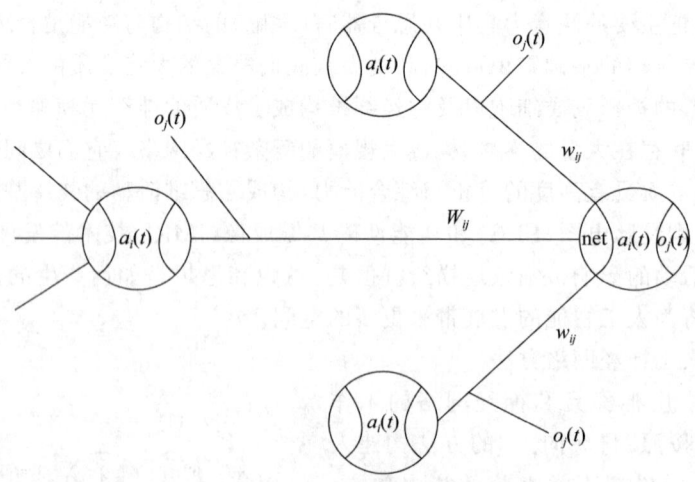

图 7.4 神经网络模型

图 7.4 中示出了 4 个人工神经元连接而成的神经网络。从第 $i$ 个神经元看,它从其他的周边神经元获得的净输入为

$$\text{net}_i = \sum_j w_{ij} o_j \qquad (7.4)$$

第 $i$ 个神经元在 $t$ 时刻的状态 $a_i(t)$ 为

$$a_i(t) = g_i(a_i(t-1), \ \text{net}_i(t-1)) \qquad (7.5)$$

$g_i$ 是某个运算函数,第 $i$ 个神经元的输出为

$$O_i(t+1) = f_i(a_i(t)) \qquad (7.6)$$

其中,$f_i$ 称为第 $i$ 个神经元的激活函数。

在简单情形下,对于 Sigmoid 型的阈逻辑神经元就有

$$O_i(t+1) = \text{sgn}\Big[\sum_j w_{ij} O_j(t) - T_i\Big] \qquad (7.7)$$

其中,$T_i$ 是第 $i$ 个神经元的阈值。

应当指出,建构人工神经元和人工神经网络模型只是研究和模拟人类大脑思维能力方面的一个必要步骤。然而,网络本身只是生成知识和智能的物质基础,仅有物质基础而没有工作机制还不能生成知识和智能。因此,比构建人工神经网络更加重要的工作是了解和模拟人类大脑神经网络的工作机制,后者才是大脑神经网络真正的灵魂,或者说是指挥神经网络进行工作的一只"看不见的手"。这是因为,只有在正确的工作机制的操作之下,神经网络才能正确地发挥作用。这就是"无形(的工作机制)胜于有形(的神经网络)"的写照。

目前,人们对于人类大脑神经网络的工作机制的认知仍处于初级阶段。在人工神经网络中,工作机制通常体现为"学习算法",而且是比较简单的学习算法。它的基本思想是把人工神经网络学习的过程看作是一种函数逼近的过程。具体来说,如果用一个多变量连续函数 $h(X)$ 来代表原型神经网络,而用一个带参量 $W$ 的函数 $H(W,X)$ 来代表人工神经网络,那么用人工神经网络来模拟原型神经网络的问题就变为用 $H(W,X)$ 来逼近 $h(X)$ 的问题。为此,就可以针对 $x$ 的一组训练样本来训练合适的参量 $W$,使得能够满足

$$d[H(W,X), h(X)] \to 0 \qquad (7.8)$$

这个训练学习过程的本质是:在给定目标函数 $h(X)$ 的情况下,利用训练样本 $X$ 对权重矩阵为 $W$ 的人工神经网络进行训练,找到适当的 $W$,使得人工神经网络的性质或行为逼近于 $h(X)$。对此,人们提出了通用的人工神经网络学习规则,通过不断调整最终确定权重 $W$。令 $r$ 为学习函数,它应与理想输出 $d$、训练输入 $X$、相关权重 $W$ 的某种函数有关,具体如下:

$$r = r(W_i, X, d_i) \qquad (7.9)$$

其中的权值增量 $\Delta W$ 应与学习函数 $r$ 及训练输入 $X$ 的积呈现某种增函数关系,具体如下:

$$\Delta W_i(t) = crX = cr[W_i(t), X(t), d_i(t)]X(t) \qquad (7.10)$$

且

$$W_i(t+1) = W_i(t) + \Delta W_i(t) \qquad (7.11)$$

式(7.10)中的 $c$ 是学习常数。

不难理解,式(7.10)表示的抽象定义是有一定道理的,因为学习函数 $r$ 体现的就是在训练过程中权值调整的一般规则,它应当与训练的输入、当前的权值以及理想的输出有一

定的关系。

一旦学习函数的定义具体化了,那么权值的调整(训练学习)规则也就随之具体化了。比如,假定学习函数是神经元的实际的训练输出

$$r = f(W_i^T X) \tag{7.12}$$

就可以得到著名的人工神经网络赫布(Hebbian)规则:

$$\Delta W_i = c f(W_i^T X) X$$

$$\Delta W_{ij} = c f(W_i^T X) x_j = c o_i x_j \tag{7.13}$$

又如,若学习函数是"实际训练输出与理想输出之间的差值":

$$r = d_i - o_i, \quad o_i = \text{sgn}(W_i^T X) \tag{7.14}$$

则可以得到感知机(Perceptron)学习规则:

$$\Delta W_i = c(d_i - \text{sgn}(W_i^T X)) X \tag{7.15}$$

且

$$\Delta W_{ij} = c(d_i - \text{sgn}(W_i^T X)) x_j \tag{7.16}$$

其中,$i$ 是神经元的输入端数量,$j$ 是训练样本数量。

总结以上的讨论可以体会到,人工神经网络通过训练学习的方法所获得的智能问题求解(如模式分类、故障诊断等)的知识和能力,属于经验性的知识和能力。这样获得的知识和能力,可能因为训练样本的数量不够或者训练样本的质量不高而受到损失。虽然人们可以通过各种改善样本的数量和质量的方法来改进智能求解的智能水平,但是前向人工神经网络属于"经验知识支持的人工智能系统"这个属性不会因此而改变,所改变的只是这种经验知识的成熟程度而已。

近年来,基于多层结构的深度神经网络(Deep Neural Networks,DNNs)发展迅猛,成为人工智能领域的关键技术之一。这些网络通过模拟人脑神经元的连接方式,构建了复杂的层次化处理模型。深度神经网络之所以能够取得如此显著的成果,主要得益于其强大的非线性映射能力和层次化特征提取能力。在多层结构中,每一层都能够学习到数据的不同层次的特征。此外,随着计算能力的提升和大数据的广泛应用,深度神经网络的训练变得更加高效,能够处理更大规模的数据集。深度学习技术中包括一系列新的网络结构,如卷积神经网络(CNNs)[36]、循环神经网络(RNNs)[32]、长短期记忆网络(LSTMs)[37]等,这些网络结构进一步提高了深度学习在特定领域的应用效果。然而,深度神经网络也面临着一些挑战,如模型的可解释性等。

## 7.3 规范知识的激活:专家系统

如前所说,规范性知识是由"欠成熟的"经验性知识通过完善和验证而提炼获得[58],因而是一种"成熟的"知识形态。在一定意义上,通常的科学技术和文化知识都属于规范性知识的范畴。知识是认识论范畴的概念,它描述的是"事物运动的状态及其变化规律",具有形态性知识、内容性知识、效用性知识三个分量。为了研究的简明和方便,在探讨规范知识所激活的智能策略实现方法的时候,可以分别探讨形态性知识的激活方法、内容性知识的激活方法以及效用性知识的激活方法。

## 7.3.1 形态性知识的激活

反映事物运动状态及其变化规律的形态性知识既是最基本的知识层次也是最简单的知识层次。因此,本书先来讨论由形态性知识激活的智能策略生成理论,包括形态性知识激活的智能策略生成一般模型及其基本方法。

**1. 一般模型**

形态性知识是关于事物的运动状态及其变化规律的形式方面的知识。因此,由形态性知识激活的智能策略生成方法特别适用于"只关心问题的形式而不关心问题的内容和价值"这类问题求解的场合。

在概念上不难判断,**把形态性知识激活(转换)成为求解问题的形态性策略,最直观而有效的方法是"搜索和形式匹配"方法**。这是因为,问题求解的"目标",总是蕴含在问题的要素之中;否则,问题求解就不可能。于是,通过在问题的各个可能的要素中进行搜索和比对,只要找到在形态上能够与目标相匹配的要素,从这个要素到达目标的途径就是问题求解的答案。

对于这类问题的求解,一种常被采用的问题表示方法是状态空间方法。利用这种方法来描述"问题"、"目标"和求解问题所需要的"先验知识"的时候,通常需要:①设置一个包含"待求问题"所有可能状态的**状态空间**;②在所定义的状态空间中指明解决问题的出发点,即**初始状态**;③在所定义的状态空间中指明代表问题解答的状态,即**目标状态**;④指定一组可以使问题状态发生转移的规则(**先验知识**),以便利用这些规则使初始状态能够在相关约束条件限制下转移到目标状态,求得问题的解答。

在开始求解问题之前,最重要的是要获得有关问题及问题求解的必要信息,包括问题初始状态的信息和求解目标信息,以及与问题求解相关的先验知识信息。它们是"基于信息转换方法"所需要转换的"信息"。在给定了与问题相关的信息之后,需要考虑的第二个问题就是给定用来支持知识激活方法的"知识"。人工智能系统正是要把这些"知识"激活成为"问题求解"的策略。在这里,求解问题的知识就是给定的"先验知识"。由于它是一组形如"若(满足条件),则(生成结果)"的形式化规则,只要在形式上满足了规则的条件,就直接产生相应的结果。因此,它确实是一种"形态性知识"。

利用上述问题的信息和形态性知识来求解具体问题的过程,可归结为一种简明的模型,通常称为"**产生式系统**"。它包含以下三个组成部分:

① 一个或多个**总体知识库**。它应当包含有关问题的各种信息,如初始信息、环境信息、目标信息、关系信息等,并以适当的方式把这些信息组织起来,以便在求解具体问题时利用。知识库内有一部分信息是通用的,另一部分信息则只是与当前的问题有关,是专用的。这就是"**信息表示**"。

② 一个**规则集**。每个规则表示一种状态转移的方式。它可以用"IF(若)→THEN(则)"的形式来表现。IF 表示这个规则的适用条件,THEN 表示当规则的条件得到满足时所要产生的转移动作。这就是"**知识表示**"。

③ **控制策略**。它规定了应当以什么顺序来应用规则集内的各个有关的规则,以及在有多个规则同时满足条件时如何在其中选择一个适当的规则。一个控制策略至少要满足

两个条件：第一，要能产生动作，否则无法达到目标；第二，从求得解答的角度看，它应当满足完备性条件，以免丢失目标。

容易理解，把知识激活为策略的过程中知识起着关键的作用。不同的"知识"将被激活为不同的"策略"。一般来说，不完备的知识只能激活为盲目搜索的策略（包括宽度优先搜索策略和深度优先搜索策略）；比较充分的知识可以激活为启发式搜索策略；完备的知识则可以激活为确定性的策略。

现在，我们来看一个利用产生式系统求解问题（即不完备的形态性知识的激活）的具体例子。这是一个九元排序问题，也称为"八子棋(8 Puzzle)"问题，参见图7.5。图7.5已经给出了这一问题的初始状态和目标状态。它们是这个问题状态空间中的两个特殊状态。实际上，这九个元素（包括一个空元）的任何一个排列方法就是这个问题的一种状态。因此，这个状态空间一共有 9! ＝362 880 个不同的状态。用符号串、矢量、数组、树、表等任何一种形式，都可以表示这些状态。这种状态空间的表示就可以作为一个产生式系统的总体知识库，而相应的初始状态的表示就是它的初始知识库。

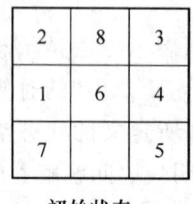
初始状态

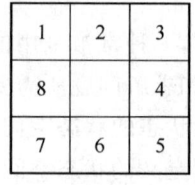
目标状态

图7.5 八子棋图解

九元排序问题的规则集（形态性知识）就是一组"元素的移动规则"。对于这个问题，它的具体规则就是：

① 只有与"空元"相邻的那些元素才可以移动：将这些元素中的某一个转移到"空元"的位置，而该元素原来占有的位置则变成了新的"空元"位置。所以，可以把这种移动看作是"空元"的移动。这样，移动的规则就变成：只有"空元"才能移动。

② "空元"可以在上、下、左、右四个方向移动，只要相应的位置上有代换的元素就可以移动。

③ 不能跨越，不能斜移，也不能超越边界。例如，在图7.5的初始状态下，"空元"已经处在最低行，因此，它只可能左移、右移和上移，而不可能下移。这样，我们就可以用"若空元位于……，则可以向……移动"的形式，来建立问题的全部规则的集合。

在这个例子中，由于已经指明了目标状态，这就规定了移动的终止条件。所以，问题的解答就是使初始状态转移到目标状态的一个移动规则的序列。控制策略就是要选择这样一个适当的移动规则的序列。有时，可能对于问题的求解还要规定一些附加的约束条件，如：以最少的移动次数来实现由初始状态到目标状态的转移。在这种情况下，控制策略就要在所有可能求得解答的移动规则序列中找出能够满足附加要求的序列。

在产生式系统中，总体知识库和规则集两者的作用都是为求解问题的过程提供所需要的信息和知识，包括问题的信息、目标的信息、环境约束的知识及关系的知识。控制策略则是通过对这些信息和知识进行适当的加工而激活的。所以,智能的本质就是面对给定的问题信息,在目标的导控下,把"知识"激活为"策略"的能力。

通过这个例子我们还可以归纳出利用产生式系统来求解问题的一般程序:①由初始知识库获得初始信息,记为 DATA;②如果 DATA 正好为目标,那么程序就结束,否则,转入下一步;③在规则集内选择一个适用于 DATA 的规则 R;④把 R 作用于 DATA,产生一个结果;⑤把这个结果作为新的 DATA,转入第②步。可以看出,在产生式系统的一般工作程序中最重要的是第③步按照怎样的策略在规则集内选出恰当的规则 R,或者说,如何为规则集内的各个规则安排一个恰当的选取顺序以达到目标。

如前所说,利用产生式系统来求解问题,主要包含两方面的任务:问题描述和生成控制策略。问题描述实际上就是信息的获得和知识的表示,或者是知识激活的准备;控制策略的确定则依赖于对这些信息和知识的分析和转换,这就是知识激活的过程。由于前面的章节已经讨论过信息和知识的表示问题,这里不再重述。下面就来考虑策略生成,即知识激活的问题。

**2. 策略生成**

产生式系统求解问题时,控制策略的作用是在求解问题的每个阶段选择正确的规则,使初始知识库逐步转换为目标知识库,并在转换到目标知识库之后保存规则调用的顺序,从而提供求解问题的途径。可是,为了建立优良的控制策略,必须具有足够的信息和知识。事实上,寻求控制策略的过程就是把静态的信息和知识激活为策略的过程。在大多数情况下,问题本身提供的信息和知识往往不充分。因此,这种知识激活的策略往往表现为某种搜索过程。

在利用语法信息和形态性知识的场合,知识库和规则集合提供的信息和知识是纯粹形式方面的,不涉及内容和效用性问题。因此,这样所生成的搜索策略的效率往往不高。现在我们就来介绍一种常用的搜索策略,称为图搜索(Graph Search)。这里,把问题的初始状态、目标状态、其他可能的中间状态,以及这些状态之间的转移关系表达成为一个图。那么,寻找某种规则序列把初始状态转换为目标状态的问题,就等效于在这个图中寻找一条路径从初始节点转移到目标节点的问题。其中,节点就代表状态空间中的状态,路径就代表规则集的转移规则。

图的一种特殊情况称为树。树的每个节点最多只有一个直接上层节点(或称为直接先导节点);没有直接上层节点的节点就是这个树的根节点;而没有直接下层节点(或称为直接后继节点)的节点就是树的端节点。我们规定树的根节点的深度为零,其他节点的深度则等于它的直接上层节点的深度加 1。在节点序列 $(n_{i1}, n_{i2}, \cdots, n_{ik})$ 中,若每个节点 $n_{ij}$ 只有一个直接后继 $n_{i(j+1)}$,$j=1,\cdots,k$,那么这个节点序列就称为长度为 $k$ 的一个路径。如果在节点 $n_i$ 与 $n_j$ 之间存在一条路径,就称节点 $n_j$ 为可由 $n_i$ 连通,节点 $n_i$ 就是节点 $n_j$ 的先导,$n_j$ 则是 $n_i$ 的后继。

图搜索的最简单情形,就是要寻求一条路径把一个代表初始状态的节点 $S$ 和另一个代表目的状态的节点 $t$ 相连通。当然,在许多场合,满足终止条件的状态可能不止一个,因此代表这些状态的节点也不止一个,而是一个节点集 $T$,称为目标集,它的每个成员则称为目标节点。在这种情形下,所要寻求的路径一端与 $S$ 相连,另一端可以和 $T$ 中的任

一个目标节点 $t$ 相连。这里,我们再定义一个"直接后继算子":所谓直接后继算子可以看作是一种函数,把它作用于某个节点时,就可以得到这个节点的全部直接后继。我们把这个过程称为节点的扩展。

一般性的图搜索程序可以叙述如下:

① 给出一个搜索图 $G$,开始时只包含起始节点 $S$。把 $S$ 置入 OPEN 表内。

② 设置一个 CLOSED 表,开始的时候它是空的。

③ 若 OPEN 表是空的,则失败,程序结束。否则转入④。

④ 在 OPEN 表中选出第一个节点,把这个节点从 OPEN 表中移出,置入 CLOSED 表内,称这个节点为节点 $n$。

⑤ 若 $n$ 是目标节点,则搜索成功,搜索结束。这时,在图中沿着由 $n$ 到 $S$ 的指针就可以得到一条路径,它就是所求的解答。否则转入⑥。

⑥ 扩展节点 $n$,得到它的全部直接后继节点集 $M$,这些节点均不应是 $n$ 的任何先导。

⑦ 从那些直接后继(不是 $n$ 的先导因而未在 OPEN 及 CLOSED 中出现)向 $n$ 建立指针,并把这些直接后继加入 OPEN 表内。如果 $M$ 中有一些元已经在 OPEN 或 CLOSED 中出现过,那么在建立指针时就要考虑是否要改变它们到 $n$ 的指针。对于那些已在 CLOSED 中的 $M$ 的元,还要确定它们的所有后继是否也要修改指针。

⑧ 按照某种准则重排 OPEN 表的顺序。

⑨ 转回③。

这个程序产生一个"显图" $G$(称为搜索图)。而由一系列指针可在 $G$ 中确定了一个子集 $T$(称为搜索树)。$G$ 中的每个节点($S$ 除外)都有一个指针指向它的直接先导节点中的一个,于是,$T$ 中的节点只有唯一的一个直接先导节点。图中任何节点都不能是它自己的先导节点,所以它是一个"偏序图",一般来说,OPEN 表中的节点都是这个搜索树的端节点,而 CLOSED 中的节点均为"非端节点"。准确地说,在第③步,OPEN 表中的节点都是还没有被扩展的端节点,而在 CLOSED 表中的节点则要么是搜索树中的"非端节点",要么是已经选出来扩展但是没有直接后继的端节点。

作为这个一般性的图搜索程序的实际应用,这里给出两种常用的具体搜索程序。

**(1) 深度优先搜索程序**

深度优先搜索程序的工作过程完全遵循上面描述的一般程序,它的特点是在第⑧步。它在安排 OPEN 表内节点顺序的时候,按各节点在搜索树上的深度来排队,最深的节点在最前面,同一深度的几个节点则任意排序。这就是"深度优先"这一名称的由来。在这种程序中,首先选出来进行扩展的节点总是最深的节点。不过,为了防止在某个路径上永无休止地向更深节点搜索,通常要设置某个深度界限。超过深度界限的节点便不再向下搜索。

用深度优先搜索程序求解图 7.5 的九元排序问题,它所生成的搜索树可以展开如图 7.6 所示。图中的各个节点就用它们的状态表示,各节点的编号则以它们被选择出来扩展的先后为顺序。这个例子设定的深度界限为 5。由图看出,求出解答的路径(粗线)需要应用 5 个规则,展开了 31 个节点。

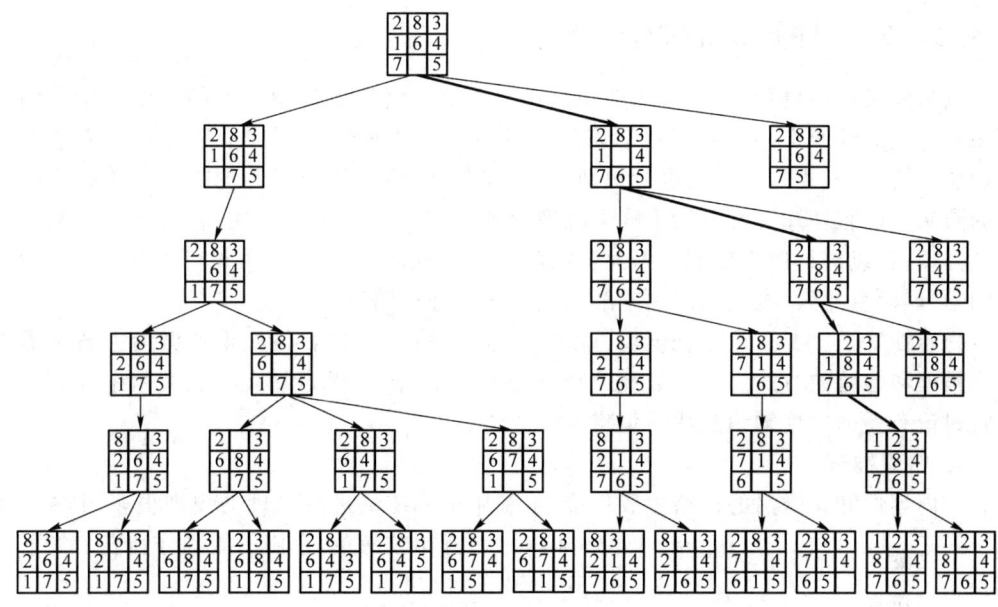

图 7.6 深度优先搜索的九元排序

**(2) 广度优先搜索程序**

广度优先搜索程序也与上述一般的图搜索程序基本相同,它的特点也是在第⑧步:它的 OPEN 表内节点顺序的安排也是按节点在搜索树上的深度来排队,不过,与深度优先搜索程序相反,这里是深度越低的节点越排在前面。它是在把同一深度的各个节点都扩展完之后,才扩展更深一层的节点。换句话说,在任一深度上,先向广度扩展,然后才向下一个深度扩展。这也是"广度优先"名称的由来。

容易看出,只要问题本身确实有解,广度优先搜索程序一定可以保证找到一条到达目标的最短路径。按照一般程序的第⑤条,一旦找到目标节点,就由目标节点沿指针逐一向直接先导节点返回,直到起始的根节点为止。这个指针序列,就构成了求解问题的路径。

以上这些控制策略的共同特征是:它们只能利用语法层次的信息(它们只能识别数据库状态的形式);判别各个形式化规则的前提是否与当前数据库所代表的状态在形式上相吻合,从而判别这些规则是否可以施用于当前的数据库;它们只能识别目标数据库所代表的状态形式,并判别一个形式化规则施用于数据库所产生的新状态是否在形式上与目的状态相一致,从而决定是否可以终止搜索。

**总之,形态性知识激活的策略生成方法是:在外部给定的问题、目标和先验知识的基础上,在目标(体现为形式化的目标状态)的引导和控制下,通过系统性的搜索和匹配,把形态性知识(体现为形式化的问题描述和规则描述)转换成为问题求解的策略。**

由于这些策略只关注形式化的信息和知识,因此利用的信息和知识不充分,工作效率也比较低。实际上,这些策略由于不能利用内容性知识和效用性知识,不能判别各状态和各规则对于达到目标而言的优劣。在这些策略控制下的搜索,都是非启发式搜索。显然,改进的思路就是要设法利用内容性知识(语义逻辑)和效用性知识(价值评估),构建启发式搜索策略(如 AI 算法)。

## 7.3.2　内容性知识的激活

顾名思义,内容性知识与形态性知识在激活的策略生成理论的不同之处在于它们所利用的知识的性质不同。形态性知识激活的策略生成理论只利用形态性知识来求解问题,只在纯粹形式化的水平上进行识别、推理和判断,因此解决问题的能力和效率受到很大的限制。内容性知识激活的策略生成理论则不仅可以利用形态性知识,还可以利用内容性知识,可以进行逻辑推理。因此,内容性知识激活的策略生成理论可以解决难度较大的问题,如信息检索、机器人问题求解以及数学定理证明等。

内容性知识主要采用数理逻辑方法进行描述。**因此,内容性知识的激活主要是通过逻辑推理和检验的方式。**关于数理逻辑方面的知识,读者很容易在相关文献中找到。以下将讨论有关内容性知识激活的策略生成方法。

**1. 归谬推理**

在内容性知识激活的策略生成理论中,利用谓词逻辑进行推理的规则很多,其中 MP(ModusPonens)和 US(UniversalSpecialization)就比较简单,它们的规则分别表示如下:

$$\frac{\begin{array}{l} W_1 \to W_2 \quad (前提) \\ W_1 \quad\quad\quad\quad (前提) \end{array}}{W_2 \quad\quad\quad\quad (结论)} \tag{7.17}$$

其中,$W$ 表示合式公式,$W_1$ 是一个合式公式,$W_2$ 是另一个合式公式。这个推理规则为:如果有前提"只要 $W_1$ 为真",就蕴含"$W_2$ 为真";如果已知另一个前提"$W_1$ 为真",那么就有结论"$W_2$ 也必为真"。

这个规则表明,若有前提"对所有变量 $x$ 都有合式公式 $W(x)$ 为真",现在又有另一个前提"已知 $A$ 是一个常量",那么结论就是"必有合式公式 $W(A)$ 为真"。

在比较复杂的推理场合,最为常用的推理方法是"归谬法"。它的思路可以表述如下:如果从"前提"与"反结论"中推出了矛盾,那么结论为真。它从"前提"和"结论之否定"中推出了矛盾,也就是推出了谬误。而因为所有"前提"总是为真,因此要消除谬误和矛盾,只能去否定"结论之否定",从而证明结论本身为真。不过,为了使用归谬推理,需要做一些预先的处理,包括"一致化"和"子句化"。

现在就用实际的例子来说明归谬推理的过程。

**例 1**　用谓词逻辑归谬推理法来证明如下的三段论:

人总是要死的。

张三是人。

张三是要死的。

其中,前两行是前提,第三行是要证明的结论。写成谓词逻辑就有

S：　$\forall x(\mathrm{MAN}(x) \to \mathrm{MORTAL}(x))$

　　　MAN(Z)

C：MORTAL(Z)

用归谬推理来证明的步骤是

① ¬MAN(Z)∨MORTAL(Z)(前提)

② MAN(Z)(前提)

③ MORTAL(Z)(反结论)
④ ¬MORTAL(Z)(由①②归解)
⑤ □(由③④归解)

由前提和反结论推出了矛盾，说明反结论是悖理的，也就是说结论本身才是正确的。

**例2** 证明梯形两内错角（如图7.7所示）相等。

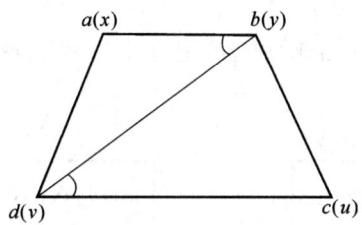

图7.7 梯形内错角相等

为了用谓词逻辑的归谬推理法来证明这个定理，我们引用几个基本符号：

$T(x,y,u,v)$：$xyuv$ 是一个梯形
$P(x,y,u,v)$：上、下底边互相平行 $xy//uv$
$E(x,y,v,u,v,y)$：内错角相等 $\angle xyv = \angle uvy$

于是可以写出：

$$S: \begin{cases} (\forall x)(\forall y)(\forall u)(\forall v)(T(x,y,u,v) \to P(x,y,u,v)) \\ (\forall x)(\forall y)(\forall u)(\forall v)(P(x,y,u,v) \to E(x,y,v,u,v,y)) \\ T(a,b,c,d) \end{cases}$$

**证明：**

① ¬T(x,y,u,v) ∨ P(x,y,u,v)（前提）
② ¬P(x,y,u,v) ∨ E(x,y,v,u,v,y)（前提）
③ T(a,b,c,d)（前提）
④ ¬E(a,b,d,c,d,b)（反结论）
⑤ ¬P(a,b,c,d), {a/x,b/y,c/u,d/v}（由②④归解）
⑥ ¬T(a,b,c,d), {a/x,b/y,c/u,d/v}（由①⑤归解）
⑦ □（由③⑥归解）

说明反结论为假，原结论为真，即梯形的内错角相等。

**例3** 用谓词逻辑解答如下问题。已知：张三到哪里，李四也总跟到哪里。现在知道张三在公园，问李四在哪里？用谓词逻辑来表达，上面的陈述可以写为

$S: (\forall x)AT(Z,x) \to AT(L,x)$
$AT(Z,PARK)$
$Q: (\exists x)AT(L,x)$
$\neg Q: (\forall x)(\sim AT(L,x))$

显然，如果能够证明 Q 可以由 S 从逻辑上推出，那么只要给 $x$ 赋以一个实例，就回答了上面的问题。所以，解答这个问题的基本思路就是，把问题当作 S 的结论：如果这个问

题可以由 S 解答出来,那么,这个结论就应当能从 S 推出。按照这个思路,就可以写出
① ¬AT(Z,y)∨AT(L,y)　(前提)
② AT(Z,PARK)(前提)
③ ¬AT(L,x)(反结论)
④ ¬AT(Z,x)(x/y)(由①③归解)
⑤ {PARK/x}(由②④归解)

这说明 Q 可以由 S 推理出来。也可把这个过程表现为"归谬推理树",如图 7.8 所示。

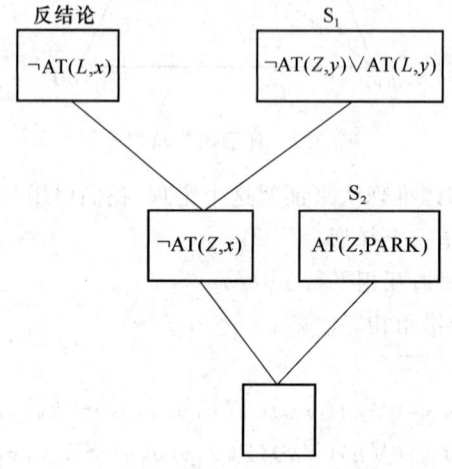

图 7.8　归谬推理树

为了找出问题的答案,只需要:①给反结论 Q 的每个子句添上它的否定子句;②按照问题的归谬推理树执行同样的归谬推理程序,直到在树的根部得到某个子句;③在根节点上得到的这个子句就是问题的答案。

把后面这个归谬推理程序用树图的形式表现出来,称为问题的证明树,如图 7.9 所示。

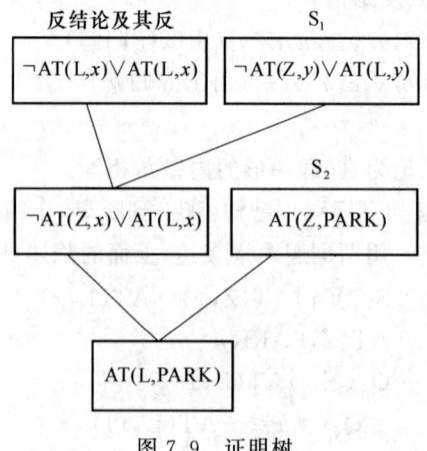

图 7.9　证明树

根节点处所得到的子句就是问题的答案：李四也在公园。

以上三个例子说明，由于机器能够利用有关的语义信息（谓词逻辑所表示的是事物运动的状态和方式及其逻辑含义）和内容性知识（一般逻辑规则表达式都具有相应的内容，而不是纯粹的形式），机器可以把原始的信息（问题）转换成为一定的智能策略实现解答，完成诸如逻辑的推理、定理的证明以及问题求解这样一些需要一定智能的任务。而且，在所有这些推理过程中，机器始终保持比较严密的逻辑性，不像在语法信息层次的场合下那样盲目。

总之，内容性知识激活的策略生成方法是：在给定的问题、目标和先验知识的基础上，在目标（体现为具有明确含义的目标）的引导和控制下，通过逻辑推理，把内容性知识（体现为具有明确内容含义的问题描述和逻辑推理规则）转换为解决问题的策略。

## 7.3.3 效用性知识的激活

效用性知识激活的策略生成理论的最主要特色是它能够利用语用信息和效用性知识来解决问题。这表现在：当它在给定的环境下搜索到达目标的途径时，对于所面临的各种可能途径，不再是盲目地选择或系统地试探，而是先估计这些不同途径对于到达目标而言的效用价值。在比较它们价值效用大小的基础上，选择最满意的途径。因此，效用性知识激活的策略生成理论解决问题的盲目性比较小，成功的把握比较大。用它来估计价值效用是有严格理论依据的或经验性的，比纯粹盲目试探、系统搜索或穷举法要高明。显然，获得和利用语用信息和效用性知识的方法越合理，解决问题的效果越显著。当然，在实际的问题中为了获得语用信息和效用性知识往往也要付出一定代价。而且，想要获得的语用信息和效用性知识越多，为此所付出的代价也会越大。因此，从经济的角度来考虑，在一定的技术状态下，利用语用信息和效用性知识的程度要适可而止。不过，从发展的观点来看，技术的不断进步会使获得语用信息和效用性知识需要付出的代价越来越小，而由此所带来的得益却会越来越多。因此，从长远的发展来看，尽可能充分地利用有关的语用信息和效用性知识来解决问题是一个应当追求的目标。

本节先介绍一些已有的利用语用信息和效用性知识解决问题的方法，主要是启发式搜索法和博弈树搜索法等。

**1. 启发式搜索法**

启发式搜索法是利用与问题有关的启发式信息和知识来引导搜索程序的一种方法。具体来说，在一般图搜索程序中的第⑧步安排 OPEN 表内的节点顺序时，要利用有关的启发式信息和知识来决定先后次序，以便在第④步选出（从启发式信息和知识看来是）最有希望的节点来扩展。这显然要比仅用语法信息和形态性知识的策略生成理论前进了一步。

不过，在大多数场合，启发式信息和知识从本质上来说是经验性的，并非完全依靠严密的理论计算。因此，一方面，它通常能够引导程序比较快速地找到目标，而不是花费大量时间去做逐一的检验和试探。另一方面，由于它的经验性和不严密性，也存在这样的可能：在它的引导下搜索目标的途径并不是最快的，而真正最快的途径被经验忽视了。

为了给 OPEN 表内的各个节点排序，启发式搜索算法利用了一种估价函数。它试图尽可能好地反映一个节点对于到达目标而言所具有的价值效用。可以用 $f$ 来表示它,第 $n$ 号节点的估价函数记为 $f(n)$。常用的办法是把 $f(n)$ 作为从搜索图的起点开始经过节点 $n$ 而到达目标的一条最低费用路径的费用估计。于是,$f$ 值越小的节点就越是排在 OPEN 表的前面。

再来看"九元排序"的例子。若以 $d(n)$ 表示节点 $n$ 在搜索树中的深度,$W(n)$ 表示节点 $n$ 相应的状态数据库中排位不当的元的数目(所谓排位"不当"是相对于目标节点数据库中各元的位置来说的),一种可用的估价函数就是

$$f(n) = d(n) + W(n) \tag{7.18}$$

这个估价函数给出了一定的启发式信息。一方面,深度越深,搜索的代价越大;同时,对于相同深度的节点,排位不当的元的数目越大,表明它距离目标节点越远。所以,搜索应当导向 $f(n)$ 小的节点。显然,这种信息和知识是启发式的,有一定的引导作用。

图 7.10 示出了在这种估价函数 $f(n)$ 的引导下求解九元排序问题的搜索过程。图中还示出了每个节点的 $f$ 值(带圆圈的数字)和扩展节点的顺序。由图可以看出,它找到的求解路径和深度优先搜索(图 7.6)所找到的求解路径是一样的;但是,利用了启发式信息以后,需要扩展的节点数就大大减少了。这可由图 7.10 和图 7.6 的比较看出。

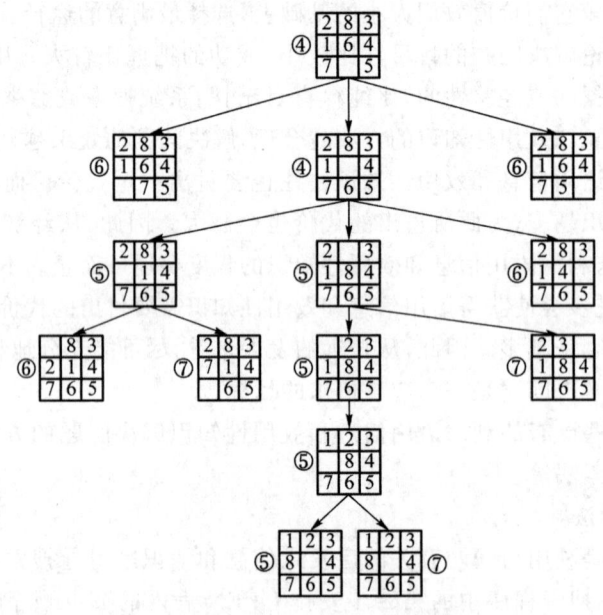

图 7.10 "九元排序"的启发式搜索

显然,估价函数 $f(n)$ 形式的选取,对于搜索的结果有重大的影响,正是这个函数的形式决定了启发式信息的质量和可用度。不难看出,如果在上述估价函数 $f(n) = d(n) + W(n)$ 中不考虑"错位元数"的信息,即,令 $W(n) = 0$,那么就有 $f(n) = d(n)$,而这就是广度优先搜索的准则。由于不考虑"错位元数"这种启发式信息,搜索效率就大大降低。此外,若令 $W(n) = 0$,且 $f(n) = -d(n)$,这样的搜索就变成了深度优先方式。可见,$f(n)$ 的形式的选择是一个十分重要的问题。

**2. 博弈树搜索法**

博弈树的搜索也可以利用启发式信息和知识来引导。这里,我们只限于讨论"二人零和博弈"的情况。所谓二人零和博弈,是指参加博弈的只有两人或两方,双方轮流走棋,且双方都完全了解对方走了哪些步以及自己能走哪些步,所以都能完全掌握棋局的信息。所谓"零和"是指双方对弈结果的得失之和为零。在这类博弈的场合,一方之得就是他方之失。

这里,可以通过一个简单的例子——Grundy 游戏来了解博弈的大致情形[61]。设有一叠硬币,两个博弈者 MAX 和 MIN 参加对弈。对弈规则是:设由 MAX 先把一叠硬币分为数目互不相等的两叠硬币,然后,MIN 把这两叠中的一叠(任意挑选)再分成数目互不相等的两叠硬币;接着,再轮到 MAX,……,一直进行下去,到最后,每一叠都只有一枚或两枚硬币,因而无法再把它们分成数目不等的两叠。最后,谁先碰到这种无法再分的情形就判定谁输。

图 7.11 示出了硬币总数为 7 的博弈展开情况,其中考虑了所有可能的走法和所有可能的规则的展开。所有的端节点表示了相应博弈者的输局。由图可见,不论 MAX 开局怎样走法,MIN 都有办法赢棋。图中粗线示出的路径,就是 MIN 赢棋的路径。那么,是不是任何博弈都可以像 Grundy 游戏那样,在开局之前作一个全局分析,然后去确定自己博弈的策略呢?简单的博弈当然有可能。但是,稍微复杂一点的博弈就不可能。例如,看上去相当简单的"一字棋"的博弈全图就包含 9!=362 880 个端节点(所谓"一字棋",在英文中叫作 Tic-Tac-Toe,它是一种两人对弈的棋:棋盘上有 3×3=9 个格子,即 3 行 3 列,两人轮流占据这些格子。但每次每人只能占一格,看谁先占住一条直线:占住一行 3 格或一列 3 格或两个对角线之一。先占住一条直线者为赢方)。至于跳棋、国际象棋,根本不可能产生它们的博弈全图,更不要说进行全局分析了。据估计,跳棋的全图(树)大约有 $10^{40}$ 个节点,而国际象棋的博弈全图(树)大约有 $10^{120}$ 个节点。在这种情况下,即使利用启发式信息也不能把这个数目减小到可以接受的程度。因此,对于复杂的博弈,在博弈全图(树)上一次就搜索到目标节点是不可能的。

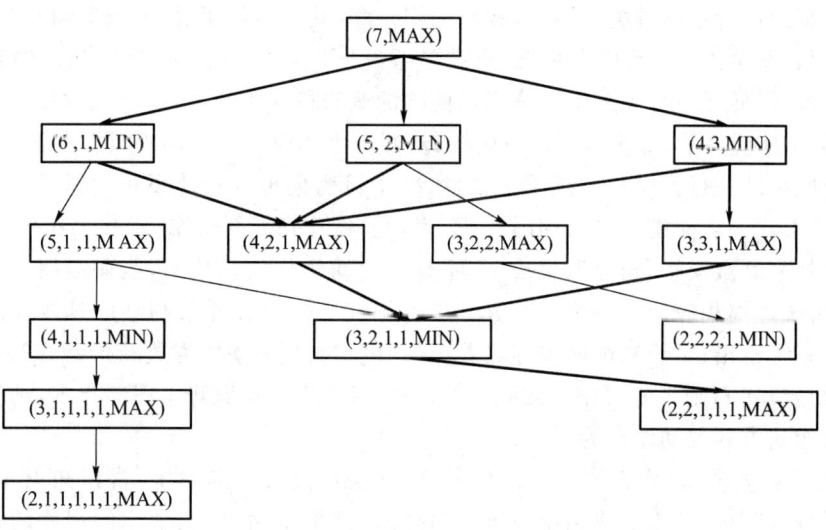

图 7.11 Grundy 博弈

基于以上讨论,就产生了博弈搜索的一个重要思想:不去博弈全图上搜索最终目标以寻求一条最佳的完整路径,而是只把博弈全图分解为若干个局部图,只在局部图上寻求一个"好的第一着(类似于下棋的一着)",走了这一着之后,等待对方的一着。然后,针对这时的新局势,再寻求下一轮局部图上新局势下的"好的第一着"。如此等等。这就是"走一步看一步"的办法。在寻求好的第一着的时候,可以采用深度优先、广度优先或启发式搜索。但在这种情况下,由于目标变成了在局部图上的"好的第一着",其终止条件也要相应地改变为"局部图的终止条件"。在人为终止之后,就要从局部搜索图上获取"最好的第一着"的估计,办法是对搜索图的端节点计算它的静态估价函数。

## 7.4 常识知识的激活:感知-动作系统

前已阐明,常识知识是由"成熟的"规范知识和"欠成熟的"经验知识分别沉淀,而形成的一类"过成熟的"知识。它们的共同特点是:无须证明而且尽人皆知。这类知识在某种程度上可与本能知识互相沟通。不过,它是人们后天习得的,而本能知识则是先天遗传的。

常识知识的激活可以生成常识型智能策略。这种策略正是布鲁克斯(Brooks)倡导的基于行为模拟方法的人工智能系统。换言之,基于行为模拟方法的感知-动作系统以及反应型智能体(Agent)所生成的常识型智能策略,是常识知识激活的结果。回顾布鲁克斯的思想,我们可以简单归纳如下。与物理符号系统不同,基于行为模拟方法的人工智能系统的特点在于:它可以直接接受来自外部世界的各种刺激,并根据所受刺激的类型产生相应的动作反作用于外部世界。而传统人工智能系统(物理符号系统)既不能直接与外部世界进行交互,又需要经过抽象的知识表示和烦琐的推理演绎。

由此可见,生成这种常识型智能的基本原理包括:①要有一定的感知能力,以便直接发现和接受来自外部世界的刺激;②要有相应的模式识别(分类)能力,以便把系统所感受到的外部刺激进行正确分类;③要有相应的知识库,其中存储了关于所期望模拟的智能系统的各类"刺激-响应"关系样本集合,也就是系统所应当拥有的常识知识;④要具有相应的动作机构,以便在一旦确定了系统当前面临的刺激模式类型之后,按照常识知识库所存储的"刺激-响应"关系,直接启动动作机构,从而产生相应的响应动作反作用于外部事物,完成对智能系统的行为模拟。正因为如此,基于行为模拟的智能系统也常被称为"感知-动作系统"。它的功能模型可以用图 7.12 表示。图中所示的感知-动作系统可以感知 $N$ 种类型的外来刺激模式,相应地生成 $N$ 种对应的动作行为。从而,当刺激属于第 $i$ 模式的时候,系统能够相应地生成第 $i$ 类动作方式,$i=1,\cdots,N$。外来刺激的具体模式类型由模式识别系统给出,常识知识库内存储着形如"模式类型 $i$-动作方式 $i$"的常识知识,即"若外来刺激是模式 $i$,则生成动作方式 $i$,$i=1,\cdots,N$"。依照常识知识库的指示,动作生成单元就生成相应方式的动作行为。

由此可见,感知-动作系统的关键技术单元包括:模式识别系统、常识知识库,以及动作生成系统。其中,动作生成系统属于专门技术,这里不做讨论;常识知识库的存储格式是"IF(刺激模式 $i$),THEN(动作方式 $i$)",比较单纯,也不必讨论。于是,以下仅对模识别技术以及它的前端——传感技术作简要的介绍。

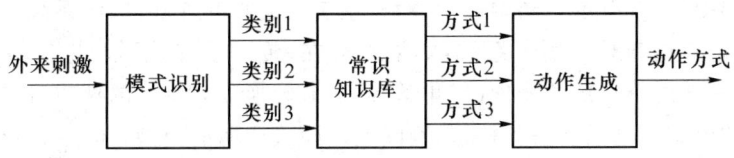

图 7.12 感知-动作系统功能模型

众所周知,自然环境中的各种事物(山脉、河流、动物、植物、天象、气候)的样式,社会环境中的各种对象(人物、建筑、机器、设施)的样式以及描写这些事物样式的文字、声音、图形、图像、数据等,它们都能够直接或间接地作用于人类的感觉系统或者机器的传感系统,成为后者接收到的外部刺激模式。存在于自然和社会环境中的人类、生物和人造的各种机器,就生活在这些各色各样的外部刺激之中。它们必须能够正确识别这些各不相同的刺激模式,并做出相应的响应,以求得生存和发展的机会。

在这个意义上讲,人类、生物和机器的整个生存、进化和发展的过程,都贯穿着不断地接受各种外部刺激、识别刺激、产生响应、求得生存的过程,或者简言之就是"刺激-响应"的过程。因此,人们对刺激模式的识别是否正确,做出的响应是否得体,是能否获得生存与发展机会的重要前提。比如,如果把毒蛇错误地识别为草绳,就可能招致生命安全的危险;如果防空雷达系统把敌方的飞机错误地识别为己方的飞机,就可能招致毁灭性打击;如果地震信息监测系统把地震信息模式错误地识别为一般的噪声信息模式,就会给地区的经济、社会和生命财产带来重大的损失,如此等等。总之,各种各样的"刺激-响应"能力或者"感知-动作"的能力,是人类、生物和机器的基本需求,也是他们面临的严峻考验。正确的"刺激-响应"或"感知-动作"可以为人类、生物和机器系统带来生机;而错误的"刺激-响应"或"感知-动作"则可能带来灾难和损失,甚至是淘汰和灭亡。因此,研究"感知-动作"系统有重要的意义。

显见,这种智能系统的关键能力要素是"识别当前面临的模式类型"。本质上这归结为"模式识别(分类)"技术。不过,对于基本的"感知-动作系统",由于所利用的知识属于稳定的常识知识,因此,它所需要感知的刺激模式是熟知的,数量上相对有限,通常被划分为已知的若干类型。对于超出常识范围的新颖外部刺激模式,一般不属于"感知-动作系统"需要识别的对象,除非人们给感知-动作系统赋予了学习功能。其实,这样的系统就不再是"感知-动作系统"的基本形态,而成为它的高级形态。

顺便提及,目前研究的"模式识别"实际上是"模式分类"。其中,需要识别的模式通常是若干模式类型中的某一类,因此,只要判定了这个模式究竟属于已知模式类别中的哪一类(即实现分类),就完成了识别这个模式的功能。比如,我们已经知道需要识别的模式对象是英文字母,只是并不确切知道它是 26 个字母中的哪一个。因此,只要能够把它判定为 26 个字母之中的某一个即可。因此,本书以下,"模式识别"和"模式分类"就是同义语。

稍作仔细的分析就知道,"感知-动作系统"所说的"感知"能力其实包含了两个层面的含义。一个含义是"感",指"感受"或"感觉",要能感觉到某种外部刺激的存在,相当于人们熟知的"检测"或"传感";另一个含义是"知",即"知道"或"知晓",就是要能够知晓外部刺激究竟属于哪一种模式,也就是"模式分类"。可见,"感知"系统应当是"传感+模式分类"系统,如图 7.13 所示。图中表明,对于系统所面临的外部世界,系统首先要通过"传感"来判断是否存在刺激作用于系统:如果不存在,传感系统就不产生任何反应;如果存在,传感系统就把这个外部的物理(或化学等)刺激转换为与刺激的性质对应的某种表示,输出给后面的模式分类系统去分析,以判断这种模式所属的类型;如果虽然存在某种外部刺激,但不是"感知-动作系统"感兴趣的范围,系统便可以不予理会,给出特定的模式类型的指示。

图 7.13 "感知"系统模型

因此,为了研究"感知-动作系统",首先需要研究"传感系统"与"模式分类系统",在此基础上才能考察完整的"感知-动作系统"。不过,由于本篇在第 4 章(信息转换原理)已经分别讨论过传感和模式分类系统的问题,这里不再赘述。下面直接讨论感知-动作系统的原理。

### 7.4.1 感知-动作系统

利用先前所讨论的传感和模式识别系统的知识,我们可以直接研究"感知-动作系统"的基本问题。其中一个核心是设计感知-动作系统的总体原则。

20 世纪 80 年代初期,基于结构模拟方法的人工神经网络研究开始复兴。新的人工神经网络模型和学习算法给人工神经网络的研究带来新的生机。不过,人们也存在自然的担心:与生物神经网络相比,人工神经网络的规模毕竟相差太远,而且,人工神经网络的学习算法虽然有了很大改进,但是与人类大脑神经网络的学习算法相比可能还是无法比拟。因此,并非所有研究人员都对新的人工神经网络的发展具有充分的信心。与此同时,基于功能模拟方法的物理符号系统早已从初期雄心勃勃面向"通用问题"的求解转向专门领域的"专家系统"。即使如此,专家系统的研究也仍然面临着知识获取瓶颈的严重困扰。这体现在知识获取和知识融合的困难,知识表示方法的苍白,知识推理方法的窘困,一时间前景很不明朗。面对结构模拟方法的人工神经网络和功能模拟方法的专家系统所面临的挑战和困难,人工智能研究人员不得不努力寻求新的出路。

正是在这种背景下,基于行为模拟的研究方法应运而生。基于行为模拟方法的感知-动作系统研究领域的主要代表人物是美国麻省理工学院(MIT)人工智能实验室的布鲁克斯(R. A. Brooks)。从 20 世纪 80 年代中期开始,他的研究团队便对符号主义的人工智能研究方法产生产生了很大的疑虑。首先,他们认为基于符号主义的物理符号系统方法完全是"隔靴搔痒",所有功能模拟的人工智能系统都完全脱离实际的环境,没有与环境的直接交互,因而不能对环境产生任何实际的影响。同时,他们认为基于符号主义的物理符号系统方法所采用的表示和推理方法完全没有必要,甚至认为是弄巧成拙,正是因为符号主义方法强调了知识的表示和推理才招致了专家系统所面临的知识瓶颈的困难。

布鲁克斯和他的同事们在研究实践中逐渐形成了自己的研究思路。他们认为,任何智能系统都必然存在于真实世界之中,而且必须与真实世界发生相互作用。从这个观点看,基于知识表示的物理符号系统研究没有多大实际意义,因为几乎所有物理符号系统的工作都是"从符号来,到符号去",而不与真实世界发生互相作用。很明显,它们的输入都是人为设定的符号而不是真实世界产生的刺激,而所有物理符号系统的输出也都是人们设定的符号而不是对真实世界的实际作用。

布鲁克斯指出,现实世界中所有的生物智能系统,从最高级的人类到最简单的昆虫,他们的基本能力都表现为"能够在动态变化的环境中生存和发展"。这才是生物智能系统的本质。他强调,人工智能研究人员应当建造这样的人工智能系统,它们是自主活动的系统,能够与人类和其他生物系统一起共同生存于真实世界,而人们也把它们如同真的生物智能系统一样看待。

根据这样的基本思想,他们提出人工智能系统应当满足以下基本要求:①人工智能系统应当灵活而敏捷地适应环境的动态变化;②人工智能系统应当在这样的环境下足够健壮,不会由于环境性质的细微变化而使系统行为崩溃;③人工智能系统应当能够在动态变化的环境中保持多重目标;④人工智能系统应当具有自己的生存目标,并为此在真实世界中有所作为。

图 7.12 给出了感知-动作系统的一般模型。它通过传感和模式识别技术来感知环境的动态变化(由一种环境模式变为另一种环境模式),根据相关的常识知识来决定对环境变化的反应方式。不过,布鲁克斯没有完全采纳图 7.12 的方案,而是采取了更简单的方案来感知环境的变化,即采用"分解分工"的方法:把所关心的环境情况划分为若干种模式,每一组传感系统负责感知其中一种环境模式,这样就不再需要统一的模式识别单元。

具体地说,与传统的物理符号系统"按系统的功能分解系统"的方法完全不同,他们认为应当按照系统与真实世界相互作用的行为方式来分解系统,把整个人工智能系统分解为一系列的"感知-行为生成"系统。每一种感知-行为的生成系统都拥有自己的感知环境信息的感知系统和反作用于环境的动作生成系统。他们把这样一个感知-行为的生成系统称为人工智能系统的一个"层"。每一个层的行为都比较简单,每一个层相对独立而且各层之间异步地并行工作。通过增加越来越多的层和适当处理层间的接口协调(但不需要设置统一的中央控制系统),就可以把简单的人工智能系统逐步演变成复杂的人工智能系统。可见,这是一种在方法上"自底向上"的人工智能系统研究路线。它与物理符号系统的研究路线截然不同。

按照这种思想路线,布鲁克斯和他的同事们首先建造了一个非常简单然而也相对完整的行为系统:避障行为层。它其实就是一个简单的机器人,装备有 12 个超声声纳作为基本传感器,由有限状态自动机进行管理。负责管理传感器的有限状态自动机每秒向负责导航的有限状态自动机发射一个带有极坐标参数的即时地图。导航自动机就由此进行观测,如果发现前方存在某种障碍,就向负责驱动机器人的有限状态自动机发出"停止"命令。同时,其他各个有限状态自动机则根据"与障碍物体距离平方成反比"的规则计算施加给机器人的制动力。所有这些计算的综合结果(矢量和)就可以引导机器人朝着制动力最小(距离障碍物最远)的方向运动,从而产生避障行为。

不难看出,这个简单的机器人系统其实只需要判断两种不同的模式并相应地产生两种不同的动作：一旦感知到环境的模式是"附近无障碍"，就启动行进动作；一旦感知到环境的模式是"近处有障碍"，就紧急停车。所以，它的确是一个典型的基于模式分类技术的"感知-动作系统"。

如果希望给这个机器人增加一种新的行为，只需要加入一个与第一层并行的行为系统。在初期设计中，第二层可以接入第一层的传感器，但它对传感器的输出有自己的目标和处理方式。比如，如果第二层的任务是在机器人成功避障的基础上进行漫游，那么，负责漫游任务的有限状态自动机就会在每10秒左右向机器人发出一个随机的驱动力。这时，第一层避障系统就把这个新收到的随机驱动力与前面所计算的"矢量和"再做平衡，这样就抑制了第一层原来的行为而转入了漫游的方式，同时又仍然可以保持避障能力。

假如希望再给机器人增加第三种行为：走向某个指定位置。类似的，可以再增加一个新的"层"。这个新层的有限状态自动机应当抑制漫游、保持避障能力并探寻新的前进路径。一旦观察到存在安全的路径，就给负责路径规划的有限状态自动机发出"规划路径"的指令，并把所规划的路径发给第一层避障自动机。这样，机器人就可以结束漫游，在避障前提下安全走向目标位置。

机器人的新增行为可以通过新增"层"来实现。每一层都具有自己独立的感知和动作系统，因此可以独立产生各自的行为。各个"层"（行为）之间的协调配合则通过"包容结构"(Subsumption Architecture)来完成。各个"层"之间不存在统一的全局控制，而是通过高层对低层行为的默认、抑制和禁止的方式来协调。这恰恰是基于行为模拟的感知-动作系统的基本特点。

我们还可以看出，基于行为模拟的感知-动作系统确实没有利用复杂的知识和知识的表示，更没有利用任何复杂的知识推理。坚持行为模拟路线的研究者认为：机器人的行为，即便是人类自己的行为，都是通过简单的机制来生成对于外部世界的反应，而不会涉及复杂的知识表示和推理。这是他们的基本信念，也是他们对于人工智能研究提出的基本假设。

需要说明的是，目前的感知-动作系统还处在初期发展的阶段，因此只利用了基于形式化信息的模式分类技术，基本上没有利用基于内容的模式理解的方法。这也是未来感知-动作系统研究可以大有作为的广阔空间。

## 7.4.2　智能体及扩展

由于意识到复杂人工智能系统的需求和挑战，基于行为模拟方法的感知-动作系统也做出了一些重要的调整。比较重要的调整是给感知-动作系统引入"学习能力"。麻省理工学院(MIT)人工智能实验室的研究人员已经在这方面做出努力。

更引人注目的类似努力表现在差不多同一时期发展起来的智能体(Agent)研究领域。目前，虽然国际相关学术界暂时还没有就智能体(Agent)的确切定义达成完全一致的表述，但各方面对其基本特性的理解却有着相当好的共识。按照我们的理解（也可参见Wooldrige & Jennings,1995），作为Agent至少具备以下几个基本特性。

① 智能性：具有一定的智能水平，而不是一般的计算系统或软件系统。
② 自治性：具有自主工作的能力，而不是仅仅依赖于人的自动控制系统。

③ 交互性：具有能够与环境（包括人和其他 Agent）直接交互的能力。

显而易见，这三个基本条件缺一不可：如果不满足条件①，那就根本没有资格被称之为"智能"体；同样，如果不满足条件②和③，那么它就失去了 Agent 的基本特点，变成了一般的信息系统。基本条件③还提供了多个 Agent 通过互相合作形成能力更强的多智能体(Multi-agent)系统的基础。

从上述三个基本特性、特别是第 3 个条件（必须直接与环境交互）来看，基于行为模拟的感知-动作系统就是一个非常标准的 Agent。换句话说，Agent 是与感知-动作系统异曲同工的人工智能系统。其中最简单的 Agent 其实就是只具有某种"单一行为"的感知-动作系统：Agent 利用专门的传感器感知所处的环境中是否存在某种预设的情况，一旦出现了这种预期的环境状况，就启动 Agent 的动作系统产生相应的动作反作用于环境。

比如，一种称为"吸尘器"的 Agent 系统，就是利用内置的传感器感知附近地面上是否存在需要清扫的垃圾，一旦发现附近地面上确实存在垃圾，就立即启动吸尘的动作；否则（如果没有发现附近地面上存在垃圾），它或者就停在原地，或者就移动到其他地方。这种"吸尘器"只有这一种行为能力，不会做其他事情。如果希望这种简单的 Agent 具有更加优异的工作能力，就需要对它作出改进。

不过，与麻省理工学院(MIT)人工智能研究室的研究者关于改进感知-动作系统能力的思路不大相同，为了扩展 Agent 的智能水平，人们不是在简单 Agent 系统的基础上增加更多的行为"层次"，而是在 Agent 的感知系统与动作系统之间设置了一些"能力模块"。通过不断给"能力模块"增加新的知识和能力，使 Agent 的行为变得更聪明灵活，能够适应越来越复杂的环境。换言之，他们不是简单地增加"行为"的种类数目，而是设法改善各种"行为"的智能水平，达到 1+1 大于 2 的目的，从而提高整个系统的智能水平。

S. Russell 和 P. Norvig 在 *Artificial Intelligence: A Modern Approach*[33] 一书中给出了一个具有学习能力的 Agent 模型，如图 7.14 所示。可以看到，Agent 系统中，除了具有"感知"和"动作"两个基本单元之外，还增加了用来支持学习能力的一组新的功能单元。它们的工作原理可以描述如下：感知单元所获得的外部环境信息被分成两路，分别同时送给"性能生成"单元和"诊断"单元。"性能生成"单元的任务是根据自己的知识生成准备要执行的动作样式，并直接传送给"动作启动"机构。与此同时，"诊断"单元按照事先确定的性能标准和送来的外部环境信息对 Agent 的行为及其效果作出预测，并在此基础上生成反馈信息送给"学习单元"，以便使后者能够根据这个反馈信息对"性能生成"单元的知识状态做出适当的调整，从而优化性能生成单元所生成的行为样式。"动作启动"机构按照经过优化以后的行为样式启动实际的动作行为，反作用于外部环境，作为对外部环境信息的响应。这样，就构成了具有一定学习能力的感知-动作系统。

一般来说，一旦"性能生成"单元根据自己的知识生成了某种行为方式，只要没有其他干预，它就倾向于维持这种行为方式。但是，如果 Agent 不想满足于现状，而希望进行新探索，以生成短期次优但长期更优的行为，那么"问题生成"单元的作用就体现出来——它可以产生探索性行为来进一步优化 Agent。

作为一个学习型 Agent 的类比案例，Russell 和 Norvig 考察了人类出租车司机的运行情形。在这种情况下，"性能生成"单元由生成开车行为所需要的一组相关的知识和程

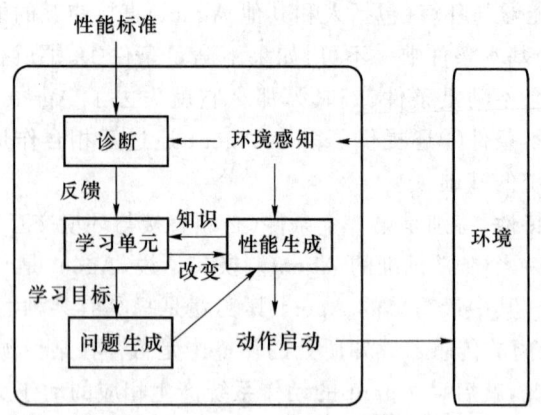

图 7.14 具有学习能力的 Agent

序构成,出租车就根据这个"性能生成"单元所生成的动作行为在路上行进。"诊断"单元则观察着出租车行进的情况并向"学习单元"发出反馈信息。假如此时出租车突然向左变轨拐过三个车道,监视着出租车行为的"诊断"单元听到了旁边别的司机发出的批评声音,就会把这个情况反馈给"学习单元"。后者就会生成一条规则,并把它发送给出租车司机说:这可是一个不好的行为。这样,"性能生成"单元接收到这个新的规则之后就做出相应的动作调整。而"问题生成"单元则可以确认这样的行为需要改进,并给司机提供"不同路面应当采用不同刹车方法"的经验。

20世纪90年代以来,关于 Agent 的研究引起了学术界的广泛关注。研究人员提出了许多新的 Agent 模型,在理论研究和技术开发方面都取得了很多进展。其中,最具有代表性的成果是 BDI-Agent 模型,即 Brief(信念)、Desire(愿望)、Intention(意图)三要素结合的 Agent 模型。信念、愿望、意图三个要素是心理学领域的专门术语。如果用人工智能的术语来解释,那么其中的"信念"实际上指的就是 Agent 所能利用的"知识"(即 A-gent 所具有的信念);"愿望"实际上指的就是"目标"(即 Agent 希望实现的愿望);而"意图"实际上指的是"策略",行动体现 Agent 的意图。于是,可以用图 7.15 来表现 BDI 智能体模型。

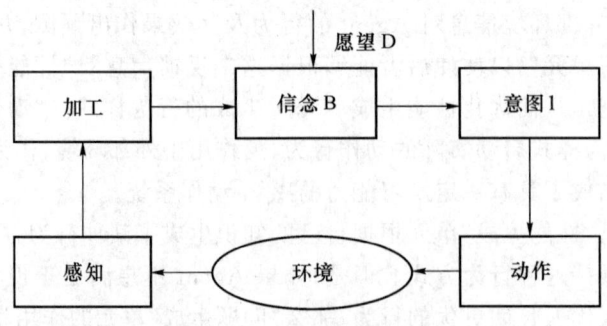

图 7.15 BDI 智能体模型

模型表明,BDI 智能体保持了感知-动作系统的基本特征(图的下部)。BDI 智能体一面感知环境的信息,另一面对环境做出响应。同时,BDI 智能体对感知-动作系统又做出了改进(图的上部)。它通过 BDI 机制生成具有一定智能水平的策略。具体来说,它通过感知单元来感知所处外部环境的信息,通过一定的加工(这个环节也有可能由智能体的人类设计者完成)把这些信息加工成为智能体的知识(建立信念),然后在目标愿望的引导下把知识演绎成为可以实现愿望的行动意图,最后通过动作单元生成具体的动作反作用于外部环境。

可见,BDI 智能体模型同时吸收了行为主义人工智能和功能主义人工智能两方面的思想。一方面,BDI 智能体模型和功能主义人工智能系统模型具有许多相通之处:二者均具备知识库以及在目标指引下将知识激活为智能策略的功能(这是与行为主义人工智能很不相同的地方,也是对感知-动作系统所作的重要改进)。所以,学术界常把 BDI 智能体称为"慎思型智能体",而把那些简单智能体称为"反应型智能体"。另一方面,BDI 智能体模型也和行为主义感知-动作系统具有相通之处:它也具有与外部环境之间进行直接交互的基本能力。因此,BDI 智能体保持了行为主义人工智能的基本特点。而这正是行为主义人工智能研究路线与功能主义人工智能研究路线之间的重要区别。

与功能主义人工智能系统相比,Agent 系统的规模一般都比较小,系统的功能也比较单一。但是由于 Agent 具有与环境以及其他 Agent 交互的能力,因此很自然可以想到利用多个智能体的互相合作来提升处理问题的能力,实现规模更大并且能力更强的智能体结构,这就是所谓的多智能体系统(Multi-Agent System,MAS)。

在面向"任务多、规模大"的问题场合,可以根据问题的任务性质,遵循"分而治之、分合互动"的原则,把问题分解为若干相对独立的任务,同时关注各个任务之间的相互作用关系,使各个任务的求解与总体问题的求解保持互相默契协同。在这种情况下,多智能体的系统可以发挥独特的作用。

多智能体通常采用两层(或多层,视问题的复杂程度而定)的体系结构。底层安排一组互相分工合作的基本智能体(基本智能体的数量也由任务的复杂程度决定),上层是对各个基本智能体进行任务协调实现良性合作的管理智能体,如图 7.16 所示。该模型中的管理智能体的作用是:根据各个基本智能体的任务(能力)定位,对复杂的任务进行"保信分解",然后把分解出来的各个"子任务"恰到好处地分配给各个对口的基本智能体("分而治之"),使每个基本智能体的工作都能够有效胜任;同时,管理智能体具有任务全局的信息和知识,因此,它能够把各个基本智能体单独完成的工作加以集成,形成完整的任务求解,实现"保信而合"。

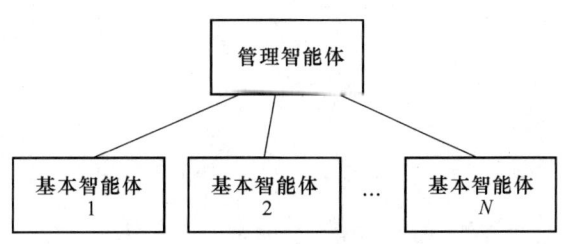

图 7.16　两层结构的多智能体

在图 7.16 的多智能体模型中,各个基本智能体之间没有直接的联系,它们分别与管理智能体之间发生任务的交接。这是最简单的多智能体结构。更复杂因而也更完善的多智能体结构允许各个基本智能体之间进行直接的合作。这样就有可能提高整个多智能体的资源利用效率和工作的质量与效率。还有一些多智能体结构,其中的管理智能体不但承担管理协调的任务,而且担负基本智能体的任务。所有这些多智能体结构上的差异(也还有更加多样的差异)都各自有适用的场合,需要根据具体任务环境的特点来取舍。

总之,常识知识支持的行为主义人工智能系统研究发端于相对而言比较简单的感知-动作系统。随着技术的演进和各种智能模拟思路的相互交叉渗透,逐步发展出了多姿多彩的智能体和多智能体的人工智能发展路线。

由于感知-动作系统、智能体和多智能体结构自身所具有的突出特点(比如,技术上相对简单,功能上相对简明,能够通过增加更多的"层"或 Agent 来提升能力,能够直接与外部环境相互作用因而能够直接产生应用的效果等),研究人员很快找到了机器人作为感知-动作系统、智能体和多智能体系统技术表现的载体,或者机器人找到了感知-动作系统、智能体和多智能体系统作为自己的理论和技术模型。于是,最初那些只有若干简单而孤立操作功能的工业机器人逐渐演进成为可以独立承担某些工作任务的智能机器人。

# 第8章 策略执行原理:控制论

我们反复强调:信息是事物运动的状态和状态变化的方式,而不管事物的运动是以什么形式表现出来的。一切事物都具有自己的内部结构,同时又与外部的其他事物(环境)相联系。因此,信息也是事物内部结构的状态及其变化方式以及事物与外部环境相互作用的状态及其变化方式。而且,正是事物内部结构的状态及其变化方式以及事物与外部环境相互作用的状态及其变化方式这两方面的综合,才决定了事物总的运动状态及其变化方式。

换言之,事物运动的状态及其变化方式上可以分解为事物内部结构的状态及其变化方式以及事物与外部环境相互作用的状态及其变化方式。当研究控制问题时,重点就在考察外部相互作用方面,在这个前提下考察外部相互作用的状态及其变化方式对内部结构的状态及其变化方式的影响;当研究系统问题时,重点则在于考察内部结构的状态及其变化方式,在这个前提下考虑内结构的状态及其变化方式与外部相互作用的状态及其变化方式之间的关系。

本章的目的在于以信息的观点和方法来研究控制问题的基本概念和基本规律,所关注的主要的问题包括:什么是控制?怎样实现控制的作用?控制的基本过程是什么?怎样来实现控制的目标?控制的机制是什么?如何在变化的环境中实现"不变"的目标?什么叫最优控制?如何在复杂的环境中自动地实现最优的控制?等等。

不难理解,控制的基础在于信息。如果没有信息,没有从信息加工出来的控制策略,控制就一定是盲目的,就不能够有效地达到控制的目的。信息不仅是控制的基础,而且是控制的出发点和归宿,贯穿于整个控制过程的始终。

控制的目的是要驾驭对象的运动状态及其变化方式[57]。正因为如此,N. Wiener才把控制论定义为"机器和动物中的通信与控制问题",并且非常明确地指出:"这些问题的关键并不是围绕着电工技术,而是围绕着更为基本的信息。工程中的控制理论,不论是关于人、动物还是机器,都是信息理论中的一部分。"毫无疑问,只有用信息的观点和方法才能把控制的问题阐述得更透彻。

由此可见,控制就是信息的施效,通过执行控制的策略来实施策略信息的效用;反过来,策略信息的效用最终是为了实现对外部对象的合理控制。当然,作为策略执行的控制也存在狭义与广义之分。狭义的控制就是策略执行本身,广义的控制则包含了从信息获取直至策略生成和执行的全过程。

## 8.1 策略执行的控制视角

控制是事物之间的一种不对称的相互作用。事物之间若构成控制的关系，其间必然存在一个或几个主动施加作用的事物，通常称为主控事物、控制者或控制单元；同时也存在一个或多个被作用的事物，称为被控事物、控制对象或被控单元。控制者具有一定的控制目标。控制者正是通过不断对被控对象施加作用和影响来逐步达到这一控制目标。只要控制过程是有效的，那么不达目的控制过程就不会终止。

控制的现象比比皆是，从自然界到人类社会，几乎处处都可以看到控制的现象，只是控制的水平高低各异，控制的目的千差万别，控制过程的具体形式各不相同而已。例如，植物通过开闭气孔、收卷叶面或落叶等方式来控制蒸腾作用；某些动物通过长毛或褪毛来调节体温，使体温保持在正常的范围内；人通过调整瞳孔的大小来保持一定的视觉能力；自动驾驶汽车由内部的电机控制保持汽车与路面的相对关系；等等。这些都是控制的现象，其中每一种控制过程都存在控制者和被控对象，都有一定的控制目标和实现控制的机构。

然而，并不是一切控制系统都是成功的。换句话说，有了控制者、被控对象、控制的目的和某种控制机构，这个系统并非一定能有效地工作，并非一定能达到它的控制目标。实际上，无效的甚至是彻底失败的控制系统也并不罕见：植物因环境变化超出其控制能力而死亡；自动驾驶的汽车因控制失效而发生事故；人体因某种控制能力被损害而患病；社会因失去控制而混乱；等等。

那么，为什么有的控制系统能够有效地工作，而有些控制系统却会失败呢？原来，和任何别的过程一样，控制过程也有它内在的机制和规律，特别是作为在控制过程中起主导作用的控制者，要具有一定的能力才能成功地驾驭整个控制过程，并引导这个过程去达到控制的目标。越是复杂的控制过程或控制系统，对控制单元的能力的要求就越高；至于高级生物控制系统等则要求控制单元必须具有与其控制任务相适应的智能水平。

具体说来，一个控制单元必须能够了解被控对象原有的运动状态和状态变化的方式，即对象的初始信息；能够理解环境初始的运动状态及其变化方式，即环境的初始信息；了解这两者相互作用的状态及其变化方式，最好还应当能够了解它们在未来一段时间内可能的运动状态和状态变化方式，即能够预测，并从这些信息中确立控制的目标，即控制者期望被控对象应当达到的运动状态及其变化方式，这常常称为目标信息。

在此基础上，控制者要进一步生成控制的策略，即指令信息，用指令来指明如何使被控对象由初始的运动状态和状态变化方式逐步过渡转移到控制目标所规定的运动状态及其变化方式。然后，通过调节机构，把指令信息转变为能够改变被控对象运动状态和状态变化方式的"力"来执行指令信息，引导被控对象的运动状态及其变化方式进行转移。

但是，在实际条件下，由于被控对象较为复杂，或者由于存在噪声干扰的影响，或者由于控制者采集和识别信息的能力有限，或者由于对象和环境的变化太快而控制者处理信息能力不够，或者由于上述各种原因的综合影响，使控制者所获得的信息不能充分反映被控对象和环境的实际情况,因而由此所产生的指令信息也与理想状态有所偏离。按照这种非最佳指令信息对被控对象实施调节以后,一般不能达到规定的目标。

为此,控制者应当能够及时获得控制效果的信息,即经过控制者的调节干预之后,被控对象的新的运动状态及其变化方式和目标规定的运动状态及其变化方式之间距离究竟是缩小了还是增大了。基于对效果信息的分析,控制者应当能做出决定是否有必要调整以及如何调整原来的指令信息。如果对指令信息做出了调整,就要按照新的指令信息,借助于调节机构再对控制对象的运动状态及其变化方式进行调节。然后,再看调节的效果,再修正指令信息,再进行新的调节。如此循环往复,每次循环都向目标更接近一步,直至达到目标。此后,由于对象与环境的动态性质,也由于干扰的不断影响,为了使对象保持在目标规定的运动状态及其变化方式,仍然需要不断地进行新的调整。

可见,控制者不能随心所欲地对被控对象调节和控制,而是要按照一定的规律来进行,要尽可能正确地认识被控对象和它的环境,从中引出正确的策略;要不断检查调节的实际效果,并根据效果来修正自己的认识,修正自己的策略;还要从对象和环境的信息中正确地提取目标信息,一旦发现问题,又要能够及时恰当地修订目标。诚然,对于控制者能力的实际要求会因具体的控制问题而不同,但无论如何,上述基本能力不可或缺。

如果控制者是人,那么他的智能水平足以使他具有获取信息(通过感觉器官)、传递信息(通过传导神经网络)、加工信息和制定决策(通过思维器官)以及执行策略(通过效应器官)的基本能力。同时,人又具有学习和创造能力,善于在各种条件下随机应变、因势利导,达到自己的目的。但是,人类控制者也受到生理条件的限制。例如,人的感觉器官感受信息的精度和灵敏度有限;感受信息的时间范围、空间范围和频率范围也有限;感觉器官、传导神经网络、思维器官和执行器官的反应速度都比较慢,因而传递、处理和执行信息的速度都比较低;思维器官存储信息的容量也有限;行动器官的操作精度也不高,等等。这些限制因素就使人类观察者在复杂庞大、瞬息万变和高度敏感的场合难以单独地完成控制任务,他必须与机器相结合,利用技术系统的高敏感、高速度、高精度、大容量等方面的能力来弥补人类控制者能力的不足,而以人类智能统筹技术系统的能力,通过人机协同互补增强综合控制能力。除了人类、人机合作这两类情形之外,在许多实际的场合,人们都乐意把控制者的任务交给机器去执行,由技术系统来承担。本章将着重研究该类控制系统的基本规律。

事实上,人们迄今已经在控制理论方面已经获得相当丰富的研究成果。例如,有经典控制理论和现代控制理论[48,30,70,68],有基于现代统计观念和反馈原理的控制论[10,40],有应用于工程领域的控制论[4,100,101,14],有大系统和智能控制的理论[65,73,62,50,27,13,21],等等。下面,我们将从"策略执行原理"的观点来探讨技术控制系统是怎样实现上面所描述的那些控制功能的。

## 8.2 控制问题描述

控制是"信息施效"的过程。如前所述,如果这里所说的"信息"是控制对象及其环境的本体论信息,那么这就是广义的控制问题,它包括了信息获取与传递(把本体论信息转变为第一类认识论信息)、信息认知(把第一类认识论信息转变为知识)、策略再生(把知识转变为第二类认识论信息——策略信息),以及狭义的信息施效(控制——把智能策略转变为智能行为)。本章将从广义的观点来讨论信息施效问题,但把重点放在狭义信息施效问题上。

## 8.2.1 控制对象的描述

为了对对象实施有效的控制和调节,控制者需要掌握对象及其环境的信息,即它们的运动状态和变化方式,如果可能,还要掌握其历史资料和未来的趋势。

任何对象(或客体、事物)的状态都可以在一定的精度上用决定它的行为的一组参数值来描述。借助这些值就可以比较各个事物的状态,判断这些事物之间的差别,以及比较同一事物在不同时刻的状态,说明事物变化的情况。

描写系统或事物状态的方法很多。其中一种简单而又常用的方法是状态参数序列表。假定系统在任一给定时刻的状态可以由 $N$ 个参量 $S_1,\cdots,S_N$ 决定,那么只要把各时刻上这些参量的值以序列的形式排列成一张表格(见表 8.1),就可以描述这一系统在各时刻上的状态以及这些状态随时间而变化的情形。$N$ 个量 $S_1,\cdots,S_N$ 的一组值 $(S_{1i},\cdots,S_{Ni})$ 决定了该系统 $t_i$ 时刻的一个状态 $S_i$。因此,可以把 $S$ 看作是一个 $N$ 维矢量,$S_1,\cdots,S_N$ 是它的 $N$ 个分量。表 8.1 示出了该系统在 $I$ 个不同时刻上的状态 $S_1,\cdots,S_I$,这样就刻画了该系统在时间区间 $(t_1,t_N)$ 上的运动状态。而该系统在该时间区间上的运动方式,即状态 $S_i$ 向 $S_j$ 转移的方式,$i,j \in (1,I)$,则可以用函数或概率转移图等方法来描述。例如,若后一状态与前一状态是按严格的函数关系 $f$ 来转移,系统的运动方式就可以通过

$$S_i = f(S_{i-1}) \tag{8.1}$$

来描述。例如,自动机的状态转移方式就是利用一组状态转移递归表达式或转移规则来描述。若状态之间是按照随机方式来转移的,则可以通过图 8.1 所示的状态转移图表示。

**表 8.1　系统状态的列表表示法**

|  | $S_1$ | $S_2$ | $\cdots$ | $S_n$ | $\cdots$ | $S_N$ |
|---|---|---|---|---|---|---|
| $t_1$ | $S_{11}$ | $S_{12}$ | $\cdots$ | $S_{1n}$ | $\cdots$ | $S_{1N}$ |
| $t_2$ | $S_{21}$ | $S_{22}$ | $\cdots$ | $S_{2n}$ | $\cdots$ | $S_{2N}$ |
| $\vdots$ | $\vdots$ | $\vdots$ |  | $\vdots$ |  | $\vdots$ |
| $t_i$ | $S_{i1}$ | $S_{i2}$ | $\cdots$ | $S_{in}$ | $\cdots$ | $S_{iN}$ |
| $\vdots$ | $\vdots$ | $\vdots$ |  | $\vdots$ |  | $\vdots$ |
| $t_I$ | $S_{I1}$ | $S_{I2}$ | $\cdots$ | $S_{In}$ | $\cdots$ | $S_{IN}$ |

# 第 8 章 策略执行原理：控制论

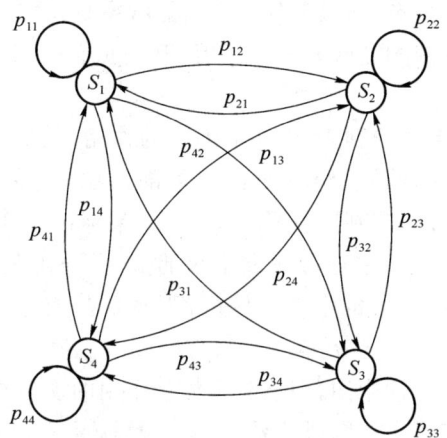

图 8.1 随机状态转移图

图中示出一个 4 个状态 $S_1, S_2, S_3, S_4$ 之间按概率规律进行转移的情形，其中 $P_{ij}$ 表示状态 $S_i$ 向状态 $S_j$ 转移的概率，而 $p_{ii}$ 则是状态维持不变的概率，$i, j = 1, 2, 3, 4$。当然，这些状态转移概率满足概率归一条件

$$0 \leqslant p_{ij} \leqslant 1, \quad i, j = 1, 2, 3, 4; \sum_{j=1}^{4} p_{ij} = 1, \quad i = 1, 2, 3, 4, \sum_{i=1}^{4} p_{ij} = 1, \quad j = 1, 2, 3, 4 \tag{8.2}$$

这种状态随机转移的运动方式也可以用转移概率矩阵来表示

$$P_t = \begin{pmatrix} p_{11} & \cdots & p_{1j} & \cdots & p_{1N} \\ \vdots & & \vdots & & \vdots \\ p_{i1} & \cdots & p_{ij} & \cdots & p_{iN} \\ \vdots & & \vdots & & \vdots \\ p_{N1} & \cdots & p_{Nj} & \cdots & p_{NN} \end{pmatrix} \tag{8.3}$$

其中，

$$0 \leqslant p_{ij} \leqslant 1, \quad \sum_{j=1}^{N} p_{ij} = 1, \quad \sum_{i=1}^{N} p_{ij} = 1 \quad (i, j = 1, 2, \cdots, N) \tag{8.4}$$

另外，如果以状态 $S$ 的 $N$ 个分量作为 $N$ 维空间中 $N$ 个坐标上的值，那么 $S = (S_1, \cdots, S_N)$ 就成为这个 $N$ 维空间中的一个点。这样，系统状态的变化就在这个 $N$ 维空间中表现为一个轨迹。这样，我们就可以知道系统有多少种可能的状态，各个状态的具体情况如何，这些状态之间是如何转移过渡的。也就是知道了这个系统的运动状态和方式，即信息。这种表示方法称为状态空间法。

当然，对于比较简单的系统或控制对象，可以用它内部结构的状态方式来描述它的运动。但是，对于一些复杂的对象或系统，可能无法准确描述它们内部结构的状态方式。这样，我们就可以或只能转而描述其外部联系、外部行为的状态方式。因为事物内部结构的状态方式和事物同其他事物的相互作用（外部联系）的状态方式两者是需要关注的"事物运动的状态方式"，即关于该事物的信息。

研究系统外部联系的状态方式(即外部行为的状态方式)时,需要注意的是:任何一个系统都与无限多个其他系统相互联系相互作用,但是我们仅需考虑那些具有重要影响的联系或作用的系统状态。

经简化后,如果某个系统受到 $M$ 个外部因素的作用(我们称之为该系统的输入),用符号 $x_1,\cdots,x_M$ 来标记。如果该系统对于 $N$ 个外部事物产生作用,我们就把这些对外部事物的作用称为系统的输出,分别用符号 $y_1,\cdots,y_N$ 来标记。这样,我们就把系统的外部联系用它的输入和输出来表示。通过研究系统的输入-输出关系,可以判定一个系统的行为。在这种情况下,我们关心的不是系统内部的结构,而是其外部联系或行为的状态方式。

虽然一个系统的内部结构未知,但从事物相互作用的视角看,只要掌握其外部联系的状态方式并阐明了输入和输出的因果关系,就能为控制者提供足够的信息,就可以认为充分掌握了这个系统。通常,我们把这类系统称为"黑箱"系统。它在描述复杂系统方面是非常有用的概念和方法。事实上,在研究控制问题时,控制者常常并不需要了解被控对象的具体结构,而更关注:给定输入时系统的输出;施加作用、刺激或激励时,对象的响应或反应。根据作用与反作用、刺激与响应的关系,控制者就可以制定控制策略,引导被控对象向预定的目标演进。

大多数情况下,黑箱系统不但可能具有复杂的内部结构,而且它的外部联系(即输入-输出关系)往往也很复杂。具体而言,如果一个黑箱系统 $S$ 具有有限多种可能的输入 $x_1,\cdots,x_M$,而相应于这些输入所得到的输出是 $y_1,\cdots,y_N$,那么我们就可以把黑箱系统 $S$ 的作用看作是一种变换或映射,将输入(即原像)映射为相应的输出(即变换像)。若以符号 $T$ 来表示这种变换或映射算子,那么就有

$$T:(x_1,\cdots,x_M)\to(y_1,\cdots,y_N) \tag{8.5}$$

算子 $T$ 可能是单值映射(即多对一映射),也可能是非单值映射(即一对多映射),或者是一对一映射;可能是线性算子,也可能是非线性算子。但是,不管算子 $T$ 取什么具体的形式,只要它的映射关系是明确的,我们就认为已经充分地掌握了这个黑箱系统的外部行为的特性,且可以由此来推测该黑箱系统的结构。

黑箱方法在控制理论中有着极其广泛的应用。从复杂的技术系统到生活中的控制问题,它的应用比比皆是。比如,一个密封投弹瞄准器出了故障,就必须在不拆开的条件下判断是该进行修理还是扔掉或毁掉;电话工程师在判断一批运转着的机器的工作情况时,就只能在不拆开机器的条件下根据某些测试的数据来评估;医生在诊断病人时,也是在不解剖的情况下,通过问诊、化验和患者的反馈来推断病情;心理学家在研究迷宫中的老鼠时,对其施以各种刺激,观察其反应,由此推测老鼠的神经活动机制。有些情况下,人们甚至可以完全不关心事物的结构而用黑箱方法来解决问题。例如,小孩想要开门,就将门把左右转动(输入),看看门是否能打开(输出),借此,他就可以学会对门的开关的控制,而不必把门锁拆下来了解甚至掌握其构造。

对于这类只关心输入-输出关系而不关心其确切结构的问题,状态变量方程是一个很好的描述工具。假定用符号 $x(t)$ 来表示被控系统的输入(也叫系统的控制变量),用 $y(t)$ 来表示它的输出,而由 $S$ 来表示系统的状态,那么它的输入-输出关系一般可以用一

个 $N$ 阶常系数线性微分方程来表示(这里考虑的是线性系统)：

$$\frac{d^N y}{dt^N}+a_{N-1}\frac{d^{N-1}y}{dt^{N-1}}+\cdots+a_1\frac{dy}{dt}+a_0 y=x(t) \tag{8.6}$$

其中的 $N$ 个变量：

$$y,\frac{dy}{dt},\frac{d^2 y}{dt^2},\cdots,\frac{d^{N-1}y}{dt^{N-1}} \tag{8.7}$$

就是这个系统的状态变量。只要给定这些变量的值，就可以根据系统的输入和状态变量方程(8.6)求出系统的未来状态及其输出。通常令

$$S_1(t)=y(t);S_2(t)=\frac{dy(t)}{dt}=\dot{S}_1(t);\cdots;S_n(t)=\frac{d^{N-1}y(t)}{dt^{N-1}}=\dot{S}_{N-1}(t) \tag{8.8}$$

这样就可以把高阶微分方程(8.6)改写为一阶微分方程组：

$$\left.\begin{array}{l}\dot{S}_1(t)=S_2(t)\\ \dot{S}_2(t)=S_3(t)\\ \vdots\\ \dot{S}_N(t)=-a_0 S_1(t)-a_1 S_2(t)-\cdots-a_{N-1}S_N(t)+x(t)\end{array}\right\} \tag{8.9}$$

或者用矩阵形式表示：

$$\begin{bmatrix}\dot{S}_1\\ \dot{S}_2\\ \vdots\\ \dot{S}_{N-1}\\ \dot{S}_N\end{bmatrix}=\begin{bmatrix}0 & 1 & 0 & \cdots & 0 & 0\\ 0 & 0 & 1 & \cdots & 0 & 0\\ \vdots & \vdots & \vdots & & \vdots & \vdots\\ 0 & 0 & 0 & \cdots & 0 & 1\\ -a_0 & -a_1 & -a_2 & \cdots & -a_{N-2} & -a_{N-1}\end{bmatrix}\begin{bmatrix}S_1\\ S_2\\ \vdots\\ S_{N-1}\\ S_N\end{bmatrix}+\begin{bmatrix}0\\ 0\\ \vdots\\ 0\\ x\end{bmatrix} \tag{8.10}$$

在更一般的情况下，被控系统可能具有多个输入 $x_1(t),\cdots,x_M(t)$，这时，矩阵(8.10)就变为

$$\begin{bmatrix}\dot{S}_1\\ \dot{S}_2\\ \vdots\\ \dot{S}_N\end{bmatrix}=\begin{bmatrix}a_{11} & a_{12} & \cdots & a_{1N}\\ a_{21} & a_{22} & \cdots & a_{2N}\\ \vdots & \vdots & & \vdots\\ a_{N1} & a_{N2} & \cdots & a_{NN}\end{bmatrix}\begin{bmatrix}S_1\\ S_2\\ \vdots\\ S_N\end{bmatrix}+\begin{bmatrix}b_{11} & \cdots & b_{1M}\\ \vdots & & \vdots\\ b_{N1} & \cdots & b_{NM}\end{bmatrix}\begin{bmatrix}x_1\\ \vdots\\ x_M\end{bmatrix} \tag{8.11}$$

或者简记为

$$\dot{\boldsymbol{S}}=\boldsymbol{AS}+\boldsymbol{BX} \tag{8.12}$$

其中的列矢量 $\boldsymbol{S}$ 称为该系统的状态矢量。

如果想要求解矢量微分方程(8.12)，可以先求它的拉普拉斯(Laplace)变换：

$$p\boldsymbol{S}(p)-\boldsymbol{S}(0)=\boldsymbol{AS}(p)+\boldsymbol{BX}(p) \tag{8.13}$$

解得

$$\boldsymbol{S}(p)=[p\boldsymbol{I}-\boldsymbol{A}]^{-1}\boldsymbol{S}(0)+[p\boldsymbol{I}-\boldsymbol{A}]^{-1}\boldsymbol{BX}(p) \tag{8.14}$$

其中，$\boldsymbol{I}$ 是单位矩阵。

可以证明，$[p\boldsymbol{I}-\boldsymbol{A}]^{-1}=\boldsymbol{\Phi}(p)$ 是 $\boldsymbol{\Phi}(t)=\exp(\boldsymbol{A}t)$ 的 Laplace 变换，其中

$$\exp(\boldsymbol{A}t)=\boldsymbol{I}+\frac{\boldsymbol{A}t}{1!}+\frac{(\boldsymbol{A}t)^2}{2!}+\cdots \tag{8.15}$$

于是，由式(8.14)得

$$S(t) = \boldsymbol{\Phi}(t)S(0) + \int_0^t \boldsymbol{\Phi}(t,x)\boldsymbol{B}(\tau)x(\tau)\mathrm{d}\tau \tag{8.16}$$

其中,矩阵 $\boldsymbol{\Phi}(t)$ 称为基础矩阵,它表示在无输入作用的条件下(即 $X=0$)系统的自由响应。于是,由式(8.16)直接得到

$$S_0(t) = \boldsymbol{\Phi}(t)S(0) \tag{8.17}$$

在没有输入激励的自由响应情况下,如果假定初始条件等于零,即 $S(0)=0$,由式(8.13)可以得到

$$pS(p) = AS(p) \tag{8.18}$$

从而有

$$|p\boldsymbol{I} - \boldsymbol{A}|S(p) = 0 \tag{8.19}$$

之前已经证明了式(8.19)具有非平凡解的充分必要条件是 $[p\boldsymbol{I}-\boldsymbol{A}]$ 的行列式值等于零,即

$$\det|p\boldsymbol{I} - \boldsymbol{A}| = 0 \tag{8.20}$$

而矩阵 $|p\boldsymbol{I}-\boldsymbol{A}|$ 则称为矩阵 $\boldsymbol{A}$ 的特征矩阵。当矩阵 $\boldsymbol{A}$ 为一个 $N\times N$ 阶方阵时,$\det|p\boldsymbol{I}-\boldsymbol{A}|$ 一般是一个 $N$ 阶多项式,称为矩阵 $\boldsymbol{A}$ 的特征函数,式(8.20)的 $N$ 个根称为 $\boldsymbol{A}$ 的本征值。把各个本征值代入式(8.18),就分别得到 $\boldsymbol{A}$ 的各个本征矢量。若以符号来记这些本征值,$n=1,\cdots,N$,那么就可以把式(8.20)写成

$$\det|\lambda\boldsymbol{I} - \boldsymbol{A}| = 0 \tag{8.21}$$

在实际问题中,常常考虑一种离散时间系统。它的特点是在固定的时间间隔内输入信号(即控制变量)$x(t)$ 为常数,即在 $t_1 = k\Delta$ 到 $t_2 = (k+1)\Delta$ 之间有 $x(k) = c$。其中 $x(k)$ 是 $x(k\Delta)$ 的简记。

我们来考察在 $t-k\Delta$ 时刻的系统状态 $S(k)$ 与在 $t=(k+1)\Delta$ 时刻的系统状态 $S(k+1)$ 之间的关联情况。在一般的情况下,可以把这种关联表示为

$$S(k+1) = f(S(k), X(k), k) \tag{8.22}$$

对于线性系统(8.12),由式(8.16)就可以直接得到

$$\begin{aligned}S(k+1) &= \Phi((k+1)\Delta, k\Delta)s(k) + \int_{k\Delta}^{(k+1)\Delta} \Phi((k+1)\Delta,\tau)B(\tau)X(\tau)\mathrm{d}\tau \\ &= F(k)S(k) + E(k)X(k)\end{aligned} \tag{8.23}$$

特别地,对于常系数(恒参)系统,矩阵求出一次之后就可以了。因而 $k$ 不必写出。

一个控制系统,我们通常需要分析它的可控性和客观性。顺便指出对于由式(8.23)所表示的线性常系数离散时间被控系统,很容易得出它的可控性和可观测性条件。为此,我们把式(8.23)重写如下:

$$S(k+1) = FS(k) + EX(k) \tag{8.24}$$

设想:我们是否可以通过选择适当的控制变量 $X(k)$ 来迫使系统从状态 $S(0)$ 变到状态空间的任何一点呢?如果可以,就应当有

$$\left.\begin{aligned}S(1) &= FS(0) + EX(0) \\ S(2) &= FS(1) + EX(1) = F^2 S(0) + FEX(0) + EX(1) \\ &\vdots \\ S(N) &= F^N S(0) + F^{N-1}EX(0) + \cdots + FEX(N-2) + EX(N-1)\end{aligned}\right\} \tag{8.25}$$

于是

$$S(N) - F^N S(0) = \begin{bmatrix} E & FE & \cdots & F^{N-1}E \end{bmatrix} \begin{bmatrix} X(N-1) \\ \vdots \\ X(1) \\ X(0) \end{bmatrix} \quad (8.26)$$

由式(8.26)可以得出结论:既然 $S(N)$ 和 $S(0)$ 是给定的系统状态,那么式(8.26)有解的条件为

$$(E \quad FE \quad \cdots \quad F^{N-1}E) \quad (8.27)$$

的秩为 $N$,即矩阵(8.27)有 $N$ 个线性无关的矢量。这就是这类系统的可控性条件。

用类似的方法可以导出系统可观测性的条件。显然,为了对系统进行控制,就应当能够从测量的结果中提取关于该系统的状态的信息,为此,我们引入一个测量矢量 $Z$,它与状态变量 $S$ 有如下线性关系

$$Z = HS \quad (8.28)$$

如果 $Z$ 是 $l$ 维矢量,则 $H$ 为 $l \times N$ 的矩阵,其秩为 $l$。$H$ 通常由零和单位元构成。由式(8.28)和式(8.16)可以得到

$$Z(t) = H\boldsymbol{\Phi}(t)S(0) + H\int_0^t \boldsymbol{\Phi}(t,\tau)B(\tau)X(\tau)\mathrm{d}\tau \quad (8.29)$$

既然系统和控制变量 $X$ 完全已知,我们就可以采用更简单的测量矢量 $Y$(通常称为修正测量矢量)

$$Y(t) = Z(t) - H\int_0^t \Phi(t,\tau)B(\tau)X(\tau)\mathrm{d}\tau = H\boldsymbol{\Phi}(t)S(0) \quad (8.30)$$

设 $S(t) = \boldsymbol{\Phi}(t)S(0)$,即有

$$Y(t) = HS(t) \quad (8.31)$$

有了测量矢量 $Y$,就可以考虑系统的可测性问题。它的思路是:考虑一个离散时间系统

$$S(k+1) = FS(k) \quad (8.32)$$

假定得到了 $N$ 个矢量测量值 $Y(0), \cdots, Y(N-1)$,则有

$$Y(0) = HS(0), Y(1) = HFS(0), Y(2) = HF^2 S(0), \cdots, Y(N-1) = HF^{N-1}S(0)$$

用矩阵来表达就是

$$\begin{bmatrix} Y(0) \\ Y(1) \\ \vdots \\ Y(N-1) \end{bmatrix} = \begin{bmatrix} H \\ HF \\ \vdots \\ HF^{N-1} \end{bmatrix} S(0) \quad (8.33)$$

由式(8.33)可知,只要矩阵

$$\begin{bmatrix} H \\ HF \\ \vdots \\ HF^{N-1} \end{bmatrix} \quad (8.34)$$

的秩为 $N$,就可以借助测量值 $Y(0), \cdots, Y(N-1)$ 通过式(8.33)求出 $S(0)$,进而利用式

(8.32)求出所有的系统状态。这就是系统(8.32)的可观测性条件。

总之,我们可以利用上述各种方法来描述控制对象的运动状态和方式,为控制者提供有关被控对象的信息。

上述各种方法为控制者所提供的信息都是被控对象的语法信息,是关于被控对象的运动状态方式的形式化方面的信息。然而在许多场合,仅仅描述控制对象的语法信息是不够的,特别在复杂、高级的控制过程中,更是如此。在这些高级控制问题中,控制者不仅要根据被控对象的运动状态和方式本身来考虑控制的策略,而且要根据这些状态和方式的逻辑含义以及它们对于控制者的效用来决定自己的控制策略。当系统的控制者是人或智能机器以及高等生物时,语义和效用因素是不能忽略的。例如,对经济系统的控制、对社会系统的控制等,都不能只根据运动状态和方式的形式本身做出决定。这样,在描述系统的时候,就要全面描述它的语法、语义和语用信息。

诚然,目前绝大多数的控制论系统都还仅仅考虑了语法信息。但是,随着研究的不断深入,尤其在进入智能控制的水平之后,就必然要考虑和利用全信息。作者在本章中将从这样的观点来探讨控制问题的基本原理和规律。

## 8.2.2 控制目标和效果的描述

任何一个控制系统都具有一定的控制目标,即具有目的性。这是一切控制系统共有的基本特征。目标有大有小、有高有低,但只要是一个控制系统,就必然要有控制的目标,否则,也就无所谓控制,或者说不存在控制的问题。我们将在后面探讨有关实现控制目标的基本方法,这里要研究的是如何描述和确定控制目标及控制效果的问题。

那么,什么是一个控制系统的目标呢?所谓控制目标就是控制者为被控对象所设定的一个"最终"的运动状态及其变化方式,以及这个状态方式的语义和效用。控制者的任务和作用,就是要从被控对象的初始状态方式出发,通过适当的干预和调节,把被控对象逐步引导到所设定的最终运动状态方式。完成这种引导的过程就是控制过程。因而,对控制目标的描述实际上就是对控制过程的"终点"的运动状态方式的描述,包括对它的语法、语义和语用信息的描述。

最简单情况下,一个系统的控制目标就是该系统在状态空间中设定的某个点(状态),如图8.2所示。图中示出了一个系统的可能状态的空间。其中,$S$ 是系统的初始状态,$g$ 是这个系统的目标状态。假设这个状态空间是 $N$ 维空间,$S$ 和 $g$ 的坐标分别是

$$S: \alpha_1, \cdots, \alpha_n, \cdots, \alpha_N \tag{8.35}$$

和

$$g: \beta_1, \cdots, \beta_n, \cdots, \beta_N \tag{8.36}$$

$S$ 与 $g$ 之间的欧氏距离

$$d = \left[\sum_{n=1}^{N}(\alpha_n - \beta_n)^2\right]^{\frac{1}{2}} \tag{8.37}$$

目标状态 $g$ 的先验肯定度、真实度和效用度分别为 $c_g, t_g$ 和 $u_g$,经过控制(如果能够实现),则其后验肯定度、真实度和效用度分别为

$$c_g^* = 1, \quad t_g^* = 1, \quad u_g^* = (u_g^*)_{\max} \tag{8.38}$$

这时必有

$$I(u_g^*;R) = I(u_g^*;R)_{\max} \tag{8.39}$$

如果控制后系统实际达到的状态是 $g' \neq g$,那么

$$d(g,g') = \left[\sum_{n=1}^{N}(\beta_n - \beta_n')^2\right]^{\frac{1}{2}} \tag{8.40}$$

就是最终的控制误差。

有时,控制目标不是某个单一的状态,而是一个状态的集合,或者说是系统状态空间的一个子空间(如图 8.3 阴影区域)。只要系统状态落入目标状态子空间内,就可认为实现了控制的目标。

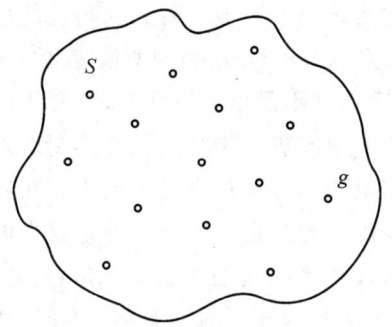 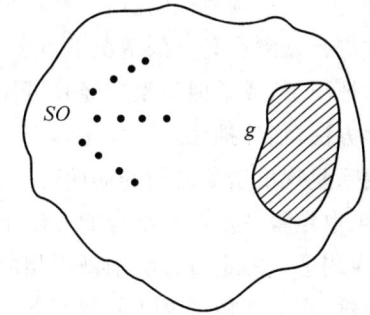

图 8.2　用状态空间的点来表示目标　　图 8.3　用状态空间的子空间表示目标

当然,在某些场合,控制目标不一定要用系统的状态本身来表示,也可以用系统状态的某种函数来表示。但是,无论如何都应当使目标容易检查、容易判断,否则就会失去实用价值。

应当指出,确定控制目标是一个重要又敏感的问题。目标标明了系统控制的方向和控制的方式,但若目标确定得不合理,那就会从根本上影响系统的效能,甚至使系统无法工作。因此,应当在科学分析的基础上来建立系统的控制目标。一般说来,在确定系统的控制目标时,主要应当考虑如下几点:①被控对象的运动状态方式;②环境与对象相互作用的状态方式,包括干扰的作用;③控制者所能获得的效用;④控制过程所涉及的代价(包括控制的复杂性、控制的速度和时间等)。其中,前三点是最基本的依据,最后一点则可以从前三点的结果推断。

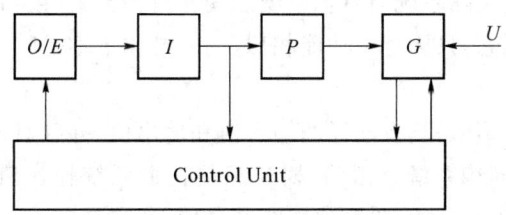

图 8.4　系统控制目标 $G$ 的建立

可以把确定系统控制目标的过程归纳为图 8.4 所示的模型。图中 $O/E$ 代表被控对象 $O$ 及其环境 $E$,$I$ 表示对象 $O$ 和环境 $E$ 的运动状态和方式(即信息),$P$ 表示预测单元,

$G$ 表示控制的目标，$U$ 代表控制者的效用要求，Control Unit 表示控制单元。这个模型表明，为了确定系统的控制目标，需要先获取被控对象 $O$ 和环境 $E$ 的信息 $I$，根据这些信息，对对象和环境的未来的运动状态和方式做出适当的预测，从而明确所有可能的运动状态，明确这些状态转移的关系和方式，包括自发转移关系和方式以及在外来因素（如干扰和人为控制）作用下的转移关系和方式。在此基础上，根据效用要求 $U$，就可以确定被控系统应当达到的目标状态 $g$。不过，这样确定的目标只能作为系统工作的初始目标。我们可以把这个初始目标作用于控制系统，在实施控制的过程中来进一步检验这个目标是否恰当。如果发现目标不合理，就要根据对象与环境的信息，根据控制者的效用要求，根据实际控制的情形来调整系统的控制目标。

在确定系统控制目标的过程中，一个关键的问题是要对被控对象和环境的可能运动状态方式进行预测。简单的情况下可以凭经验、直觉来进行预测，即所谓定性预测。在比较复杂的情况下，或者因为没有经验可循，或者直觉已不足以解决问题，就要借助定量预测的科学方法（如外推法等）。但是，当被控对象的情况进一步复杂化和控制对象与环境之间的关系呈现出错综复杂的局面时，纯粹的定量预测方法也会发生困难。在这种场合下，需要采取定量与定性相结合的方法来进行预测。通过定性的分析简化其中的某些关系，然后应用适当的定量方法来做出相应的预测，最后结合定性的假设来解释预测得到的结果。当然，在某些极其复杂的情况下，也存在无法进行预测的可能性。有时，情况也不见得是太复杂，但是由于没有任何信息可以利用，预测也不可能有效进行。在这些情况下，往往就只好采用试探的方法逐步优化。

显然，预测越是准确，目标的确定就越可能合理。但是，预测只解决如何确定目标的问题，而不提供如何实现目标的实际途径。采取正确的策略来达到预定的目标，是控制过程所要回答的问题。

那么，确定了控制目标之后，如何来衡量控制效果呢？最直观的方法，就是将实际得到的系统状态与设定的目标状态进行逐一比较，看看实际状态的各个坐标是否都与目标状态的各个相应坐标值完全一致。如果完全一致，则式(8.40)所确定的控制误差 $d(g,g')$ 就等于零。

实际上，控制论的要求并不是实际系统与目标系统之间的绝对一致。应该说，这种绝对的一致有时候根本不可能做到，而在另外一些场合则是根本不必要的要求。控制论的要求，从本质上来说，是实际系统与目标系统之间在行为方式（或功能）上的相似。这就是前面提到的"黑箱"的概念：只要行为功能相似（而在结构上不是唯一的形式），就认为实现了目的。

在控制论的术语中，凡是具有同样的输入值和输出值，并且对外部的刺激具有同样的反应方式的系统，称为同构系统。因为，对于只能把握系统输入值和输出值的观察者来说，两个同构系统是不可区分的，除非他能打开这两个"黑箱"。

在大多数实际的场合，对于一个具体的问题，决定系统状态的各个坐标并不是同等重要的。如果不考虑那些比较次要的坐标，那么，原来 $N$ 维状态空间的系统 $A$ 就退化为具有 $N'(N'<N)$ 维状态空间的系统 $B$。对于原来的系统 $A$ 的每一个给定状态，系统 $B$ 都

有一个状态与之相对应(因为那些被忽略的次要坐标值对于系统 $A$ 的状态的确定没有多大影响)。不过,对于系统 $B$ 的每一个确定的状态,系统 $A$ 中与之相对应的状态却不是唯一的。在控制论的术语中,$B$ 就称为 $A$ 的同态系统或简化系统。但这种同态关系是单向的,我们不能把系统 $A$ 说成是 $B$ 的同态系统。如果采用模型论的术语,那么系统 $A$ 是系统 $B$ 的原型,而系统 $B$ 则是系统 $A$ 的模型。在所讨论的情况下,$B$ 还是 $A$ 的同态模型。而由系统 $A$ 到系统 $B$ 的变换就称为同态变换,它实际上是一种多对一的映射关系。

如果有系统 $A$ 和系统 $B$,$B$ 是 $A$ 的模型,$A$ 的输入输出分别为 $x_{1A},\cdots,x_{mA},\cdots,x_{MA}$ 和 $y_{1A},\cdots,y_{nA},\cdots,y_{NA}$,$B$ 的输入输出分别为 $x_{1B},\cdots,x_{mB},\cdots,x_{MB}$ 和 $y_{1B},\cdots,y_{nB},\cdots,y_{NB}$,又若有

$$x_{1A}(t)=k_1 x_{1B}(k_0 t), \quad x_{2A}(t)=k_2 x_{2B}(k_0 t),\cdots \quad (8.41)$$

在这些条件下,如果能够满足

$$y_{nA}(t)=k y_{nB}(k_0 t) \quad (8.42)$$

那么就称 $A$ 和 $B$ 是类似系统,其中 $k,k_0,k_1,k_2,\cdots$ 为常系数。

性质和结构不同的系统,它们的同态模型的行为的某些特征之间可能存在形式上的相似性,这就导致了类似系统的存在。例如,单摆和 $LC$ 振荡电路就是一种类似系统,它们两者的输出值都是阻尼正弦振荡。这种类似性对于控制系统具有重要的意义。

## 8.3 控制的信息机制

控制(信息执行或信息施效)的机制是控制的核心问题。本节重点阐明以下几个信息执行的基本机制,包括如何从给定的问题中生成控制策略,如何把控制策略转变成控制行为,如何保证控制系统的工作稳定性,以及如何在变化的环境中实施控制的作用。

### 8.3.1 信息执行

无论面对的具体对象是什么,一切形式的控制归根到底总是要改变(或维持)对象原来的运动状态和状态变化的方式。例如,改变无机物的结构、位置或相互作用的方式,改变生物体的生理状态或行为模式,影响或改变人的生理状态、心理状态、思维方式和行动方式,维持或改变社会的结构、关系和发展的形式,包括政治的、经济的、观念的以至生活的状态和方式等。

显然,为了实现控制的作用,控制系统就应当能够产生出各种相应形式的"力"来实施对象状态及其变化方式的改变或维持。例如,为了控制机械系统,就应当能够产生出相应的机械力来维持或改变这个机械系统的状态及其变化方式;为了控制电气系统,就应当能够产生电磁力;为了控制观念系统,就应当能够产生观念层面的"力"。以上不同形式的"力"是对控制作用物理实现的模拟。

图 8.5 展示了控制系统的这种功能承接关系。其中,控制信息由控制单元给出,它指明了被控对象的运动状态和方式应当进行怎样的改变。而真正实施改变被控对象运动状态方式的调节力,则是由执行单元根据控制信息产生出来的。

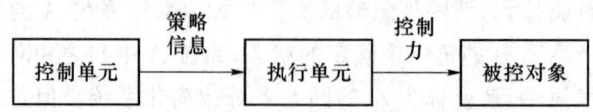

图 8.5　由干扰信息加工控制信息：补偿控制

执行单元也常常称为施效单元，因为正是通过这个单元信息才能最终实现其实际效用或效力。"信息转化为力"似乎是一种十分玄妙的甚至是离奇的事情。人们会问，信息这样一种非物质的东西怎么能够转化为改变事物运动状态方式的调节力呢？其实，稍加分析就知道，转化的过程也并不神秘。

诚然，正如我们经常强调的那样，作为事物运动状态和方式的信息源于事物，又不是源事物本身，它可以脱离源事物而相对独立地存在。但是，也正如我们经常指出的那样，信息的这种独立性是相对的——信息可以脱离它的源事物，但与此同时它就必然要负载于其他事物上，后者就称为信息的载体。没有任何载体的信息是不能存在的。正因为如此，输入到执行单元的控制信息总是负载在一定形式的载体上。这种载体以自己的某种参数的变化来表现它所载荷的信息。因此，在执行单元中所发生的控制信息转化为调节力的过程，只不过是把控制信息载体的状态和方式作用于调节力所需能量载体的过程；而控制的过程则是控制信息载体的状态与方式转换为被控对象的状态与方式的过程。显然，在这个转换过程中，信息本身并没有发生改变（如果发生了改变，控制就会失真），改变的只是它的载体的物质和能量形式。

这是控制过程的一个重要的机制，我们称之为控制过程的施效机制或执行机制。这一机制表明，在信息施效过程中，信息是一个不变量（当然，失真或损失是容许的），但是，信息的载体的物质和能量形式则可以根据具体的需要来改变。

例如，车辆行驶的控制问题中，当司机（控制者）希望提高车速时，在他的头脑中就产生一个相应的信息，即策略信息，它规定了应当如何改变车辆（被控对象）的速度状态和行驶方式。当这个信息刚由头脑输出的时候，它的载体是神经电信号。但是，要想真正实施车辆行驶状态和行驶方式的改变，则要通过人—机接口系统，把生物电信号的某种参数的变化（它表现策略信息）转换为车辆的连杆齿轮系统的机械动作（它也表现了同样的策略信息）。这样，策略信息从司机的头脑中发出，一直传到齿轮系统，其间并不发生改变（否则就达不到控制的目的，至少也会偏离目的），只是表现或载荷策略信息的载体由生物形式变成了机械的形式。

以上各例不仅可以帮助我们理解控制的施效机制或执行机制，而且也使我们清晰地看到：控制乃是策略信息通过物质与能量作用于对象的过程。换句话说，对于控制而言，核心的问题是信息，一定形式的物质和能量则是实现控制的手段。可是，这一问题常常被表面的现象所掩盖。例如，骑手对于马匹奔跑速度的控制通常是用"鞭打"来实现的。于是有人就认为，对马的控制作用是由鞭子这种物质和抽打所产生的能量产生的。其实不然，鞭打只是一种手段，它的实际作用是传达"快跑"的信息，是这个信息指挥马奔跑的。事实上，人们可以不用鞭打的手段来传达"快跑"的信息，用别的手段和方式同样可以指挥马匹快跑，只要马匹能够辨认和"理解"这种信息。例如，对于受过训练的战马，就可以用口令来指挥它。由此不难明白,为了实现控制的目标,物质和能量的手段可以有所选择,因为不同的手段可以达到同一个目标。然而信息的情形却不同,策略信息不能任意选择,它只能根据控制的对象、环境和目标确定出来,而不能随意改变,否则将使系统偏离预定的目标。

## 8.3.2 策略信息的生成

在明确了控制系统的执行机制之后,进一步的任务就要研究控制系统的策略信息生成机制。这种信息加工机制要解决的根本问题是:控制策略信息是怎样加工和生成出来的?这就是图8.5中"控制单元"的基本任务。

之前,我们已经讨论了智能决策的问题,它的核心问题就是如何从给定的问题、求解目标、约束条件、知识和信息的基础上生成智能控制策略,因此也被称为"知识激活"的问题。这个问题具有普遍的指导意义。不过,如果面临的控制问题相对而言比较简单,那么也还存在比较简单、专门的方法来生成控制策略。这就是所谓的经典控制的情形。这里,就是针对这些经典控制问题来讨论控制策略生成的基本方法。

在比较简单的控制系统中,控制信息可以由干扰信息直接加工出来。例如,在人们的日常生活中需要保持室内亮度,使它稳定在一定的范围。这是控制的目标。影响室内亮度的一个重要因素是外界亮度的变化,即天气:阳光直射室内时,亮度太高,不利于视觉系统的工作;乌云密布的时候,亮度太低,也不适于视觉器官的正常工作。相对于正常视觉器官工作的亮度来说,外界天气的变化就是一种干扰的因素。为了保持正常视觉工作所需的亮度范围,人们可以采取一定的控制策略。比如,外界亮度过高时就拉上窗帘;外界亮度过低时则开启照明设备。但是,拉窗帘或开电灯的时机(策略信息)要根据外界亮度的变化情况(即干扰信息)来决定。这就是说,策略信息是由干扰信息加工出来的,如图8.6所示。这种控制是一种补偿型控制:由策略信息产生(或转化)出一定的调节力来补偿干扰的影响。正因为如此,我们把这一类的控制方式称为补偿型控制。由图8.6可以看出,这种控制系统是各个单元之间没有反馈回路的开放系统。因此,这种控制也常常称为开环控制。

图 8.6　由干扰信息加工控制信息:补偿控制

这种补偿型的开环控制系统虽然简单,但应用广泛。自然界以至人类社会中的大量控制方式都属于这种类型。例如,老鼠为了维持生存,就要根据猫的运动状态方式(干扰信息)来调节自己的运动状态方式;兔子要根据猎人的运动状态方式来选择逃跑的路线和选择躲避的洞穴;武士要根据对手的体力状态、精神状态和动作模式来选择自己防御的招式和进攻的策略;农民要根据气象的变化来调整自己对农田管理的策略和方式;工厂要根据国际市场和竞争对手的情况来安排自己的生产;飞行员要根据飞行干扰因素(风力等各种影响飞行的因素)来调整自己的操作。这些都属于开环控制方式。

当然,所有这些控制系统要能有效地达到控制目标,都必须满足两个基本的前提:一是控制单元(控制者)必须能够理解干扰的各种状态方式对于控制目标具有什么样的实际影响;二是根据这种影响,控制者应当能够产生足够的调节力来补偿这种影响。如果第一个前提不满足,控制者就无法选择正确的控制策略,而如果第二个前提不满足,控制者就不可能克服干扰的有害影响。

既然控制者只有知道干扰对控制目标的影响情况之后才能选择正确的控制策略,那么一个比较合理的模式是:控制者应当同时根据干扰信息、目标信息和被控对象的信息来加工出自己的控制信息。具体地说,控制者必须全面了解被控对象的初始运动状态方式是什么,被控对象应当达到的最终运动状态方式即控制目标是什么,干扰对于被控对象的运动状态方式可能产生什么样的影响,在控制者进行干预之后被控对象的实际运动状态及其变化方式发生了怎样的改变,等等。有了全面的信息,控制者就可能更有效地生成自己的控制信息,这些都可归纳在如图8.7所示的"综合型控制"中(图中将干扰源作为控制对象环境的一部分体现在"对象与环境"方框中)。

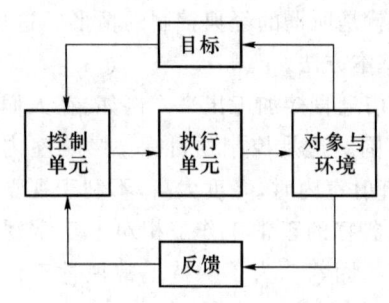

图 8.7 综合型控制

这种控制方式的特点在于综合利用了与问题相关的各类信息生成并提炼控制指令信息,因此这种控制方式称为综合型控制方式(闭环式控制)。这种方式的优势在于能更有效地控制并适应复杂场景。

具体地说,闭环控制系统的信息加工机制和过程包括如下几个环节。第一,要获得被控对象的信息,尽可能包括它的运动状态方式的历史和可能的趋势;第二,要获得被控对象的环境的信息,尽可能包括它的历史和趋势,这种环境信息常被控制者视为干扰信息;第三,根据所获得的被控对象及其环境的信息确定控制的目标信息;第四,根据被控对象的信息、环境信息和目标信息加工出初步的控制指令信息,它将指明被控对象应如何从它的当前状态出发,按照何种方式、沿着何种途径向目标状态逐步转移;第五,根据控制的效果信息来调整控制指令信息,使被控对象能以最优方式或尽可能以最优方式趋向目标。

有反馈才能更好地实现目标。开环控制系统不包括第五个环节,因而往往不能最优地达到目标。关键问题在于:应当怎样从被控对象信息、环境信息和目标信息中生成具体控制指令信息。

应当指出,上一章所讨论的决策信息加工方法原则上可以用来解决控制指令信息的加工和生成问题。因为决策是控制的先导,只有作出决策,才能明确如何进行控制。既然已经讨论过了决策信息加工生成的方法,这里就不再重述。另外,关于指令信息的智能加工问题将在以后的章节中述及,这里将只讨论控制指令信息的常规加工问题。

从概念上说,如果已经知道被控对象的信息(即其运动状态方式),又知道环境的信息(即环境对于被控对象运动状态方式的制约关系),并且已经明确了控制的目标(即被控对象应当达到的运动状态以及其变化方式),那么一切能够使被控对象由当前状态转移到目标状态的可能途径——可能的状态转移序列和转移方式,就都可以作为可行的控制指令信息集合。问题在于找到在某种意义上最优的控制指令,以便能在这种意义上以最优的方式来完成这种状态方式的转移。

按照这样的思路,加工和生成控制策略信息的问题就可以这样解决:首先,找出控制目标与被控对象运动状态方式的关系;然后,明确环境或其他因素对被授对象运动状态和方式的制约方式;最后,在这些制约关系下,求出被控对象的运动状态和方式与目标之间的最优关系。

于是,我们可以设想,如果能够用函数来描述目标与对象状态之间的关系,那么,加工和生成控制指令信息的问题就变为有约束条件下求函数极值的问题。这样,求解函数的条件极值就成了常规控制信息加工和生成的基本机制。而这种信息加工和生成的基本机制,依据具体问题的不同,可以表现为线性规划、非线性规划、动态规划等各种数学模型。

假设目标状态与对象实际状态之间的关系可以表示为函数 $f(x)$,其中 $X$ 是 $N$ 维列向量,约束关系可以表示为 $g_m(X) \leqslant b_m (m=1,\cdots,M)$。那么上述问题就转化为:在 $M$ 个约束下选择 $X$ 的 $N$ 个分量,使函数 $f(X)$ 为最大或最小(以求极大为例)。显然,这是个数学规划的问题。如果 $f, g$ 都是 $X$ 的线性函数,就是线性规划的问题。这时,问题可以表述为:

在满足约束

$$AX = b \tag{8.43}$$

且

$$X \geqslant 0 \tag{8.44}$$

的条件下,使目标函数

$$f(X) = C^T X \tag{8.45}$$

为最大。其中 $C$ 是 $N$ 维列向量,$b$ 是 $M$ 维向量,$A$ 是 $M \times N$ 矩阵,$M < N$。

一些简单的线性规划问题通过几何作图的方法求出解答。通过对下面这个例子的来说明。若约束条件为①$x_1 \geqslant 0$;②$x_2 \geqslant 0$;③$x_1 + x_2 \leqslant 6$;④$3x_1 + x_2 \leqslant 12$;⑤$x_1 - 2x_2 \leqslant 2$;而目标函数为 $f = 5x_1 + x_2$,求满足上述约束下使 $f$ 为最大的 $x_1$ 和 $x_2$。

求解这样的问题,只要在 $(x_1, x_2)$ 坐标平面上画出由约束条件限定的允许区域,然后找出 $f$ 与该区域的切点坐标(如图 8.8 所示)即可进行求解,显然,图中 $C$ 点的坐标 $x_1 = 26/7, x_2 = 6/7$ 就是这个解答。与此相应的是 $f_{\max} = 136/7$。

通常,我们把满足约束条件的解称为可行解,它的集合称为可行解集,也就是可行的控制策略集。不过,只有能够使目标函数达到极值的可行解才是最优

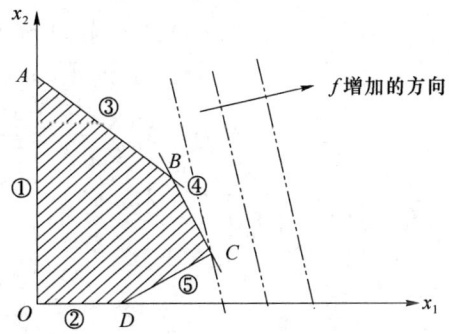

图 8.8 用作图法求解线性规划问题

解。但是,实际应用中的控制问题往往都比较复杂,不容易用平面作图法来求解,而常用单纯型方法来处理。单纯型的方法可以简述如下:在形如式(8.43)～式(8.45)的线性规划问题中,假定 $N > M$,矩阵 $A$ 的秩为 $M$,把式(8.43)重写为

$$\begin{bmatrix} a_{11} & \cdots & a_{1N} \\ \vdots & & \vdots \\ a_{M1} & \cdots & a_{MN} \end{bmatrix} \begin{bmatrix} x_1 \\ \vdots \\ x_N \end{bmatrix} = \begin{bmatrix} b_1 \\ \vdots \\ b_M \end{bmatrix} \tag{8.46}$$

若以 $P_n$ 表示 $A$ 的第 $n$ 列，于是式(8.46)又可以写成

$$\sum_{n=1}^{N} x_n P_n = b \tag{8.47}$$

既然 $A$ 的秩为 $M$，那么向量 $P_1, \cdots, P_n$ 中只有 $M$ 个是线性独立的。现在任取其中一组线性独立向量，显然方程组 $\sum_{m=1}^{M} = x_{im} P_{im} = b$ 必有唯一解 $(x_{i1}, \cdots, x_{iM})$。如果令其余的变量（共 $N-M$ 个）都等于零，就得到式(8.43)的一组解，称为基本解，记为 $x^{(0)}$，其中 $x_{i1}, \cdots, x_{iM}$ 称为基本变量，其余 $NM$ 个变量称为非基本变量。若有 $x(0) \geqslant 0$，则称这个基本解为基本可行解。当然，基本解的非零分量也可能小于 $M$ 个，这种情形称为退化的基本解。

现设 $X^{(0)} = (x_1^{(0)}, \cdots, x_M^0, 0, \cdots, 0)^T$ 为一个基本可行解。已经知道，可行解不一定就是最优解。因此，需要对此进行检验。在此假设下，目标函数可以表示为

$$f_0 = c_1 x_1^{(0)} + \cdots + c_M x_M^{(0)} \tag{8.48}$$

另一方面，既然 $A$ 的秩为 $M$，那么它的任一列向量 $P_n$ 都可以表示为 $P_1, \cdots, P_M$ 的线性组合，即

$$P_n = \beta_{1n} P_1 + \cdots + \beta_{Mn} P_M, \quad n = 1, \cdots, N \tag{8.49}$$

于是，对于某个 $n(n>M, n \leqslant N)$ 就有

$$\begin{aligned} b &= x_1^{(0)} P_1 + \cdots + x_M^{(0)} P_M + \lambda P_n - \lambda P_n \\ &= (x_1^{(0)} - \lambda \beta_{1n}) P_1 + \cdots + (x_M^{(0)} - \lambda \beta_{Mn}) P_M + \lambda P_n \\ &= X^{(1)} \end{aligned}$$

如果 $\lambda > 0$，且 $(x_M^{(0)} - \lambda \beta_{Mn}) \geqslant 0 (m=1, \cdots, M)$，那么有 $X^{(1)} > 0$，于是有

$$(x_1^{(0)} - \lambda \beta_{1n}, \cdots, x_M^{(0)} - \lambda \beta_{Mn}, 0, \cdots, \lambda, \cdots, 0)$$

也是一个可行解，与之相应的目标函数为

$$\begin{aligned} f &= c_1(x_1^{(0)} - \lambda \beta_{1n}) + \cdots + c_M(x_M^{(0)} - \lambda \beta_{Mn}) + \lambda_{C_n} \\ &= c_1 x_1^{(0)} + \cdots + c_M x_M^{(0)} + \lambda(c_n - c_1 \beta_{1n} - \cdots - c_M \beta_{Mn}) \\ &= f_0 - \lambda \left( \sum_{m=1}^{M} c_m \beta_{mn} - c_n \right) \\ &= f_0 - \lambda z_n \end{aligned} \tag{8.50}$$

其中，

$$z_n = \sum_{m=1}^{M} c_m \beta_{mn} - c_n \tag{8.51}$$

进而需要对 $z_n$ 进行检验，以了解它对 $f$ 取值的影响。一般有三种情况：

① 若对某个 $n$ 有 $z_n > 0$，且对某些 $m$ 有 $\beta_{mn} > 0$，由于要求 $\lambda > 0$ 及 $x_m^{(0)} - \lambda \beta_{mn} \geqslant 0$，则当选取

$$\lambda_l = \min_{\beta_{mn} > 0} \left( \frac{x_m^{(0)}}{\beta_{mn}} \right) = \frac{x_1^{(0)}}{\beta_{1n}} > 0 \tag{8.52}$$

时，就可以得到另一个基本可行解：

$$(x_l^{(0)} - \lambda_1\beta_{ln}, \cdots, x_{l-1}^{(0)} - \lambda_1\beta_{l+1,n}, \cdots, x_M^{(0)} - \lambda_1\beta_{Mn}, 0, \cdots, \lambda_1, \cdots, 0) \quad 1 \leqslant l \leqslant M$$
$$f = f_0 - \lambda_1 z_n < f_0 \tag{8.53}$$

而且有因而使目标函数得到了改进。换句话说，在这条件下，$f$ 比 $f_0$ 更接近于最优的情形。

② 若对某个 $n$ 有 $z_n > 0$，且对所有 $m$ 都有 $\beta_{mn} \leqslant 0$，那么，为了保证 $x_m^{(0)} - \lambda\beta_{mn} \geqslant 0$，$\lambda > 0$ 可取任意值，于是，只要把 $\lambda$ 取为任意大的正数，就可以使 $f$ 任意小。这说明原来的线性规划没有下界，因而没有最优解。

③ 若对所有的 $n(M < n \leqslant N)$ 都恒有 $z_n \leqslant 0$，则由于 $\lambda$ 必须为正，因此不可能使 $f$ 比 $f_0$ 更小。这说明 $(x_1^{(0)}, \cdots, x_M^{(0)})$ 就是最优解。

至此，可以把单纯形问题的求解步骤归纳如下：

① 取一个基本可行解 $\boldsymbol{X}(0)$，计算 $z_n$，若所有的 $z_n \leqslant 0$，则 $\boldsymbol{X}(0)$ 为最优解，计算结束；否则转至第②步。

② 在满足 $z_i > 0$ 的变量 $x_i$ 中，按照条件
$$z_n = \max_{z_i > 0} z_i \tag{8.54}$$
选择换入变量 $x_n$。

③ 若所有的 $\beta_{mn} \leqslant 0$，则原问题无下界，计算结束；否则按式(8.52)计算 $\lambda_l$，并以此来选择 $x_l$ 作为换出变量；然后转到第④步。

④ 由原约束方程组的第 $l$ 个方程解出 $x_n$，代入其他方程及目标函数，得到新的典型形式，把新的基本可行解表示为 $\boldsymbol{X}^{(1)}$，转至第①步。

整个过程也可由图 8.9 来描述。如果用控制论的术语，这也就是一种常规控制策略信息加工和生成的机制。

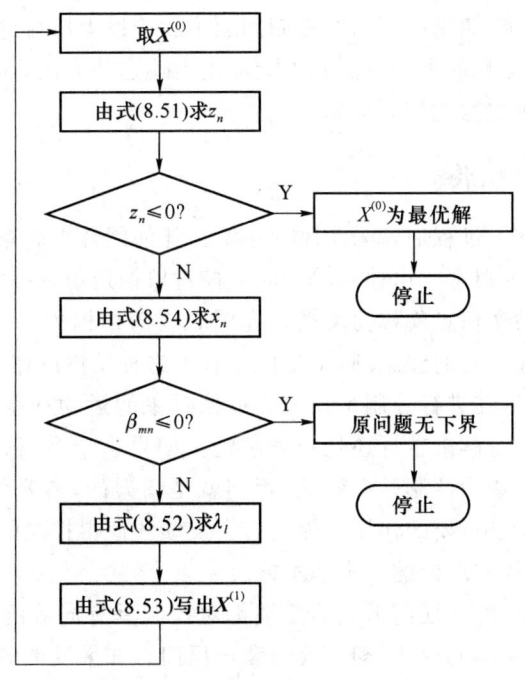

图 8.9 单纯形求解算法的流程

在实际应用中,有些问题的目标函数和(或)约束条件不能用线性函数表示。在这种情况下,如果目标函数或约束条件中有一个或多个非线性函数,这种数学规划问题就称为非线性规划问题。求解非线性规划问题的方法有很多形式,这里我们只通过一维搜索方法说明在这种情况下控制策略信息加工和生成的某些特点。

在非线性规划的场合,往往很难求出目标函数对自变量的偏导数,还有许多问题不满足凸性条件。因而,即使得出了个别极值点也难于判定它是否为最优解。因此除极个别的情形之外,一般都不通过求导数的方法来解非线性规划问题。通常是根据目标函数的特征,构造一类逐次使目标函数值下降(最小化问题)或上升(最大化问题)的所谓逐次搜索法。

逐次搜索法的要点是(以最小化问题为例):首先选择初始的近似点 $X^{(0)}$,使它尽可能靠近极小点;其次按照某种规则确定点 $X^{(0)}$ 的移动方向;然后在此方向上由始点移到下一点(例如 $X^{(k)}$),使 $f(X^{(k+1)}) < f(X^{(0)})$;最后检查一下所得到的新点是否满足要求的精度,如果满足要求,那么 $X^{(k)}$ 就是所求的近似最优解;如果不满足,则对 $X^{(k)}$ 再确定新的移动方向,并在此方向上移动到下一点 $X^{(k+1)}$,再检查精度,再移动,直至达到所要求的精度为止。

综上所述,我们清晰地看到,在很大的程度上可以认为:这类控制系统中的控制策略信息加工和生成机制实质上就是控制目标优化的机制。尽管在不同的控制系统中加工和生成控制策略信息的具体方式和过程各有特色,但是无论是工程控制系统、生物控制系统,还是经济控制系统、社会控制系统,通过目标优化生成控制策略的原则是共通的。正因为如此,我们可以在这个意义上说策略信息加工的机制和原理就是运筹学和系统工程学领域的优化原理。

不过,还要再次指出,如果所面临的控制问题不属于以上所讨论的这些比较规范的经典情形,那么控制策略信息的加工方法就不能运用上述这些方法,而应当采用第 7 章所讨论的智能决策方法来生成智能控制策略。

### 8.3.3 稳定性的获得

一个较好的信息加工过程通常采用闭环系统。任何闭环控制系统都存在反馈。所谓反馈,就是与正馈相对的概念。由控制单元向被控对象馈送信息称为正馈,那么反过来由被控对象向控制单元馈送信息就称为反馈。在图 8.5 的结构中,反馈就是指由被控对象到控制单元的信息传递。我们注意到,正是由于有了这种反馈的作用,控制单元才可能及时了解控制的效果,知道在进行控制干预之后被控对象的运动状态方式究竟距离规定的最终状态方式(即目标)是越来越近还是越来越远。如果这个距离(它表示当前状态与目标之间的误差)缩小了,说明控制是有效的;否则就是错误的,需要纠正和改进。可见,反馈在控制系统中具有十分重要的作用。因为有了反馈才使得控制的行为有了目的性。正因为这样,反馈才成了控制理论的一个基本概念。

但是也有必要指出,并非任何形式的反馈都对控制具有同等的意义。正如大家所熟悉的那样,反馈有两种基本的形式,即正反馈和负反馈。如果反馈的结果使系统的输入对输出的影响增加,那么这种反馈就叫正反馈。如果反馈的结果使这种影响减小,那么这种反馈称为负反馈。正反馈主要用来增加系统的增益、灵敏度。负反馈则主要用来稳定系统的某些参数。对于控制问题来说,主要是采用负反馈的形式来保证逼近控制的目标。

不过,从系统结构的形式上看,正反馈和负反馈并没有截然分割或不可逾越的界限。同样一个反馈系统结构,当它的系统参数满足一定条件时,就表现为负反馈,不满足这些条件时,则可能成为正反馈。由于正反馈会使系统输入对输出的影响增加,如果不采取措施加以节制,就可能形成振荡,使系统无法稳定工作。因此,我们必须考察反馈环路的工作稳定性问题。

判别反馈环路工作稳定性最简单的方法之一,就是分析反馈环路的传递特性,根据它的"开环增益"和"开环相位"关系来判断系统是否能够稳定。图 8.10 给出了一个简单的反馈环路。它由一个正馈单元、一个反馈单元和一个组合单元(此处为减法器)构成。

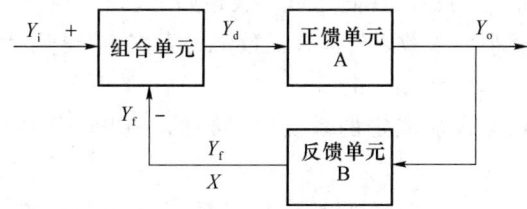

图 8.10　反馈环路模型

如果用 $A(S)$ 表示正馈单元的传递函数,用 $B(S)$ 表示反馈单元的传递函数,那么就有

$$Y_d(S) = Y_i(S) - Y_f(S) \tag{8.55}$$
$$Y_o(S) = A(S) Y_d(S) \tag{8.56}$$
$$Y_f(S) = B(S) Y_o(S) \tag{8.57}$$

由式(8.55)至式(8.57)可以解出闭环传递函数

$$K_c(S) = \frac{Y_o(S)}{Y_i(S)} = \frac{A(S)}{1 + A(S)B(S)} \tag{8.58}$$

若在图 8.10 中 $X$ 点将环路断开,并令输入 $Y_i = 0$,那么就可以求出开环传递函数

$$K_o(S) = \frac{Y_f(S)}{Y_d(S)} = A(S)B(S) \tag{8.59}$$

一般说来,$K_o(S)$ 是复变函数,因此它可以表示为

$$K_o(S) = |K_o(S)| e^{j\Phi(s)} \tag{8.60}$$

由式(8.58)至式(8.60)立即可以看出,如果满足条件

$$K_o(S) = -1 \tag{8.61}$$

则 $K_c(S) = \infty$,环路必然产生自激而无法稳定工作。因此,式(8.61)是一般反馈环路不稳定的条件。在特殊情况下式(8.61)也可表示为

$$|K_o(S)| = 1, \quad \Phi(S) = \pm(2n+1)\pi \tag{8.62}$$

$n$ 是任意正整数。

因此,反馈环路的稳定性条件就可以表示为

$$|K_o(S)| = 1 \quad |\Phi(S)| < \pi$$

或者表示为
$$|K_o(S)|<1, \quad |\Phi(S)|=\pi \tag{8.63}$$
事实上，不仅反馈环路存在稳定性问题，一般的控制系统或运动系统都存在稳定性的问题。如前所说，一般的动态系统总可以用状态方程
$$\frac{\mathrm{d}x_n}{\mathrm{d}t}=\phi(t,x_1\cdots,x_N), \quad n=1,\cdots,N \tag{8.64}$$
来描述。假设符号 $\overline{x_{n0}}$ 表示变量 $x_n(t)$ 在 $t_0$ 时刻的初值，$n=1,\cdots,N$，这些初值确定了系统(8.64)的一个运动的特解，记为 $\overline{x_n(t)},n=1,\cdots,N$，它是未被扰动的运动。干扰的作用在数学上表现为初始条件的改变。假定系统(8.64)受干扰作用后使初始值变为 $n=1,\cdots,N$，那么由这些新的初值就会确定系统的一个新的运动，即被扰动的运动，记为 $x_n(t),n=1,\cdots,N$。对于这种一般性的情况，它的稳定性问题可以表述如下：

① 对于给定的任意小的正数 ε 若恒有正数 δ(ε) 存在，使得凡是满足条件
$$|x_{n0}-\overline{x_{n_0}}|<\delta, \quad n=1,\cdots,N \tag{8.65}$$
的初值 $x_{n0},n=1,\cdots,N$，它们所确定的系统(8.64)的一切运动 $x_n(t),n=1,\cdots,N$，都能满足
$$|x_n(t)-\overline{x_n(t)}|<\varepsilon, \quad t>t_0, \quad n=1,\cdots,N \tag{8.66}$$
就称初值 $\overline{x_{n0}},n=1,\cdots,N$ 所确定的系统的未被扰动的运动 $\overline{x_n(t)},n=1,\cdots,N$，是稳定的运动。

② 如果相反，那么不管 δ(ε) 如何选取，至少存在一个时刻 $\tau>t_0$，使得凡满足条件
$$|x_{n_0}-\overline{x_{n_0}}|<\delta, \quad n=1,\cdots,N \tag{8.67}$$
的初值 $x_{n0},n=1,\cdots,N$，它们所确定的所有的运动 $x_n(t),n=1,\cdots,N$ 中至少有一个 $x_k(t)$ 不能满足条件
$$|x_k(\tau)-\overline{x_k(\tau)}|<\varepsilon \tag{8.68}$$
那么，在这种情况下，就称未被扰动的运动 $\overline{x_{n0}},n=1,\cdots,N$ 是不稳定的。

③ 如果运动 $\overline{x_n(t)},n=1,\cdots,N$，不仅是稳定的，而且还满足条件
$$\lim_{t\to\infty}|x_n(t)-\overline{x_n(t)}|=0, \quad n=1,\cdots,N \tag{8.69}$$
则称这个运动是渐近稳定的。

在很多场合 $\overline{x_n(t)}\equiv 0,n=1,\cdots,N$，即其初值确定的方程(8.64)未被扰动的运动是一个零解。这时，问题就退化为研究方程的零解稳定性问题或者平衡点的稳定性问题。这样，上述三点就可以简化如下：

① 若对任意小的 ε>0，恒有 δ(ε)>0 存在，使所有满足条件
$$|x_{n0}|<\delta, \quad n=1,\cdots,N$$
的初值 $x_{n0},n=1,\cdots,N$ 所确定的方程(8.64)的解 $x_n(t),n=1,\cdots,N$ 都能满足
$$|x_n(t)|<\varepsilon, \quad n=1,\cdots,N, \quad t>t_0$$
则称方程组(8.64)的平衡点 $\overline{x_n}\equiv 0$ 是稳定的，$n=1,\cdots,N$。

② 若无论怎样选取 δ，对于给定的 ε>0，至少存在一个时刻 $\tau>t_0$，使得 $t=\tau$ 时，至少有一个运动 $x_{n0},n=1,\cdots,N$ 的坐标 $x_k(t)$ 不能满足条件
$$|x_k(\tau)-\overline{x_k(\tau)}|<\varepsilon$$

则称该系统是不稳定的。

③ 除满足①中的各条件外，若还满足
$$\lim_{t \to \infty} x_n(t) = 0, \quad n = 1, \cdots, N$$
则称方程组(8.64)的平衡点 $\overline{x_m} = 0$ 是渐近稳定的。

对于那些一般性系统，是否也存在相应的方法来判别它们的稳定性呢？这里，我们介绍几个判别的方法。读者可以参阅有关稳定性理论的专著。

如果系统的状态方程是线性形式，例如
$$\frac{\mathrm{d}x_n}{\mathrm{d}t} = \sum_{m=1}^{N} a_{nm} x_m, \quad n = 1, \cdots, N \tag{8.70}$$

那么可以写出它的特征方程
$$\begin{bmatrix} a_{11} - \lambda & a_{12} & \cdots & a_{1N} \\ a_{21} & a_{22} - \lambda & \cdots & a_{2N} \\ \vdots & \vdots & & \vdots \\ a_{N1} & a_{N2} & \cdots & a_{NN} - \lambda \end{bmatrix} = 0 \tag{8.71}$$

并求出它的特征根 $\lambda_n, n = 1, \cdots, N$。这类系统的稳定性判别方法表现为下述两个定理，即李亚普诺夫第一、第二定理，具体如下。

李亚普诺夫第一定理：若特征方程(8.71)的全部根都具有负的实部，则未被扰动的运动总是渐近稳定的。即使在方程(8.70)的右边出现高阶项（即变为非线性系统），该结论仍然成立。

李亚普诺夫第二定理：若特征方程(8.71)至少有一个根具有正实部，则未被扰动的运动是不稳定的。这一结论对于非线性系统同样成立。

可见，上述两个定理给出了判别线性系统稳定性的方法，同时也可以用来解决一些非线性系统稳定性的判别问题。然而，有一些非线性系统不能用上述方法来判别是否稳定，这时就要用到李亚普诺夫的另一个定理，即李亚普诺夫直接法。这里仅以二元系统来说明该方法。

设有方程组
$$\frac{\mathrm{d}x}{\mathrm{d}t} = f_1(t, x, y), \quad \frac{\mathrm{d}y}{\mathrm{d}t} = f_2(t, x, y) \tag{8.72}$$

其中，$f_1(t, 0, 0,) = f_2(t, 0, 0) = 0$，现针对其平衡点 $x = y = 0$ 来叙述直接方法。

李亚普诺夫直接法：若对于方程组(8.72)，能够找到一个满足下列条件的可微函数 $v(x, y)$：

① 在原点的邻域 $x^2 + y^2 < \delta^2$（$\delta$ 足够小）内有
$$v(0, 0) = 0, \quad v(x, y) > 0 \text{（或 } v(x, y) < 0\text{）}, \quad x^2 + y^2 \neq 0$$

② $v(x, y)$ 关于 $t$ 的沿方程组(8.72)的积分曲线族的全导数
$$\frac{\mathrm{d}v}{\mathrm{d}t} = \frac{\partial v}{\partial x} \cdot \frac{\partial x}{\partial t} + \frac{\partial v}{\partial y} \cdot \frac{\partial y}{\partial t} = \frac{\partial v}{\partial x} f_1(t, x, y) + \frac{\partial v}{\partial y} f_2(t, x, y)$$

在邻域 $\delta$ 内有
$$\frac{\mathrm{d}v}{\mathrm{d}t} \leq 0 \quad \left(\text{或} \frac{\mathrm{d}v}{\mathrm{d}t} \geq 0\right)$$

则方程(8.72)的平衡点(0,0)是稳定的,特别地,如果函数 $v(x,y)$ 除满足上述条件①之外,又满足下面的条件③,则方程组(8.72)的平衡点(0,0)是渐近稳定的。

③ 函数 $v(x,y)$ 关于 $t$ 的沿方程组(8.72)的积分曲线的全导数在邻域 $\delta$ 内有

$$\left(\frac{dv}{dt}\right)_{(0,0)}=0; \quad \frac{dv}{dt}<0\left(\text{或}\frac{dv}{dt}>0\right); \quad \frac{dv}{dt}\cdot v<0, \quad x^2+y^2\neq 0$$

上述李亚普诺夫稳定性判别的概念可以用图 8.11 来做形象的说明(作为示意性的说明,这里只给出二维状态空间的例子):图中示出一个系统的状态轨迹空间,点 $a$ 为系统的平衡点。于是,如果对于平衡点(即平衡状态)指定一个允许的偏离域 $\varepsilon$(图中右斜线的方框区域),总可以找到这样一个域 $\delta$(图中交叉线的区域,它应包含平衡点)。使从区域 $\delta$ 出发的任何运动轨迹绝不会达到域 $\varepsilon$ 的边界,那么这个平衡点就是李亚普诺夫意义下稳定的。顺便指出,在自动控制理论的术语中,上述状态轨迹空间被称为"相空间",其中一个相坐标为 $x$,另一个为 $x$ 的一阶导数。

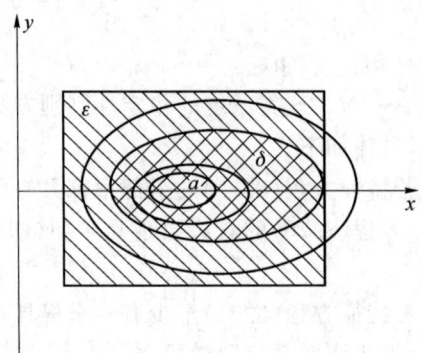

图 8.11 李亚普诺夫稳定性的含义

综上所述,可以充分证明 N. Wiener[41] 的断言:"工程中的控制理论,不论是关于人、动物还是机器,都不过是信息理论中的一部分。"从控制问题的描述、基本概念、基本机制到基本法则,均证实了这点。因此可以说,抓住了信息问题(包括其获取、加工和利用),就抓住了控制理论的核心和灵魂。

# 第 9 章 策略优化原理：系统论

考察信息运动过程的典型模型可以体会到，事物永无休止的运动产生了无穷无尽的信息，成为大千世界信息洪流永不枯竭的源头；它们经过一系列的信息转换过程，包括信息获取、信息传递、知识生成、知识激活、策略传递、策略执行等环节，形成了一个典型的信息运动过程，完成了把原始的信息资源转变成为智能产品的任务。信息科学所要研究的各种问题似乎得到了完美的解决，信息科学的基本原理似乎已经形成体系。

然而，感觉器官和传感系统的性能通常都不可能尽善尽美，它们所获得的信息就不一定完备；传导神经和通信系统总是存在缺陷和噪声干扰，传递信息的过程就有可能引入失真；思维器官和人工智能系统的能力并非理想，导致所生成的知识不一定真正足够而产生的策略不一定完全到位；执行器官和控制系统的不理想状态，也必定招致策略执行会发生某种偏差。上述种种因素的综合作用，势必造成最终执行的结果与预期的目标之间发生误差，于是就引发了从信息获取到策略执行各个环节性能的系统优化问题。

既然信息运动过程典型模型的各环节共同构成了一个完整的信息系统，那么作为系统，其自身存在固有规律和优化原理。其中，最典型也最重要的系统规律就是"整体大于部分之和"。因此，整个信息系统性能的优化问题不能依赖于部分环节的优化来解决，甚至不能依赖于所有环节的独立优化来解决，而必须把所有环节作为一个统一的整体来进行系统优化。

信息运动是一切系统的灵魂。研究系统就必须研究信息的运动，研究系统优化与信息运动的关系。研究表明，系统优化和自组织的过程实质是系统从外部环境获得信息并利用信息降低系统内部熵的过程。因而系统理论的核心，归根结底是一个获得信息、加工信息和利用信息的问题。

我们应当认识到，作为信息科学的基本原理，信息转换原理的研究还没有最后完成。我们还必须深入信息与系统的相互关系：一方面是信息理论对系统理论的贡献，另一方面是系统理论对信息过程优化的贡献，研究"信息系统的整体优化原理"，也就是通过反馈学习的机制把"系统的误差信息"转换成为"优化的智能策略和智能行为"的原理。本章将对此展开必要的讨论。

## 9.1 系统概说

系统是一个基本而重要的现代科学概念。它是由若干相互联系、相互作用且具有整体功能和整体目标的相关元素所构成的有机整体。系统一般具有如下基本特性[26]。

① **整体性**：任何系统都具有若干要素，这些要素互相依存、互相制约，构成一定的有

机结构。同时,任何系统又都在一定的环境中存在,并与环境相互作用。在这个相互作用的过程中,系统表现出相应的整体功能。这种整体功能不同于任何个别要素自身的功能,也不同于各个要素功能的简单叠加。要素、系统、环境,这是系统问题的三个基本层次:若干要素构成系统,系统存在于环境之中。要素通过一定的结构形成系统,系统通过自己的整体功能与环境相互作用。因此,要素-结构-系统-功能-环境形成五位一体的关系链。

② **关联性**:系统内部的各个要素通过有机关联形成整体,其关系并非简单的组合。正是由于系统要素之间这种有机的相互关联关系,使得系统的整体功能产生质的飞跃,远超各单个要素的功能总和。这就是所谓"整体大于部分之和"。不过,如果系统各个要素之间的这种有机关联受到破坏,乃至各个要素之间互相抵消,那么系统的整体功能就会低于要素功能的总和。

③ **层次性**:如前所述,要素、系统、环境形成了系统问题的三个层次。实际上,环境是一个更大的系统,而系统则是环境这个更大系统的一个子系统。同时,复杂系统的各个要素也可以分别看作是一个系统,一个比系统低一个层次的系统。进一步地,环境可能包含于更大的环境,子系统可能包含子子系统,如此等等。这样就形成了一系列的层次,这些层次互相依存、互相关联,形成整体结构并表现出特定的整体功能。

④ **相对性**:环境、系统、子系统的概念是相对的。在系统的层次序列中,根据研究的需要可以把任何一个层次看作是当前的系统。于是它的下一个层次就表现为子系统,而它的上一个层次则为环境。换言之,任何一个层次都可以被看作是它上一层次的子系统,又是它的下一层次的系统。不难理解,这就是层次的相对性。

⑤ **目的性**:系统一般总有自己特定的目的。系统的整体性与其目的密切相关:各个子系统都有它们各自的子目的。但作为一个系统,又必然有系统的整体目的,系统的整体目的统摄着这些子目的。系统的关联性也是针对系统的整体目的展开的:系统的各个子系统正是围绕着这个整体目的而互相关联。没有系统的整体目的,就没有系统各子系统之间的有机关联;没有这种有机的关联,就不能形成一定的整体结构;而没有整体结构,就不可能表现出系统的整体功能。目的、关联、结构、功能构成一个和谐的联系。

⑥ **动态性**:任何现实的系统都在一定的时空中存在,而现实世界的一切事物都在不断地运动、变化和发展。因此,系统的要素、要素之间的关联性质、系统的结构、系统的环境、系统与环境的交互作用方式、系统的功能和目的等,都会随着时间或空间的推移而发生变化。研究一个系统,不仅要研究它的现状,还要研究它的历史演变与未来趋势,对未来的变化做出尽可能准确的预测,从而采取适当的措施来适应和控制系统的变化。

系统论特别是普通系统论(General System Theory)的主要奠基人贝塔朗菲给系统下的定义是"相互关联的诸元素的集合"。他指出,在研究这些元素的情况时,需要考虑三个方面:①元素的数目;②元素的种类;③元素之间的各种关系。他还设计了如图9.1所示的符号来说明这三方面的含义。图中示出,在元素数目的意义下,A 有 4 个元素,B 有 5 个元素;在元素种类的意义下,A 有 1 种元素,B 有 2 种元素;在元素之间的关系的意义下,A 中诸元素是线性连接关系,B 中诸元素是多边形连接关系。所谓"整体大于部分之和",其间的奥秘就在于关系特性发挥了作用。

如果元素 $p$ 处于关系 $R$,这个元素的行为是 B,那么当元素 $p$ 处于关系 $R'$ 时,它的行

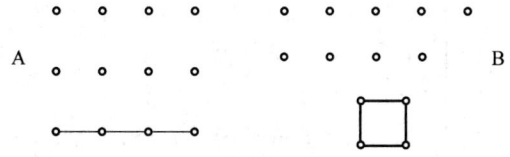

图 9.1 系统结构的表示

为将不同于 B。除非元素之间都互相独立,否则它所处的关系必然会制约它的行为。按照上面这样定义的系统,在数学上可以用一组微分方程来描述。若用符号 $Q_i$ 来表示元素 $p$ 的某种测度,$i=1,\cdots,n$,那么在元素数目有限的简化条件下,系统元素之间的关系可以表示为

$$\left.\begin{array}{l}\dfrac{\mathrm{d}Q_1}{\mathrm{d}t}=f_1(Q_1,Q_2,\cdots,Q_n)\\[4pt]\dfrac{\mathrm{d}Q_2}{\mathrm{d}t}=f_2(Q_1,Q_2,\cdots,Q_n)\\[4pt]\qquad\vdots\\[4pt]\dfrac{\mathrm{d}Q_n}{\mathrm{d}t}=f_n(Q_1,Q_2,\cdots,Q_n)\end{array}\right\} \tag{9.1}$$

式(9.1)表明,任一 $Q_i$ 的变化都是从 $Q_1$ 到 $Q_n$ 的所有 $Q_i$ 的函数。反之,任一 $Q_i$ 的变化都会引起所有其他 $Q_j$ 的变化($j\neq i, i, j=1,\cdots,n$),从而引起整个系统的变化。贝塔朗菲分析说明了方程组(9.1)的普遍性意义。他首先分析了系统的稳定性问题。令

$$\frac{\mathrm{d}Q_i}{\mathrm{d}t}=f_i=0 \quad i=1,2,\cdots,n \tag{9.2}$$

则由 $n$ 个方程可以解出 $n$ 个变量:

$$Q_1=Q_1^*;\quad Q_2=Q_2^*;\quad \cdots;\quad Q_n=Q_n^* \tag{9.3}$$

如果引入新的变量 $Q_i'$:

$$Q_i'=Q_i^*-Q_i,\quad i=1,\cdots,n \tag{9.4}$$

则式(9.1)可重写如下:

$$\begin{array}{l}\dfrac{\mathrm{d}Q_1'}{\mathrm{d}t}=f_1'(Q_1',Q_2',\cdots,Q_n')\\[4pt]\dfrac{\mathrm{d}Q_2'}{\mathrm{d}t}=f_2'(Q_1',Q_2',\cdots,Q_n')\\[4pt]\qquad\vdots\\[4pt]\dfrac{\mathrm{d}Q_n'}{\mathrm{d}t}=f_n'(Q_1',Q_2',\cdots,Q_n')\end{array} \tag{9.5}$$

如果把这 $n$ 个方程展开为泰勒级数:

$$\frac{\mathrm{d}Q_i'}{\mathrm{d}t}=a_{i1}Q_1'+\cdots+a_{in}Q_n'+a_{i11}Q_1'^2+a_{i12}Q_1'Q_2'+a_{i22}Q_2'^2+\cdots \tag{9.6}$$

那么,这个方程组的通解就可以表示为

$$Q_i'=G_{i1}\mathrm{e}^{\lambda_1 t}+G_{i2}\mathrm{e}^{\lambda_2 t}+\cdots+G_{in}\mathrm{e}^{\lambda_n t}+G_{i11}\mathrm{e}^{2\lambda_1 t}+\cdots,\quad i=1,\cdots,n \tag{9.7}$$

其中,各个系数 $G$ 都是常数,各个 $\lambda$ 都是以下特征方程的根(称为特征根):

$$\begin{vmatrix} a_{11}-\lambda & a_{12} & \cdots & a_{1n} \\ a_{21} & a_{22}-\lambda & \cdots & a_{2n} \\ \vdots & \vdots & & \vdots \\ a_{n1} & a_{n2} & \cdots & a_{nn}-\lambda \end{vmatrix}=0 \qquad (9.8)$$

它们可能是实数也可能是虚数。由方程(9.7)可以看出,如果所有特征根都是负实根(或在复根情况下有负实部),那么随着时间的增长,$Q_i'$将趋于零。这时,由式(9.4)可以知道,$Q_i$就得到稳定解 $Q_i^*$,系统将随时间增长而趋于稳态。但是,如果存在一个正根或零根,则系统的平衡态将是不稳定的。若存在复根 $\lambda=\alpha+j\beta$,则解含有 $e^{\alpha t}(\cos\beta t\pm j\sin\beta t)$,则系统将产生周期振荡。

若令 $n=1$,即系统只包含一种类型的元素,则式(9.1)变为

$$\frac{dQ}{dt}=f(Q) \qquad (9.9)$$

把它展开为泰勒级数:

$$\frac{dQ}{dt}=a_1 Q+a_{11}Q^2+\cdots \qquad (9.10)$$

若只考虑级数的第一项

$$\frac{dQ}{dt}=a_1 Q \qquad (9.11)$$

则方程的解为

$$Q=Q_0 e^{a_1 t} \qquad (9.12)$$

其中,$Q_0$ 代表 $t=0$ 时的元素数目,那么在 $t$ 时刻系统的元素数目就按指数增长。这就是著名的指数增长律。它是一个适用性很广的数学模型。例如,当 $a_1>0$ 时,它可以描述复利资本增长的情况、某些细菌增长的情况等。当 $a_1<0$ 时,它可以描述放射性的衰变、化合物分解、射线或毒剂灭菌、死亡率高于出生率时人口的减少等情况。

若在式(9.10)中只保留前两项,

$$\frac{dQ}{dt}=a_1 Q+a_{11}Q^2 \qquad (9.13)$$

可以解出

$$Q=\frac{a_1 c e^{a_1 t}}{1+a_{11} c e^{a_1 t}}, \quad a_1>0, \quad a_{11}<0 \qquad (9.14)$$

这便是著名的 S 型曲线,也叫供应曲线或学习曲线。它反映了具有极限值的增长的规律,如化学中的自催化反应(即反应的产物会加速产物自身生成的过程)、人口学中资源有限条件下人口增长的情况等。

若式(9.6)中所有交叉项的系数都为零,即

$$a_{ij}=0, \quad i\neq j \qquad (9.15)$$

那么在只考虑两个元素的情况下,就可以写出如下的方程:

$$\frac{dQ_1}{dt}=a_1 Q_1, \quad \frac{dQ_2}{dt}=a_2 Q_2 \qquad (9.16)$$

并可以求出

$$Q_1 = c_1 e^{\alpha_1 t}, \quad Q_2 = c_2 e^{\alpha_2 t} \tag{9.17}$$

由式(9.17)消去时间因子 $t$，即得

$$t = \frac{\ln Q_1 - \ln c_1}{\alpha_1} = \frac{\ln Q_2 - \ln c_2}{\alpha_2} \tag{9.18}$$

若令

$$a = \alpha_1/\alpha_2, \quad b = c_1/c_2^a \tag{9.19}$$

则有

$$Q_1 = b Q_2^a \tag{9.20}$$

这就是所谓相关生长方程。它表明，某个特性 $Q_1$ 可以表示成为另一特性 $Q_2$ 的幂函数。例如，在形态发育学场合，某种器官的长度或重量一般是另一种器官的尺寸（或该机体的总长度）或重量的幂函数。若把式(9.16)改写为以下形式：

$$\left(\frac{dQ_1}{dt} \cdot \frac{1}{Q_1}\right) \bigg/ \left(\frac{dQ_2}{dt} \cdot \frac{1}{Q_2}\right) = a \tag{9.21}$$

或

$$\frac{dQ_1}{dt} = a \cdot \frac{Q_1}{Q_2} \cdot \frac{dQ_2}{dt} \tag{9.22}$$

那么，这种关系就更清楚了。式(9.21)表明，在相关生长方程成立的生长期内，机体各部分的相对生长率保持为不变的比例。如果把 $Q_2$ 看作是整体有机体，式(9.22)就说明，在整个有机体新陈代谢的增长 $dQ_2/dt$ 中，器官 $Q_1$ 所分享的份额是与 $Q_1/Q_2$ 成比例的，而 $a$ 是分享系数。在社会学场合，这个公式也可用来说明个人收入与整体国民收入之间的关系。这就是有名的帕累托(Pareto)的国民收入分配律。这时，$Q_1$ 是个人收入而 $Q_2$ 是国民整体收入。类似地，这个公式也可以用来描述物种的种间竞争情形。由这个关系可以推断，如果两种物种以某种共同的东西为维持生命的食物，那么它们之间的竞争甚至要比捕食者与被捕食者之间的关系更残酷，因为，前者最终几乎总会导致那种分享系数（生存能力）小的物种的灭绝，而后者只是使被食物种的个体数量在某个平均值附近上下浮动。

显然，我们还可以进一步讨论方程式(9.1)或(9.5)中系数为其他各种形式、级数展开的项数为其他数目、系统中元素数目为其他数值的种种情形，分别导出它们形式上的解，从而得到各种各样的数学模型，并用这些数学模型去解释各种各样的自然现象和社会现象。

我们对系统的概念已经有了初步的了解。由此可以得到有益的结论：系统的灵魂归根结底是信息，只要对照一下系统与信息两者的定义就一目了然：

系统是一组元素的整体。在内部，它们相互作用，形成一定的结构；对外部，它们所构成的整体与环境相互联系，表现出一定的功能，具有一定的目的。

信息是事物（系统）运动的状态及其变化的方式，包括内部结构和外部联系的状态及其变化方式。事物的运动，是该事物内部结构与外部联系的总和与统一。

可见，系统与信息密不可分。为了了解一个系统，就必须获得这个系统的信息。要描述一个系统，也必须描述系统的运动状态及其变化方式。前面的公式(9.1)或(9.5)以及它们的各种变体，正是之前所讨论的信息描述方法的具体表现。

实际上，由于系统是相互作用的诸要素构成的有机整体。因此，对于系统的最重要的

描述应当是对系统各要素相互作用在整体上呈现的有序度的描述,即系统组织度的描述。而为此所利用的主要方法就是信息方法。

考虑一个随机系统 $S$,它具有 $N$ 个元素 $s_1,\cdots,s_n,\cdots,s_N$,元素之间按照概率规则相互联系、相互制约。各个元素的出现概率分别为 $p_1,\cdots,p_n,\cdots,p_N$。由第 3 章知道,可以用定义在这个概率分布上的泛函数——熵来刻画这个系统的随机不确定性[34,54]:

$$H(S) = -\sum_{n=1}^{N} p_n \log p_n \tag{9.23}$$

当满足条件 $p_n=1/N,n=1,\cdots,N$ 时,$H(S)$ 有最大值,记为 $H_0$,即

$$H_0 = H(S)|_{\max} = \log N \tag{9.24}$$

它表示,当系统各元素之间完全以相互无关的随机方式出现的时候,系统 $S$ 的整体不确定性(系统无序程度)达到最大。反之,当各元素完全按照 0-1 型概率分布(即确定性方式)出现的时候,系统的不确定性(系统无序程度)最小:

$$H(S)|_{\min} = 0 \tag{9.25}$$

显然,一般有

$$0 \leqslant H(S) \leqslant \log N \tag{9.26}$$

这些都是信息理论的基本结果,却可以十分有效地用来刻画系统的组织程度。此外,还可以定义另外一个量 $a$,它可以更自然地刻画系统的组织度:

$$a = \frac{H_0 - H(S)}{H_0} \tag{9.27}$$

这样就有

$$a_{\min} = 0 \leqslant a \leqslant 1 = a_{\max} \tag{9.28}$$

显然

$$a_{\min} \sim H(S)|_{\max} \quad a_{\max} \sim H(S)|_{\min} \tag{9.29}$$

$a=0$ 表示系统组织度最差,$a=1$ 表示最好。

注意到,系统组织度的度量 $a$ 正是信息理论中的冗余度 $R$,它的定义是:

$$R = 1 - \eta = 1 - \frac{H(S)}{H_0} = a \tag{9.30}$$

换言之,我们正是利用信息理论的冗余度来表示系统理论的系统组织度。由此可以体会系统理论与信息理论之间的深刻联系。

## 9.2 信息与系统优化

现在,我们来研究如何利用信息和信息分析的方法来优化系统性能的问题。

系统优化的要旨在于:通过对系统的信息分析来调整系统的内部结构(或关系),从而达到系统整体性能优化的目的。系统优化的模式可以这样描述:系统优化的"调控主体"首先要获得系统内部结构与外部环境的信息,根据这些信息确定系统的功能目标;然后通过功能检测机构测定系统的实际功能,并与目标功能相比较;据此产生相应的结构调节信息,通过调节机构调节系统的内部结构,直至达到功能目标。系统优化的一般流程如

图 9.2 所示。可见，系统优化的确是一个获得信息、分析信息、利用信息的过程。

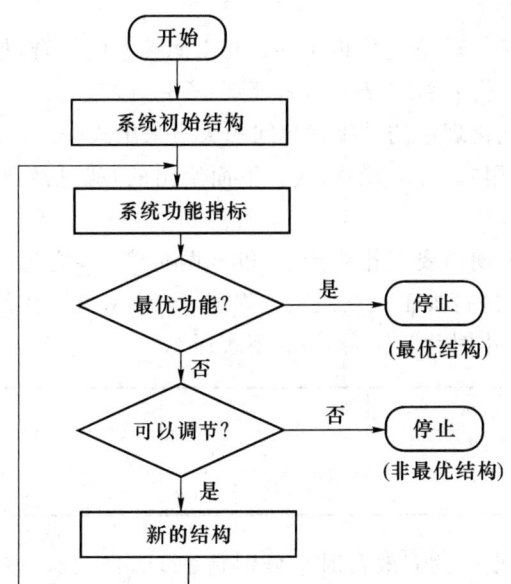

图 9.2　系统优化一般流程

一般来说，系统优化的数学模型可以描述如下。对于一个给定的系统 $X$，它的结构可以由它的运动状态和状态变化的方式来表示，而它的功能则可以由它相应的效用来度量。具体地，如果 $X$ 具有 $N$ 个相互独立的状态 $x_1,\cdots,x_N$，各个状态在结构上的肯定度分别为 $c_1,\cdots,c_N$，它们的逻辑真实度分别为 $t_1,\cdots,t_N$，这些状态相对于观察者的优化目标而言的效用度分别为 $u_1,\cdots,u_N$，那么就可以定义

$$\tilde{S}:\begin{pmatrix} x_1 & \cdots & x_n & \cdots & x_N \\ c_1 & \cdots & c_n & \cdots & c_N \\ t_1 & \cdots & t_n & \cdots & t_N \end{pmatrix} \tag{9.31}$$

为系统 $X$ 的赋值结构空间，而定义

$$U:(u_1,\cdots,u_n,\cdots,u_N) \tag{9.32}$$

为 $X$ 的性能空间，并以综合语用信息测度

$$I(\xi) = \sum_{n=1}^{N}\left[c_n t_n u_n \log(c_n t_n u_n) + \log N\right] \tag{9.33}$$

为系统 $X$ 在结构空间(9.31)基础上的性能测度。式(9.33)表明，系统的性能由它的结构决定；通过调整系统的结构可以改善它的性能水平。反过来，也可以依据系统性能水平来判断它的结构是否已经优化。于是，可以建立这样一个准则：

$$\tilde{S}_{\text{opt}} = \{S \mid \tilde{I}(\xi) = \max_{\{\tilde{S}\}}(I(\xi))\}$$

若 $\{\tilde{S}\}$ 是系统性能优化问题，则其归结为求解与 $I(\tilde{\xi})$ 相应的 $\tilde{S}_{\text{opt}}$。具体的求解方法可以采用泛函的条件极值法，也可以采用空间搜索法等，视实际的问题和条件而定。在求解泛函条件极值的场合，它的形式可以表示为

$$I(\tilde{\xi}) = \max_{\tilde{\xi}} I(\xi), \quad B(\xi) \geqslant b \tag{9.34}$$

其中，$I(\tilde{\xi})$是目标函数，$B(\xi) \geqslant b$是约束条件。在空间搜索的场合，搜索策略可以表示为

$$\text{若 } I(\xi_2) \geqslant I(\xi_1), \text{则继续；否则，搜索返回} \tag{9.35}$$

实际上，经典系统优化理论的系统优化问题大多采用式(9.34)的模式，人工智能理论的系统优化问题大多采用式(9.35)的模式。下面给出的，就是经典系统优化理论中系统优化问题求解的典型例子[71]。

例如，某工厂在计划期内要安排生产 A 和 B 两种产品，这些产品分别需要在 $S, T, U, V$ 四种不同的设备上进行加工。按照工艺规定，产品 A 和 B 在各设备上加工所需要的台时数(1 台设备工作 1 小时称为 1 台时)如下表所示：

|   | S | T | U | V |
|---|---|---|---|---|
| A | 2 | 1 | 4 | 0 |
| B | 2 | 2 | 0 | 4 |

已知各设备在计划期内的有效台时数分别是 12, 8, 16, 12。该厂每生产一件产品 A 可得利润 2 元，每生产一件产品 B 可得利润 3 元。问：应当如何安排生产计划才能得到最大利润？

把这个问题表示为数学形式就变为：设 $x_1$ 和 $x_2$ 分别表示在计划期内产品 A 和 B 的产量，约束条件是

$$2x_1 + 2x_2 \leqslant 12, \quad x_1 + 2x_2 \leqslant 8, \quad 4x_1 \leqslant 16, \quad 4x_2 \leqslant 12 \tag{9.36}$$

且有

$$x_1 \geqslant 0, \quad x_2 \geqslant 0 \tag{9.37}$$

在满足这些约束条件下，使工厂的利润 Z 为最大，即：使下式为最大

$$Z = 2x_1 + 3x_2 \tag{9.38}$$

这是一个通过调节系统各要素之间的结构关系来获得最优性能的优化问题。把这类问题一般化就可以表示为如下形式：

目标函数

$$\max Z = \sum_{n=1}^{N} c_n x_n \tag{9.39}$$

约束条件

$$\sum_{n=1}^{N} a_{mn} x_n = b_m \quad m = 1, \cdots, M, \quad x_n \geqslant 0, \quad n = 1, \cdots, N \tag{9.40}$$

这正是运筹学理论中的线性规划问题，前面已经介绍过它的基本解法。更多的求解线性规划的方法可以在相关资料中找到，这里不再详述。重要的是要认识到求解线性规划是利用信息实现系统优化的一种基本方法。

同样，非线性规划也是利用信息实现系统优化的重要方法。例如：某公司经营两种设备 A 和 B，设备 A 每件售价为 30 元，设备 B 每件售价 450 元。售出一件设备 A 所需要的营业时间平均为 0.5 小时，设备 B 为 $(2 + 0.25x_2)$ 小时，其中 $x_2$ 是设备 B 的售出数量。已

知该公司在这段时间内的总营业时间为 800 小时,试决定使其营业额达到最大的营业计划。

该问题的解答如下。设该公司计划经营 A 设备 $x_1$ 件,经营 B 设备 $x_2$ 件,于是,其营业额为
$$f(X) = 30x_1 + 450x_2$$
约束条件为
$$0.5x_1 + (2 + 0.25x_2)x_2 \leqslant 800, \quad x_1 \geqslant 0, \quad x_2 \geqslant 0$$
于是,问题归结为在上述约束条件下求解 $f(X)$ 的极大值。但是,由于其中一个约束条件具有非线性关系,这一问题就要使用非线性规划的问题求解。

除了规划问题以外,系统优化还常常表现为网络问题。例如,图 9.3 是输油管道铺设拓扑图,其中 $v_1$ 代表油田位置,$v_9$ 为原有加工厂,各弧段旁边所标注数字表示该段管道的长度,试求从 $v_1$ 到 $v_9$ 使管道总长度为最短的铺设方案。

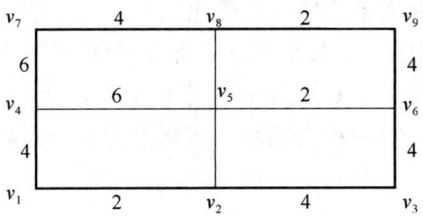

图 9.3 网络问题(输油管道拓扑)

这个输油管道的方案可以归结为"最短路径"问题。它的一般情形表述如下:在有向图 $D = (V, A)$ 中,$V$ 是图中节点的集合,$A$ 是弧的集合,给定始点 $v_s$ 和终点 $v_t$,对每条弧 $(v_i, v_j) \in A$,有一个相应的权重 $\omega_{ij}$,求 $v_s$ 到 $v_t$ 的一条路径,使其在所有从 $v_s$ 到 $v_t$ 的路径中总权重最小。

在这类问题中,一般都给定了网络的基本结构、约束信息和目标信息,根据这些信息来求得满足要求的最优解。一般求解的思路可以描述如下:首先从始点 $v_s$ 开始,给每个节点记一个标号 $T$ 或 $P$,$T$ 表示从 $v_s$ 到该节点的最短路径的权的上界,称为临时标号;$P$ 表示从 $v_s$ 到该节点的最短路径的权,称为固定标号。得到了固定标号的节点就不再改变。每执行一步算法,就把某一节点的标号由 $T$ 改变为 $P$,最多经过 $N-1$ 步,就可以得到从 $v_s$ 到每一节点的最短路径,其中 $N$ 是图中节点的总数。具体的计算步骤如下:首先给起始节点 $v_s$ 标上标号 $P(v_s) = 0$,其余各节点标上标号 $T$:$T(v_j) = +\infty$。

① 设 $v_i$ 是刚刚得到标号 $P$ 的节点,考虑所有这样的节点 $v_j$,其中 $(v_i, v_j) \in A$,且 $v_j$ 的标号是 $T$。把每个这样的标号 $T$ 按规则
$$T^*(v_j) = \min[T(v_i), P(v_i) + \omega_{ij}] \tag{9.41}$$
进行修改。其中 $T^*(v_j)$ 就是经过修改后的节点的新标号 $T$ 的值,而 $\omega_{ij} > 0$。

② 若图 $D$ 中没有标号为 $T$ 的节点,就停止计算;否则,若有
$$T^*(v_{j_0}) = \min T^*(v_i) \tag{9.42}$$
则把节点 $v_{j_0}$ 的标号 $T$ 改为 $P$,并转入步骤①。其中式(9.42)取极小是对所有标号为 $T$ 的节点 $v_j$ 进行的。

显然，当图 $D$ 中所有节点都得到了标号 $P$ 时，计算便完成了。这时所得到的 $P(v_t)$ 就是从始点 $v_s$ 到终点 $v_t$ 的最短路径总长度。

为了求出具体的最短路径，可以在求出各节点的最短路径的权之后，采用反向追踪的方法确定。

例如，已知从起始节点 $v_s$ 到中间 $v_j$ 的最短路径的权为 $P(v_j)$，寻求一点 $v_k$，使
$$P(v_k)+w_{kj}=P(v_j)$$
记下弧 $(v_k,v_j)$。再考察 $P(v_k)$，寻求一点 $v_i$，使
$$P(v_i)+w_{ik}=P(v_k)$$
再记下弧 $(v_i,v_k)$。如此继续，直到抵达起始节点 $v_s$ 为止。于是，从起始节点 $v_s$ 到中间节点 $v_j$ 的最短路径为 $(v_s,\cdots,v_i,v_k,v_j)$。

可见，最短路径问题的求解方法，实质上是根据给定的网络拓扑结构信息、约束信息和目标信息与结构关系的信息，通过代数分析的方法来选择最优路经关系的。

网络最大流量问题是网络系统另一类优化问题。它一般可以描述如下：给定一个有向图 $D=(V,A)$，在 $V$ 中指定一个起始节点 $v_s$ 和一个终止节点 $v_t$，其余各个节点则称为中间节点。对于每一段弧 $(v_i,v_j)\in A$，赋予一个权 $c(v_i,v_j)=c_{ij}>0$，称为该段弧的容量。这种加权的有向图 $D(V,A,C)$ 就称为网络。网络上的流，是指定义在弧集合 $A$ 上的一个函数
$$f=\{f(v_iv_j)\}=\{f_{ij}\}$$
称 $f_{ij}$ 为弧 $(v_i,v_j)$ 上的流量。

在实际网络系统中，流量必须满足一些基本约束条件：每段弧上的流量不能超过该段弧的容量（即其最大可能流量），每个中间节点的流入和流出的流量必须平衡。这两个约束条件可以分别表示为：

① 容量限制条件：对于每段弧 $(v_i,v_j)\in A$，有
$$0<f_{ij}<c_{ij} \tag{9.43}$$

② 平衡条件：对于每个 $i(i\neq s,j\neq t)$，有
$$\sum_{(v_i,v_j)\in A} f_{ij} - \sum_{(v_j,v_i)\in A} f_{ji} = 0 \tag{9.44}$$

对于起始节点 $v_s$，则有
$$\sum_{(v_s,v_j)\in A} f_{sj} - \sum_{(v_j,v_s)\in A} f_{js} = v(f) \tag{9.45}$$

对于终止节点 $v_t$，应有
$$\sum_{(v_t,v_j)\in A} f_{ij} - \sum_{(v_j,v_t)\in A} f_{jt} = -v(f) \tag{9.46}$$

满足这些条件的流 $f$ 称为可行流，而 $v(f)$ 就是可行流的流量，它就是起始节点 $v_s$ 的净输出流量，或终止节点 $v_t$ 的净输入流量。最大流量问题就是要找到一个流 $\{f_{ij}\}$，使其流量 $v(f)$ 达到最大，且满足式(9.43)至式(9.46)的约束条件。

显然，网络最大流量问题实质上是典型的数学规划问题，可以利用数学规划的方法求解。不过，利用图论方法来求解这类问题却可以变得更为直观。图论中已经证明了一个定理：一个网络中从起始节点到终止节点的最大流量必等于分离该网络起始节点和终止

节点的最小截集的容量。这便是最大流量最小截量定理。它的物理和几何意义十分直观。关于求解这一问题的具体算法，可以参考与图论相关的书籍。

另一类动态优化问题称为博弈问题或对策问题。它不可能在博弈之前就把一切可能的策略和一切可能的结局都统统安排好，特别是不可能由博弈的一方来全部控制对弈的进程，它只能由博弈的双方或多方来共同控制。只有那些规则极其简单的博弈才有可能事先"运筹帷幄"而"稳操胜券"。

为此，先介绍几个基本术语和概念。任何一个对策问题，都有特定的对策者、对策策略和对策得失。对策者可以是个人、团体等对象，一般都假定对策者是有理智的，他们为了在对策中力争实现对自己最大的得益而不断寻求最优策略。一个策略是指对策者的一个可行的、自始至终通盘筹划的行动方案，而不是某一步的走法。某个对策者的策略全体，称为他的策略集。对策得失是指在对策结束的时候对策者所实现的得益或损失。它是对策各方所实施策略的函数，有时也叫支付函数。通常，人们把对策各方所实施的一个策略所构成的态势称为对策的局势。所以，对策得失是对策局势的函数。

对策有许多类型：只有两个对策者的对策称为"二人对策"，具有多个对策者的对策称为"多人对策"；在对策局中，若对策者只有有限个策略，就称为"有限对策"，否则就是"无限对策"；如果全体对策者的得失相加总和为零，这是"零和对策"，否则就是"非零和对策"。其中比较典型的是二人零和有限对策，这里以它为例说明如何通过信息分析来寻求最优的策略。

设对策者 A 有 $M$ 个策略 $\alpha_1, \alpha_2, \cdots, \alpha_M$，并以 $S_A$ 表示 A 的策略集合：

$$S_A = \{\alpha_m \mid m \in (1, M)\} \tag{9.47}$$

对策者 B 有 $N$ 个策略 $\beta_1, \beta_2, \cdots, \beta_N$，它的集合记为 $S_B$：

$$S_B = \{\beta_n \mid n \in (1, N)\} \tag{9.48}$$

若 A 选取 $\alpha_m$，B 选取 $\beta_n$，则构成一个局势 $(\alpha_m, \beta_n)$，其中 $m \in (1, M), n \in (1, N)$。对应于这个局势，A 的得益记为 $u_{mn}$。在有限二人零和对策情形下，B 的得益必为 $-u_{mn}$。对于 A 的所有可能策略和 B 的所有可能策略可以建立对策的局势矩阵：

$$\boldsymbol{G} = \begin{bmatrix} g_{11} & \cdots & g_{1n} & \cdots & g_{1N} \\ \vdots & & \vdots & & \vdots \\ g_{m1} & \cdots & g_{mn} & \cdots & g_{mN} \\ \vdots & & \vdots & & \vdots \\ g_{M1} & \cdots & g_{Mn} & \cdots & g_{MN} \end{bmatrix} \tag{9.49}$$

其中，$g_{mn}$ 是局势 $(\alpha_m, \beta_n)$ 的简记。与此同时也可以建立这个对策局势相对应的对策得失矩阵 $\boldsymbol{U}$（以对策者 A 的得失 $u_{mn}$ 为代表；B 的得失为其相反数）：

$$\boldsymbol{U} = \begin{bmatrix} u_{11} & \cdots & u_{1n} & \cdots & u_{1N} \\ \vdots & & \vdots & & \vdots \\ u_{m1} & \cdots & u_{mn} & \cdots & u_{mN} \\ \vdots & & \vdots & & \vdots \\ u_{M1} & \cdots & u_{Mn} & \cdots & u_{MN} \end{bmatrix} \tag{9.50}$$

于是就可以建立一个对策空间：

$$\begin{bmatrix} G \\ U \end{bmatrix} \tag{9.51}$$

其中，A 的对策得失矩阵也可以看作 A 的对策效用矩阵。对策空间(9.51)实际上就是相对 A 的目标而言的一个单纯语用信息空间，或者是肯定度分布 $C$ 和真实度分布 $T$ 都为全一分布的综合语用信息空间。于是，可以求出相应的单纯或综合语用信息测度，并根据语用信息量最大的准则来求解最佳策略。

在运筹学中，常用的对策求解方法可以认为是上述语用信息方法的一种特例。它也是在式(9.50)的基础上来求解最优策略的。对于对策者 A 来说，一种可能的求解方法是先找出式(9.50)中每行的最小元，即

$$u_m^* = \min_{n \in (1,N)} u_{mn}, \quad m \in (1,M) \tag{9.52}$$

然后从这 $M$ 个最小元中找出一个最大元，即

$$(u_m^*)^* = \max_{m \in (1,M)} \min_{n \in (1,N)} u_{mn} \tag{9.53}$$

那么与式(9.53)相对应的局势就是$(\alpha_m^*, \beta_n^*)$。换言之，它就是对策者 A 的最保险的最优策略，称为极大极小解。当然，用类似的方法也可以找出对策者 B 的极大极小解。

总结以上的分析可见，无论是规划理论(包括线性规划、非线性规划、动态规划等)、网络理论还是对策(博弈)理论，它们的优化目标函数都比较简单，都是综合语用信息测度的简化特例。如果采用式(9.31)至式(9.33)的符号体系，那么所有这些优化理论的目标函数都有两种情形：①寻求最大的单纯效用度 $u_{max}$；②寻求最大的平均效用度 $(\sum cu)_{max}$。然而，信息分析方法所寻求的却是综合语用信息测度的最大解：$I(ctu)|_{max}$。显然，所有运筹学中的这些优化方法都没有考虑语义逻辑真实度这个因素，有的(情形①)甚至也没有考虑语法结构的肯定度因素。正因为信息分析方法所采用的目标函数考虑了更全面更复杂的因素，它就比传统的规划理论、网络理论、对策理论具有更强的能力，可以用来处理更复杂的优化问题，特别是可以用来处理那些内部结构和关系不确定的"黑箱系统"或"灰箱系统"优化问题。总之，以最大综合语用信息测度为目标函数的信息优化方法的意义，不仅在于它概括了现有的各种优化理论方法，而且在于它能够处理和解决现有优化理论不能处理和解决的问题。

## 9.3 信息与自组织

自组织有时也称为"序化"，它是系统优化的另一种形式。现在就来探讨如何利用信息实现系统有序化或自组织的问题。

在科学发展的历程中，人们曾经注意到相互矛盾的现象。一些物理化学系统总是由有序状态走向无序状态，或者由有序程度比较高的状态走向有序程度比较低的状态，而生物系统的进化却总是由无序状态走向有序状态，或者由有序程度比较低的状态走向有序程度比较高的状态。

例如，在一杯清水中注入一滴墨水，开始的时候，分子集中在一个很小的区域，显示出很高的有序度；渐渐地，分子向四周扩散，直至均匀分布于整个水杯，成为一种无序的布朗

运动状态,而且再也不可能自动恢复原先的有序状态。有序向无序的转化是自发的、必然的,而无序向有序的转化则几乎不可能自发地发生。

又如,考察图 9.4 所示的密闭容器,假定隔板的左方(即 A 区)充满气体分子,而右方(B 区)为真空区域。这是一个有一定有序程度的情形。但是,一旦打开隔板,A 区的气体分子就会向真空的 B 区扩散,直至气体分子几乎均匀地充满整个容器,形成无序的布朗运动状态。这种无序状态几乎不可能自动恢复成为原先的有序状态。以上两个例子都是由相对的有序状态走向相对的无序状态的情形。仔细研究就会发现,虽然它们的具体内容各不相同,但都服从同一规律的制约,这就是物理中的热力学第二定律:一切封闭系统都是熵增系统。

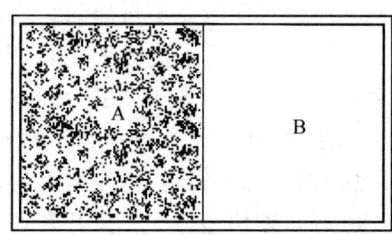

图 9.4　有序与无序

另一方面,生物进化论指出生物系统总是沿着由低级到高级、由简单到复杂、由相对无序到相对有序的方向进化。按照康德的星云假说,宇宙就是从最初的混沌状态(星云)演化而来的。高度复杂、高度有序化的人类,也是由相对简单的生物进化而来的。毫无疑问,现代人类社会的有序程度也远远高出原始人类社会的有序程度。总之,按照达尔文的自然选择法则,进化就意味着更加完善、更加复杂化、更加有序化、更加低熵化。

显然,上面所说的矛盾实际上就成了热力学第二定律(熵增律)与进化论(熵减律)之间的矛盾。进化论指向熵值减小、指向进化、指向发展;而热力学第二定律则指向熵值增加、指向退化、指向消亡。令人惊诧的是,虽然两个理论在各自的领域都曾经受过无数次的检验,并被证明是正确的,然而它们显示的方向却是如此尖锐地对立。

问题在哪里呢? 为了揭示这类问题的奥秘,不妨回顾一下关于麦克斯韦妖的讨论。麦克斯韦妖是 J.C. Maxwell 在一篇论文《热学理论》中提出的模型。假设有一个密闭容器,它与外部没有物质与能量的交换,是一个孤立系统。容器被分隔成为 A 和 B 两个部分,设想在隔板上装有一扇小门,门的开关由一个装置(称为麦克斯韦妖)操纵。假设在开始时,A 区和 B 区两部分具有相同的温度 $T$,麦克斯韦妖能够"看见"容器中每个分子,而且它只允许快分子由 A 进入 B,以及慢分子由 B 进入 A,而不允许快分子由 B 进入 A 以及慢分子由 A 进入 B。这样,经过一段时间,麦克斯韦妖就可以把快分子集中到 B 区,而把慢分子集中到 A 区,因而使 B 区的温度升高而 A 区的温度降低,造成 A 与 B 之间出现温差,并利用这个温差对外做功。显然,这个结论与热力学第二定律相矛盾。热力学第二定律认为一切孤立系统都是增熵系统,而麦克斯韦妖却表明这个孤立系统是一个减熵系统。这个古怪的麦克斯韦妖就像叮在物理学家们背上的芒刺,几代人都没有能够从理论上把它驱除掉。直到 20 世纪 50 年代,才由物理学家和信息学家 Brillouin 等人用信息的观点加以阐明。

Brillouin[8]首先怀疑：麦克斯韦妖真的能够得到每个分子运动速度的信息吗？他们指出，既然系统是孤立的，起始时麦克斯韦妖处在恒定温度的平衡体系中，而平衡体系中的辐射只能是绝对黑体辐射，在黑体内部是不可能看见任何东西的。这样，麦克斯韦妖就无法判断什么时候应当开门和关门，从而无法分离出快分子区和慢分子区。那么，麦克斯韦妖是否可以通过别的方法来获得分子运动速度的信息呢？比如，是否可以通过电偶极子的电场、电子自旋所产生的磁场、通过范德华力（Van der Waals 力）来发现分子呢？答案是否定的。因为，这些场都是近距场，它们的场强都与距离的平方成反比。因此，只有在分子距离阀门很近的时候才能检测到它们的存在。而在这样近的距离内，麦克斯韦妖要想能够及时地操纵门开关而又不消耗能量是不可能的。这就证明了麦克斯韦妖在理论上不可实现。

麦克斯韦妖的提出和平息提供了一个重要的启发。麦克斯韦妖之所以不可实现，是因为它处在孤立系统的平衡体系之中，使它无法获得分子运动速度的信息。如果系统不是封闭的而是开放的，可以接受外部光源的照射，麦克斯韦妖就可以得到分子运动速度的信息。从而，它能够及时地开关阀门，把快慢分子分离开来，使系统逐渐离开平衡态，由高熵状态（平衡态）走向低熵（非平衡态），实现某种程度的自组织。从而，一个系统要实现自组织，就必须是一个开放系统，一个能够从外部环境中获得信息（负熵）来减低自身熵值的系统，一个能够脱离并远离平衡态的系统。

可见，热力学第二定律与进化论两者实际上并不矛盾，因为两者的研究对象具有完全不同的前提条件。热力学第二定律起作用的范围是一切孤立的封闭系统，而进化论所研究的对象却是开放系统，能够与外部世界进行物质、能量和信息交换的系统。

需要指出，系统的开放性只是系统实现自组织的必要条件。要使系统成为一个自组织系统，还必须保证系统开放之后与外部环境交换的结果有利于降低系统的熵值水平。这是普里高津（Prigogine）耗散结构理论得到的重要结论[28,60]。不过，耗散结构理论强调的是与外部环境交换物质和能量，没有明确提到与外部环境交换信息的问题。实际上，从系统实现自组织的需要来说，最直接的要求是要从外部环境获得必要的信息（负熵）来降低系统的熵值水平。显然，一切事物的信息都是事物运动状态及状态变化的方式，都和"事物运动"相联系。因此，为了获得信息，就必须获得相应的物质和能量。可以认为，从实现系统的自组织来说，获得信息是目的，获得相应的物质和能量则是实现"获得信息"的手段。

在明确了系统自组织的条件基础上，还需要进一步探讨实现系统自组织的工作机制。由于问题的复杂性，关于系统自组织的机制的探索还没有获得系统性的结果。不过，哈肯（Haken）在协同学方面的研究已经提供了一些重要的启发[20]。

协同学认为，一个系统通常由多个子系统组成，但是在研究系统问题的时候应当着重研究系统的集体行为。而为了研究系统的集体行为，又需要着重研究系统的宏观参量而非微观参量。例如，在考察两端固定且作简谐振动的弦的运动情况时，并不需要直接描写弦上每个分子的运动（即微观情形），只要知道这个弦运动的宏观参量（如振动周期和振幅）就足够了。一般来说，当系统实现了自组织的时候，它的那些子系统就表现出很有秩序的集体行为。这种宏观上有序的运动形式称为模式,描述这种运动形式的参量称为序参量(Order Parameter)。值得注意的是,序参量不仅能够描述宏观的有序运动,而且也能给出子系统微观运动的信息。

其次,协同学研究系统序化机制时,既不是单纯从确定性的方面出发,也不是单纯从随机性的方面出发,而是同时考虑这两方面的因素。一次需要同时描述确定性的运动状态及其变化方式(确定型信息)和描述随机性运动状态及其变化方式(随机型信息)。

先考察确定型运动方面。一般系统在数学上可以用一组微分方程来描述,如式(9.1)所示。当系统仅包含一种类型的元素时,方程可简化为

$$\frac{dQ}{dt} = f(Q) \tag{9.54}$$

或

$$\dot{q} = F(q) \tag{9.55}$$

考虑一个重物 $G$,它的重量(重力)为 $F$。若把它举到高度 $q$,则需要做的功为

$$W = F \cdot q \tag{9.56}$$

严格地说,$F$ 与 $q$ 有关,因此,上式应当表示为微分的形式:

$$dW = F(q)dq \tag{9.57}$$

于是,由 $q_0$ 举到 $q_1$ 所作的功为

$$W = \int_{q_0}^{q_1} F(q) dq \tag{9.58}$$

假设 $V$ 是与 $W$ 相应的势能,它是功的负值,即

$$dV = -F(q)dq \tag{9.59}$$

或表示为

$$F(q) = -\frac{dV}{dq} \tag{9.60}$$

对于简谐振动(弹簧伸缩)情形,则有

$$F(q) = -kq = -\frac{dV}{dq} \tag{9.61}$$

这里,$q$ 是相对于平衡点的偏离(弹簧的拉伸或压缩)量,$k$ 是胡克常数。在这种情形下,由式(9.61)可得

$$V(q) = \frac{1}{2}kq^2 \tag{9.62}$$

其中,忽略了一项积分常数。式(9.62)的关系是一个二次曲线。可以看出,$q=0$ 点是一个稳定平衡点。而如果考虑的是非简谐振动,则有

$$F(q) = -kq - k_1 q^3 \tag{9.63}$$

由式(9.55)得

$$\dot{q} = F(q) = -kq - k_1 q^3 \tag{9.64}$$

由式(9.59)得

$$V(q) = \frac{1}{2}kq^2 + \frac{1}{4}k_1 q^4 \tag{9.65}$$

如果把式(9.65)绘成曲线,则有图9.5:

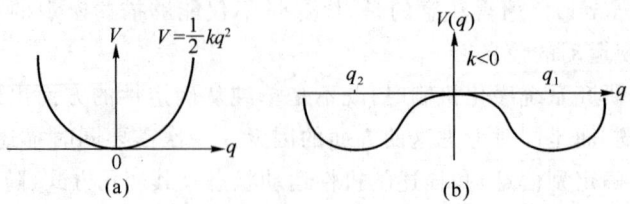

图9.5　式(9.65)的图示

图中示出,(a)当系数 $k>0, k_1<0$ 时,平衡点是唯一的:

$$q=0 \tag{9.66}$$

(b)当系数 $k<0, k_1>0$ 时,有三个平衡点:

$$q=0 \text{ 为不稳定平衡点,} \quad q_{1,2}=\pm\sqrt{\frac{|k|}{k_1}} \text{ 为稳定平衡点} \tag{9.67}$$

可见,当系数为 $k<0, k_1>0$ 的情形,出现了两个稳定的平衡点 $q_1$ 和 $q_2$,而原来的稳定平衡点 $q=0$ 变成了不稳定的平衡点。因此,随着 $k$ 值的由正变负,稳定平衡点的坐标发生了分裂(如图9.6所示)。图中实线是稳定平衡点坐标轨迹,虚线是不稳定平衡点坐标轨迹。式(9.66)及式(9.67)和图9.6所描述的这种现象,称为"二分岔现象"。它是一种非常重要的现象,有时也称为"对称性破缺"现象。

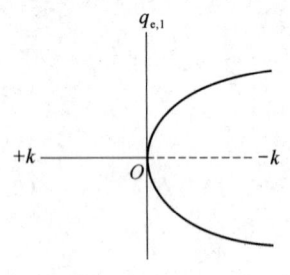

图9.6　二分岔现象

"二分岔现象"的重要性在于,某个参量(如上例中的 $k$)在某个临界点附近即使发生微小的变化就可能导致系统行为发生剧烈的改变。需要指出,这里虽是从力学系统出发引出的二分岔现象,但这类问题却具有相当广泛的普遍性。在化学、生态学和人口动力学领域都可以看到二分岔现象的例子。

需要注意的是,由于某种参量的变化,使原来的稳定平衡点变为不稳定平衡点并分裂为两个新的平衡点的时候,其中一个新的平衡点可能比原有的平衡点具有更低的熵(更高的有序性),因而可以实现自组织;而另一个新的平衡点则可能具有比原有平衡点更高的熵(更低的组织程度)。究竟系统会处于更好的组织状态还是更差的组织状态?这里存在随机因素的影响。正如哈肯(Haken)所说:如果我们处理的是纯粹确定性过程,那么系统就不可能跨越位垒从势能曲线的一个极小点跳到一个更深的极小点。因此,我们还要进一步考察随机的因素,并把随机性因素与确定性因素结合起来进行统一的考虑。

考察一个最简单的系统

$$\dot{q}=-rq+F(t) \tag{9.68}$$

其中,$F(t)$ 是外力。当没有外力作用时,它就是式(9.55)和式(9.61)的情形。式(9.68)的稳态解在形式上可以写为

$$q(t)=\int_0^t e^{-r(t-\tau)}F(\tau)d\tau \tag{9.69}$$

可见,当有外力 $F$ 作用于系统时,它的响应 $q$ 不但与当前的外力作用有关,而且与过去的

外力作用有关。为了使问题简化,我们希望系统的响应只与当时的外力作用有关。同时还假定外力的形式为

$$F(t) = a e^{-\delta t} \tag{9.70}$$

把式(9.70)代入式(9.69)得到

$$q(t) = \frac{a}{r-\delta}(e^{-\delta t} - e^{-rt}) \tag{9.71}$$

于是,要想使 $q(t)$ 仅与 $F(t)$ 有关(所谓即时作用),就应满足条件

$$r \gg \delta \tag{9.72}$$

这样,式(9.71)就近似为

$$q(t) \approx \frac{a}{r} e^{-\delta t} = \frac{1}{r} F(t) \tag{9.73}$$

有趣的是,式(9.73)的解也可以用更方便的方法求得。在式(9.68)中令 $\dot{q}=0$ 则立即得到式(9.73)。这种方法称为"绝热消去法"。可见,只要满足条件(9.72),由求解方程(9.68)所得到的近似结果就与直接用"绝热消去法"得到的结果相同。这样,我们就把条件(9.72)称为"绝热近似条件"。

现在把外力的作用当作系统的一部分来考虑,即不把外力看作是一个给定的量,而把它看作是遵守某种运动方程的一个要素,或一个子系统,而原来接受外力作用的系统也看作是一个子系统。这样的系统就是我们要研究的"自组织"的系统模型。

考虑最简单的情形:只有一个外力 $F$ 和一个子系统 $q$,它们所遵从的运动方程分别为

$$\dot{F} = -r_1 F - aFq \tag{9.74}$$

且

$$\dot{q} = -r_2 q + bF^2 \tag{9.75}$$

为了统一符号,这里把 $F$ 改为 $q_1$,把 $q$ 改为 $q_2$。于是式(9.74)和式(9.75)分别重写为

$$\dot{q}_1 = -r_1 q_1 - aq_1 q_2 \tag{9.76}$$
$$\dot{q}_2 = -r_2 q_2 + bq_1^2 \tag{9.77}$$

假定 $r_2 > 0$,$r_1$ 可为正也可为负,且有

$$r_2 \gg r_1 \tag{9.78}$$

既然这里假定了条件(9.78)(绝热近似条件)成立,因此可以直接用绝热消去法求解。于是,令 $\dot{q}_2 = 0$,由式(9.77)就有

$$q_2(t) = \frac{b}{r_2} q_1^2(t) \tag{9.79}$$

式(9.79)表明,子系统(9.77)完全跟随子系统(9.76)的变化而变化。换言之,子系统(9.77)的行为完全由子系统(9.76)所控制。把式(9.79)代入式(9.76)就有

$$\dot{q}_1 = -r_1 q_1 - \frac{ab}{r_2} q_1^3 = -kq_1 - k_1 q_1^3 \tag{9.80}$$

它在形式上与式(9.64)完全相同。对照前面关于式(9.64)的讨论可知,依照 $r_1 > 0$ 或者 $r_1 < 0$,存在两种完全性质不同的解:

① 若 $r_1 > 0$,有解 $q_1 = 0$,从而也有解 $q_2 = 0$,意味着系统没有人和动作出现;

② 若 $r_1<0$,则式(9.80)的稳态解为

$$q_1 = \pm\sqrt{\frac{|r_1||r_2|}{ab}} \neq 0 \tag{9.81}$$

因而 $q_2 \neq 0$。这就意味着,由子系统(9.76)和系统(9.77)组成的系统内部产生了一定的动作行为 $q_2$。在 $q_1$ 与 $q_2$ 两者之间,$q_1$ 起着"动作参量"的作用:若 $q_1=0$,就没有动作产生($q_2=0$);若 $q_1 \neq 0$,则产生一定的动作响应 $q_2 \neq 0$。不仅如此,$q_1$ 还直接描述了系统的有序程度。因此,我们又把 $q_1$ 称为系统的"序参量"。

在实际系统中,只有很少(往往只有一个)$q$ 会成为不稳定的(即动作参量),其他 $q$ 都保持为惰性型的——它们的行为都受动作参量的控制。从而使整个系统的行为都由这些为数不多的动作参量(序参量)的行为所控制。正因为如此,即使是一个包含很多子系统的复杂系统,也可以出现相当规则、相当有序的行为。

综上,系统自组织机制可以归纳如下:在满足一定条件的时候(由系统序参量的变化来实现这种条件),系统原有的稳定平衡状态就会产生"二分岔"的突变现象,变为不稳定的平衡状态;在这种情况下,由于随机因素的作用,又可以使系统由不稳定平衡状态转变到新的稳定平衡状态,从而实现了自组织。

自组织的这种机制表明,一个系统只有在开放的条件下,在与外部环境进行适当的物质、能量、信息交换(表现为上面分析的外力和"序参量")的条件下,才有可能达到更有序的新状态。在实现这种自组织的过程中,序参量扮演了"指挥者"的作用,其他子系统都在序参量的指挥下协同动作,才产生了高度有序的集体行为。

## 9.4　信息过程的优化

以上各节所讨论的是关于系统理论的基本概念以及信息与系统的相互关系。本节要研究的问题是:如何在系统观念、系统理论和系统方法的指导下,对信息运动的全部过程(功能完整的信息系统)进行动态的优化。这是信息科学原理体系中的一个原理:策略优化原理,也是信息系统全局的优化原理。

首先回顾"信息运动全过程"的模型("信息系统全局"的模型)。为了适应系统优化的需要,这里做了一些细小的补充和调整,如图 9.7 所示。

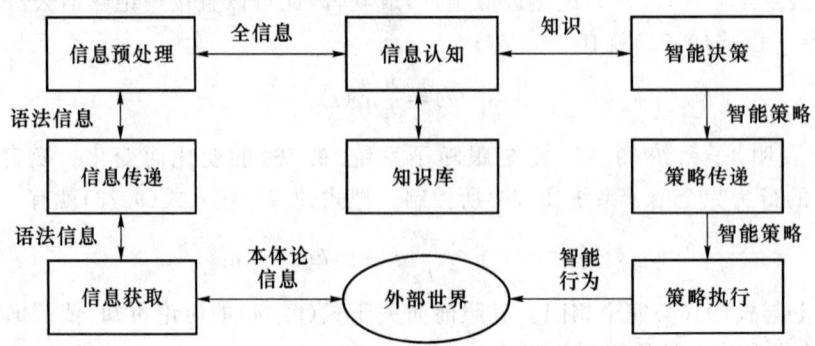

图 9.7　信息运动全过程功能模型

对照图 9.7 容易看出两个模型基本一致。不同之处仅在于：① 前者为了强调这样的信息过程存在于认识主体与客体事物相互作用的过程之中，因此，每个功能框图都与认识主体的信息器官相对应，后者则省去了这种已经认可的对应，使整个模型更清晰更简练；② 前者只是为了解释模型的"基本"功能，所以没有表示出系统中的"反馈"关系，后者为了讨论"系统优化"问题，必须明显地表示出那些"反馈"的关系（图 9.7 中的双向箭头）；③ 为了表示"信息认知"模块所产生的知识，图中给出了"知识库"单元，它是存储知识的场所，存在于认识主体的记忆系统中。显然，图中所作的增添和省略都是自然的，也是完全合理的。

此外，两者都没有明显表示出"系统的目的和目标"。这是因为，有智能的信息系统存在"目的和目标"是不言而喻的事情，而且，系统的"目的和目标"体现在系统的全部过程而不是集中在某一个功能模块。因此，没有必要专门在某个单元中表现出来。如果一定要在图中指出它的存在，那么，相对而言把它安排在"智能决策"单元比较合适，因为决策过程必须直接在目的和目标的指导控制下进行。正因为如此，图中的"反馈箭头"就是由智能决策单元发出的。

顺便指出，"目的"和"目标"这两个术语有时互相区分有时互相混用。当互相混用时，就意味着忽略它们之间的区别；当需要强调它们之间的区别的时候，目的就是特指长远性、战略性的终极目的，目标则是指这个长远战略目的在局部阶段上的具体标志。

有了图 9.7 所表示的信息运动全过程模型，我们就可以开始讨论信息运动全过程全局优化的问题。具体来说，假设某个认识主体面对某个外部刺激（面对某个"问题"），同时假设认识主体具有一定的"先验知识"和"预设目标"，那么，按照图 9.7 所示的模型，整个信息转换的典型流程原则上要包含以下这些过程：

① 一旦认识主体接收到外部世界某个客体事物本体论信息的刺激，首先就会通过感觉器官或传感系统把这个本体论信息转换成为认识论信息（全信息的"语法信息"，因为感觉器官或传感系统只对语法信息敏感）；这就是"语法信息获取"的过程。

② 随之，传导神经或传递系统就把这个"语法信息"尽可能准确和迅速地传递给思维器官的预处理系统进行各种必要的预备性处理（比如分类、排序、提取特征等），其中最重要的是要在这里生成与本体论信息相应的"全信息"，这就是"信息传递原理"和"第一类信息转换原理"。

③ 全信息的"语用信息"反映了"外部客体事物的运动状态及其变化方式（本体论信息）对于认识主体目标而言的效用价值"，如果这个"语用信息"显示的效用很小，表示这个外部刺激与认识主体的目标关系不大，可以不予理会（不发生任何后续反应）。

④ 如果"语用信息"显示的效用很大，无论是正值还是负值（正值表示这个外部刺激是一个有用刺激；负值表示这是一个有害刺激），就表示这个外部刺激与认识主体的目标具有重大关联，认识主体必须予以关注。这就是"注意与选择"过程。

⑤ 通过全信息的语义信息判断，如果这是一个熟知的外部刺激，就可以按照已有的应对策略予以应对。如果是一个新颖的外部刺激，主体就要调用相关的知识（包括本能知识、常识知识、经验知识和规范知识等）对它进行认知；如果知识库的知识不足以支持对它的认知，就要通过学习（包括类比、联想、预测等推理方法）达到认知。这就是"信息认知

(知识生成)"的过程。

⑥ 在认知(获得了关于这个外部刺激的知识)的基础上,在目标的指导和控制下,认识主体的思维器官通过决策系统利用启发式搜索、逻辑解析、逻辑推理等演绎方法生成针对这个外部刺激的应对策略。这就是"策略生成"的过程。

⑦ 认识主体通过效应器官或控制系统,把生成的策略转换成为相应的行为,反作用于外部刺激,使问题的状态逐步向预定目标状态逼近。

⑧ 如果上述一切过程很理想,执行上述策略的结果就能够达到预定的目标,整个信息转换过程就可以成功终止。

⑨ 但是,在绝大多数的实际情况下,策略执行的结果都不可能安全达到目标,也就是在问题求解的结果与预期目标之间出现了"误差"。在这种情况下,就要进入"策略优化(也就是系统优化)"的阶段。

⑩ 假定"预期目标"是合理的,那么,首先就要检查:前面感觉器官(传感单元)所获得的相关信息是否足够充分(对问题的形式化描述是否足够充分,对目标的描述是否足够准确)? 如果不够充分不够准确,就要补充关于问题和目标的新信息。

⑪ 补充了关于问题形式和目标形式的新信息之后,还要检查传导神经(传递单元)信息传递过程是否存在过大的失真? 如果存在,就应当采取必要的措施予以改善(理论上说这一步骤虽属必要,但通常不是关键性步骤)。

⑫ 接着,需要检查思维器官的丘脑组织(预处理单元)信息预处理的过程是否存在不够合理的因素,特别是在由语法信息生成全信息的阶段,知识库内是否存在不够合理的"语法信息-语用信息"关系对? 如果存在,就要设法重新建立;还要检查是否存在不够准确的"效用体验"和"语用计算"? 如果存在,就要加以改进,以便生成更准确的语用信息、语义信息和全信息。

⑬ 根据修正后的全信息,应当再检查先前思维器官的联合皮层(知识生成单元)获得的认知结果(关于外部刺激的知识)是否有必要进行修正? 修正的方法包括:直接从信息样本中提炼相应的知识;或者根据信息从先验知识库内提取补充的知识;或者从原有的知识推演出所需要的新知识。

⑭ 在补充和完善了相关知识的基础上,进一步需要检查的项目是思维器官的额叶组织(智能决策单元)"策略生成"的算法是否合理、是否到位? 既然"策略生成"的本质是目标导控下的"知识激活",那么知识的完善就会导致由它所激活的策略也会得到完善。

⑮ 一旦获得了更完善的策略,就可以通过效应器官(控制单元)的功能把新的策略转换成为新的行为,使问题状态更逼近于预设目标。

⑯ 如果本步骤的结果还是不够满意(虽然改进了先前的结果),那么就可以不断地重复第⑨至第⑮步骤(重复一个回合)。每重复一个回合,策略执行的结果与目标之间的误差就减小一些,逐步改进,直到满意为止。这就是通过反馈学习把"误差"转换为"优化策略"的系统优化过程。

⑰ 但是,如果无论怎样反馈学习,也无论反馈学习多少个回合,执行的策略就是不能满意地达到预设目标,这时就要考虑:预设的目标本身是否真正合理? 这就要反思人类自身的隐性智能问题(人工智能系统本身无法单独实现这种"反思")。这时,人类认识主体

就要设法扩展和改进自己的先验知识,在更为深入和广泛的知识基础上才能预设比先前更加合理的问题求解目标。

⑱ 在修正了预设目标之后,再重新从第①步做起,直到第⑧步;而且通常还要继续到第⑯步。只要人类认识主体的先验知识扩展到适当的程度,那么它所修改的预设目标就会变得合理,因此策略优化就会得到满意的结果。

⑲ 但是,也不能排除相反的情况,即人类认识主体所拥有的先验知识在短时间内难以扩展到求解这个问题所需要的深度和广度,因此难以使新的预设目标真正合理,导致问题求解不能满意完成。

⑳ 这种情况表明:人类认识主体选择和定义了不恰当的问题,这种"不恰当性"的主要表现是:虽然所选择的问题与改善人类生存发展的目的密切相关,但是人类当前所拥有的知识还不足以解决这类问题。因此,必须暂时放弃这类问题的求解。

以上这20个步骤,是把信息运动的全部过程(也就是功能完整的信息系统)作为一个完整的整体进行全局优化所必须遵循的实施原则。它描述了由"控制的误差信息"到"策略的优化方法"的转换原理,体现了"正视误差""在误差中发现纠正误差的途径"的辩证哲理,也是系统全局优化的精髓。

当然,这并不意味着所有的信息系统优化都必然要经过上述20个步骤。只要问题的难度与当时的知识水准相适应,只要问题的描述足够准确,只要问题求解的目标设置合适,一句话,只要人类认识主体的"隐性智能"没有明显缺陷,优化过程就会比较简单。由此可以体会到人类"隐性智能"的基础性和重要性。至于人工智能系统的优化,只要系统设计者所给定的前提条件(问题、目标和领域知识)恰当,系统的全局优化就能处于正常的情形。

这样,我们就完成了"信息系统优化原理"的讨论。

最后还应当提到的是,国内外学术界还在大系统理论[104]、复杂系统理论[59]、开放复杂巨系统理论[99,102]等方面取得了许多有意义的研究成果,对于理解系统以及信息与系统的关系都很有帮助,值得读者关注。

# 第 4 篇

# 信息科学研究范式

本书第 1 篇分析了科学技术发展的宏观规律、信息科学的学术渊源和时代背景,给出了信息科学的基本定义,勾画了信息科学的整体框架和结构;第 2 篇论述了全信息的定义,建立了全信息的测度,奠定了信息科学的理论基础;第 3 篇系统而深入地探讨了信息科学的基本原理,即信息转换原理,包括信息的获取原理、信息的传递原理、知识生成原理、知识激活原理、策略执行原理和策略优化原理,构建了信息科学的主要理论体系。这些就是本书前三篇给出的基本研究成果。

事实上,人们每时每刻面对着各种各样的信息现象,也就是人类生存环境中各种事物的本体论信息,而人们需要的是应对这些信息并提炼出解决问题的知识和策略。本书第 3 篇(共 6 章)所分别阐述的"信息转换原理",恰好揭示了"信息-知识-智能策略转换"的基本规律。具体地说,就是给出了"信息如何转换为知识,以及知识如何转换为智能策略"的基本规律,因而,比较全面地满足了人们对于信息科学原理的基本期求。

然而,"授人以鱼,不如授人以渔"。笔者认为,《信息科学原理》到此还远未结束。我们应当进一步追寻和总结这些理论成果背后那个更为重要的深层规律,或者说是那个支配和驾驭所有这些理论成果的"无形的手"——信息科学的科学观和方法论。研究成果当然都是有用的结果,但毋庸置疑的是方法引领结果,而方法又源于观念,无形驾驭有形。从这个意义上说,科学观和方法论才是取得这些理论成果的最高指南。

那么,究竟什么是指导信息科学发展的科学观和方法论的精髓呢?作为本书的总结,本篇就将向读者阐明这个问题的答案。我们希望,通过对信息科学的科学观和方法论的阐述,对本书的内容起到某种深化与升华的作用。同时,通过对信息科学的科学观和方法论的重新审视,能够引起人们对信息科学更加广泛的关注和研究,把信息科学的研究向更深的深度和广度推进。

# 第10章 信息科学研究范式探究

科学技术"辅人律"、"拟人律"和"共生律"已经表明,信息科学技术是信息时代的标志性科学技术。而人工智能科学技术则是信息科学技术发展的高级阶段,是信息科学技术的核心、前沿和制高点。但是,这也正是信息科学的研究最复杂和最困难之所在,因而也是信息科学研究中的最为精彩和最重要的篇章。

从当前国内外的信息科学技术研究的总体情况看,以互联网和物联网为主要标志的初级信息科学技术已经充分展现了其形式信息(语法信息)的获取、传递、存储、处理的强大能力,大体上走到了其能力的"饱和临界点"。如果要突破这种"饱和临界点",从而使信息网络不仅具有巨大的语法信息获取、传递、存储和处理能力,而且能够积累和利用形式、内容、价值三位一体的全信息和形式、内容、价值三位一体的全知识,生成智能策略和智能行为来解决各种理论和应用的复杂问题,就得依靠全信息理论和基于全信息的智能科学技术了。这样,互联网才能发展成为智能互联网,而物联网也才能发展成为智能物联网,使初级信息科学技术走向它的高级阶段——人工智能科学技术。

于是,一个无法回避的新问题摆在了科技工作者面前:应当怎样来发展人工智能科学技术?是沿着初级信息科学技术发展的模式继续前进?还是应当按照信息科学技术高级阶段自身所固有的特点采取新的发展模式?这是必须深思而且需要正确回答的问题。

## 10.1 传统物质科学的研究范式

考察发现,从自然科学的范畴看,存在两种不同类型的科学研究。一种类型是经典或传统物质学科领域(材料科学领域和能量科学领域)的科学研究。17世纪以来,伽利略的实验方法、牛顿的经典力学和波义耳的气体定律为物质研究奠定了坚实基础。这些领域的科学研究已经持续了数百年,通过长期自下而上的探索形成了自己的指导思想——物质学科的范式(科学观和方法论)。这是一种相对成熟的科学研究类型。因此,原则上它们就可以沿着既有的学科范式继续展开新的研究,不存在范式变革的必要性。

另一种类型是新兴领域的科学研究。例如,信息科学领域的科学研究特别是人工智能领域的科学研究,迄今还处在发展的初级阶段。很显然,这一新兴领域还没有来得及形成一套适合信息科学和人工智能学科特点的学科范式。对于这类学科,就需要深入研究和积极探索符合自己学科特色的学科范式。

有鉴于此,我们就需要来分析这两类学科的学科基础。通过深入地对比分析,人们可以比较深刻地感悟到一系列重要问题。例如,以往的人工智能研究是否存在问题?在哪些方面存在问题?究竟应当怎样解决这些问题,从而更好地研究和发展人工智能科学技术？考虑到经典物质科学的相对成熟性和现代信息科学特别是人工智能科学的新兴性和不成熟性，本节将先简要地介绍经典物质科学的学科范式，而后则将比较详细地分析和探讨现代信息科学特别是人工智能科学的学科范式。

### 10.1.1　传统物质科学的科学观和方法论

按照一般的定义，经典物质科学是一个聚焦研究物质性质及其加工规律的学科。具体来说，经典物质科学以物质资源（包括物质和直接基于物质的能量资源）为研究对象，以物质的基本性质及其加工（成为各种材料和动力）的规律为研究内容，以增强人的体质和体力能力为研究目标的一门学科。

按照科学"辅人律"、"拟人律"和"共生律"的原理，根据扩展人类能力的社会生产实践需求，科学技术的使命从农牧业时代的"加工物质资源，制造质料工具，增强人类的体质能力"发展到工业时代的"同时加工物质资源和能量资源，制造动力工具，增强人类的体力能力"，再进一步发展到信息时代的"综合加工物质资源、能量资源和信息资源，制造智能工具，增强人类的智力能力"，科学研究的社会实践活动不断向着新的深度、广度、高度和复杂度等维度推进。因此，科学研究社会实践活动所形成的科学研究的科学观和方法论也在不断地改变自己的内容和形式，呈现出螺旋式的上升发展。

在农业时代和工业时代的早期，人类的科学研究活动总体上还处在科学研究发展的物质学科阶段。这一阶段，科学研究实践基础上形成的经典物质学科的科学观，具有比较明显的"机械唯物论"特征。经典物质科学的科学观认为自己的研究对象——物质具有如下基本特性：①客观存在性；②与主体无关性；③可分性；④孤立性；⑤静止性；⑥确定性。这些特性为经典物质科学提供了一个清晰、简洁且可以实证检验的框架，使得研究者能够系统地探索和理解物质的基本性质和行为。它们为大量的科学发现和技术进步奠定了基础。总体而言，经典物质科学的科学观在其历史阶段发挥了重要作用，但现代科学的发展需要更复杂、更全面的理论框架来解释自然界的现象。

之前曾经指出，科学观解决"是什么"的问题，方法论解决"怎么做"的问题。科学研究究竟应当怎么做？显然不能随心所欲、天马行空，而是应当根据研究对象的性质来分析和确定。换言之，方法论的确立必须从科学观的基本观念中获得启示。上述经典物质科学的科学观，形成了具有如下特征的经典物质科学的方法论：①观察方法；②实验方法；③模型方法；④数学方法；⑤单纯形式化方法等。

可以看到，经典物质科学的方法论在推动科学进步和技术创新方面发挥了重要作用。它们提供了系统性、逻辑性和实证性的研究框架，使科学家能够不断探索和理解自然界的基本规律。然而，随着科学研究的深入和复杂性的增加，这些方法论的局限性也逐渐显现。现代科学研究需要在继承经典方法论的基础上，结合跨学科的视角和新兴技术，发展出更为综合和灵活的方法体系，以应对更复杂和动态的研究对象。

这里有必要强调指出，经典物质科学方法论中的"分而治之"方法的更为完整的表述是"分而治之，各个击破，直接合成"。这是经典物质科学处理复杂系统（复杂问题）的通用方法，称为"还原论"方法。它在整个科学发展过程中发挥了巨大的作用，以致人们把整个经典物质科学的方法论都称为"机械还原方法论"。在一定程度上可以认为，正是因为借助了"机械还原方法论",人们才把原本复杂的科学研究领域通过分解的方法变成一组比较简单的子领域,从而可以对这些子领域进行深入的研究。而且随着领域的细分,科学的研究能够越做越深入,于是使近代和现代科学的研究领域不断扩展,研究内容不断深入。

当然,随着近代科学的不断进步,人们对于物质对象的认识不断深化,经典物质科学的科学观(特别是其中的"孤立性"和"静止性")逐步被修正为"相互联系性"和"动态变化性"。与此相应,经典物质科学的方法论也随之逐步得到新的补充,如计算方法、仿真模拟方法等。不过,作为历史走过的痕迹,还是可以把上面列出的各点看作是经典物质科学的科学观和方法论的基本特性和主要特征。

## 10.1.2 传统物质科学的研究模型与途径

经过长期的经典物质科学研究社会实践的探索,人们终于总结和形成了经典物质科学的科学观和方法论。在它们的启发下,经典物质科学的研究逐渐从朦胧的试探摸索,逐渐总结和形成了自己的研究模型和研究路径。在科学观的指导下,研究者们认识到物质的客观存在性、与主体无关性、可分性、孤立性、静止性和确定性,从而奠定了物质科学研究的哲学基础。

与此同时,经典物质科学的方法论,如观察方法、实验方法、模型方法、数学方法、形式化方法以及分而治之的方法,逐渐形成并完善。这些方法论不仅提供了具体的研究工具和技术,还为科学研究提供了系统的思维方式和逻辑框架。

在这些理论和方法论的指导下,经典物质科学的发展进入了一个新的阶段。科学家们不仅能够解释许多自然现象,还能够预测尚未观察到的现象和规律。这种能力大大推动了科技进步,带来了诸如热力学、经典力学、电磁学等领域的重大突破,并且为现代物理学、化学和工程学的发展奠定了基础。

就研究模型而言,结合经典物质科学的科学观(与主体无关、孤立、静止、确定性)和经典物质科学的方法论(实验法、模型法、数学法、形式化、分而治之法)的启示,结合经典物质科学的研究对象种类异常繁多的事实,人们针对经典物质科学不同的领域构筑了各种不同的分领域研究模型,比如力学系统的研究模型、热学系统的研究模型、电学系统的研究模型、生物学系统的研究模型等;同时,针对经典物质科学不同层次的研究也构建了各种不同层次的研究模型,比如物体的宏观模型、中观模型、微观模型等。

虽然可以明确的是:并不存在统一的经典物质科学研究模型,但是,所有这些研究模型的构建都遵循一些基本的建模规则。这些规则为研究提供了一个框架,确保模型在科学研究和应用中具有一致性和有效性。具体而言,这些基本建模规则包括以下几个方面:①研究模型必须在符合研究目的和满足某些假设的条件下对原型的某种简化;②研究模型必须能够反映原型的基本结构、功能、性质、关系和工作过程;③研究模型必须易于物理实现或仿真实现;④研究模型必须便于数学方法或逻辑方法的描述;⑤研究模型的性能和特征参数必须易于测量、调节和控制等。

利用基于这些方法建构的各式各样的研究模型,极大地方便了经典物质科学各个分领域和各个研究层次的科学研究,有力地促进了经典物质科学研究向深度和广度的发展,推动了物质科学的空前繁荣与发达。

至于经典物质科学的研究途径,根据经典物质科学的科学观和经典物质科学的方法论的启示,结合经典物质科学主要关心"各种物质的结构及由此产生的性质和功能"的研究目的,人们采取了"结构分析"和"功能分析"等研究途径。

结构分析侧重于研究物质的内部组成及其空间关系。功能分析则侧重于研究物质在不同条件下表现出的各种功能和性质。

利用结构分析和功能分析的途径,通过分析各种研究子领域和不同研究层次的物质客体的结构、性质和功能,一方面了解各种物体本身的性能和用途,以及怎样把它们加工成为各种有用的材料产品;另一方面了解怎样通过改变物体的结构来获得更加优秀的性质和功能,从而开拓更多更好的应用。

人们不仅利用经典物质科学的研究模型和研究途径来认识现存的各种物体的结构、性质和功能,而且还进一步利用这些研究模型和研究途径来探索如何通过各种方法(如合成)来创造新的、具有更加优秀性能的新型物质(如各种合金等)。这为日常生活和工业生产带来了诸多便利和创新。

## 10.2　现代信息科学的研究范式

物质科学是工业时代的标志性科学。与之对应,信息科学是信息时代的标志性学科。因此,信息科学有自己独特的科学范式[63,94,95],有自己独特的科学观与方法论,因而有自己独特的学科基础。需要强调,学科基础是一个学科赖以发展的根基。而科学观和方法论这两个要素在整体上的互动作用,为整个学科领域的科学研究确立"学科基础"。可以看到,学科基础规定了本学科的研究必须遵循的基本观念、原则方法、全局模型和路径导向,从而形成了本学科的领域科学研究的总体指导原则。

之前我们已经强调过,人工智能科学是信息科学的核心、前沿和制高点[80]。那么可以理解,人工智能学科的学科基础其实就是信息科学的学科基础,当然,人工智能表现得更为典型和全面。因此,在以下的叙述中我们集中讨论信息科学的学科基础,包括它的科学观、方法论、研究模型以及研究路径。

认识论的规律告诉我们,人类认识能力的发展通常都是由认识直观的事物开始,然后逐渐走向比较抽象的领域。人类在理解和探索世界的过程中,从感知和经验出发,逐渐发展出更高层次的抽象思维和理论构建。特别是,科学知识的获取是一个从观察和经验出发,逐渐通过归纳和演绎推理发展出普遍理论的过程。随着"以比较直观的物质资源为研究对象"物质科学研究的不断进展(特别是经过第二次世界大战后计算机技术、通信技术等的催生),一门新的、"以比较抽象的信息资源为研究对象"的学科——信息科学应运而生。

需要强调的是,信息科学所关注的不再是具体的物质对象,而是比物质更为抽象的信息对象。科学研究的领域不断扩展和深入。因此,信息科学的研究对象、研究内容、研究方法和研究目标都会体现出人类认识能力的发展,并鲜明地体现出20世纪中叶以后人类认识世界和改造世界的新需求、新进程、新能力和新特点。

这里,需要回答一些基本而又核心的问题,包括什么是信息?什么是信息科学?什么是信息科学的科学观和方法论？在之前的章节，我们已经说明了一些基本概念和方法。这里，我们需要进一步归纳和总结，加深对于信息科学的理解，进而对于信息科学的研究范式有更为深刻的思考。

任何事物的信息（客体信息），就是该事物所呈现的运动状态及其变化方式。世间一切事物都在运动，因此一切事物都在产生信息。这就意味着，信息是一种普遍存在的研究对象。

定义表明，了解事物的信息是人类认识事物的必经途径。信息是人类认识世界所需要的媒介，是人类生存和发展所依赖的宝贵资源。而且，事物客体的信息只取决于事物客体本身的状况而与人类观察者的主观意志无关，甚至也与是否存在人类观察者无关。例如，在遥远的宇宙深空，虽然那里目前没有人类观察者，但依然存在各种事物及其运动状态和变化方式，也就是信息的存在，只是我们暂时无法进行研究。

进一步，我们需要考虑的一个非常重要的问题是信息与人类存在什么关系，以及人类为什么要关注信息的研究？这些疑问将在下一小节给出答案。

## 10.2.1 信息科学的科学观

人类的一个显著特点是具有特别的人类智慧。我们先从人类智慧的理解出发。人类智慧[80]，就是人类为了追求"生存与发展"而不断地运用知识去发现问题（探索未来）和解决问题（变革现实），并在这个过程中不断地完善自己，从而不断实现和优化目的的一种人类独有的卓越能力。

从这样一个简明扼要的说明出发，我们可以发现对于人类智慧的理解需要掌握 5 个关键点。

① 以不断改善生存与发展的水平为目的，这是人类创新的动力。

在人类智慧的各个要点之中，处在第一要位的便是这个目的。首先，是否具有目的？这是区分一切生命体和非生命体的根本准则。一切生命体都具有目的，而一切非生命体都没有目的。有目的，才可能有（但不是必然有）智慧；没有目的，肯定不可能有智慧。其次，具有什么样的目的？这是区别人类和其他生物物种的根本准则。人类追求的目的是不断改善生存与发展水平，即不但要求生存，而且更要谋求发展；其他各种生物物种的目的，则只是求生存。可见，人类追求的目的，不但要生存和发展，而且还要不断地改善生存和发展的水平。这里的"不断"就是永无止境、永无止歇，表示人类的生存发展水平永远不会停留在某个固定的水平上。这是人类智慧的根本特征，是人类与其他各种生物物种之间最重要的区别，是人类智慧能够不断深化发展，进而卓越超群的原始动力。

② 不断积累知识，这是创新的基础。

先验知识是人类智慧的另一个关键要素。由于人类追求的目的是不断改善生存与发展的水平，因此人类在自身进化发展的历史长河中就不断探索、学习、积累了大量的知识，包括可以通过先天遗传获得的本能性知识，通过后天实践试探和检验获得的经验性知识，通过后天学习和创新获得的规范性知识，以及从经验性知识和规范性知识沉淀形成的那些不证自明的常识性知识。这些知识在人们试图去发现问题之前就已经拥有了，因此称为先验知识。随着人类的不断进步，人类拥有的先验知识也不断增长。当然，这种增长不是简单的累加,而是不断淘汰错误的和过时的知识,不断修正不完善的知识,不断增加新鲜的且与原有先验知识协调的具有良性结构的知识。

③ 不断发现问题,这是为了创新而展开的探索(隐性智慧)。

由于人类追求的永恒目的是求生存、谋发展,因此人类智慧不仅表现在它具有明确的目的和拥有丰富的先验知识,能够认识环境和适应环境,更重要的是不断谋求发展的开创意识、开创精神和开创能力。在目的驱动下不断运用先验知识去发现问题,探索和发现那些对改善人类生存与发展有积极意义,而且有可能运用已有的知识得到解决的问题,并在发现问题的基础上明确地定义问题,即清晰地描述问题、预设问题求解的目标、指明求解问题所需要的先验知识。换言之,描述问题-预设目标-关联知识是发现问题必须包含的三要素。不言而喻,这是人类智慧能力的创造性特征,也是人类独有卓越能力最突出的特征,与谋发展的目标直接相关。因此,发现问题的能力是人类创造能力的首要表现。需要指出,发现问题的实质就是探索现实与未来的关系,确定未来发展的方向,不仅需要有明确的目的作为动力要素,有丰富的知识为基础要素,而且需要有透彻的理解力、深邃的洞察力、科学的想象力和睿智的决断力作支撑要素。所有这些要素都具有内隐性、抽象性、思辨性的特色,因此称为隐性智慧。

④ 不断解决问题,这是创新的落实(显性智慧)。

人类智慧的能力不仅表现为能够有目的地不断发现有意义,又尚未解决且有可能解决的问题,同样还表现在,人类有能力在此基础上去解决这些被发现和定义的问题。只有这样才能把从现实走向未来的探索具体落实到切实改善人类生存与发展水平的目的上。与发现问题需要科学的想象力和睿智的决断力来面对现在与未来关系的绝对新颖性和不确定性导致的莫测性不同,解决问题的实质是针对已发现问题中明确定义的问题-目标-知识基础上巧妙地运用知识,寻求合理的策略去解决问题达到目标的过程。这里需要的是理解问题、理解目标、理解知识,以及三者之间相互关系的能力,并且可以通过学习不断加深上述理解,从而解决问题。这些能力的共同特点是外显的智慧,因此称为显性智慧。如果把问题看作外部客体对主体呈现的客体信息,把达到目标的行为看作主体生成的智能行为,那么解决问题就可以描述为,由客体信息、知识、目标到智能策略的转换过程,简称信息转换过程。人类就是通过信息转换过程不断地解决问题来实现不断地改善生存与发展水平的目的,而且永不满足。

⑤ 不断地完善自己,这是人类主体创新能力的提升。

从表面上看,人类为了实现不断改善生存与发展水平的目的就是自觉地不断运用先验知识去发现问题和解决问题,从而达到不断改善生存与发展的目的。但是,人类的智慧却并未就此止步。人类还要追求,在发现问题和解决问题的过程中不断地完善自己。这种自我完善,一方面表现在,不断修正错误,不断完善人类的知识体系,从而不断提高解决问题的能力;另一方面表现在,不断地运用解决问题的成果深化自己发现问题的能力。这点非常重要,因为只有当人类能够不断利用发现问题和解决问题的成果完善、提高自己的知识和能力的时候,才能不断增强自己发现问题和解决问题的能力,真正实现不断地改善生存与发展水平的目的。否则,如果只是解决外部世界的问题,而人类自己的知识和能力却原地不动,那么改善生存与发展水平就难以不断向着新的深度和广度前进。事实上,如果没有人类知识水平和主观能力的不断提升,那么客观环境的不断优化和生存发展水平的不断改善是不可能的。

⑥ 人类独有的卓越能力,这是自我激励永远前行的创新系统。

可见,人类智慧是由创新的动力(目的)→创新的基础(知识)→创新的探索(发现问题)→创新的落实(解决问题)→创新的提升(对象的优化、知识的扩充和目的的更新)构成的一个自我激励、永远前行的创新体系。创新的动力源自不断改善生存与发展水平的目的,创新的基础来自不断充实的知识,创新的探索来源于发现问题的能力。创新的落实源于解决问题的能力,而创新落实的结果可以优化对象、扩充和更新知识,改善人类生存与发展的水平,更新人类目的的具体基准,从而在新的水平上追求更高的生存与发展的水平。这种创新过程不断螺旋式上升,永不停止。

由此不难作出判断,由前面各个要点描述和支撑的人类智慧能力确实是人类独享的卓越能力。这是因为,无论是人类追求的目的还是拥有的知识,无论是人类发现问题的能力还是解决问题的能力,以及在发现问题和解决问题的过程中人类不断完善自身的能力,都是其他各种生物物种无法企及的。人类,且只有人类,才能凭借着自身的智慧,真正成为名副其实的万物之灵。

从人类智慧的分析,可以更容易理解人类智能的分析。在人类智慧运行机制中,在目的的牵引和知识的支持下,主要是通过不断地发现问题、解决问题这两种相互促进、相辅相成的能力来展现人类的智慧。发现和解决问题的动力和支持,分别来源于目的和知识;发现和解决问题的结果,一方面可以扩充人类的知识,另一方面可以更新人类谋求生存与发展目的的水平,激发新的创新活动。可见,发现问题和解决问题是人类智慧的主要能力表现。

正如上面指出的,发现问题的能力是一种隐性智慧,具有内隐性、抽象性、思辨性等特点,它的工作机制至今仍然未解;解决问题的能力是一种显性智慧,具有外显性、具象性、操作性的特点,它的工作机制主要表现为获取问题、目标相关知识的信息,在目标引导下把信息和知识转换为解决问题的策略,并把策略转化为行为反作用于客体,以及优化策略等能力。

鉴于此,学术界关于人类智慧的研究,虽然历来对于其中的隐性智慧(探索和发现问题的能力)都具有浓厚的兴趣,但是由于它的复杂性、抽象性、神秘性,一直没有取得明显的进展,因此基本上处于悬置的状态。实际的学术研究都聚焦在显性智慧(解决问题的能力)领域,并把显性智慧特别称为人类智能。于是,就有了如下理解。

人类智能是人类显性智慧的别称,特指有效解决问题的能力,是人类智慧的一个有机组成部分,它要解决的问题、目标,以及相关知识均由隐性智慧提供。需要指出的是,虽然人类发现问题的隐性智慧运行机制一直是谜,但是隐性智慧发现问题的结果却应当有十分清晰和准确的标志:①要完整地描述待解决的问题;②要预设解决问题应当达到的目标;③要明确指出解决问题需要的相关知识。因此,人类智能(显性智慧)也可以更准确地定义为,在隐性智慧给定的框架下解决问题的能力。

有了以上分析,就可以很明确地给出关于人工智能的理解。

人工智能就是机器实现的人类智能(显性智慧)。具体来说,人工智能就是用人类设计的机器系统所实现的人类智能有效地解决问题的能力,其中问题、目标、相关知识都由人类隐性智慧(通过发现问题的能力)给定。由此可以直接得到的结论就是,人类智能是人类智慧的一个真子集,而人工智能只是这个真子集的人工实现。于是,完全不具备人类隐性智慧,只实现了人类显性智慧的人工智能,怎么可能全面超越人类智慧?这在逻辑上就成为不言自明的结果了。

至于人工智能的操作性能力,如工作速度、工作精度、工作的持久力、耐受极端环境(如真空、高压、高温等)和不良环境(如有毒和有害的环境)的能力等,则应当超越人类。反之,如果人工智能的这些能力都不如人类,那么人类研究人工智能还有什么意义呢?然而,操作能力再强,也不可能形成机器发现问题的智慧能力。

回想起来,以前人们对人工智能所做的理解是,人工智能是要研究这样一种机器,它能做只有人类才能做的工作。问题在于,什么是只有人类才能做的工作?是指人类发现问题、探索未来的隐性智慧所做的工作吗?是指人类繁育后代的能力吗?因此,上述这种理解是不准确的。这种不准确的理解带来的一个问题就是:机器可以做人类能做的所有工作,而机器的操作能力又远远超越人类,因此人工智能机器可以全面超越人类。换言之,这种不准确的理解是"机器超人说"以及由此引申的"机器治人说"的主要根源。

显然,本书提出的新理解就不存在这种问题。这是因为,本书的理解明确出,人工智能是人类智能的机器实现,而人类智能(显性智慧)则有很明确的所指,即只涉及人类有效地解决问题、优化现实的显性智慧能力,不包含人类发现问题、探索未来的隐性智慧能力。因此,人工智能只增强人类的显性智慧,不具有人类隐性智慧。

按照这样的理解,人工智能机器就是人类解决问题的聪明助手,但是它不可能拥有与人类完全相同的能力(因为它不具有人类的隐性智慧能力),当然更不可能拥有全面超越人类智慧的能力。

总结概括以上关于人类智慧和人类智能的讨论,以及关于人工智能的讨论,我们可以绘制出人类智力、智慧、智能的关系图,以及人工智能的定义与模型图,如图10.1和图10.2所示。

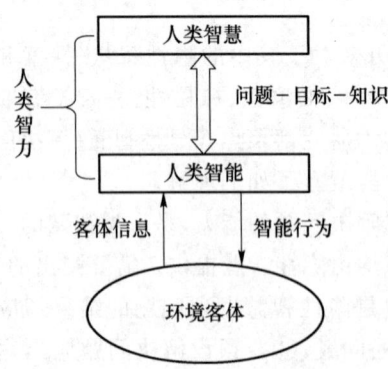

图10.1 人类智力、智慧、智能的关系

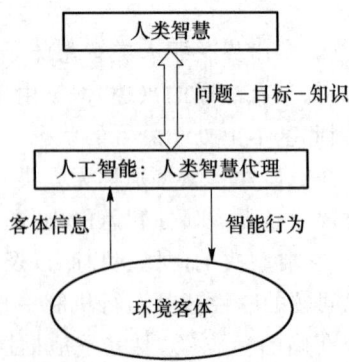

图10.2 人工智能的定义与模型

通用人工智能是信息科学的最前沿。因而在阐明人工智能的基本概念后就应当着手分析、回答、论述通用人工智能的相关问题。

在一些人的心目中,所谓通用的人工智能是指,面向不同的情境都能够解释和解决普适性的智力问题,而且通过不断学习、积累本领可以自行进化成长的人工智能系统,是一种"全知全能"的人工智能系统,是一种人工智能系统的"巨无霸"。因此,他们坚定地认为,通用人工智能只是一种理想(空想),在现实世界中根本不存在。

为此,有人提出一系列的质疑。①非生命体的人工智能不可能有意识,又怎么可能有通用智能的能力?②发展了半个多世纪的人工智能没有能够更靠近人的一般特性,又有什么根据证明它能够拥有通用智能呢?③人工智能只是计算机的一个应用而已,而人脑不是冯·诺依曼架构,如何让冯·诺依曼架构的人工智能具有非冯·诺依曼架构的人脑能力?④非生命体不会有七情六欲,没有学习的原动力,怎么可能产生人类的创造能力?⑤人类有注意能力,机器如何生成注意能力?人类用自然语言表达思维,机器怎样才能理解人的自然语言?⑥如何理解智能的统一体系?⑦人工智能是否具有学习能力?是否需要有交互认知?⑧在非冯·诺依曼架构的机器人脑中,各种构件是怎样实现的?⑨通用人工智能应当具有教育能力,机器婴儿有没有形成基础软件的编程能力?

需要指出的是,通用人工智能理论并非人们想象的"巨无霸"或"全知全能系统",通用人工智能最根本的特征和标志是,具有普适性的智能生成机制。具体来说,人们设计实际的人工智能应用系统时,无论面对的是何种专门的具体应用,只要用户给定:对所需解决问题的确切描述;对解决问题预期目标的明确规定;对解决问题所需相关知识的充分提供,通用人工智能系统就能按照普适性智能生成机制为用户生成一个满足上述要求的人工智能应用系统。它能利用上述知识,解决上述问题,达到上述目标(只要用户给定的问题、目标、知识是合理的)。

可见,通用指的是,生长和生成智能的机制是通用的,而不是一个人工智能的巨无霸包打天下一切问题。换句话说,不管人们给定的问题、目标、知识是什么,只要它们是合理的,那么通用人工智能理论就可以利用它的普适性智能生成机制来生长和生成需要的智能。至于它生成的那些人工智能应用系统能够解决什么问题,取决于用户所给定的问题、目标、知识。总之,问题可以千姿百态,解决这些问题的智能也因此各不相同,但生成这些智能的机制却是不变的。这就是人工智能具有的不变性。

这种通用人工智能理论和系统难道在现实世界不可能存在吗?在现实世界中,人就是这样的"通用智能系统"。人们面对的各种问题会千奇百怪,但是生成解决这些问题所需的机制却是一样的。在理想情况下,都是获得客体信息-生成感知信息(语义信息)-生成相应的知识-在目标导引下、在知识支持下把语义信息转换生成解决问题的智能策略-执行策略,解决问题,达到目标。这就是信息转换与智能创生定律。

实际上,人就是典型的通用人工智能系统的原型。人为什么既可能成为科学家、工程师、医生,也可能成为法官、政治家、经济学家、文学家、艺术家、军事家?并不是因为人拥有各种各样不同的智能生成机制,而是因为人所拥有的普适性智能生成机制(学习能力)能够有效地适应各种各样不同的问题、目标、知识。不同职业的知识和培训的内容虽然各不相同,但人的学习机制是一样的。以相同的学习机制学习各种不同的内容、接受各种不同的培训,就成为各种不同的专家,正是普适性的学习机制使人成为通用的智能系统。同样,通用人工智能系统的通用性,也在于它的普适性智能生成机制和学习机制。

简言之，只要实现普适性智能生成机制，人工智能系统就可以成为通用的人工智能系统。这就是通用人工智能的基本概念。这种意义下的通用人工智能系统就是人工智能系统的通用孵化器，凭借普适性智能生成机制可以"孵化"出各种各样的人工智能应用系统。

总之，与物质学科的机械唯物科学观（只研究物质客体，不允许研究主体的主观因素）不同，信息学科的科学观是整体观意义上的科学观，即不仅要研究物质客体，更要研究人类主体，特别要研究人类主体与物质客体相互作用的信息生态过程。人工智能全局模型就是信息学科科学观的准确体现。

## 10.2.2 信息科学的方法论

任何（复杂的）概念都不是孤立的，它们都存在于自己的概念生态链中。为了准确地理解信息学科方法论问题，首先需要懂得什么是信息，然后要明白什么是信息学科。由此才能理解什么是信息学科研究的方法论。

信息是最为基础的概念，也是最为重要的概念。然而，正是由于它的基础性以及与物质科学相对而言的新颖性，就使"信息是什么"的讨论引起几乎所有相关学科研究人员的高度关注。他们或者从各自的学科角度或者以各自的知识背景或者按照各自的研究目的来讨论信息概念，结果是无可避免地造成学术界前所未见的智者见智、仁者见仁、各执己见的现实。这正是"盲人摸象"的典例。但是，科学的发展要求我们一定要揭开"大象"的面纱。按照作者的理解，最接地气、最具普适性的信息概念具有两个互相关联的基本层次。

(1) 事物的原生态信息（也称本体论信息或客体信息）。

事物的原生态信息就是事物直接呈现的自身状态及其变化方式。事物，泛指现实世界的一切存在，包括无机物、有机物、人类、人类社会和人类思维过程。事物的原生态信息就是事物直接呈现的原本信息，是没有经过任何人为加工的原始信息，所以只与事物本身的状况有关，而与观察者和用户的状况无关。事物呈现的状态是事物的静态信息，状态变化方式是事物的动态信息。人们常说的信息，应当是指这种未经加工过的原生态信息，也称本体论信息，或客体信息。

原则上，宇宙中的任何事物都会呈现自己的原生态信息。但是，这里必然会发生所谓的二分支现象：一类是可被生物主体（特别是人类主体）感知的原生态信息；另一类是不能被任何主体感知的原生态信息。不能被感知的原因可能是，产生信息的事物距离各种生物主体太遥远（如深空的事物、深海的事物，以及地球深层的事物等），超出那些主体感知能力的灵敏度；也可能是事物呈现的信息超出主体感知能力的"谱范围"（如暗物质）。当然，二分支的界限会随着科技的发展而改变。

无论什么原因，只要是不能被主体（特别是没有被人类主体）感知的那些原生态信息，就无法进入信息科学研究的范畴。由此可以判断，没有进入信息科学研究范围的信息，远远多于能够被信息科学研究的信息。这里也可以体会到，主体在信息科学研究中的主导作用。事物的原生态信息被事物本身呈现出来，如果能够被那些具有感觉能力的生物主体（特别是人类主体）感觉到，生物主体（特别是人类主体）就必然会做出反应。因此，信息的原生事物和有感觉能力的主体之间就会发生相互作用。只有这类原生态信息（本体论信息/客体信息)才是信息科学研究的对象。

(2) 人类主体感知的信息(简称感知信息或认识论信息)。

人类主体感知的信息,是指人类主体从原生态信息感受到的事物状态及其变化方式(语法信息)、体验到的事物对主体目标的效用(语用信息),以及由语法信息和语用信息共同确定的整体含义(语义信息)。这其中就蕴含了对于信息的"命名"。从而,为简洁起见,我们用这个新的名字代替了事物所包含的语法信息和语用信息。

与原生态信息不同,感知信息包含三个相互关联的分量,即语法信息、语用信息、语义信息,分别表示:主体心目中该事物的形态;对主体目的而言的该事物的效用;主体心目中的该事物的内容或含义。感知信息由事物的形态和事物对主体而言的效用以及它们共同构成的内容共同定义。

需要注意这三者之间的关系。与通常的认知不同,并不是形式和内容决定价值,而是形式和价值决定内容。这是因为从感知的性质和逻辑来说,形式和价值都是具体的概念,都是可以被人们具体感觉到或者被人们具体体验到的概念,而内容是抽象的概念,是无法被人们具体感觉、体验,只能通过抽象领悟的概念。内容是由可以感觉的形式和可以体验的价值共同定义的。如果没有形式和价值,就不可能有内容。

总之,人类主体感知的信息是原生态信息被人类主体在感知过程中生成的产物,是被人类的感知系统加工出来的信息,所以称为感知信息。它既与事物本身的状况有关,也与感知主体的状况有关。经过人类主体感知过程的加工作用,感知信息的内涵就比原生态信息的内涵更丰富、更深刻、更有用,更具有主观性,表示了主体对客体的感性认识(即在信息层面上的认识)。

不难理解,对于同样的原生态信息,具有不同感知能力和目的的不同主体就会生成不同的感知信息。这就是所谓的仁者见仁、智者见智。换言之,原生态信息是纯天然的,而感知信息则具有主体的主观色彩。

对于人类主体来说,通过感知作用可以了解被感知事物的形式(事物的状态及其变化方式)、效用(事物对主体目标而言的价值利害关系)和含义(事物的整体概念,也就是具有什么形态和什么价值),因此就可以在信息层面做出决策,实现对信息的正确利用。

由此可以推断,如果人类主体能够对信息进行更深层次的加工(例如,加工知识和求解问题的策略),那么就可以在更深层次上发挥信息的作用。这就导致人类对信息进行更深层次的加工和利用。

(3) 信息的生态过程,是在人类主体与环境客体相互作用的过程中,为了既能实现人类生存与发展的目的,又能维护环境的运行规律,人类主体对信息所进行的生态转换,使信息逐步被提炼升级成为知识与策略,最终完成由客体信息到智能行为的信息生态过程。

信息学科的方法论就是研究信息生态过程的指导原则,称为"信息生态方法论"。与一般的信息处理方法不同,信息生态方法论要求必须遵循如下两个原则:①信息生态转换的时空过程必须完整,因此必须坚持"信息-知识-智能转换"原则,而不能采用物质学科"分而治之"的原则;②信息生态过程的内涵必须完备,因此必须坚持"全信息"原则,而不能采用物质学科"唯形式化"原则。它的具体实现过程如图 10.3 所示。

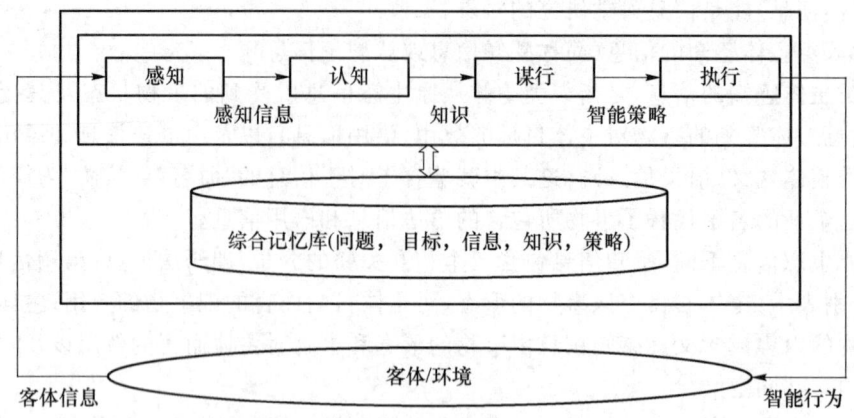

图 10.3  通用人工智能研究路径:通用智能生成机制模型

如图 10.3 所示,在人类主体与环境客体的相互作用过程中,为了实现主体生存与发展的目标,同时为了维护环境运行的规律,主体把原生态信息(图中的客体信息)一步一步加工成为一系列不同层次的信息产品,并最终生成解决问题的智能行为的过程。①主体通过感知系统把原生态信息加工转换为感知信息。②主体通过认知系统把感知信息加工转换为知识。③主体通过谋行系统把感知信息、知识、目的加工为求解行为需要的智能策略。④主体通过执行系统把智能策略加工为智能行为。⑤如果主体生成的智能行为反作用于环境客体的结果与预设目标之间存在误差,则需要把误差反馈到感知系统的输入端,以便学习更多的知识,从而优化智能策略和智能行为,改善反作用的效果,直至满意。

这就是在主体主导和环境制约下,在主体与客体相互作用过程中,主体对客体信息进行逐层加工,把客体信息转换为感知信息、主体知识、智能策略、智能行为、优化策略、优化行为的基本过程——信息的生态过程。

(4)信息生态方法论是对给定论域内的信息处理系统及其环境进行宏观整体优化的指导原则,强调在整体优化的目标下,这些信息处理系统之间实现相互和谐的生长(而不是分而治之),同时这些信息处理系统应当遵守环境的约束。

可以看出,信息生态方法论和人们熟悉的机械还原方法论大不相同。机械还原方法论是在物质学科的科学观指导下形成的方法论。它的基本原则是把复杂的物质系统分解为一组子系统,然后对各个子系统进行分析和求解,最后把各子系统的结果合成还原。信息生态方法论是在信息学科的科学观启示下建立的方法论。它不允许对复杂信息系统进行分解和形式化,强调在遵守环境约束的条件下,论域内所有的信息系统互相和谐生长,以便实现整体优化。

(5)信息科学是以信息及其生态过程为研究对象、以信息的性质及其生态过程的规律为研究内容、以信息生态方法论为研究方法、以增强人类智力功能(人类全部信息功能的有机整体)为研究目标的学科。需要指出,人们对于信息科学存在许多误解。这些误解的思想根源也与分而治之的方法论直接相关。例如,在简化的信息生态过程中,就曾经被分而治之的方法论分割为互相独立的传感、通信、计算、控制等一组子学科。它们都只是信息科学的一些分支学科。

对照图 10.3 可以看出,信息科学的全部研究内容正好就是人工智能研究必需的内容。正是在这个意义上,人工智能是信息科学的高级篇章,而传感科学、通信科学、计算机科学、自动化科学等则是从信息科学的完整体系中分而治之分离出来的某些局部环节,并且是忽略了内容和价值因素的形式化研究。

基于以上的讨论,我们可以得出一个重要结论:信息学科的研究范式是信息学科科学观和信息生态方法论两者构成的有机整体。

信息学科的科学观回答:信息学科这类研究对象的本质是什么。方法论与科学观相适应,回答信息学科的研究在原则上应当怎么做。有什么样的科学观,就要求有相应的方法论与之相适应。更具体地说,信息学科研究范式的科学观是整体(主体与客体对立统一)意义上的科学观,具有如下观点。①信息学科的研究对象是在主体主导和环境制约下的主体与客体之间相互作用的信息生态过程(而不是像物质学科的科学观那样排除主体的主观因素)。②信息学科的研究对象具有不确定性演化的性质(而不是像物质学科的科学观那样强调确定性演化的性质)。③信息学科的研究关注点是努力达成主体客体的双赢(而不是像物质学科的科学观那样仅关注研究对象的结构与功能)。

信息学科研究范式的方法论是信息生态方法论。它要求坚持实行生态演化的宏观处置方法(而不是像物质学科方法论那样实行"分而治之"的处置方法);坚持采用"形式-内容-价值"整体化的描述与分析方法(而不是像物质学科方法论那样采用纯粹形式化的描述与分析方法);坚持实行理解式的判断方法(而不是像物质学科方法论那样仅依赖形式比对的判断方法)。可见,信息学科的研究范式与物质学科的研究范式之间存在巨大的区别。在科学观方面,物质学科范式无法满足信息科学研究的要求。信息学科的研究只能遵循信息学科的研究范式(包括科学观和与之相适应的方法论),而不应沿用物质学科的研究范式。

## 10.2.3 信息科学研究范式的归纳

基于以上讨论,我们可以对信息科学研究范式归纳总结而形成更深入的认识。信息学科的研究范式是信息学科科学观和信息生态方法论两者构成的有机整体。信息学科的科学观回答、信息学科这类研究对象的本质是什么。方法论与科学观相适应,回答信息学科的研究在原则上应当怎么做。有什么样的科学观,就要求有相应的方法论与之相适应。

更具体地说,信息学科研究范式的科学观是整体(主体与客体对立统一)意义上的科学观,具有如下观点。①信息学科的研究对象是在主体主导和环境制约下的主体与客体之间相互作用的信息生态过程(而不是像物质学科的科学观那样排除主体的主观因素)。②信息学科的研究对象具有不确定性演化的性质(而不是像物质学科的科学观那样强调确定性演化的性质)。③信息学科的研究关注点是努力达成主体客体的双赢(而不是像物质学科的科学观那样仅关注研究对象的结构与功能)。

信息学科研究范式的方法论是信息生态方法论。它要求坚持实行生态演化的宏观处置方法(而不是像物质学科方法论那样实行"分而治之"的处置方法);坚持采用"形式-内容-价值"整体化的描述与分析方法(而不是像物质学科方法论那样采用纯粹形式化的描述与分析方法);坚持实行理解式的判断方法(而不是像物质学科方法论那样仅依赖形式比对的判断方法)。

可见,信息学科的研究范式与物质学科的研究范式之间存在巨大的区别。在科学观方面,物质学科范式无法满足信息科学研究的要求。①物质学科范式的科学观坚持认为,研究对象是纯粹的物质客体,严格排除主体的主观因素;信息学科范式的科学观要求研究对象必须是在主体主导和环境约束下的主体与客体相互作用的信息生态过程。这就决定了,物质学科范式只能应用于物质学科范畴,信息学科范式只能应用于信息学科范畴。一旦发生信息学科范式张冠李戴的现象(信息学科的研究遵循物质学科的范式),就会使信息学科的研究对象陷入被肢解的境地。②物质学科范式的科学观认为,它的研究对象具有确定性演化的性质;信息学科范式的科学观认为,它的研究对象具有不确定性演化的性质。因此,如果信息学科的研究遵循物质学科的范式,将无法解决信息学科面临的不确定性演化问题。③物质学科范式关注的焦点是对象的结构和功能,而信息学科范式关注的焦点是努力达成主客双赢的目标。显然,如果信息学科的研究遵循物质学科的范式将无法实现信息学科的研究目标。

与此相应,在科学研究的方法论方面,物质学科的范式必将给信息学科的研究带来破坏性的影响。①物质学科范式的方法论要求把复杂系统按照"分而治之"的原则进行分解,而信息学科范式要求按照生态演化的方法进行整体优化。因此,如果信息学科的研究沿用物质学科的范式,信息学科的研究对象就将被肢解,生态演化将遭到彻底破坏。②物质学科范式的方法论要求实施纯粹形式化的原则作为描述与分析的根本方法。信息学科范式要求形式、内容、价值三位一体的原则作为描述与分析的方法。因此,如果信息学科的研究沿用物质学科的范式,那么信息学科研究需要的内容因素和价值因素将损失殆尽,智能系统要求的理解能力也将完全失去根基。③物质学科范式的方法论要求利用形式比对的方法作出判断,而信息学科范式要求在理解的基础上作出判断。因此,如果信息学科的研究沿用物质学科的范式,那么信息学科在理解基础上做判断的要求将完全无法实现,智能系统的智能也将完全无法保证。

通过以上对比可以得出清楚的结论,信息学科的研究只能遵循信息学科的研究范式(包括科学观和与之相适应的方法论),而不应沿用物质学科的研究范式。在信息学科发展的初期阶段(20世纪中叶至今),由于在国际学术共同体尚未完全形成信息学科的研究范式,人们不知不觉地沿用了物质学科的研究范式,造成信息学科的研究被"分而治之"的方法论肢解(信息学科被分成传感、通信、计算机、自动控制;人工智能被分解为人工神经网络、专家系统、感知动作系统)。如今我们有了信息学科的研究范式,就应当彻底解决这个问题,颠覆和抛弃物质学科范式对信息学科研究施加的束缚和制约,确立信息学科范式对信息学科研究的全面引领。

信息学科范式的形成是人工智能理论研究由自下而上的多方摸索和范式处于张冠李戴的初级阶段向着自上而下的建构和范式正冠的高级阶段成功转变的关键支撑,是具有里程碑意义的标志性成果。

## 10.2.4 通用人工智能理论系统模型

在阐明信息学科的研究范式(学科定义)之后,进一步应当完成的任务是,阐明人工智能学科的研究框架(学科定位),包括人工智能学科的全局研究模型及其研究路径。这很自然,因为学科范式的科学观在宏观意义上阐明的问题是,学科对象是什么,所以通过构筑学科的全局研究模型就进一步使问题得到具体的落实。与此相似,学科范式的方法论在宏观意义上阐明的问题是,学科研究怎么做,因此通过开辟学科的研究路径就进一步使问题得到具体的落实。

信息学科研究范式的科学观在宏观意义上阐明了信息学科的研究对象是什么的问题。因此,要想准确把握人工智能研究的全局模型究竟是什么,就必须回到信息学科范式的科学观去找答案。

关于信息学科研究范式的科学观,辩证唯物(主体与客体对立统一)的科学观认为,人工智能的研究对象是,在主体主导和环境约束之下的主体与客体相互作用产生的信息生态过程,其中充满各种不确定性,研究的关注点是设法达成主客双赢的目标。

根据系统学的观点,信息学科范式科学观的认识显然更为准确。于是,我们可以准确地构筑体现人工智能全局研究模型,如图10.3所示。该模型表明,智能既不是静态的概念,也不是局部的概念,因此不可能是孤立的脑组织产物;相反,智能是动态的概念,是全局的概念,是在主体主导与环境约束下的主体与客体之间相互作用的信息生态过程中形成的。没有主体主导与环境约束下的主客互动信息生态过程,就不会有智能。换言之,孤立的脑模型不是真正的人工智能全局模型。

人工智能全局研究模型落实了信息学科范式的科学观。紧接着的问题就是,应当按照什么路径(宏观方法)来研究人工智能的全局模型。之前研究的路径是结构主义、功能主义和行为主义的三足鼎立、分道扬镳。显然,这样的老路无法适应当前的研究态势。这是因为对于任何人工智能系统而言,它的结构和功能都只是系统的局部表征,行为则是系统的外部表现,都不能全面表达人工智能系统的全局本质。

那么,什么是人工智能系统的全局本质?什么概念才能全面地表征人工智能系统的全局本质?显然,人工智能系统的全局本质就是,在给定求解问题、预设目标、给定相关知识的条件下,生成能够利用相关知识、解决给定的问题、达到预设目标的智能策略和智能行为。可见,给人工智能系统输入的是有关问题、目标、知识的信息,而人工智能系统输出的则应当是能够解决问题达到目标的智能(包括智能策略和智能行为)。从输入的信息到输出的智能完成的转换就是人工智能系统的智能生成机制。因此,智能生成机制可以全面地表征人工智能系统的全局本质。可以理解,人工智能系统的结构和功能都是为实现智能生成机制服务的,而人工智能系统的外部行为则是智能生成机制产生的外部表现。

从全局模型中,我们可以发现,主体在主客互动信息过程中追求实现主客双赢目标的科学观。而且,智能生成机制寓于最简模型中,也就是寓于从客体信息对主体产生刺激作用到主体生成智能行为的过程之中。这显然是一个非常深刻、合理、自然的启示。因为,除了这种可能性,不存在其他可能性。

那么,我们怎样揭开"人工智能系统生成智能行为"的普适性机制,建立人工智能的机制主义研究路径呢?很明确,这里就需要应用信息学科范式的方法论——信息生态方法论的思想了。

信息生态方法论认为,信息不是一成不变的现象,而是在主客互动全局过程中被主体不断加工、转换、生长。决定信息生长机制的各个要素如下。①全局动因,主客互动过程中主体追求"主客双赢"的目标。②客体作用,环境中的客体信息对主体发生刺激作用。③启动条件,客体信息被证明与主体目的相关,否则不启动。④起止标志,由语义信息生成开始,到实现目的结束。⑤牵引力量,自始至终都是为了实现主体预设的目标。⑥约束力量,自始至终都要遵守与问题相关的知识(环境的约束)。⑦检验准则,主体智能行为的结果与目标之间的误差应满足要求。⑧优化途径,若有误差则反馈,通过学习新知改善策略与行为。⑨主体提升,若优化无效,就由主体来修正目标(主体提升),再行启动。在这些要素集体作用下,信息生长的过程就是"在主体主导和环境约束下主体客体相互作用过程中由客体信息到目的达成的完整信息生态过程",即客体信息→感知信息(语义信息)→知识→智能策略→智能行为→评估优化。

通用智能生成机制的模型如图10.4所示。其中,主体的驾驭作用表现为,整个系统接受主体选定的问题、主体预设的目标、主体提供的领域知识;客体的作用表现在,它产生的客体信息作用于主体,并且整个相互作用必须遵守环境运行规律(知识)的约束;主客相互作用表现在,客体信息作用于主体,而主体通过信息生态过程利用知识生成智能行为反作用于环境中的客体。

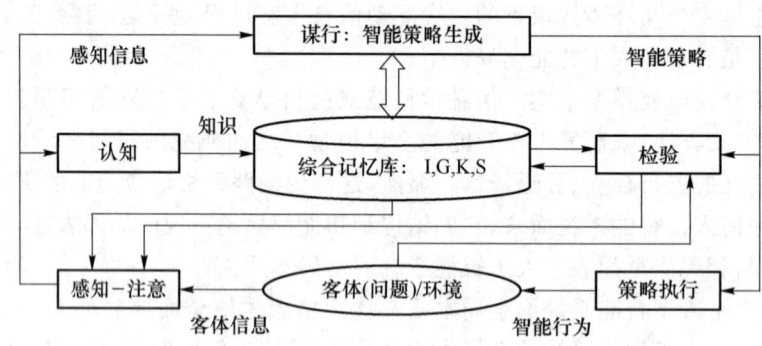

图10.4 机制主义通用人工智能系统模型

智能生成机制就是主体主导与环境约束下主客互动的信息生态过程。还需要特别指出,智能生成机制是普适性的。这是因为,构筑智能生成机制的要素对于任何合理的应用场景和主体、客体都是完全适用的。

在图10.4所示的通用模型中,最下方的椭圆表示环境及其中的客体;其他是在主体主导及环境约束下参与相互作用的主体——通用人工智能系统。首先,客体通过客体信息作用于主体,然后主体通过一系列的处理过程产生智能行为反作用于环境的客体。当然,这只是主体、客体之间相互作用的一个基本回合。此后,为了进一步优化智能行为,还会有更多轮次的主客相互作用回合。

在这里,主体的主导作用由综合记忆库和感知注意的联合工作体现。一方面,综合记忆库的目标G和(种子)知识K是由主体提供的;另一方面,虽然系统处理的问题来自环境中的客体,但是客体的信息是否会被系统关注,则取决于它是否与主体综合记忆库设定的目标相关。如果客体信息与系统目标相关,系统就会关注它,并把它选进系统,进而产生感知信息。如果客体信息与系统目标不相关,系统就舍弃它。这就是感知注意单元的选择作用。

可见，通过感知注意单元和综合记忆库单元的联合工作，就可以保证通用人工智能系统的求解问题、预设目标、相关知识都是由系统的主体决定的。当然，主体的主导作用还体现在整个智能策略与行为的生成和智能策略与行为优化的过程中。

图 10.4 还表明，在主体主导下，主客体相互作用的过程表现为，通用人工智能系统通过感知注意单元把与目标相关的客体信息选择进来，并把它转换为感知信息。然后，把感知信息分为并行的两路。其中，一路通过认知单元把感知信息转换为知识，并与记忆库现有知识相关联；另一路在综合记忆库的知识和目标支持下，通过谋行单元生成智能策略，再由执行单元把智能策略转换为智能行为，反作用于环境的客体。感知注意、认知、执行的功能相对比较单一，因此都有相应的具体单元承担。谋行的功能则需要由一组单元来完成。

此外，图 10.4 还展示了效果检验单元，这是为了应对整个人工智能工作过程中广泛存在的不确定性因素而设置的，也是为了应对系统知识不足和推理不够聪明而设置的。因为不确定性的存在，系统知识不足、推理不够聪明都会导致系统工作结果出现偏差。如果没有不确定性因素存在，若系统的知识完备，推理足够聪明，系统从输入到输出的一切过程都是确定的，那么效果检验就没有必要。但事实并非如此。效果检验单元的作用是根据智能行为执行的结果与系统预设目标之间的误差是否满足要求而做出相应的决定。如果满足，就把这个智能策略送到综合知识库存储起来，成为其后可用的先验策略，使系统的智能水平得到提升；否则，就把误差作为新的客体信息反馈到系统输入端，启动系统学习新的知识，以便改进智能策略和智能行为，优化执行效果。

有必要指出，通用人工智能系统标准模型中的综合知识库实际上是一个复杂的综合体，既是储存目标信息、各种语法信息、语用信息耦对信息的信息库，也是储存求解问题所需各种知识的知识库，还储存了各种求解问题策略的策略库。为了表达简明，就把它们表示为综合知识库或综合记忆库。

总之，按照信息学科范式的科学观，就可以成功构筑人工智能的全局模型（而不是孤立的脑模型）；按照信息学科范式的方法论，就可以发现和揭示人工智能系统生成智能的普适性机制，采用机制主义的研究路径。从而，我们可以实现由"三驾马车分而治之"的人工智能研究初级阶段向以"普适性智能生成机制"为标志的高级阶段的伟大转变。更进一步，这种机制实现了人工智能的研究由"纯粹形式化分析方法"的初级智能向"形式、内容、价值三位一体综合方法"转变，成为名副其实的通用人工智能理论模型。

# 参 考 文 献

[1] DE LUCA A, TERMINI S. A definition of a nonprobabilistic entropy in the setting of fuzzy sets theory[J]. Information and Control, 1972, 20(4): 301-312.

[2] AGRAWAL R, IMIELINSKI T, SWAMI A. Database mining: a performance perspective[J]. IEEE Transactions on Knowledge and Data Engineering, 1993, 5(6): 914-925.

[3] AGRAWAL R, IMIELIŃSKI T, SWAMI A. Mining association rules between sets of items in large databases[C]//Proceedings of the 1993 ACM SIGMOD International Conference on Management of Data. Washington D. C. USA. ACM, 1993: 207-216.

[4] WILLIAM ROSS ASHBY. INTRODUCTION TO CYBERNETICS. New York-London :Academic Press, 1984.

[5] BAR-HILLEL Y, CARNAP R. Semantic information[J]. The British Journal for the Philosophy of Science, 1953, 4(14): 147-157.

[6] BARR A, Feigenbaum A. The handbook of artificial intelligence[M]. New York: Elsevier Inc, 1981.

[7] BISHOP, C. M. Pattern Recognition and Machine Learning[M]. New York: Springer, 2006.

[8] BRILLOUIN L. Science and information theory[M]. New York: Academic Press, 1956.

[9] THOMAS, J. A. COVER, T. M. Elements of Information Theory [M]. 2nd ed. New Jersey : Wiley & sons, Inc,2006.

[10] DORF R C. Time-domain analysis and design of control systems[M]. Reading, Mass: Addison-Wesley, 1965.

[11] FEIGENBAUM E. A. The Art of Artificial Intelligence: Themes and Case Studies of Knowledge Engineering[C]//AFIPS. Proceedings of the AFIPS National Computer Conference: 1978 Volume. Munich, West Germany: AFIPS Press, 1978:227-240.

[12] PEK HUI FOO , GEE WAH NG. High-level Information Fusion: An Overview [J]. Journal of Advances in Information Fusion, 2013, 8:33-72.

[13] FU K S. Learning control systems--Review and outlook[J]. IEEE transactions on Automatic Control, 1970, 15(2): 210-221.

[14]　GLORIOSO R M. Engineering Cybernetics[M]. Englewood Cliffs: Prentice-Hall, Inc., 1975.

[15]　IAN GOODFELLOW, YOSHUA BENGIO, AARON COURVILLE. Deep learning. Cam- bridge, MA: MIT Press, 2016.

[16]　GRUBER T R. The Acquisition of Strategic Knowledge[M]. New York: Academic Press, 1989.

[17]　Haken H. Synergetics: An Introduction. Nonequilibrium Phase Transitions and Self-Organization in Physics, Chemistry and Biology [M]. 4th ed. Berlin: Springer-Verlag, 2004.

[18]　HARTLEY R V L. Transmission of Information[J]. Bell System Technical Journal, 1928, 7(3): 535-563.

[19]　HUFFMAN D A. A method for the construction of minimum-redundancy codes [J]. Proceedings of the IRE, 1952, 40(9): 1098-1101.

[20]　Haken H. Synergetics: An Introduction[M]. 3rd ed. Berlin: Springer, 1983.

[21]　SCHMIDT K P, HUXLEY J. Evolution the modern synthesis[J]. Copeia, 1943, (4): 262.

[22]　KUHN T S. The structure of scientific revolutions[M]. Chicago: University of Chicago Press, 1962.

[23]　CRAIG C C, KULLBACK S. Information theory and statistics[J]. Mathematics of Computation, 1960, 14(72): 387.

[24]　KULLBACK S, KHAIRAT M A. A note on minimum discrimination information[J]. The Annals of Mathematical Statistics, 1966, 37(1): 279-280.

[25]　LIU L H, WANG Z H, BAI J X, et al. New frontiers of knowledge graph reasoning: recent advances and future trends[C]//Companion Proceedings of the ACM Web Conference 2024. Singapore Singapore. ACM, 2024: 1294-1297.

[26]　LOPREATO J, VON BERTALANFFY L. General system theory: foundations, development, applications[J]. American Sociological Review, 1970, 35(3): 543.

[27]　MENDEL J M, FU K S. Adaptive, Learning and Pattern Recognition Systems, Theory and Applications[M]. New York: Academic Press, 1970.

[28]　NICOLIS G, PRIGOGINE I. Self-organization in non-equilibrium systems, from dissipative structures to order through fluctuations[J]. Rep. Prog. Phys, 1977, 42: 225.

[29]　NILSSON N J. Principles of artificial intelligence[M]. San Francisco: Morgan Kaufmann, 2014.

[30]　PARASKEVOPOULOS P N. Modern Control Engineering[M]. Boca Raton: CRC Press, 2017.

[31]　PEIRCE C S. Semiotics [M]. 3rd el. Teixeira Coelho Netto J, trans. Sao Paulo (SP): Perspectivas, 2005.

[32] PINHEIRO P, COLLOBERT R. Recurrent convolutional neural networks for scene labeling [C]//Proceedings of the International Conference on Machine Learning. PMLR, 2014: 82-90.

[33] RUSSELL S, NORVIG P. Artificial Intelligence: A Modern Approach [M]. 4th ed. Pearson, 2021.

[34] SHANNON C E. A mathematical theory of communication[J]. The Bell System Technical Journal, 1948, 27(3): 379-423.

[35] (美)司马贺(Simon H. A.). 人类的认知：思维的信息加工理论[M]. 荆其诚, 张厚粲, 译. 北京：科学出版社, 1986.

[36] SIMONYAN K, ZISSERMAN A. Very deep convolutional networks for large-scale image recognition[EB/OL]. 2014: 1409.1556. https://arxiv.org/abs/1409.1556v6.

[37] SUTSKEVER I, VINYALS O, LE Q V. Sequence to sequence learning with neural networks[J]. Advances in Neural Information Processing Systems, 2014, 4(1): 3104-3112.

[38] ZIEGEL E R, FAYYAD U M, PIATETSKI-SHAPIRO G, et al. Advances in knowledge discovery and data mining[J]. Technometrics, 1998, 40(1): 83.

[39] WEBB A R, COPSEY K D. 统计模式识别[M]. 2版. 王萍, 译. 北京：电子工业出版社, 2015.

[40] WIENER N. Cybernetics or Control and communication in the animal and the machine[M]. Cambridge, Mass.: Technology Press, 1948.

[41] WIENER N. Cybernetics[J]. Bulletin of the American Academy of Arts and Sciences, 1950, 3(7): 2.

[42] WIENER N. Cybernetics and Society[M]. Boston: Houghton Mifflin Company, 1950.

[43] ZADEH L A. Fuzzy sets[J]. Information and Control, 1965, 8(3): 338-353.

[44] ZHONG Y X. General Theory of Information[C]. IEEE International Symposium on Information Theory, Beijing: Beijing University of Posts and Telecommunications, 1981.

[45] ZHONG Y X. A Generalized Information Function with Applications[C]. IEEE National Telecommunications Conference, Beijing: Beijing University of Posts and Telecommunications, 1981.

[46] ZHONG Y X. Unified Measure of Syntactic Information[C]. IEEE International Symposium on Information Theory, Beijing: Beijing University of Posts and Telecommunications 1983.

[47] 刘知远, 韩旭, 孙茂松. 知识图谱与深度学习[M]. 北京：清华大学出版社, 2020.

[48] 刘豹, 唐万生. 现代控制理论[M]. 3版. 北京：机械工业出版社, 2006.

[49] 史忠植. 知识发现[M]. 2版. 北京:清华大学出版社,2011.

[50] 吕勇哉. 现代工业控制与人工智能[J]. 信息与控制,1988,17(5):32-40.

[51] 吴飞. 人工智能导论:模型与算法[M]. 北京:高等教育出版社,2020.

[52] 周炯. 信息理论基础[M]. 北京:人民邮电出版社,1983.

[53] 周炯磐. 关于信息科学[C]// 信息论与Walsh函数会议论文集.1980:10-17.

[54] 姜璐. 熵—系统科学基本概念[M]. 沈阳:沈阳出版社,1997.

[55] 孙东川,孙凯,钟拥军. 系统工程引论[M]. 4版. 北京:清华大学出版社,2019-11-01.

[56] 宗成庆. 统计自然语言处理[M]. 2版. 北京:清华大学出版社,2013.

[57] 张嗣瀛,高立群. 现代控制理论[M]. 2版. 北京:清华大学出版社,2017.

[58] 张学工,汪小我. 模式识别:模式识别与机器学习[M]. 4版. 北京:清华大学出版社,2021.

[59] 成思危. 复杂性科学探索:论文集[M]. 北京:民主与建设出版社,1999.

[60] 方福康. 耗散结构理论[M]. 北京:科学出版社,1981.

[61] 游戏人工智能—计算机游戏中的人工智能[M]. 李睿凡,等译. 北京:北京邮电大学出版社,2007.

[62] 李祖枢,涂亚庆. 仿人智能控制[M]. 北京:国防工业出版社,2003.

[63] 浙江大学创新范式研究组. 创新范式:日用而不觉的变革力量[M]. 杭州:浙江大学出版社,2024.

[64] 涂序彦. 人工智能及其应用[M]. 北京:电子工业出版社,1988.

[65] 涂序彦. 大系统控制论[M]. 北京:国防工业出版社,1994.

[66] 王守觉,来疆亮. 多维空间仿生信息学入门[M]. 北京:国防工业出版社,2008.

[67] 王昊奋,漆桂林,陈华钧. 知识图谱:方法、实践与应用[M]. 北京:电子工业出版社,2019.

[68] 王枞,李睿凡. 控制系统理论及应用[M]. 2版. 北京:北京邮电大学出版社,2009.

[69] 约翰·洛西. 科学哲学的历史导论[M]. 4版. 张卜天译. 北京:商务印书馆,2017.

[70] (日)绪方胜彦. 现代控制工程[M]. 卢伯英,等译. 北京:科学出版社,1976.

[71] 吴振奎,王全文. 运筹学[M]. 北京:中国人民大学出版社,2006.

[72] 苗东升. 系统科学原理[M]. 北京:中国人民大学出版社,1990.

[73] 蔡自兴. 智能控制原理与应用[M]. 北京:清华大学出版社,2007.

[74] 蔡自兴,徐光祐. 人工智能及其应用[M]. 3版. 北京:清华大学出版社,2004.

[75] 蔡长年. 信息论学会年会开幕讲话. 信息论与Walsh函数论文集. 1980:1-9.

[76] 蔡长年,汪润生. 信息论[M]. 北京:人民邮电出版社,1962.

[77] 邬焜. 信息哲学:理论、体系、方法[M]. 北京:商务印书馆,2005.

[78] 邱锡鹏. 神经网络与深度学习[M]. 北京:机械工业出版社,2020.

[79] 金岳霖. 知识论[M]. 北京:中国人民大学出版社,2010.

[80] 钟义信. 人工智能:概念·方法·机遇[J]. 科学通报,2017,62(22):2473-2479.

[81] 钟义信. 从"机械还原方法论"到"信息生态方法论"——人工智能理论源头创新的成功路[J]. 哲学分析, 2017, 8(5): 133-144, 199.

[82] 钟义信. 信息的科学[M]. 北京: 光明日报出版社, 1988.

[83] 钟义信. 信息的综合测度[J]. 北京邮电学院学报, 1986, 9(2): 12-19.

[84] 钟义信. 信息科学[J]. 自然杂志, 1979: 155-157.

[85] 钟义信. 信息科学: 它的内容、方法和意义[J]. 北京邮电大学学报, 1984: 112-116.

[86] 钟义信. 信息科学与信息论[J]. 通信学报, 1990, 11(1): 45-51.

[87] 钟义信. 信息科学原理[M]. 福州: 福建人民出版社, 1988.

[88] 钟义信. 信息科学原理[M]. 5版. 北京: 北京邮电大学出版社, 2013.

[89] 钟义信. 全信息: 通信理论的新课题[J]. 北京邮电学院学报, 1987, 10(2): 1-8.

[90] 钟义信. 全信息理论: 定义和测度[J]. 北京邮电学院学报, 1991, (1): 4-17.

[91] 钟义信. 机制主义人工智能理论[M]. 北京: 北京邮电大学出版社, 2021.

[92] 钟义信. 机器知行学: 信息-知识-智能转换与统一理论[M]. 北京: 科学出版社, 2007.

[93] 钟义信. 统一智能理论[M]. 北京: 科学出版社, 2023.

[94] 钟义信. 范式革命: 人工智能基础理论源头创新的必由之路[J]. 人民论坛·学术前沿, 2021(23): 22-40.

[95] 钟义信. 范式革命: 通用人工智能的必由之路. 北京: 中国科学技术出版社, 2024.

[96] 钟义信. 语法信息的统一测度[J]. 北京邮电大学学报, 1984, (1): 88-95.

[97] 钟义信. 高等人工智能原理: 观念·方法·模型·理论[M]. 北京: 科学出版社, 2014.

[98] 钟义信, 潘新安, 杨义先. 智能理论与技术: 人工智能与神经网络[M]. 北京: 人民邮电出版社, 1992.

[99] 钱学森. 创建系统学[M]. 上海: 上海交通大学出版社, 2007.

[100] 钱学森. 工程控制论[M]. 北京: 科学出版社, 1958.

[101] 钱学森, 宋健. 工程控制论[M]. 修订本. 北京: 科学出版社, 1980.

[102] 钱学森, 于景元, 戴汝为. 一个科学新领域——开放的复杂巨系统及其方法论[J]. 自然杂志, 1990, 1: 3-10.

[103] 闫学杉. 信息科学: 概念、体系与展望[M]. 北京: 科学出版社, 2016.

[104] 陈禹六. 大系统理论及其应用[M]. 北京: 清华大学出版社, 1988.

[105] 韩崇昭, 朱洪艳, 段战胜. 多源信息融合[M]. 3版. 北京: 清华大学出版社, 2022.

[106] 马蔼乃, 姜璐, 苗东升, 等. 信息科学交叉研究[M]. 杭州: 浙江教育出版社, 2007.

[107] 鲁晨光. 广义信息论[M]. 合肥: 中国科学技术大学出版社, 1993.

[108] 龚育之. 关于自然科学发展规律的几个问题[M]. 2版. 上海: 上海人民出版社, 1978.